Dr. rer. nat. Eleonore Hohenberger
Dr. med. Hans-Joachim Christoph
Pflanzenheilkunde

PFLANZEN HEILKUNDE

ALTER ERFAHRUNGSSCHATZ
NEUE ERKENNTNISSE

Inhaltsverzeichnis

Persönliche Vorbemerkung

Wer sein Leben lang da, wo es sinnvoll ist, Naturheilverfahren anwendet, kann häufig auf ein Schlüsselerlebnis zurückgreifen, durch das dieses Vertrauen geprägt wurde. Bei Sebastian Kneipp erfolgte die Prägung bekanntlich bereits in jungen Jahren durch die schreckliche Erfahrung, schwer tuberkulosekrank zu sein und damit damals dem Tode geweiht. Seiner entschlossenen Kämpfernatur entsprechend, streckte er nicht die Waffen und ergab sich nicht in sein Schicksal, sondern nahm Bäder in der eisig-kalten Donau. Das Ergebnis ist uns bekannt: Er wurde wieder gesund und widmete sein Leben als Pfarrer nicht nur der Seelsorge, sondern auch dem leiblichen Wohlbefinden seiner Pfarrkinder. Er wurde zum Vorbild aller Ärzte, die Naturheilverfahren verordnen und aller Menschen, die sie anwenden. Die Wortwahl „Kämpfernatur" und „Waffen" kommt übrigens nicht von ungefähr, denn unser Immunsystem führt ständig Krieg mit bösartigen Eindringlingen, besonders mit Bakterien, Viren und krankheitserregenden Pilzen, allergieauslösenden Stoffen sowie problematischen Stoffwechselprodukten und biochemischen Fehlsteuerungen unseres Körpers. Dazu kommt noch die Belastung mit Umweltgiften, wodurch unser Immunsystem ebenfalls herausgefordert werden kann. Bisweilen steigert sich die Herausforderung zu Überforderung. Naturheilverfahren und damit auch die Pflanzenheilkunde wirken häufig dahingehend, daß sie einen heilsamen Appell an unser Immunsystem richten.

Auch in meinem Leben gibt es ein Schlüsselerlebnis. Im Jahre 1944 erhielt ich bei einem Bombenangriff am Bein eine Wunde durch eine Phosphor-Brandbombe. Die Wunde infizierte sich, wurde trotz ärztlicher Behandlung chronisch und fraß sich immer tiefer ins Gewebe hinein. Als meine Tante, eine Bäuerin in Oberschlesien, das schreckliche Geschwür

sah, sagte sie: „Da müssen wir gleich was tun!" Sie holte hinter dem Schweinestall ein paar Blätter, klopfte sie weich und band sie auf die Wunde. Nachdem diese Behandlung eine Woche lang täglich wiederholt worden war, begann das Geschwür rasch abzuheilen und vernarbte in kurzer Zeit, und das, obwohl die hygienischen Bedingungen keineswegs mit modernen Ansprüchen vereinbar waren.

Noch heute denke ich mit Rührung und Bewunderung an meine Tante Theresia. Sie tat mit der größten Selbstverständlichkeit das, was sie wohl von ihrer Mutter gelernt hatte und diese wieder von ihrer Mutter, denn zuständig für die Gesundheit der Familie ist traditionsgemäß bis heute die Frau. Auf diese Weise hat sich die Kenntnis der Heilpflanzen und deren Wirkung jahrhundertelang in der weiblichen Linie von Generation zu Generation vererbt. Deshalb sollten besonders wir Mütter und Großmütter auch heute noch frühzeitig die Kinder in das Sammeln, Verarbeiten und Verwenden von Heilkräutern einführen. „Jung gewohnt, alt getan", wäre die Richtlinie. Wenn ein Kind die Erfahrung macht, daß Heilpflanzen hilfreich sind, wird es auch später nicht unbedacht zu starken Mitteln greifen.

Nun möchten Sie, verehrte Leserin und verehrter Leser, noch wissen, welche Blätter mir die Tante auf mein Beingeschwür gebunden hat. Es war der Beinwell, dessen erweichende, auflösende, desinfizierende Wirkung seit Urzeiten bekannt ist und durch moderne Forschungen voll bestätigt werden konnte. Allerdings ist der Beinwell, wie noch zu erörtern sein wird (S. 154), ein Beispiel dafür, daß auch Heilpflanzen echte Medikamente sind, die nicht leichtfertig verwendet werden dürfen nach dem Motto: „Wenn's nicht hilft, so schadet's doch auch nicht".

Auf den Kenntnissen, die im Laufe der Medizingeschichte besonders in der ländlichen Bevölkerung erprobt

und gesammelt wurden, gründet sich auch die moderne Phytotherapie. Erstaunlich viele Pflanzen oder deren extrahierte Wirkstoffe werden zu teilweise hochwirksamen Medikamenten verarbeitet und dann von Ärzten verordnet. Rund 40% der in der „Roten Liste" verzeichneten Medikamente enthalten Pflanzenwirkstoffe (Stand 1998). Anmerkung: Die sogenannte „Rote Liste" ist das Verzeichnis der zugelassenen Arzneimittel. Kurzum, die Pflanzenheilkunde ist ein fester Bestandteil sowohl der traditionellen Volksheilkunde als auch der modernen Medizin. Beide Gesichtspunkte sollen in diesem Buch berücksichtigt werden. Bewährte Hausmittel und moderne Erkenntnisse sollen gleichwertig nebeneinander stehen. Die Auswahl der eingehend beschriebenen Heilpflanzen, Heilmittel und Rezepturen wurde nicht zuletzt danach getroffen, ob eine Selbstmedikation nach derzeitigen Kenntnissen möglich und vertretbar ist. Stark wirkende Pflanzen, die für eine Selbstmedikation nicht in Frage kommen, deren Inhaltsstoffe aber in häufig verordneten Medikamenten enthalten sind, werden in ihrer Anwendung und Wirkung ebenfalls charakterisiert.

Für die eingehende Beratung aus ärztlicher Sicht sowie für die Durchsicht des Manuskripts danke ich sehr herzlich in freundschaftlicher Verbundenheit dem Co-Autor Dr.med. Hans-Joachim Christoph, Facharzt für Innere Medizin und Rheumatologie (Minden).

Für die Übermittlung zahlreicher Informationen aus der wissenschaftlichen Untersuchung von Heilpflanzen und neuerer Erkenntnisse der praktischen Anwendung danke ich sehr herzlich Herrn Dr.med. Klaus Ch. Schimmel, Facharzt für Innere Medizin und langjähriger Präsident des Zentralverbandes der Ärzte für Naturheilverfahren und Mitglied der Kommission E. Mein herzlicher Dank gilt auch Dres. med. Barbara und Ulrich Biella (Kulmbach), Fachärzte für Dermatologie und Allergologie, für ihre eingehende Beratung beim schwierigen Kapitel der Hauterkrankungen. Mein bester Dank für die Informationen über neue Entwicklungen im Fachgebiet Augenheilkunde geht an Dr. med. Bernd Stein (Kulmbach). Für die Beratung in pharmazeutischen Fragen danke ich bestens Apotheker Jürgen Bredemeyer (Kulmbach), Apotheker Dr. Hans Horst Fröhlich (Bad Wörishofen) und Apotheker Mannfried Pahlow (Bogen)

Mein besonderer Dank gilt meinem Ehemann Heinrich Hohenberger, der mit sehr tatkräftiger, geduldiger Mithilfe und konstruktiver Kritik meine Arbeit unterstützte. Ihm ist dieses Buch gewidmet.

Oktober 1998,
Dr. Eleonore Hohenberger

Anmerkung: Die Literaturangaben werden durch in Klammern gesetzte Nummern bezeichnet, Literaturverzeichnis S. 209.

Wichtiger Hinweis:

Bei vorliegendem Buch haben die Autoren mit größter Sorgfalt darauf geachtet, daß die Angaben in diesem Werk dem bei dessen Abschluß bestehenden neuesten Wissensstand entsprechen. Allerdings ergeben sich in der Pflanzenheilkunde durch Forschung und Erfahrungen, insbesondere auch bezüglich der Behandlung und der Anwendung von Arzneimitteln im Rahmen der Therapie, ständig neue Erkenntnisse, welche eine entsprechende Anpassung der gewählten Therapie erforderlich machen können.

Bitte richten Sie sich deshalb bei den erwähnten, allgemein erhältlichen Medikamenten immer nach den Hinweisen auf dem jeweiligen Beipackzettel. Dies gilt insbesondere für den Fall, daß Dosierungsempfehlungen oder Hinweise auf Gegenindikationen von Empfehlungen in diesem Buch abweichen.

Bei jeder Selbstmedikation ist zu beachten, daß auch diese nicht ohne die fachkundige Beratung durch einen Arzt, Heilpraktiker oder Apotheker erfolgen sollte.

Bei den beschriebenen Produkten erheben die Autoren keinen Anspruch auf Vollständigkeit, es handelt sich vielmehr um eine von ihnen getroffene Auswahl.

Heilpflanzenfreunde, die ihre Kräuter selbst sammeln möchten, sollten bitte beachten, daß das vorliegende Buch sich nicht zur Pflanzenbestimmung eignet. Auch hinsichtlich der Bezeichnung von Heilkräutern liegen beim Volksmund oft für eine Pflanze verschiedene Benennungen vor, sodaß bei der Bestimmung der betreffenden Heilpflanze im Einzelfall mit äußerster Umsicht vorgegangen werden muß.

Darüber hinaus wird darauf hingewiesen, daß der Heilmittelgehalt von Heilpflanzen Schwankungen unterliegen kann und deshalb die Qualität der gesammelten Heilpflanzen vor einer Selbstmedikation durch einen Spezialisten zu bestimmen ist. Jede Selbstmedikation sowie auch die Dosierung und Anwendung erfolgen auf eigene Gefahr des Anwenders; die Autoren und der Verlag schließen jede Haftung aus.

Allgemeine Einführung

Traditionelle Volksheilkunde

Wenn wir heute auf die häufig so genannte „gute alte" Zeit zurückblicken, will es uns scheinen, als sei die Medizin damals einheitlicher und natürlicher gewesen. In Wirklichkeit ist der teilweise erbittert geführte Streit zwischen der Volksheilkunde und der „Schul"medizin, wie die von studierten Ärzten vertretene Medizin häufig genannt wird, so alt wie die Geschichte der Medizin. Die Anwendung von Kräutern bei Krankheiten ist jedoch älter als die Geschichte der Menschheit, denn auch Tiere verzehren bestimmte Kräuter, wenn sie krank sind. In tropischen Ländern beobachtete man, daß kranke Affen ganz bestimmte Pflanzen suchen und verzehren. Interessant wird die Sache dadurch, daß auch die dort lebenden Menschen bei den gleichen Krankheiten genau die gleichen Kräuter anwenden. Hierzulande ist es bei der Landbevölkerung seit langem bekannt, daß kranke Tiere Kräuter verzehren. So erzählte mir ein Junge, daß sein geliebtes Kaninchen von einer schweren Durchfallerkrankung schon total geschwächt gewesen sei. In seiner Verzweiflung habe er das todkranke Tier „auf den Anger" gesetzt, also jenen Bereich im Dorf, auf dem keine Nutzpflanzen angebaut werden. Das Häslein, so erzählte der Junge, sei schwach aber zielsicher auf ein „Keespappelpflänzchen", also auf eine Malve, zugekrochen und habe dieses Kräutlein verzehrt. Wahrlich ein kluger Hase, denn die Malve ist als Mittel zur Behandlung von Darmkrankheiten sogar schulmedizinisch anerkannt.

Woher wußte das Kaninchen und woher wissen die Affen, welche Pflanzen bei welchen Krankheiten helfen? Das ist eben der Instinkt, könnte man sagen. Auch das Menschengeschlecht besitzt diese psychischen Fähigkeiten, die unsere Vorfahren mit „schlafwandlerischer Sicherheit" geleitet haben, die richtigen Kräuter zu verwenden. Bei uns Menschen nennt man diese Fähig-

keit Intuition. Wer sich auf seine Intuition verlassen kann und verläßt, wird sicher oft ohne anstrengendes Nachdenken den richtigen Weg finden, wer aber die Intuition als einzigen Wegweiser benutzt, geht gewiß oft in die Irre. Das ist bei Tieren nicht anders, denn auch bei ihnen sind Vergiftungen durch Pflanzen seit langem bekannt.

Die Wurzeln für die Verwendung von Heilpflanzen sind demnach im gemeinsamen instinktiv-intuitiven Urgrund aller Lebewesen verankert. Aber frühzeitig begann der Mensch zu experimentieren, Erfahrungen zu sammeln und das Gelernte weiterzugeben. Nach und nach entwickelte sich ein Repertoire an Kräuteranwendungen und anderen Naturheilverfahren, das zum größten Teil mündlich von Generation zu Generation weitergegeben wurde. Immer einmal wieder erklärte die Schulmedizin diese Hausmittel für „dummen Aberglauben", vor allem dann, wenn gerade tolle diagnostisch-technisch-chemische Fortschritte erzielt worden waren. Weil aber Gesundheit auch mit diesen modernen Mitteln nicht in jedem Fall machbar ist, besinnen sich die Menschen immer wieder auf altbewährte Naturheilverfahren, besonders auf „Omas Kräutertee" zurück. Einen solchen Boom der Kräuter erleben wir derzeit. Wir sollten uns darüber freuen und die Chancen nutzen, die sich dadurch für unsere Gesundheit bieten. Hüten sollten wir uns aber vor Einseitigkeit und vor Ideologien. Wenn Sie Heilpflanzen anwenden wollen, müssen Sie sich zum „mündigen Patienten" entwickeln. Das heißt, Sie sollten versuchen, Ihre Krankheit und deren Ursachen zu verstehen. Dann können Sie den Heilungsprozeß gezielt unterstützen.

Historische Wurzeln unserer Kenntnisse

Sehr fruchtbare Entwicklungen für das Wohl der Patienten gibt es jeweils dann, wenn aufgeschlossene Ärzte bereit sind, in ihr schulmedizi-

Die Fingerhutarten gehören zu den giftigsten Pflanzen unserer Flora. Dennoch war in der Volksmedizin ihre heilsame Wirkung bei Herzschwäche schon vor Jahrhunderten bekannt.

nisches Konzept Anwendungen aus der traditionellen Volksheilkunde einzubauen. So darf man es wohl als herausragendes Ereignis der Medizingeschichte bezeichnen, als der berühmte englische Arzt William Withering sich um 1775 von einer Hexe erläutern ließ, wie man mit den Blättern des Roten Fingerhuts Herzkrankheiten heilen kann. „Hexe" nannte man die kluge, kräuterkundige Frau deshalb, weil es ihr immer wieder gelang, das Leben von Menschen zu retten, die aufgrund von Herzinsuffizienz, volkstümlich Herzschwäche genannt, an Wassersucht litten.

Doch schon lange vorher gab es solche Begegnungen von Naturheilkunde und Medizin. Die meisten alten Kräuterbücher sind dadurch entstanden, daß Ärzte oder Botaniker das Wissen ihrer Zeit zusammenfaßten, wozu auch die Erfahrungen der Volksheilkunde zählen. Nur einige bis heute bedeutsame Beispiele seien genannt.

Wie stand Hippokrates (5. Jh.v.Chr.), der wohl berühmteste Arzt aller Zeiten, zu den Heilpflanzen? Wir wissen es nicht. Von ihm ist eine große Zahl höchst verschiedenartiger Werke überliefert, die sogenannten hippokratischen Schriften. Aber hat er sie wirklich selbst verfaßt? Entscheidend ist jedoch, daß sich zu seiner Zeit die Medizin von rein magischen Handlungen zu lösen begann. Erfahrungen und exakte Beobachtungen rückten mehr ins Blickfeld. Ziel der Behandlung war es, die natürliche Heilkraft, die dem Menschen innewohnt, zu unterstützen. Dieser wichtige Aspekt der Medizin wird uns bei der Besprechung der Heilpflanzen immer wieder beschäftigen.

rate". Karl der Große (742-814) und Ludwig der Fromme (778-840) gaben in ihrer Landgüterverordnung „Capitulare de Villis" die Anleitung zum Kräuteranbau, der in den Klöstern, besonders von den Benediktinern, weiter entwickelt wurde. Bis heute bilden die seinerzeit aufgeführten Pflanzen den Grundstock unseres Kräuter-Repertoires im Garten.

Die Heilkunde der Äbtissin Hildegard von Bingen (1099-1179) wird derzeit wieder von erstaunlich vielen Menschen ernstgenommen und angewendet.

Neue Heilpflanzen aus aller Welt kamen nach der Entdeckung Amerikas zu uns. Bis heute hält dieser Trend

leberförmigen Blätter des Leberblümchens deuten demnach auf die Verwendung bei Leberkrankheiten hin. Die weißgefleckten Blätter des Lungenkrautes sehen aus wie eine von Tuberkulose befallene Lunge. Sie sind bis heute Bestandteil von Teemischungen, die man bei Bronchitis und Lungenentzündung einsetzt. Soll man die Signaturenlehre des großen Paracelsus rundweg als „Unfug" bezeichnen? In der Pflanzenheilkunde der Anthroposophie wird diese Idee wieder aufgegriffen. Die „Gestalt" einer Pflanze wird als geistiges Prinzip gedeutet, aus dem die Verwendung abzuleiten ist.

Das 16. Jahrhundert war die Epoche der großen Kräuterbücher, deren originelle Formulierungen wir moderne Kräuterbuchautoren so gerne zitieren. Leonhart Fuchs, Hieronymus Bock und Jacob Theodor Tabernaemontanus seien genannt und gewürdigt. Für die Verbreitung der Kräuterbücher und das in ihnen enthaltene Wissen brachte die Erfindung des Buchdrucks einen großen Aufschwung. Das Kräuterbuch des Petrus Andreas Matthiolus wurde mit 32 000 gedruckten Exemplaren wahrhaftig ein Bestseller.

In Aachen, der wichtigsten Residenz Karls des Großen, wurde beim Rathaus ein Kräutergarten angelegt, in dem die Pflanzen des Capitulare de Villis vorgestellt werden.

Im 1. Jahrhundert nach Christus beschrieb Dioskorides in seinem fünfbändigen Werk „De materia medica" alle damals aus dem Pflanzen- und Tierreich hergestellten Medikamente. Etwa 800 Heilpflanzen werden in diesem Buch vorgestellt. Von unserem heutigen Standpunkt aus betrachtet, ging Galenos (2. Jh. n. Chr.) wissenschaftlich recht genau vor und verfaßte richtungsweisende Schriften. Bis heute heißen die in der Apotheke verkauften Medikamente ihm zu Ehren „galenische Präpa-

an. Immer einmal wird eine neue „Mode-Heilpflanze" bei uns eingeführt und etabliert sich. Als Beispiel sei der Rote Sonnenhut genannt.

Wenn man den Zeitpunkt in der Geschichte suchen sollte, als die „moderne Medizin" begann, wäre Theophrastus Bombastus Paracelsus (1493-1541) zu nennen, der chemische Präparate in die Medizin einführte. Die Pflanzenheilkunde betrieb er nach der „Signaturenlehre". Gemäß dieser Theorie zeigt eine Pflanze durch ihr Aussehen an, gegen welche Krankheiten sie hilft. Die

Im 17., 18. und bis in die Mitte des 19. Jahrhunderts gab es bezüglich der Phytotherapie kaum neue Erkenntnisse. Vielleicht wäre die von Samuel Hahnemann (1755-1843) konzipierte Homöopathie zu nennen, die ebenfalls Heilpflanzen einsetzt, allerdings in starker Verdünnung oder besser „Potenzierung". Jedoch ist der Denk- und Therapieansatz der Homöopathie nicht mit der Anwendung eines Kräutertees oder Pflanzensaftes zu vergleichen, wie noch zu erörtern sein wird.

Erst Sebastian Kneipp (1821-1897) mit seinem „ganzheitlichen Heilkonzept", wie wir heute sagen würden, brachte neuen Schwung in die vor sich hin vegetierende Kräuterkunde. Er schreibt: „Lange Jahre habe ich sondiert und geprüft, zerschnitten, gesotten und gekostet. Kein Kräutchen, kein Pulver, das ich nicht selbst versucht und als bewährt gefunden habe." Mit diesem Ausspruch steht Kneipp mitten in der modernen experimentellen Pflanzenheilkunde.

Der Schweizer Kräuterpfarrer Johann Künzle (1857-1947) hat mit seinen in handfester Sprache empfohlenen, teilweise drastischen Anwendungen ebenfalls bis heute zahlreiche Anhänger. Sein 1911 herausgegebenes Buch „Chrut und Uchrut" ist immer wieder neu gedruckt worden und hat inzwischen eine Auflage von über 1 Million erreicht.

Auch heutzutage wird immer einmal eine neue Therapierichtung entwickelt, die auf völlig anderer Grundlage beruht als das bisher Dagewesene. So geschehen beim Heilkonzept des englischen Arztes Dr. Edward Bach (1886-1936). Er sieht die Ursache für die Krankheiten in den Charakterfehlern und psychischen Schwächen der Menschen. Seine 38 Blütenessenzen sollen helfen, die psychischen Probleme in den Griff zu bekommen, wodurch die Krankheiten von selbst verschwinden sollen.

Und wo stehen wir heute? Davon soll dieses Buch handeln.

Moderne
Phytotherapie

Reinsubstanz oder natürliche Mischung?

Der Begriff Phytotherapie (= Behandlung mit pflanzlichen Heilmitteln) wurde durch den französischen Arzt Henri Leclerc (1870-1955) in die Medizin eingeführt. Die moderne Pflanzenheilkunde ist inzwischen über die volkstümliche Kräuterkunde weit hinausgewachsen und hat sich zu einer wissenschaftlichen Lehre über die Anwendung von Heilpflanzen entwickelt.

Will man einen wesentlichen Unterschied zwischen der Volksheilkunde und der modernen Phytotherapie herausarbeiten, so wäre es wohl die Tatsache, daß in der Volksheilkunde die ganze Pflanze oder ihre Teile zu Tee, Saft, Bädern oder Salbe verarbeitet wird. Diese Mittel enthalten die bunte Palette aller Wirkstoffe. In der Phytotherapie wird meistens ein Extrakt aus der Pflanze hergestellt. Von modernen Pflanzenheilmitteln wird heute erwartet, daß „die" wirksame Substanz oder ein Gemisch der wirksamen Inhaltsstoffe in genau bemessener Form in dem Medikament vorliegt. Häufig wird nur ein einziger isolierter Inhaltsstoff verwendet und bisweilen wird dieser im Labor chemisch nachgebaut und dann zu galenischen Präparaten verarbeitet.

Die Frage, ob man isolierte Reinsubstanzen oder die ganze Pflanze mit ihrer natürlichen Mischung von Wirkstoffen verwenden soll, erhitzt bisweilen die Gemüter. Vertreter einer wirklich natürlichen Pflanzenheilkunde sagen: Es ist ja gerade das Geheimnis der Wirksamkeit von Pflanzen, daß sie durch die spezielle Kombination ihrer Inhaltsstoffe wirken. An diesem Grundsatz ist sicher viel Wahres, aber zum Dogma sollte man ihn nicht erheben, denn auch isolierte Substanzen haben einen großen Vorteil: Man kann genau die passende Dosis austüfteln, die für die Behandlung notwendig ist. Das ist vor allem dann ein entscheidender Vorteil, wenn es sich um eine stark wirkende Heilpflanze handelt, die bei Überdosierung oder im Dauergebrauch giftig ist. Die gleiche Überlegung mit Pro und Contra gilt auch für synthetisch hergestellte Heilmittel, die bestimmten Pflanzeninhaltsstoffen chemisch genau „nachgebaut" wurden.

Professor Dr. Rudolf Fritz Weiß, der über Jahrzehnte richtungsweisend für die Kenntnis und die Verwendung der Heilpflanzen wirkte und dessen Arbeiten über seinen Tod hinaus Gültigkeit haben, schreibt in seinem Buch „Moderne Pflanzenheilkunde": „Ein Zurück zur Natur im Sinne von Rousseau kann es heute nicht mehr geben. Wir müssen uns des gesamten Rüstzeuges der modernen Medizin bedienen, ... Dabei werden die Phytotherapeutika einen breiten Raum einzunehmen haben" (2, S. 30).

Bereits vor 3000 Jahren formulierte Asklepius von Thessalonien die Reihenfolge der Anwendung von Heilmitteln folgendermaßen:

Zuerst das Wort –
dann die Pflanze –
zuletzt das Messer!

Da heutzutage die chemischen Arzneimittel in der Medizin eine überragend wichtige Rolle spielen, schlägt R.F.Weiß folgende Modifikation der eben zitierten altehrwürdigen Aussage vor:

Zuerst das Wort –
dann das pflanzliche Heilmittel –
danach das große synthetische Chemotherapeutikum –
und zuletzt das Messer.

Zwei Beispiele für vielverwendete Reinsubstanzen seien genannt. Aspirin und zahlreiche andere Schmerzmittel enthalten den Wirkstoff Acetylsalicylsäure (ASS). Aus der Weidenrinde wurde die Salicylsäure bereits in der ersten Hälfte des 19. Jahrhunderts gewonnen. Im Jahre 1859 wurde sie auf chemischem Wege von Hermann Kolbe, Chemie-Professor in Leipzig synthetisch hergestellt. 1897 verbesserte der Bayer Chemiker Felix Hoffmann den Geschmack und die Magenverträglichkeit indem er sie mit Essigsäure kombinierte. So entstand die Acetylsalicylsäure, die zu den bekanntesten Schmerz- und Fiebermitteln zählt. Doch sie besitzt außer ihren vielfältigen heilsamen Wirkungen bei manchen Patienten auch unangenehme Nebenwirkungen. Deshalb wird derzeit an der Federseeklinik Bad Buchau (Oberschwaben) eine Doppelblindstudie mit Naturextrakt aus Weidenrinde bei schmerzhafter Arthrose der Hüfte oder des Knies durchgeführt.

Als weiteres Beispiel für synthetisch nachgebaute Naturprodukte wären die Massen an Ascorbinsäure zu nennen, als Naturstoff „Vitamin C" genannt, die in der Medizin und in der Lebensmittelverarbeitung eingesetzt werden.

Ein weiterer Vorteil von Reinsubstanzen ist, daß man bei Nebenwirkungen oder Überempfindlichkeitsreaktionen weiß, woher die schädliche Wirkung kommt und man entsprechend reagieren kann. Zwar sind bei pflanzlichen Heilmitteln im allgemeinen weniger Nebenwirkungen zu erwarten, aber es ist ein Irrtum zu glauben, Pflanzenheilmittel hätten keine Nebenwirkungen. Auch Pflanzen und die aus ihnen hergestellten Tees oder sonstigen Heilmittel sind echte Medikamente, und je wirksamer eine Pflanze ist, desto größer ist die Wahrscheinlichkeit, daß Nebenwirkungen auftreten. Selbst so alltägliche Pflanzen wie die Pfefferminze sollten als Tee nicht tagaus tagein getrunken werden.

Zu diesem Thema noch ein Zitat von R.F. Weiß, und zwar aus seinem Buch „Moderne Pflanzenheilkunde": „Gar nicht selten wird gefragt, ob der Pfefferminztee als Dauergetränk geeignet oder eher schädlich sei. Die Pfefferminze ist eine unserer besten Heilpflanzen mit wertvollen Wirkungen auf Leber und Galle. Aber sie ist eben doch ein Heilmittel, und wie alle Arznei soll sie nur dort und so lange gegeben werden wie es notwendig ist. Auf die Dauer stellt sich früher oder später eine Abneigung und auch eine Abstumpfung der Wirkung ein. Daher ist die Pfefferminze als ein Dauergetränk nicht geeignet" (2, S. 97). Weiß empfiehlt für den täglichen Gebrauch gesundheitsfördernde Teemischungen, die durchaus auch Heilpflanzen enthalten können, aber eigentlich nicht als Arznei getrunken werden. Einige für den täglichen Gebrauch geeignete Teemischungen werden in diesem Buch vorgestellt und empfohlen (S. 54 ff).

Auch manche alternative Heilmethode arbeitet mit isolierten Substanzen in Form von Extrakten, z.B. die Aromatherapie mit den ätherischen Ölen der Pflanze. Außerdem sei daran erinnert, daß auch Penicillin und einige andere hochwirksame Antibiotika durch Lebewesen erzeugte Stoffe sind, also „natürliche Substanzen".

Sind Kombinationspräparate noch vertretbar?

Großer Beliebtheit erfreuen sich Kombinationspräparate aus verschiedenen Pflanzen. Manche Kräuterelixiere und Kräutersäfte bestehen aus 10, manche aus mehr als 20 Heilpflanzen. Sie beruhen häufig auf alten Apothekerrezepten. Die Wirkung solcher Mischungen kann nicht in jedem Fall objektiv beurteilt werden. Aber es gibt nicht nur Mischungen verschiedener Pflanzenextrakte, sondern mit Pflanzenextrakten werden auch chemische Wirkstoffe gemischt. Wenn man gar homöopathische Zubereitungen, die nach einem ganz anderen Denk- und Therapiemodell konzipiert sind, mit normalen Pflanzenpräparaten mischt, beginnt der therapeutische Unfug.

Zahlreiche galenische Präparate, die tagaus tagein von Ärzten oder Heil-praktikern verordnet werden, enthalten Kombinationen mehrerer Pflanzen. Jedoch vor allem auf dem freien Markt werden teilweise gut gemeinte, aber abenteuerliche Mischungen verkauft, wobei die Werbung den gesundheitsbewußten, jedoch fachlich nicht geschulten Käufern die tollsten Wirkungen vorgaukelt. Solche Kombinationspräparate gehen schweren Zeiten entgegen. Die gesetzliche Neuordnung der Arzneimittelzulassung verlangt, daß jeder Inhaltsstoff einen positiven Beitrag zur angestrebten Wirkung leisten muß und daß diese Wirkungen belegt werden müssen.

Ganz sicher werden viele beliebte Kombinationspräparate nach und nach vom Markt verschwinden als Ergebnis des zurückschwingenden Pendels nach wahren Kombinationsorgien.

Das Arzneimittelgesetz und die Kommission E

Das Arzneimittelgesetz (AMG) vom 1. Januar 1978 regelt die nationalen Bestimmungen mit dem Ziel, in der Europäischen Gemeinschaft eine (wenigstens einigermaßen) einheitliche Situation herzustellen. Die Forderungen des Europarates stützen sich auf die bekanntlich überaus strengen Anforderungen der amerikanischen Food and Drug Administration (FDA). Diese sind ganz auf solche Arzneimittel zugeschnitten, deren Wirkung sich mit naturwissenschaftlichen Methoden nachweisen läßt. Diesbezüglich haben chemisch-synthetische Arzneimittel einen großen Vorsprung. Allenfalls eine Reihe stark oder zumindest recht sicher wirkender Pflanzen, wie etwa der Fingerhut oder die Kamille, dürften dann noch zur Herstellung von Medikamenten herangezogen werden. Hätte man die strengen Auflagen in der zunächst geplanten Form durchgesetzt, dann wäre die Zulassung für die Mehrzahl der pflanzlichen Arzneimittel weggefallen. Darauf rea-gierten Ärzte, Massenmedien und Verbraucher mit einem Sturm der Entrüstung. Buchstäblich in letzter Minute wurden noch entsprechende Änderungen durchgesetzt, die dem Gesetz doch einen anderen Aspekt geben. Chemisch-synthetische und pflanzliche Heilmittel stehen nun im Gesetz gleichwertig nebeneinander. Allerdings wurde eine Reihe von pflanzlichen Heilmitteln aus dem Verkehr gezogen, weil ihre Wirksamkeit nicht belegt werden konnte oder weil ihre Wirkung aufgrund problematischer Inhaltsstoffe mit ernsten Nebenwirkungen erkauft werden muß. Für eine Reihe von Präparaten gilt noch eine Übergangsregelung. Sie müssen dann bis zum Jahr 2004 vom Markt genommen werden.

Zur gewissenhaften Prüfung der medizinischen Wirksamkeit von Heilpflanzen wurde 1978 vom Bundesgesundheitsamt (BGA) die sogenannte Kommission E einberufen, bestehend aus Ärzten, Apothekern, in der Forschung arbeitenden Pharmazeuten und Arzneimittelherstellern. Die Expertenkommission hat die Aufgabe, pflanzliche Heilmittel auf ihre Wirksamkeit und Unschädlichkeit zu überprüfen. Hierbei wurde nicht nur der zunächst geforderte „Doppelblindversuch" eingesetzt, der für chemisch-synthetische Medikamente vorgeschrieben ist, sondern auch die „Realerfahrung der Therapie" (nach Martini „Methodenlehre der therapeutisch-klinischen Forschung").

In unserem Kulturkreis werden ca. 400 Heilpflanzen angewendet. Die Kommission E hat inzwischen mehr als 300 Heilpflanzen oder Pflanzenteile und deren Zubereitungen getestet und das Ergebnis in sogenannten Monographien dokumentiert. Für eine Reihe pflanzlicher Arzneien mußten sogenannte Negativ-Monographien erstellt werden, meistens weil sich die Erkenntnisgrundlagen als nicht ausreichend erwiesen, teilweise aber auch wegen eines unvertretbaren Nutzen-Risiko-Verhältnisses. Die Ergebnisse der Kommission E werden in diesem Buch in die Beschreibung einzelner Pflanzen und ihrer Wirkung als sehr wichtiger Faktor mit einbezogen. Inzwischen wurde das BGA aufgelöst. Die Kommission E besteht aber weiter. Sie hat die Untersuchungen über die einzelnen Heilpflanzen mit ihren Inhaltsstoffen, ihrer Wirkung und Anwendung weitgehend abgeschlossen. Derzeit (Stand 1998) geht es um die äußerst wichtige Standardisierung pflanzlicher Arzneimittel, das heißt, es wird geprüft, wieviel von einem bestimmten Inhaltsstoff notwendig ist, um die gewünschte Wirkung zu erzielen und ob die auf dem Markt befindlichen pflanzlichen Arzneimittel diesem Standard entsprechen. Es ist damit zu rechnen, daß nach einer gewissen Übergangszeit zahlreiche pflanzliche Medikamente nicht mehr verkauft werden dürfen, weil die entscheidenden Wirkstoffe in ihnen unterdosiert sind. Vor allem zahlreiche Kombinationspräparate, deren Einzelkomponenten nicht zusammenpassen, dürften dann nicht mehr erhältlich sein.

Manche altbewährte Hausmittel aus Heilpflanzen, die nicht von der Kommission E anerkannt wurden, kann man jedoch weiterhin vertreten und empfehlen. Bei manchen anderen darf man froh sein, daß ihr Mangel an Wirksamkeit oder ihre Nebenwirkungen inzwischen untersucht und dokumentiert wurden, so daß man im Krankheitsfall andere, besser wirkende Mittel einsetzen kann, ohne unnötig Zeit zu verlieren. Heilmittel, die nur der Vorbeugung dienen, müssen nicht dem strengen wissenschaftlichen Test unterworfen werden.

Professor Rudolf Fritz Weiß, großer Verehrer Sebastian Kneipps und Experte der modernen Phytotherapie

Mehrfach wurde schon der Name Rudolf Fritz Weiß (1895-1991) genannt, und seine ungemein treffenden Aussagen werden weiterhin in diesem Buch zitiert werden. Sein grundlegendes Werk „Lehrbuch der Phytotherapie" ist 1960 erstmals erschienen und gilt inzwischen als „Klassiker" (1). Weiß konnte bei seinen wissenschaftlichen Arbeiten auf langjährige praktische Erfahrungen als Facharzt für Innere Medizin zurückgreifen. Er hatte in hohem Maße die Fähigkeit, nicht nur Fachleute zu überzeugen, sondern er hat stets engen Kontakt mit jenen Menschen gepflegt, die aus eigener Verantwortung für ihre Gesundheit etwas tun wollten. Weil er Sebastian Kneipp sehr schätzte, engagierte er sich intensiv im Kneipp-Bund. Bis kurz vor seinem Tode hielt er Vorträge und veröffentlichte vielbeachtete Ratschläge in den Kneipp-Blättern. Sein Buch „Moderne Pflanzenheilkunde", erschienen im Kneipp-Verlag, Bad Wörishofen, hat mit seinen 8 Auflagen einen sehr großen Leserkreis gefunden (2). Es gelang ihm, mit seinen Vorträgen und Veröffentlichungen die Menschen zu begeistern und ihnen den richtigen Weg zu weisen.

Er war stimmberechtigtes Mitglied der Kommission E. Demnach ist er maßgeblich dafür verantwortlich, daß wir heute sehr viel genauere Kenntnisse über die Inhaltsstoffe und Heilwirkungen der Pflanzen besitzen, und ihm ist es auch zum nicht geringen Teil zu verdanken, daß wir heute noch in unseren Apotheken, Reformhäusern, Spezial-Kräuterläden und Versandfirmen zahlreiche Heilpflanzendrogen und deren Zubereitungen kaufen können. In anderen Ländern ist das nicht der Fall. Aus diesen Ausführungen ist zu entnehmen, daß Pflanzenheilkunde (Phytotherapie) keine alternative Heilmethode ist, sondern ein Spezialgebiet der wissenschaftlich orientierten Schulmedizin.

Das „Lehrbuch der Phytotherapie" wurde von Professor Dr.med. Volker Fintelmann völlig neu bearbeitet (3). Dieses Buch erschien 1997 und hat den Rang eines Standardwerks für Apotheker sowie für Ärzte, die sich mit Pflanzenheilkunde beschäftigen. Dr. Fintelmann ist Facharzt für Innere Medizin mit dem Schwerpunkt Gastroenterologie.

Einige philosophische und psychologische Aspekte der Verwendung von Heilpflanzen

Von Albert Einstein ist der Satz überliefert: „Durch rationales Denken allein lassen sich die Lebensprobleme nicht lösen". Diese Aussage gilt in besonderem Maße auch für die Medizin. Bei einem Menschen können alle meßbaren physiologischen Werte stimmen, er ist also im medizinischen Sinne „gesund", aber dennoch „geht es ihm schlecht", weil er aus persönlichen Gründen unglücklich ist. Das kann sich sogar in quälenden körperlichen Beschwerden äußern. Ein solcher Mensch hat womöglich Magenschmerzen oder Kopfweh, ohne daß diese Beschwerden objektivierbar sind. Umgekehrt gibt es Menschen, die nachweisbar körperlich ernstlich krank oder durch Behinderungen eingeschränkt sind, aber dennoch ein erfülltes und sogar einigermaßen fröhliches Leben führen. Dazu kommt noch der klassische Hypochonder, der sich alle möglichen Krankheiten einbildet, aber in Wirklichkeit kerngesund oder zumindest nicht ernstlich krank ist.

Gesundheit oder Krankheit sind demnach nur in Grenzen objektivierbar. Sie haben eine sehr starke subjektive, psychische Komponente, wobei in diesem Zusammenhang das weite Feld der echten psychischen Erkrankungen und ernsten Störungen auf dem emotionalen Sektor gar nicht in die Betrachtung einbezogen werden sollen. Seit jeher hat sich deshalb die Medizin besonderer, für den Patienten überzeugender Rituale bedient. Das ist bis heute so. Wir erwarten von einem Arzt, dem häufig so genannten „Halbgott in Weiß", ein ganz bestimmtes Image und ein ganz bestimmtes Vorgehen

23

mit Blutentnahme, Röntgendiagnostik und Verordnung eines Medikaments. In dieser Weise geht auch jeder Medizinmann oder Priesterarzt seit Urzeiten vor, nur daß er den Patienten mit Kräuterbüscheln peitscht oder singend ums Feuer tanzt.

Deshalb fallen die kranken Menschen so leicht auf einen Scharlatan herein, wenn er mit überzeugenden Ritualen, Erklärungen oder Heilmitteln aufwarten kann. Sebastian Kneipp betrachtet, wie in allen seinen Ausführungen, auch diesen Aspekt erstaunlich nüchtern. In seinem Buch „So sollt ihr leben" schreibt er im Vorwort zur 1. Auflage: „Man kann fast sagen: Je absonderlicher eine auftauchende Heilmethode ist, desto mehr Freunde und Anhänger gewinnt sie, bis endlich die leichtgläubige Menge einsieht, daß sie betrogen ist und der ‚Heilkünstler' sich die Taschen gefüllt hat."

In den Verdacht, nicht recht viel mehr als ein fauler Zauber zu sein, geriet auch die Pflanzenheilkunde, genauer gesagt, das große Repertoire an mild wirkenden Heilpflanzen, dessen sich die Volksmedizin bedient und das auch von aufgeschlossenen Ärzten zur unterstützenden Therapie herangezogen wird. Sehr oft hört man über die Anwendung von Heilpflanzen: Man muß daran glauben, wenn es helfen soll. Leider ist die erstrebenswerte Fähigkeit zu glauben, nicht jedem gegeben, und wenn man gar glauben „muß", bleibt wohl vom wahren Glauben nicht mehr viel übrig.

Für unsere moderne Zeit dürfte wohl eine Einstellung zu den Heilpflanzen und anderen Naturheilverfahren sowie sogar zur wissenschaftlichen Medizin angemessen sein, die sich etwa folgendermaßen umschreiben läßt: „Ich werde dieses Verfahren oder diese Heilpflanze nun anwenden und werde genau beobachten, ob

und wie die Behandlung wirkt. Hilft es mir, umso besser, hilft es nicht, werde ich nach reiflicher Überlegung ein anderes Verfahren anwenden." Mit dieser Aussage wird aber bereits unterstellt, daß es für die Wirkung jener vielen Heilpflanzen, die wir zum Beispiel gegen Alltagsbeschwerden und chronische Erkrankungen anwenden, keine Garantie gibt. Für die Wirkung mancher anderer Heilpflanzen gibt es eine solche Garantie sehr wohl. Davon soll das folgende Kapitel handeln.

Forte- und Mite-Pflanzen

Auch in jenen Zeiten, in denen Heilpflanzen von der wissenschaftlichen Medizin skeptisch betrachtet wurden, hat es stets eine Reihe von Pflanzen gegeben, an deren Wirksamkeit kein Mediziner gezweifelt hat. Nach der Intensität ihrer Wirkung unterscheidet R.F.Weiß zwei Klassen von Heilpflanzen: die Forte- und die Mite-Pflanzen.

Forte-Pflanzen wirken mit vorhersagbarem Effekt und häufig auch rasch. Sie werden vorzugsweise bei schweren Krankheitszuständen vom Arzt verordnet. Als Beispiele seien Fingerhut (Digitalis sp.), Tollkirsche (Atropa belladonna) und Schlafmohn (Papaver somniferum) genannt, aus welchem das Morphium gewonnen wird. Forte-Pflanzen sind nur ausnahmsweise und nur mit genauer Anleitung zur Selbstmedikation geeignet. Bei vielen kommt eine Selbstmedikation überhaupt nicht in Frage, weil es sich um ausgesprochene Giftpflanzen handelt. Um sicher zu gehen, werden bei vielen dieser Pflanzen die Wirkstoffe in pharmazeutischen Werken entzogen und in Form galenischer Präparate mit genau eingestelltem Wirkstoffgehalt in den Handel gebracht.

Mite-Pflanzen wirken langsamer und sanfter. Zu ihnen gehören alle jene freundlichen Helfer, die man in der Hausapotheke hat oder haben sollte, wie etwa die Kamille. Man kann sie wohlüberlegt nach eigenem Ermes-

sen gegen Unpäßlichkeiten einsetzen. Daß diese Pflanzen mild wirken, heißt aber nicht, daß sie nur dem helfen, der daran glaubt. Auch sie sind echte Medikamente. Man sollte allerdings keine zu hohen Ansprüche an sie stellen. Ihr wichtigster Einsatzbereich ist die große Fülle funktionaler Störungen, unter denen der Betroffene eventuell erheblich leidet, bei denen aber der Einsatz starker Mittel nicht gerechtfertigt ist.

Zu ergänzen wäre, daß es noch eine Reihe von Pflanzen gibt, die zwischen Mite- und Forte-Pflanzen stehen, also mittelstark wirken. Sie sind bei guter Kenntnis nach reiflicher Überlegung meistens auch zur Selbstmedikation geeignet, können aber bei Überdosierung und eventuell auch im Dauergebrauch unangenehme Nebenwirkungen erzeugen.

Beispiele für Mite- und Forte-Pflanzen sowie für mittelstark wirkende Pflanzen

In meinem Buch „Heilpflanzen, die wirklich helfen" (4, S. 129ff) habe ich, den Ideen von R.F. Weiß folgend, am Beispiel der Pflanzen, die bei Herzkrankheiten wirksam sind, das Phänomen der Forte- und Mite-Pflanzen eingehend beschrieben.

Kurz zusammengefaßt: Mild wirkende Pflanzen sind Zitronenmelisse und Weißdorn. Die Melisse wirkt beruhigend bei nervösen Herzbeschwerden, Weißdorn fördert die Durchblutung der Herzkranzgefäße und kann deshalb gegen Herzschwäche (Herzinsuffizienz) erfolgreich eingesetzt werden. Stark wirkende Pflanzen für Herzerkrankungen sind Maiglöckchen und Fingerhut. Beide sind Giftpflanzen und sind zur Selbstmedikation nicht geeignet, sondern werden in Form galenischer Präparate vom Arzt bei entsprechenden Indikationen verordnet.

Beachten Sie: Bei den mild wirkenden Pflanzen war von „Herzbeschwerden" die Rede, also von funktionalen Störungen. Bei „Herzerkrankungen" mit eventuellen organischen Veränderungen können Sie die Mite-Pflanzen zur unterstützenden Behandlung mit heranziehen, ausreichende Dosierung vorausgesetzt, aber die grundlegende Behandlung muß in Form stärker wirkender Medikamente erfolgen, die häufig aus Forte-Pflanzen gewonnen werden, häufig aber handelt es sich auch um synthetisch hergestellte Präparate.

Eine herzwirksame Pflanze mit mittelstarker Wirkung ist das Herzgespann, mit dem man sich nach menschlichem Ermessen nicht vergiften kann und das auch zur Selbstmedikation geeignet ist. Bei Überdosierung oder wenn die frische Pflanze zur Zubereitung des Tees verwendet wird, erzeugt Herzgespann jedoch wegen seines Gehalts an nicht ganz ungiftigen Alkaloiden Schlappheit, Benommenheit, Brechreiz und unstillbaren Durst. R.F.Weiß stellt auch das Maiglöckchen in die Gruppe der mittelstarken Pflanzen, obwohl es sich nur nach reiflicher Überlegung und sorgfältiger Dosierung zur Selbstmedikation eignet.

Von den mild wirkenden Pflanzen wurden bereits Kamille, Zitronenmelisse und Weißdorn erwähnt. Weitere Beispiele sind Pfefferminze, Baldrian, Salbei und Fenchel. Als Forte-Pflanzen wären außerdem Osterluzei, Oleander und Eisenhut zu nennen, die häufig nur in homöopathischer Verdünnung eingesetzt werden oder von der Kommission E verboten wurden. Mittelstark wirksam sind zum Beispiel Arnika, Johanniskraut und Beinwell.

Zu ergänzen wäre, daß die Einteilung in Forte- und Mite-Pflanzen nicht in scharfen, strengen Grenzen erfolgen kann. Sie dient mehr dem Verständnis, hat also in erster Linie eine didaktische Funktion.

Therapeutische Breite und Nebenwirkungen

Mite-Pflanzen wirken, wie schon ausgeführt, meistens langsamer und sanfter. Aber auch die Anwendung mild wirkender Pflanzen ist nicht immer „ganz unbedenklich". Auch sie sind echte Heilmittel, die bei Überdosierung, im Dauergebrauch oder bei falschem Einsatz erhebliche Nebenwirkungen haben können. Jede Wirkung bedingt eine Nebenwirkung. Manchmal ist die Nebenwirkung erwünscht bzw. Teil der Heilwirkung, aber häufig treten auch unerwünschte Nebenwirkungen auf. So sollte beispielsweise Kamillentee nicht für Augenspülungen verwendet werden. Kamille besitzt eine austrocknende Wirkung, die etwa bei „fließendem Schnupfen" in Form von Inhalationen durchaus erwünscht ist, sich für das Auge jedoch als schädlich erweist. Bei Überdosierung kann Kamillentee im Magen und in der Speiseröhre ein unangenehmes Brennen hervorrufen. Deshalb ist Kamillentee als Getränk zum Dauergebrauch für alle Tage nicht geeignet.

Mite-Pflanzen haben im allgemeinen eine große therapeutische Breite. Das bedeutet, daß sie häufig auch dann keine negativen Nebenwirkungen zeigen, wenn man sie einmal überdosiert und zum Beispiel 5 oder 6 Tassen eines solchen Tees trinkt. Mit zunehmender Wirksamkeit nimmt die therapeutische Breite ab, das heißt, je wirksamer eine Pflanze ist, desto genauer muß man sich an die Dosierungsvorschriften halten.

Wichtig ist auch folgender Hinweis: Bei gegebener Disposition können manche Pflanzen bekanntlich allergisierend wirken. Hierbei machen auch Heilpflanzen keine Ausnahme. Besonders häufig treten Allergien gegen Beifuß und Sellerie auf. Auch Arnika und Roter Sonnenhut können Allergien auslösen.

Zu ergänzen wäre, daß auch bei den chemisch hergestellten Mitteln das Wirkungsspektrum von mild über mittelstark bis stark geht. Manche von ihnen sind auch zur Selbstmedikation geeignet. So werden z.B. Calcium- oder Magnesiumtabletten sowie manche Spurenelemente den gesundheitsbewußten Verbrauchern tagaus tagein werbewirksam ans Herz gelegt. Aber auch hier kann es bei Überdosierung zu mehr oder weniger ernsten Entgleisungen im Mineralstoffhaushalt des Körpers kommen, der im Normalfall darauf angelegt ist, seinen Mineralstoffbedarf aus einer vernünftig zusammengesetzten Nahrung zu beziehen. Außerdem sollte man nicht vergessen, daß auch zahlreiche moderne hochwirksame Medikamente, bei denen das Nutzen-Risiko-Verhältnis genau beachtet werden muß, aus Natursubstanzen hergestellt sind. Hier wären manche Zytostatika zu nennen, die das giftige Vinca-Alkaloid aus dem Madagaskar-Immergrün (Vinca rosea) enthalten oder Antibiotika, bei denen die giftigen Ausscheidungen von Schimmelpilzen verwendet werden.

Kurzum, man darf nicht den Fehler begehen, aus ideologischen Gründen „die Natur" grundsätzlich für verträglicher zu halten als „die Chemie".

Heilkonzepte mit Pflanzen

Viele Heilverfahren verwenden Heilpflanzen in ihrem Konzept. Der Denk- und Therapieansatz ist jedoch häufig überhaupt nicht miteinander vergleichbar. Da aber der Mensch, vor allem der kranke Mensch, im Dschungel der Krankheiten eine Führung sucht, erlebt das eine oder andere Heilkonzept dank „sensationeller Heilerfolge" immer einmal wieder besonderen Zuspruch. Das hat seinerzeit schon Sebastian Kneipp erkannt, wie seinen auf Seite 24 zitierten Ausführungen zu entnehmen ist. Tatsache ist, daß der Organismus eines Patienten nicht auf jede Maßnahme gleich gut „anspricht". Das gilt für die wissenschaftlich ausgerichtete Medizin genauso wie für Naturheilverfahren. Es kommt letztlich immer darauf an, die Selbstheilungskräfte zu aktivieren nach dem Motto: Der Arzt behandelt, die Natur heilt.

Noch ein weiterer Aspekt soll angesprochen werden: Wir hatten noch nie eine so effektive medizinische Versorgung, noch nie so hohe Heilungschancen auch in nahezu aussichtslosen Fällen und noch nie eine so hohe Lebenserwartung wie derzeit. Dennoch vertrauen kranke Menschen willig (oder soll man sagen willenlos) schamanischen, indianischen, fernöstlichen und mittelalterlichen Heilverfahren, die, mit wissenschaftlichen Maßstäben gemessen, bisweilen nicht recht viel mehr als einen Placebo-Effekt haben können, also auf Einbildung beruhen. Dazu ein Zitat: „Ganz offensichtlich wird die moderne Medizin einem Grundbedürfnis des kranken Menschen nicht mehr gerecht, dem Bedürfnis zu glauben, blindlings zu vertrauen, das Heil zu erwarten von einer Macht, die größer ist als wir selbst. Hier zeigt sich, daß Heilkunde, Religion und Magie dieselben Wurzeln haben." (4, S. 146). Damit sind wir schon bei Hildegard von Bingen (1098-1179) und ihren heute wieder von vielen Menschen hochgeschätzten Ratschlägen.

Nach Hildegards Ratschlägen sollen Edelkastanien (Maroni) vor allem dann häufig verzehrt werden, wenn Störungen der Hirntätigkeit und der Sinnesorgane auftreten, besonders im fortgeschrittenen Alter.

Hildegard-Heilkunde

Hildegard von Bingen war eine der wenigen Frauen des Mittelalters, denen es seinerzeit gelang, sich Gehör zu verschaffen. Ihre Erkenntnisse hat sie nicht durch Forschen und Beobachten erlangt, sondern, wie sie immer wieder betont, durch von Gott eingegebene Visionen. Dem österreichischen Dr. Arzt Gottfried Hertzka ist es zu verdanken, daß Hildegards Schriften heute wieder gelesen und ihre Anweisungen von einer ganzen Reihe von Ärzten und Heilpraktikern eingesetzt werden.

Hildegard-Heilkunde beruht auf vier Säulen:

1) Die Diät, in der das Dinkelgetreide und die Eßkastanien eine tragende Rolle spielen. Mit unseren modernen Vollwert-Maßstäben ist die empfohlene Kost nicht ohne weiteres vereinbar, denn so gut wie alle Speisen werden gebraten oder gekocht, was seinerzeit angesichts der problematischen hygienischen Verhältnisse des Mittelalters völlig richtig war.

2) Die Ausleitungsverfahren haben ihre theoretische Wurzel in der antiken Säftelehre (S. 62), die davon ausging, daß krankmachende Stoffe aus dem Körper entfernt werden müßten, damit das Gleichgewicht der Säfte wieder hergestellt werde. Vor allem vorbeugend empfiehlt Hildegard den Aderlaß aus der Armvene. Eine weitere Maßnahme ist das regelmäßige Schröpfen, bei dem ein spezielles, auf einer Seite offenes Glas, in dem Unterdruck herrscht, auf die eingeritzte Haut angesetzt wird, wodurch „schleimige Säfte" abgesaugt werden sollen, die neben Blut aus Lymphflüssigkeit bestehen. Manche Heilpraktiker und auch einige Ärzte wenden diese traditionsreichen Behandlungsformen heute noch an. Die moderne Schulmedizin betont hingegen eher die Gefahren dieser Maßnahmen, wie z.B. eine weitere Schwächung des Patienten durch womöglich mehrmaligen Aderlaß.

3) Das Fasten dient nicht unserem modernen Trend, einen schlanken Leib und einen reinen Teint und vielleicht noch entgiftetes Blut zu erlangen. Gefastet wird zwecks Beseitigung von 35 Lastern und zur Erlangung von 35 Tugenden. Fasten hat demnach bei Hildegard keine körperliche,

sondern eine spirituelle Qualität. Sie betrachtet es als eine Bußübung, die allerdings für viele Menschen, besonders für die Hochmütigen, sinnlos und schädlich sein kann.

4) Die Heilmittel werden aus Pflanzen, Tieren, Metallen und Steinen gewonnen und auch die Elemente Wasser, Luft und Erde werden einbezogen. Hildegard hat in ihrer Arzneimittelkunde fast 1800 Rezepte hinterlassen, von denen sie sagt: „Diese Arzneien werden den Menschen gesund machen oder aber er wird sterben." Nicht nur über ihre Kochrezepte und Pflanzenheilmittel gibt es zahlreiche neue Veröffentlichungen, sondern auch über die heilende Wirkung von Edelsteinen, Halbedelsteinen und Goldstaub. Genau wie bei den meisten traditionellen volksmedizinischen Heilkonzepten werden bei Hildegard auch Zubereitungen von verschiedenen Tieren eingesetzt. Besonders viele Heilmittel der Hildegard-Heilkunde werden aus Pflanzen gewonnen, die teilweise in der Volksmedizin sowie auch in der modernen Phytotherapie einen festen Platz haben. Als Beispiele seien Petersilie, Wermut, Gundermann, Minze, Salbei, Aloe und Schöllkraut genannt. Bei der Beschreibung der Heilpflanzen mit ihren Inhaltsstoffen und ihrer Wirkung im Kapitel „Heilkräuter für die Gesundheit von Kopf bis Fuß" (S. 57 ff) wird, soweit es sich mit der modernen Pflanzenheilkunde vereinbaren läßt, auch auf die Verwendung im Rahmen der Hildegard-Heilkunde verwiesen.

Traditionelle chinesische Heilkunde

Dieses uralte Heilkonzept hat seine Wurzeln in der fernöstlichen Philosophie. Drei Kräfte bzw. Grundqualitäten des Lebens bestimmen das

Schicksal der Menschen und sind verantwortlich für Gesundheit oder Krankheit. Es sind die Kräfte Yin, Yang und Qi.

Yin bedeutet weiblich und Hingabe, bildlich dargestellt durch den Mond. Yang bedeutet männlich und Aktivität, symbolisch dargestellt durch die Sonne. Qi könnte am besten mit dem Begriff „Lebenskraft" übersetzt werden. Die Kräfte Yin und Yang bilden die Pole einer Ganzheit. Yin und Yang manifestieren sich in jedem Menschen und müssen sich in Harmonie gegenseitig ergänzen. Krankheiten entstehen durch Stö-

Der Wurzelstock der Engelwurz wird in der chinesischen Medizin bei Erkrankungen der Leber und des Darmes eingesetzt, vor allem bei Verstopfung. Sie ist Bestandteil krampflösender Fertigarzneien.

rungen in der Harmonie dieses Gleichgewichts. Die dritte Kraft Qi durchströmt den Körper und kann bei Störungen, Stauungen und

Schwächungen ebenfalls zu Krankheiten führen. Die Chinesen kennen und unterscheiden verschiedene Arten von Qi.

Chinesische Heilkunde ist ganzheitlich und psychosomatisch ausgerichtet. Die Therapie zielt darauf ab, die beiden gegensätzlichen Kräfte wieder in Einklang zu bringen. Akupunktur, Ernährungsumstellung, Meditation, Schattenboxen oder Kräuteranwendungen werden mit diesem Ziel eingesetzt.

Inzwischen lehnen auch westliche Mediziner die chinesische Heilkunde, vor allem die Akupunktur, nicht

mehr als rundweg unwissenschaftlich ab. Besonders bei funktionalen Störungen, die häufig mit starken Schmerzzuständen verbunden sind, erreicht man mit Akupunktur und anderen chinesischen Heilmitteln oft überraschende Erfolge. Bei schweren organischen Erkrankungen ist im allgemeinen die westliche Medizin erfolgreicher. Ähnlich wie bei uns stehen oder standen sich in China moderne Medizin und traditionelle Heilkunde recht streitbar gegenüber. Heute wird in China, zumindest als Zielvorstellung nach der Methode verfahren: Traditionelle Medizin wo möglich, moderne Medizin wo nötig.

Auch in Deutschland gibt es einige Kliniken, die ihre Patienten gemäß der traditionellen chinesischen Heilkunde behandeln, z.B. in Kötzting (Bayerischer Wald) und in Bad Oynhausen. In Kulmbach (Oberfranken) besteht seit 1984 eine Akademie für traditionelle chinesische Medizin, bei der Ärzte, Medizinstudenten und Heilpraktiker Fortbildungsseminare besuchen können. Hier im Westen ist die Akupunktur das bekannteste chinesische Heilverfahren. In Wahrheit sind in China eine hochspezialisierte Phytotherapie, aber auch Aufbereitungen mineralischer und tierischer Herkunft sowie eine ausgefeilte Diätetik die wichtigsten Heilmethoden.

Einige spezielle Pflanzen der chinesischen Heilkunde haben inzwischen auch bei uns einen guten Ruf, wie etwa der Ginseng, der als nervenstärkendes Tonikum (= Stärkungsmittel) und Geriatrikum (= Mittel gegen Altersbeschwerden) eingesetzt wird. Von den Heilpflanzen, die auch in unserer Volksheilkunde seit Jahrhunderten verwendet werden, seien Schöllkraut, Fenchel, Süßholzwurzel, Hirtentäschel und Engelwurz genannt. Bei den Beschreibungen der einzelnen Heilpflanzen (S. 57 ff) wird einige Male auch auf die Verwendung in der chinesischen Heilkunde verwiesen (5).

Die Einfuhr von chinesischen Fertigarzneimitteln nach Deutschland ist durch das Arzneimittelgesetz geregelt. Sie unterliegen dem gleichen strengen Standard wie die Medikamente, die der Bundesverband der Pharmazeutischen Industrie herausbringt und genehmigt.

Anthroposophisches Heilkonzept

Die anthroposophische Philosophie, Lebensauffassung und Lebensweise wurde von dem österreichischen Natur- und Geisteswissenschaftler Rudolf Steiner (1861-1925) entwickelt. Er wollte sein Lebenswerk nicht als Gegensatz zu den Naturwissenschaften und zur Schulmedizin verstanden wissen, sondern als deren Ergänzung. Der Mensch wird hierbei als Teil des Kosmos verstanden mit der Pflicht zu einem hohen Ethos und bewußter Verantwortung für die Erde. Auch die landwirtschaftliche und gärtnerische Bewirtschaftung folgt diesem geistigen Konzept, bei dem auch kosmische Rhythmen, wie etwa die Mondphasen, eine wichtige Rolle spielen. Die Anbaumethode nach anthroposophischen Prinzipien heißt „biologisch-dynamisch" und die nach diesen Grundsätzen erzeugten Lebensmittel tragen das Markenzeichen „demeter".

Ein wunderschöner, nach anthroposophischen Grundsätzen angelegter Kräutergarten bei Schloß Wernstein (Kulmbach). Altbewährte Heilkräuter mit langer Tradition stehen neben der Echinacea, die sich erst kürzlich in Europa etablierte.

Die anthroposophische Medizin wird von der konventionellen Schulmedizin als Außenseitermethode eingestuft, obwohl sie von wissenschaftlich ausgebildeten Ärzten ausgeübt wird, die aber außer dem üblichen Medizinstudium noch eine Zusatzausbildung an einer anthroposophisch geleiteten „Freien Hochschule für Geisteswissenschaften" absolviert haben.

Bei der Diagnostik ist nicht nur der objektiv feststellbare und eventuell meßbare Befund für das Behandlungskonzept entscheidend, sondern vor allem auch die subjektive Befindlichkeit.

Beim Verhältnis der Anthroposophie zu den Heilkräutern spielt die „Gestalt" der Pflanze eine entscheidende Rolle, weil sie den „Geist" bzw. das Ätherische ausdrückt. Das bedeutet, daß bei dieser Betrachtungsweise die Signaturenlehre des großen Paracelsus in modifizierter Form in das Heilkonzept eingebaut wird. Allgemein bekannt geworden ist die anthroposophische Misteltherapie (S. 195 f) bei Krebserkrankungen, und sie wird immer wieder von Fachleuten und in der Öffentlichkeit heiß diskutiert.

Krankheit ist für die Anthroposophen kein persönliches Unglück, sondern hat einen Sinn, den es zu erkennen gilt. Und der Tod ist ohnehin nicht das Ende, weil der Geist unsterblich ist.

Homöopathie

Samuel Hahnemann (1755-1843) war zu seiner Zeit eine Art „Aussteiger" aus der Schulmedizin, deren Methoden er einen „Holzweg im dunklen Haine" nannte. Er dürfte wohl einer der ersten Mediziner gewesen sein, der sich Sorgen wegen der Nebenwirkungen von Arzneien machte. Er entwickelte das sogenannte „Ähnlichkeitsprinzip". Um das zu verstehen, muß man zuerst erläutern, nach welchen Prinzipien unsere Schulmedizin in der Regel Krankheiten behandelt.

„Homöo" heißt „ähnlich" und der Gegensatz dazu ist „allos", zu Deutsch „das andere". Unsere Schulmedizin behandelt im wesentlichen nach der „Allopathie", ein Begriff, der das Prinzip gut beschreibt. Bei Schlaflosigkeit verordnet man ein Beruhigungsmittel, bei Durchfall ein Mittel, das stopft und bei hohem Blutdruck ein Mittel, das ihn senkt. Nicht selten wird nach dem Motto verordnet „Viel hilft viel". Umgekehrt geht die Homöopathie vor.

Hahnemann gab sich nicht zufrieden mit Spekulationen über die Wirksamkeit von Medikamenten, wie es zu seiner Zeit üblich war, sondern stellte Versuche mit gesunden Menschen an und prüfte genau, welche Wirkungen ein bestimmter Stoff auf den menschlichen Organismus habe. Er erkannte, daß man mit Arzneistoffen künstliche Krankheiten erzeugen konnte. Wie jeder Fremdstoff setzt auch eine Arznei einen spezifischen Reiz. Sie wird erst zur heilenden Arznei durch die darauf

folgende Reaktion des Organismus. Hahnemann prüfte die Wirkung verschiedener Stoffe pflanzlicher, tierischer oder mineralischer Herkunft am gesunden Organismus, vor allem an sich selbst. Unter den getesteten Substanzen befanden sich auch ganz üble Gifte. Er schrieb genau auf, welche Krankheitssymptome durch einen bestimmten Stoff beziehungsweise eine Arznei in höherer Dosierung künstlich erzeugt werden konnten und nannte diese Wirkungen das „Arzneimittelbild".

Und nun seine Schlußfolgerung: Symptome, die durch einen bestimmten Stoff hervorgerufen werden, werden durch eben diesen Stoff geheilt, wenn er in starker Verdünnung verabreicht wird. Diese Erkenntnis stammt aber nicht von Hahnemann, wie oft behauptet wird, sondern bereits vor mehr als 2000 Jahren schrieb Hippokrates: „Durch das Ähnliche entsteht die Krankheit und durch das Ähnliche wird sie geheilt." Auch die moderne Schulmedizin wendet dieses Prinzip bei jeder aktiven Impfung an.

Hahnemanns Erkenntnisse bilden bis zur Gegenwart die Grundlage der wissenschaftlichen Homöopathie:

◆ Kleine Reize haben einen stimulierenden Effekt durch die reaktive Nachwirkung des Organismus.
◆ Stärkere Reize haben eine direkte Erstwirkung.
◆ Massive Reize wirken toxisch (giftig).
◆ Ob ein Reiz angemessen und heilend ist, zeigt sich am Organismus des Patienten.

Dies sei an zwei Beispielen erläutert. Zubereitungen aus der Aloe, einer Pflanze aus den Wüstengebieten des südlichen Afrika, werden seit altersher als Abführmittel eingesetzt. Die abführende Wirkung einer höheren Dosis Aloe kommt dadurch zustande, daß im Darm eine Entzündung hervorgerufen wird. Schlußfolgerung der Homöopathie: Wenn ein schon gereizter Darm vorliegt, zum Beispiel bei einer Kolitis (Dickdarmentzündung), ist eine minimale Dosis von Aloe heilsam. Als zweites Beispiel sei eine Pflanze genannt, deren Wirkung Sie gewiß schon selbst erlebt haben: tränende Augen und laufende Nase beim Zwiebelschneiden. Folgerichtig wird das Homöopathikum Allium cepa, also eine Zubereitung aus der Zwiebel, bei Schnupfen mit tränenden Augen eingesetzt. Und wogegen helfen Güsse mit kaltem Wasser? Nicht gegen Hitzegefühl, sondern gegen „Mangel an Lebenswärme". Diesbezüglich ist Hahnemann ein echter Vorläufer von Sebastian Kneipp. Allerdings darf es sich nicht um massive kalte Güsse handeln, sondern auch sie müssen entsprechend sorgfältig dosiert sein.

Zu ergänzen wäre, daß bei der Homöopathie nicht nur die körperlichen Symptome, sondern auch die psychische und geistige Verfassung des Patienten genau berücksichtigt wird. Sie ist demnach im besten Sinne „ganzheitlich". Aber die natürliche Krankheit und die durch einen bestimmten Stoff erzeugte

Die Große Brennessel (im Hintergrund) ist eine häufig verwendete Heilpflanze, aus der Tee und Säfte gewonnen werden. Die Kleine Brennessel (im Vordergrund) wird in homöopathischen Arzneien z.B. gegen Nesselfieber eingesetzt.

„Kunstkrankheit" müssen sich in ihren Symptomen möglichst genau entsprechen. Symptome, die ein Stoff „macht", kann dieser auch heilen. Homöopathie greift „regulierend" ein.

Bei der Herstellung homöopathischer Arzneien werden zunächst die Ausgangsstoffe in Alkohol oder Wasser gelöst beziehungsweise feste Stoffe mit Milchzucker verrieben. Dadurch erhält man die sogenannte „Urtinktur" beziehungsweise „Ursubstanz". Diese wird nun schrittweise verdünnt, was man in der Homöopathie „Potenzieren" nennt. Hierbei wird 1 Teil der Urtinktur oder Ursubstanz mit 10 Teilen des Lösungsmittels verschüttelt oder verrieben. Um genau zu sein: Beim Potenzieren hat Hahnemann nach jedem Verdünnungsschritt seine Hand mit dem Gläschen 20 mal auf ein dickes Buch mit ledernem Einband gestoßen. Dann wird in gleichem Sinne weiter verdünnt. Das Maß der Verdünnung, also der Potenzierung, wird mit dem Buchstaben D (abgeleitet von Dezimal) und einer tiefgestellten Zahl gekennzeichnet. So bedeutet D2 eine Verdünnung von 1:100, D3 von 1:1 000, die häufig verordnete Potenz D6 von 1:1 000 000 und die Hochpotenz D30 eine Verdünnung von 1 zu einer Eins mit 30 Nullen. Die Potenzierung ist auch in Schritten mit jeweils hundertfacher Verdünnung möglich. Hierbei geht es nach der sogenannten Centesimalskala, wobei die Arznei mit einem C und einer tiefgestellten Zahl gekennzeichnet ist. In Frankreich und im englischsprachigen Raum werden hauptsächlich C-Potenzen, bei uns vor allem D-Potenzen verordnet.

Die Anamnese für eine homöopathische Behandlung ist zeitaufwendig und erfordert aktive Mitarbeit des Patienten, denn es kommt nicht nur auf die „Schlüsselsymptome", sondern auch auf die „Begleitsymptome" an. Erst aus dem ganzheitlich gewonnenen Krankheitsbild kann das richtige Medikament abge-

leitet werden. Immer wieder interessieren sich sogenannte Schulmediziner für Homöopathie. Am Klinikum Kulmbach wird unter der Leitung von Dr. Johannes Wilkens eine wissenschaftliche Doppelblindstudie über die Wirkung von Arnika D30 durchgeführt, deren vielversprechende Ergebnisse im Kapitel über die Nachbehandlung bei Operationen dargestellt werden (S. 157 f).

Zusammenfassung: Auch wenn in der Homöopathie häufig Pflanzenextrakte verwendet werden, ist der therapeutische Denkansatz völlig anders als bei der Phytotherapie. Deren Wirkung beruht auf den Inhaltsstoffen, genau wie bei anderweitig gewonnenen, zum Beispiel chemisch entwickelten Heilmitteln. Die Wirksamkeit richtet sich nach der Dosis. Anders, genaugenommen sogar umgekehrt, ist es in der Homöopathie. Deshalb ist es meistens auch nicht sinnvoll, Homöopathie gemeinsam mit anderen Therapien einzusetzen. „Klassische" Homöopathen sehen diese Forderungen ziemlich streng. Und es ist auch nicht sinnvoll, normale Pflanzenarzneien mit homöopathischen Mitteln zu mischen, wie es bisweilen immer noch geschieht.

Oft behaupten Kritiker der Homöopathie, deren Wirkung beruhe auf reiner Einbildung, weil ja in den potenzierten = verdünnten Arzneien (fast) nichts an eigentlichen Wirkstoffen enthalten sei. Aber wir Materialisten sollten uns vor Augen halten, daß schon der große Paracelsus, der als Vater der modernen chemischen Heilmittellehre gilt, gesagt hat: „Was die Zähne kauen, ist die Arzney nit. Niemand sieht die Arzney. Es liegt nit am Leib (= Stoff), sondern an der Kraft." Würde die Wirkung der Homöopathie nur vom „Glauben" abhängen, dann wäre es nicht zu erklären, warum Homöopathie in der Tierheilkunde, in die bereits Hahnemann sie eingeführt hat, so ungemein erfolgreich ist (6, S. 149ff).

Zur Beachtung: Homöopathie ist in der Regel nicht zur Selbstmedikation geeignet, denn sie bedarf einer genauen Anamnese. Sie kann in der Regel auch nicht mit anderen Therapien gleichzeitig eingesetzt werden.

Bachblüten-Therapie

Dr. Edward Bach (1886-1936) war Unfallchirurg und Bakteriologe an einem Londoner Krankenhaus. Im Jahre 1917 erkrankte er an Krebs, ließ sich zunächst operieren und nach allen Regeln der Schulmedizin behandeln, konnte aber keine Heilung finden. Als er erfuhr, daß er nur noch drei Monate zu leben habe, nahm er den Kampf gegen die Krankheit auf und wandte sich dabei von der Schulmedizin ab. Das verbindet ihn mit Samuel Hahnemann, der, wie beschrieben, ebenfalls ein rigoroser Kritiker der Schulmedizin war (S. 31 f). Auch insofern ist die Therapie nach Edward Bach mit der Homöopathie verwandt, als es bei den von ihm entwickelten Essenzen und Tinkturen nicht um einen dosisabhängigen stofflichen Effekt geht, sondern um eine nichtmaterielle Information an den kranken Organismus, wodurch die Selbstheilungskräfte aktiviert werden. Auch mit der anthroposophischen Medizin besteht insofern eine gewisse Verwandtschaft, weil die Pflanzen nicht aufgrund bestimmter nachweisbarer Wirkstoffe eingesetzt werden, sondern wegen ihres geistigen Fluidums.

Ursache unserer Krankheiten, das ist die wohl wichtigste Botschaft von Edward Bach, sind nicht Bakterien oder Funktionsstörungen, sondern in erster Linie unsere Charaktermängel und psychischen Disharmonien. Demnach sollten wir mit unserer Behandlung nicht beim kranken Leib beginnen, sondern bei der kranken Seele. Diese Betrachtungsweise nennen wir heute psychosomatisch. Er war mit diesen Überlegungen seiner Zeit weit voraus, denn heute wird allgemein anerkannt, daß die meisten Krankheiten eine psychische Komponente besitzen, auch dann, wenn die Symptome körperlicher Natur sind und die Therapie nicht primär bei der Psyche ansetzt.

Bach betrachtete Krankheit als „ein Werkzeug, dessen sich unsere eigene Seele bedient, um uns auf unsere Fehler hinzuweisen, um uns daran zu hindern, mehr Schaden anzurichten und uns auf den Weg der Wahrheit und des Lichts zurückzubringen, von dem wir nie hätten abweichen sollen".

Er arbeitete 38 negative Seelenzustände heraus, die durch die Behandlung mit Essenzen aus den Blüten von 38 höheren Pflanzen „hinwegschmelzen wie Schnee an der Sonne". Die körperliche Erkrankung wird, seiner Theorie entsprechend, im Zuge der positiven Entwicklung des Charakters von selbst geheilt. Bach wandte sich entschieden gegen die Einführung weiterer Pflanzen in die Therapie. Mit wenigen Ausnahmen werden die Pflanzen, aus denen seine Essenzen hergestellt sind, nicht in der üblichen Pflanzenheilkunde oder sonstigen Heilkonzepten eingesetzt. Eine wichtige Anmerkung: Der Begriff „Essenz" wird bei Bach nicht im Sinne von „stofflicher Auszug aus der Pflanze" verwendet, sondern im geistigen Sinne als „Wesen der Pflanze".

Nur einige Beispiele seien genannt: Er verwendete für seine Essenzen Elm = Ulme (Ulmus procera), Honeysuckle = Geißblatt (Lonicera caprifolium), Crab Apple = Holzapfel (Malus sylvestris), Mimulus = Gauklerblume (Mimulus guttatus), Holly = Stechpalme (Ilex aquifolium), Chestnut Bud = Knospe der Roßkastanie (Aesculus hippocastanum), usw. Dazu kommen die sogenannten Notfalltropfen, die aus einer Kombination von Star of Bethlehem = Doldiger Milchstern (Ornithogalum umbellatum), Rock Rose = Sonnenröschen (Helianthemum nummularium), Im-

patiens = Indisches Springkraut (Impatiens glandulifera), Cherry Plum = Kirsch-Pflaume (Prunus cerasifera) und Clematis = Weiße Waldrebe (Clematis vitalba) bestehen. Sie sind für jede Art von Schock oder Aufregung geeignet, vom Familienstreit bis zum körperlichen Unfall. Anhänger der Bach-Blütentherapie schwören auf die Wirksamkeit der Notfall-

medikation gut geeignet, erfordert aber ein hohes Maß an Selbsterkenntnis und Ehrlichkeit zu sich selbst. Der Mensch muß bereit sein, die problematischen Züge seines Charakters zu erkennen, anzunehmen und seine innere Einstellung zu ändern. Bei dieser psychischen Schwerarbeit können die Bach-Blütenessenzen helfen.

„Star of Bethlehem" hilft beim Unvermögen, ein traumatisches Erlebnis zu bewältigen. Bach nannte die Pflanze „Seelentröster und Schmerzbesänftiger". Sie ist Bestandteil der Notfalltropfen.

tropfen und haben sie stets zur Hand. Auch Haustiere können, wenn die entsprechende positive Grundeinstellung beim Tierhalter gegenüber den Bach-Blüten besteht, erfolgreich mit den Essenzen behandelt werden (6, S. 133ff).

Das Zentrum der Bach-Blütentherapie ist nach wie vor England, aber auch hierzulande wächst das Interesse an dieser Therapie ständig. Zahlreiche Heilpraktiker und über 1600 Ärzte verordnen inzwischen Bach-Blütenessenzen. Der Vorteil: Die Tropfen können, im Gegensatz beispielsweise zur Homöopathie, mit jeder anderen Behandlung kombiniert werden.

Die Bach-Blütentherapie ist von ihren ideellen Voraussetzungen her mit keiner anderen Therapierichtung vergleichbar. Sie ist zwar zur Selbst-

Aromatherapie

Die wirksamen Stoffe der Aromatherapie sind die ätherischen Öle. Von ihnen und ihrer Wirkungsweise wird bei der Beschreibung der einzelnen Heilpflanzen immer wieder die Rede sein. In manchen Kulturen gelten die ätherischen Öle als das eigentliche Wesen der Pflanzen. Sie werden besonders gut durch Einatmen aufgenommen, weshalb Inhalationen beispielsweise mit Kamille, Salbei oder Pfefferminzöl sehr lindernd und heilend bei Erkrankungen der Atmungsorgane wirken. Auch durch die Haut bei einem Bad oder durch Einreiben mit einem Massageöl und auch beim Trinken eines Kräutertees werden die ätherischen Öle wirksam.

Die eigentliche Aromatherapie wird jedoch mit den isolierten ätherischen Ölen durchgeführt. Uralt und gleich-

Ein Säckchen mit getrocknetem Lavendel (rechts) in den Schrank gehängt, hat eine lange Tradition zum sanften Vertreiben von Motten. Aromatische Essenzen können in Duftlampen (links mit Teelicht, rechts elektrisch) im Raum verteilt werden.

zeitig sehr modern ist die Duftlampe, mit deren Hilfe die ätherischen Öle an die Zimmerluft abgegeben werden. Die Heilung schwerer, vor allem organischer Erkrankungen, darf man davon allerdings nicht erwarten.

Die isolierten ätherischen Öle werden in kleinen Fläschchen in den Handel gebracht. Ihre Gewinnung ist sehr aufwendig, zumal sie meistens nur etwa 1/100 Prozent (0,01%) der ganzen Pflanze ausmachen. Deswegen sind naturbelassene ätherische Öle guter Qualität ziemlich teuer. Meistens werden sie durch Wasserdampfdestillation gewonnen, wobei der heiße Dampf, mit dem die getrockneten Pflanzenteile behandelt werden, das ätherische Öl sozusagen mitreißt. Häufig wird mit chemischen Lösungsmitteln extrahiert, die dann vorsichtig wieder abgetrennt werden müssen.

Zum Wesen der Aromatherapie gehört es, daß durch das Einatmen ätherischer Öle wohl noch mehr eine Wirkung auf die Psyche als auf den Körper ausgeübt wird. Deshalb spielt der Weihrauch in der katholischen Kirche eine so wichtige Rolle. Auch andere Religionen und Geistesrichtungen setzen für die Meditation bestimmte Düfte ein, zum Beispiel in Form von Räucherstäbchen. Laven-

del, Rosmarin, Myrrhe, Pfefferminze und Kamille, um nur einige Beispiele zu nennen, sind durch ihren Duft medizinisch wirksam. Und was wäre eine Rose ohne ihren Duft? Fichten-, Tannen- und Kiefernadeln gehören zu den bekanntesten Badezusätzen. Gerade am Beispiel von Fichte und Tanne sei angemerkt, daß die Wirkung ätherischer Öle auch eine spirituelle Qualität besitzt. Schon Hildegard von Bingen sagt, Tannenduft vertreibe die bösen Luftgeister. Wahrscheinlich stellen wir uns zu Weihnachten eine geschmückte Tanne oder Fichte ins Zimmer, weil ihr Duft uns hilft, die bösen Geister von Zwietracht und Unfrieden zu vertreiben, damit der gute Geist der Liebe und des Verzeihens in uns eindringen kann.

Allerdings sei auch eine Warnung ausgesprochen: Genau wie die meisten anderen Inhaltsstoffe von Pflanzen können gerade auch die ätherischen Öle bei entsprechend disponierten Personen Allergien auslösen. Besonders häufig wird über Allergien gegen das in Anis, Fenchel, Dill und anderen Doldenblütlern enthaltene Anethol berichtet. Falls Sie also bei der Anwendung ätherischer Öle Schleimhautreizungen, Kopfschmerzen oder Übelkeit beobachten, müssen Sie leider auf die Aromatherapie mit solchen Pflanzen verzichten. Und

noch eine Warnung: Auch hier gilt der Merksatz „Allzu viel ist ungesund", weil sich manche eingeatmete Aromaöle in den Lungenbläschen festsetzen und nur schwer oder gar nicht mehr abgebaut und entfernt werden können.

Heilpflanzen bei Sebastian Kneipp

Fünf Säulen tragen sein Heilkonzept. Mit Abstand am bekanntesten ist die Hydrotherapie, also Wasseranwendungen mit der ihm besonders wichtig scheinenden „Abhärtung". Eine weitere Säule ist die Diätetik, also die Ernährungsempfehlungen. Mit seiner Ablehnung süßer Schleckereien und der besonderen Wertschätzung von Getreide sowie dem Rat zur Mäßigkeit ist er ein Vordenker der modernen Vollwertkost. Bei der Bewegungstherapie geht es ihm nicht um sportliche Hochleistung und nicht um das, was wir heute Fitneß nennen, aber ein Spaziergang sollte nicht allzu gemächlich sein, sondern bei gerader Haltung und bewußter Nasenatmung bergauf führen. Unter dem Begriff Ordnungstherapie empfiehlt Kneipp die Einhaltung natürlicher Rhythmen, so vor allem Wachen und Schlafen, Arbeiten und Ausruhen, und alles im rechten Maß.

Eine wichtige Säule seines Therapiekonzepts ist die Phytotherapie. Absichtlich wird hier dieser wissenschaftliche Begriff gebraucht, denn Kneipps Empfehlungen für die Verwendung von Heilpflanzen sind streng praxisbezogen. Alle Pflanzen, für die er Empfehlungen aussprach, hat er selbst getestet. Von seinen Patienten hat er genaue Selbstbeobachtung verlangt.

In der Wissenschaft nennt man dieses Verfahren die induktive Methode: Erst wird ausprobiert, dann werden die nötigen Schlußfolgerungen gezogen. Eine weitere Kneippsche Betrachtungsweise fügt sich

In einer solchen natürlichen Wiese wachsen zahlreiche Heilpflanzen. Auch die von Sebastian Kneipp hochgeschätzten Heublumen werden aus dieser duftenden Pflanzenvielfalt gewonnen.

ebenfalls in den Rahmen der modernen Phytotherapie ein: Zwar hat Gott jedem Kräutlein seine Aufgabe zugeteilt, aber nicht ein irgendwie geartetes subtiles geistiges Prinzip wirkt in den Pflanzen, sondern Inhaltsstoffe und Dosis bestimmen Wirkung und Heilerfolg.

Im Rahmen der Säftelehre (S. 62), die seinerzeit Standard der medizinischen Wissenschaft war, legt Kneipp besonders großen Wert auf die „Blutreinigung". Dieser Begriff wurde von ihm allgemein verständlich interpretiert. Er schreibt zu diesem Thema: „Der ganze Organismus ist gebildet aus Blut; er wird durch das Blut erhalten, wie er auch durch das Blut ernährt wird. Ist das Blut gut, so ist auch der Zustand der Person ein guter; ist aber das Blut krank, das heißt mit Krankheitsstoffen vermischt, so leidet darunter auch der ganze Körper." Und an einer anderen Stelle heißt es: „Einen Kranken gesund machen, heißt alle Krankheitsstoffe in seinem Körper auflösen und ausleiten und seine Natur von allen schädlichen und ihr

Verderben bringenden Stoffen befreien."

Blutreinigung, in diesem Sinne verstanden, bedeutet eine Anregung der Nierenfunktion und der Darmtätigkeit sowie die Aktivierung der Leber. Diese Maßnahmen mit Hilfe von Heilkräutern werden von der modernen Phytotherapie nach wie vor empfohlen, auch wenn der Begriff „Blutreinigung" meistens nicht mehr verwendet wird. Von diesen blutreinigenden Kräutern schreibt Kneipp, sie sollen, genau wie die Wasseranwendungen, einen dreifachen Zweck erfüllen: ungesunde kranke Stoffe im Innern aufzulösen, auszuleiten und den Organismus zu kräftigen.

Sehr großen Wert legt Kneipp darauf, daß in jedem Haushalt eine Hausapotheke eingerichtet wird. Und in dieser Apotheke muß Ordnung herrschen, genau wie im gesamten Lebenskonzept. Sorgfältig in einzelne Fächer geordnet und „in Reih' und Glied wie die Soldaten" sollen die Heilmittel in das Schränkchen gestellt werden. Bemerkenswert für die damalige Zeit ist, daß er ausdrücklich vor Feuchtigkeit und Schimmel warnt.

Genaue Anweisungen gibt er auch für das Sammeln der Kräuter „an sonnigen Berghalden", „im Gras- oder Gemüsegarten" sowie „am Haus und an der Scheune". Wenn wir heutzutage Kräuter anwenden, kaufen wir sicher häufig die getrocknete Droge oder die entsprechenden Zubereitungen im Fachhandel. Aber es ist dennoch zu empfehlen, die eine oder andere Pflanze, die man gut kennt, selbst zu sammeln und aufzubereiten. Damit wird eine gute Beziehung zu jenen Pflanzen hergestellt, von denen man sich Genesung oder Erhaltung der Gesundheit erhofft.

Bei der Beschreibung der Wirkungen von Heilpflanzen wird immer wieder auf die Anwendung im Sinne Sebastian Kneipps verwiesen. Und wir sollten dabei seinen Ausspruch bedenken: „Das ist die große Kunst zu heilen: nicht zu wenig und nicht zu viel und nicht zu oft. Alles zu seiner Zeit." (Die Zitate stammen aus dem Sammelband, der im Literaturverzeichnis unter Nr. 7/I und 7/II aufgeführt ist.)

Anwendung der Heilpflanzen

Die wichtigsten Inhaltsstoffe und ihre Wirkung

In einer Heilpflanze sind so gut wie immer mehrere wirksame Inhaltsstoffe enthalten. Aus dem Zusammenwirken dieser Stoffe erklärt die naturheilkundlich ausgerichtete Phytotherapie den heilsamen Effekt. Die Wirkstoffe sind nicht gleichmäßig in der ganzen Pflanze verteilt, sondern in manchen Fällen mehr in den Blättern oder Blüten, manchmal hauptsächlich in der Wurzel, manchmal in den Samen, in den Früchten oder in der Rinde. Auch Pflanzen, die von verschiedenen Standorten stammen, können einen unterschiedlich hohen Wirkstoffgehalt haben je nach Bodenbeschaffenheit oder Kleinklima. Besonders bei ätherischen Ölen ist der Wirkstoffgehalt an sonnigen Standorten und in Jahren mit viel Sonne deutlich höher als bei geringer Sonneneinstrahlung. Das sollten Sie bedenken, wenn Sie Kräuterbeete anlegen: Der geschützteste, sonnigste Platz im Garten wird den Kräutern zugewiesen.

Besonders starke Schwankungen des Wirkstoffgehaltes entstehen je nach Ernte und Aufbereitung. Deshalb sollte darauf besondere Sorgfalt verwendet und Fehler sollten unbedingt vermieden werden (S. 45 ff). Bei kühler und vor allem trockener Lagerung verlieren getrocknete Teekräuter, in der Apothekersprache „Drogen" genannt, kaum etwas von ihren Wirkstoffen.

Ätherische Öle

Sie sind leicht flüchtig, das heißt, sie verdunsten leicht. In der lebenden Pflanze befinden sie sich im Inneren der Zelle, oft auch in eigenen Drüsenzellen oder Drüsenhaaren oder in Ölgängen, und sie sind gut abgeschlossen. Erst wenn die Pflanze verletzt wird, werden sie frei. Deshalb duftet eine Pfefferminzpflanze kaum, wenn sie im Beet steht, sondern erst wenn sie abgepflückt wird,

Basilikum, das „königliche" Gewürz besitzt eine großartige Kombination ätherischer Öle, die ausgleichend und beruhigend auf das vegetative Nervensystem wirken.

wobei die Drüsenzellen verletzt werden. Sehr viele Pflanzen enthalten ätherische Öle, aber medizinisch interessant sind im wesentlichen solche Pflanzen, die einen Gehalt von mindestens 0,1 bis 10% haben. Die Pflanzen aus der Familie der Lippenblütler (z.B. Pfefferminze), Doldenblütler (z.B. Petersilie) und Korbblütler (z.B. Beifuß) haben häufig einen hohen Gehalt an „Duftölen". Ätherische Öle sind in der Regel Stoffgemische, die aus bis zu 100 Einzelkomponenten zusammengesetzt sein können.

Ätherische Öle haben eine vielfältige und höchst unterschiedliche medizinische Wirkung. Manche erleichtern das Abhusten (expektorierende Wirkung), manche sind harntreibend, manche wirken krampflösend, andere tonisierend (= allgemein kräftigend), z.B. der Rosmarin. Bei einigen ist eine desinfizierende, antibakterielle Wirkung nachgewiesen, z.B. im Salbei. Sie können entzündungswidrig wirken, am bekanntesten die Kamille, andere hingegen wirken hautreizend und damit durchblutungsfördernd.

Alkaloide

In dieser Gruppe befinden sich die stärksten pflanzlichen Gifte. Pflanzen, deren Haupwirkstoffe Alkaloide sind, eignen sich meistens nicht zur Selbstmedikation. Als Beispiele seien das Atropin der Tollkirsche und das Morphin des Schlafmohns genannt. Die pharmazeutische Industrie verarbeitet große Mengen alkaloidhaltiger Pflanzen, entzieht ihnen die Alkaloide und verarbeitet sie zu Heilmitteln, die mit genauer, vorschriftsmäßiger Dosierung oder in homöopathischer Verdünnung eingesetzt werden. Einige Pflanzen, die als Nebenwirkstoffe Alkaloide enthalten, eignen sich bei vorschriftsmäßigem Gebrauch zur Selbstmedikation. Als Beispiele seien Herzgespann und Schöllkraut genannt.

Bilsenkraut enthält hochgiftige Alkaloide. Aus ihm zubereitete Arzneien werden gegen Krämpfe im Verdauungstrakt eingesetzt. Keine Selbstmedikation!

Glykoside

Diese Stoffgruppe ist, von ihrer chemischen Zusammensetzung und ihrer medizinischen Wirkung her betrachtet, recht uneinheitlich. Allen Glykosiden ist gemeinsam, daß sie ein ringförmiges Zuckermolekül enthalten. Die Wirkung wird aber be-

39

In der Wurzel des Seifenkrauts sind so große Mengen von Saponinglycosiden enthalten, daß früher aus den Wurzeln Waschlauge zubereitet wurde. Heute ist die Droge in schleimlösenden Hustenteemischungen enthalten.

stimmt durch die am Zuckermolekül chemisch angekoppelte Wirksubstanz, „Aglykon" genannt. Wegen ihrer uneinheitlichen Wirkung ist eine weitere Unterteilung ratsam.

Senfölglykoside haben einen scharfen Geruch und wirken bei der äußeren Anwendung hautreizend. Sie sind in vielen Kreuzblütlern enthalten, z.B. im Senf und Meerrettich.

Saponinglykoside besitzen eine harntreibende, schweißtreibende Wirkung. Der Wortstamm „Sapo-" heißt „Seife", weil Abkochungen aus solchen Pflanzen seifenartig schäumen. Auch die „auflösende", z.B. schleimlösende Wirkung von Saponindrogen wird mit diesem Namen umschrieben. Als Beispiel sei die Primelwurzel genannt. Saponindrogen sind in ihrer Wirkung nicht ganz einheitlich. Deshalb werden bei verschiedenen Erkrankungen unterschiedliche Saponindrogen eingesetzt. Weiß/Fintelmann bezeichnen die Saponindrogen als ein hochinteressantes, in der Praxis ungemein

wichtiges, aber noch nicht wissenschaftlich ausreichend bearbeitetes Gebiet. (3, S. 272)

Phenolglykoside enthalten, chemisch betrachtet, eine „Ring"-Struktur. In diese Gruppe gehören die Anthrachinone, die in den meisten pflanzlichen Abführmittel enthalten sind und das Arbutin der Bärentraube mit harndesinfizierender Wirkung.

Flavonoide

Sie bilden einen Sammelbegriff für verschiedene Stoffe, die häufig gefärbt sind (lat. flavon = gelbe Pflanzenfarbe). Sie kommen in nahezu allen höheren und niederen Pflanzen vor und sind durch die Mannigfaltigkeit ihrer biologischen und pharmakologischen Wirkungen gekennzeichnet. Daraus erklärt sich auch die Vielfalt ihrer Anwendungsgebiete. Dazu nur einige Beispiele. Es gibt Flavonoide, die günstig auf die Gefäßwände, vor allem auf die Kapillaren einwirken, so daß sie als Venenmittel eingesetzt werden, wie etwa die Goldrute oder die Roßkastanie. Diese Wirkung auf die Gefäße ist auch für die Steigerung der Gehirndurchblutung und der Durchblutung der peripheren Gefäße verantwortlich. Manche Flavonoide unterstützen die vermehrte Harnausscheidung, z.B. Birkenblätter und Schachtelhalm (Zinnkraut), andere beeinflussen Herz und Kreislauf, wie etwa Weißdorn und Arnika. Flavonoide haben keine lange Verweildauer im Körper. Deshalb sind Pflanzen, deren Hauptwirkstoffe die Flavonoide sind, auch für eine Langzeitbehandlung oder zum Dauergebrauch geeignet. Sie sind demnach bei chronischen Krankheiten und zur vorbeugenden Behandlung besonders zu empfehlen. Sie beteiligen sich an grundlegenden Vorgängen des Zellstoffwechsels ohne toxisch zu wirken.

Bitterstoffe

Sie haben keine einheitliche chemische Struktur, sondern sind durch ihren bitteren Geschmack gekenn-

zeichnet. In der Phytotherapie werden sie Amara genannt. Sie regen die Magensaft- und Galleproduktion an und wirken tonisierend (kräftigend). Typische Bitterstoffdrogen mit allgemein kräftigender Wirkung sind Enzian und Tausendgüldenkraut. Man nennt diese Drogen Amara tonica.

Sie werden zur Verbesserung der Verdauung und zur allgemeinen Kräftigung, beispielsweise in der Rekonvaleszenz eingesetzt. Vorsicht: Manche Patienten vertragen Bitterstoffe schlecht, bisweilen werden sogar Migräneanfälle ausgelöst.

Eine Anmerkung zum häufig gebrauchten Begriff „Verdauung". Hierbei ist nicht die Ausscheidung von Stuhlgang durch den Darm gemeint, was oft vornehm umschreibend mit dem Begriff „Verdauung" bezeichnet wird, sondern die Produktion von Verdauungsenzymen im Magen und Darm, wodurch die biochemische Spaltung der Nährstoffe in kleinere Partikel, die dann vom Körper aufgenommen werden können, bewirkt wird.

Pflanzen, die außer Bitterstoffen noch ätherische Öle in nennenswerter Menge enthalten, nennt man Amara aromatica. Sie haben eine umfassendere Wirkung, häufig vor allem einen antibakteriellen Effekt. Sie sind bei gestörter Darmflora mit Gärungsvorgängen im Darm hochgeschätzt. Beispiele sind Beifuß, Wermut, Engelwurz und Schafgarbe.

Bittermittel, die auch Scharfstoffe enthalten, sind vor allem in ausländischen Heil- und Gewürzpflanzen zu finden, wie etwa Pfeffer, Ingwer und Galgant. In unserer heimischen Flora gibt es kaum solche Pflanzen, weshalb bereits im beginnenden Mittelalter und sogar noch früher, der Gewürzhandel mit Südostasien, vor allem Indien, florierte. Inzwischen konnte Professor Glatzel (8) eindrucksvoll nachweisen, daß die Kreislaufbelastung beim Verdauungsvorgang, die übrigens größer ist, als man gemeinhin annimmt, durch scharfe Bitterstoffdrogen gemildert wird. Scharfes Würzen, wenn es gut vertragen wird, verbessert demnach die Verdauungsleistung und baut Kreislaufbelastungen ab. Daraus erklärt sich wohl auch die Gewohnheit, daß in südlichen Regionen mit heißem, kreislaufbelastendem Klima ungleich schärfer gewürzt wird als bei uns. Eine Anmerkung: In manchen Gegenden Deutschlands umschreibt man mit dem Begriff „scharf" eine stark gesalzene Speise. „Salzig" ist mit dem Begriff „scharf" im medizinischen Sinne in keiner Weise gemeint!

Gerbstoffe

Mit diesem Begriff wird eine Stoffgruppe gekennzeichnet, die Eiweißstoffe der Haut und Schleimhaut binden kann und sie in widerstandsfähige, schwer lösliche Stoffe umwandelt. Darauf beruht auch zum größten Teil ihre Heilwirkung: Sie entziehen den auf der Haut und Schleimhaut angesiedelten krankheitserregenden (pathogenen) Bakterien den Nährboden. Der Tee aus Gerbstoffdrogen wird deshalb innerlich bei Durchfallerkrankungen eingesetzt und äußerlich für Teilbäder bei Hämorrhoiden, Frostbeulen und Entzündungen. Als Gurgel- und Spülmittel bei Entzündungen im Mund und Rachenbereich sind Gerbstoffdrogen sehr bewährt.

Reine Gerbstoffdrogen sind vor allem Blutwurz, auch Tormentill genannt, Eichenrinde und Heidelbeerblätter. Gerbstoff kann jedoch auch Unverträglichkeitsreaktionen auslösen. Wenn Gerbstoffe, die als Nebenbestandteil in vielen Drogen vorkommen, im Tee nicht erwünscht sind, sollte der Tee kalt angesetzt werden, wie es etwa bei der Bärentraube üblich ist, die bei Blasenkatarrh zu empfehlen ist. Schwarzen Tee, der ebenfalls therapeutisch eingesetzt werden kann (S. 133) läßt man nur 3 Minuten lang ziehen, wenn man wenig Gerbstoff im Tee haben möchte, aber 5 bis 10 Minuten, wenn viel Gerbstoff enthalten sein soll. Eine milde Gerbstoffdroge sind die Blätter der Brombeere (Rubus fruticosus). Sie eignen sich sehr gut für Teemischungen aller Art.

Kieselsäure und andere Mineralstoffe

Kieselsäure ist ein anorganischer Stoff, der von manchen Pflanzen verstärkt aus dem Boden aufgenommen und in den Zellmembranen oder im Inneren der Zellen abgelagert wird. Kulturpflanzen aus stark gedüngtem Anbau enthalten wenig Kieselsäure, so daß nicht von der Hand zu weisen ist, daß unsere Nahrungspflanzen heutzutage weniger Kieselsäure enthalten als wir benötigen. Sie ist ein unentbehrlicher Bestandteil des Bindegewebes, der Haut, der Nägel und der Zähne. Man kann demnach durch Kieselsäuredrogen mit innerlicher (Teekur) und äußerlicher Anwendung (Bäder) dann Besserung erzielen, wenn Bindegewebe, Haut, Haare und Nägel geschädigt sind. Ackerschachtelhalm und Gräser (Bäder mit Haferstroh) sowie Beinwell enthalten viel Kieselsäure.

Bei manchen Pflanzen, vor allem bei jenen, die frisch als Küchenkräuter zum Würzen verwendet werden, spielt der Gehalt an Mineralstoffen, besonders Kalium und Magnesium, eine wichtige Rolle. Thymian zum Beispiel hat einen sehr hohen Eisengehalt, was bei vegetarischer Ernährung beachtet werden sollte. Auch zur Versorgung des Organismus mit Spurenelementen sollten verstärkt heilkräftige Küchenkräuter herangezogen werden (S. 49 ff).

Polysaccharide

Zu dieser Gruppe zählen Schleim, Stärke und Pektine. Als Schleim bezeichnet man eine Stärkeart, die mit Wasser aufquillt. Der Schleim legt sich als schützender Film auf die entzündete Haut oder Schleimhaut und wirkt dadurch reizlindernd. Der Effekt ist rein lokal. Die hustenstillende Wirkung von Schleimdrogen tritt dann in Kraft, wenn der Husten durch Reizzustände im Rachenraum und am Kehlkopfdeckel ausgelöst wird. Gerade solche Teesorten, die im Mund und Rachenraum lokal wirken sollen, müssen sehr langsam schluckweise getrunken werden, so wie Sebastian Kneipp es empfiehlt. Eibisch, Malve und Isländisch Moos wären als Beispiele zu nennen. Schleimdrogen wirken durch Auflokkerung des Darminhalts und Festhalten des Wassers im Darm leicht ab-

Die Blätter der Brombeere sind Bestandteil zahlreicher Haustee- und Arzneiteemischungen. Sie verbessern den Geschmack und verstärken die Wirkung anderer Teekräuter.

Durch reichlichen Genuß von rohem Obst wird der Körper optimal mit Vitamin C und mild wirkenden Ballaststoffen versorgt. Dies wirkt vorbeugend gegen Darmkrebs.

führend. Am bekanntesten ist in dieser Hinsicht der Leinsamen.

Pektin ist vor allem im Obst enthalten und ist der wohl bekömmlichste Ballaststoff. Zellulose ist der Stoff, aus dem die Zellwände der Pflanzenzellen aufgebaut sind. Der Mensch besitzt keine Enzyme, mit denen Zellulose gespalten werden kann. Deshalb zählt Zellulose zu den wichtigsten stuhlgangfördernden Ballaststoffen, besonders intensiv wirksam in Form von Weizenkleie und Haferkleie.

Vitamine und Hormone

Die Vitamine sind lebenswichtige essentielle Nährstoffe. „Essentiell" bedeutet, daß sie der Körper nicht selbst aufbauen kann, sondern daß sie mit der Nahrung aufgenommen werden müssen. Sie haben vielfältige Funktionen. So sind sie zum Beispiel am Aufbau von Enzymen beteiligt. Vitamin C ist der Hauptwirkstoff der Hagebutte. Demnach kann diese als Vitaminlieferantin eingesetzt werden. Vitamine werden auch medizinisch angewendet (S:). Hier ist eine Überschneidung mit dem Fachgebiet der Diätetik zu verzeichnen.

Manche Pflanzen enthalten Stoffe, die unseren körpereigenen Hormonen sehr ähnlich sind und auf unseren Organismus in entsprechender Weise einwirken. Gut erforscht sind die Wirkungen des Hopfens mit seinem recht hohen Gehalt an Östrogen-ähnlichen Wirkstoffen.

Sammeln, Aufbereiten, Konservieren

Tips zum Sammeln

Zahlreiche Heilpflanzen können im Garten gezogen werden und gedeihen gut, wenn man die Ratschläge für ihren Anbau und die Pflege beachtet (4, 9, 10). Viele Heilpflanzen sind zur Spontanvegetation im Garten zu zählen, manche kann man mit Fug und Recht als „Unkräuter" bezeichnen.

Wenn Sie wildwachsende Pflanzen sammeln wollen, müssen Sie einige wichtige Ratschläge beachten:

◆ Sie müssen die Pflanzen hundertprozentig kennen. Manche Pflanzen haben Doppelgänger, die oftmals sogar giftig sind. Besonders in der Familie der Doldenblütler, z.B. Kümmel, ist diese Gefahr gegeben.

◆ Sammeln Sie nur an Stellen mit möglichst geringer Schadstoffbelastung, also abseits von vielbefahrenen Straßen und nicht in der Nähe von Äckern und Wiesen, die mit Pflanzenschutz- und Unkrautbekämpfungsmitteln behandelt sein könnten.

◆ Sammeln Sie nur bei trockenem, möglichst sonnigem Wetter. Eine gute Sammelzeit ist der Vormittag, aber der Tau muß unbedingt abgetrocknet sein.

◆ Die Pflanzen dürfen nicht staubig sein, weil Blüten und Blätter vor der traditionellen Methode des Trocknens nicht gewaschen werden. Pflanzen, die frisch verzehrt oder frisch verarbeitet werden, müssen hingegen sorgfältig gewaschen werden.

◆ Die Blätter sollten jung, doch voll entwickelt sein, die Blüten jung und frisch erblüht.

◆ Wurzeln oder Wurzelstöcke werden gegraben, wenn sie voll entwickelt sind. Dies ist häufig im zeitigen Frühjahr, besser noch im Herbst, der Fall.

◆ Kräuter, bei denen alle oberirdischen Teile verwendet werden, sollten zu Beginn der Blütezeit gesammelt werden.

◆ Früchte, wie etwa Hagebutten, werden vollreif geerntet.

◆ Samen, beispielsweise Kümmel oder Fenchel, werden kurz vor der Vollreife geerntet und nachgetrocknet.

◆ Rinde, z.B. Faulbaum und Eiche, wird im Frühling abgeschält, aber das sollte Fachleuten überlassen werden, und die Droge sollte man lieber kaufen.

◆ Pflanzen, die auf der Roten Liste gefährdeter Arten aufgeführt sind oder unter Naturschutz stehen, dürfen nicht gesammelt werden.

◆ Giftige Pflanzen sind zur Selbstmedikation nicht geeignet und dürfen nicht gesammelt und verwendet werden. Geschützte und giftige Pflanzen sind im Text als solche gekennzeichnet.

Was beim Trocknen zu beachten ist

Trocknen ist eine altbewährte Methode, um Heilpflanzen haltbar zu machen. Solange die Pflanze noch Wasser enthält, auch während des Trockenvorgangs, gehen in den Zellen die enzymatischen Prozesse weiter. Dadurch kann es zum Abbau wichtiger Inhaltsstoffe kommen. Deshalb muß das Trocknen möglichst rasch und gleichzeitig schonend erfolgen. Wenn sachgemäß getrocknet wurde, kann die Droge in gut verschließbaren Behältern aufbewahrt werden, ohne daß Schimmel oder Fäulnis auftritt.

Mit wenigen Ausnahmen wird an einem schattigen, luftigen Ort getrocknet. In der Sonne verdunsten die ätherischen Öle zu leicht. Blüten der Königskerze beispielsweise werden in der Sonne getrocknet. Pflanzen, die als ganzes Kraut geerntet werden, bündelt man am besten zu lockeren Sträußen und hängt sie an einem luftigen, schattigen Platz auf. Diese Methode ist besonders gut geeignet für Pflanzen mit einem hohen Gehalt an ätherischen Ölen, denn bei jeder Beschädigung der frischen Pflanze werden die leicht flüchtigen Wirkstoffe freigesetzt und gehen dann verloren.

Blätter und Blüten werden auf einem weißen Papier dünn ausgebreitet und an einem schattigen, luftigen Ort getrocknet. Wurzeln werden sehr gut gewaschen, am besten mit

Hier werden Kräutersträuße gebunden, die dann aufgehängt und getrocknet werden. Kinder entwickeln sich recht bald zu kompetenten Kräuterspezialisten, wenn man sie unter freundlicher Anleitung schalten und walten läßt.

45

An einem luftigen, schattigen Ort trocknen Kräutersträuße rasch und ohne Verlust wichtiger Inhaltsstoffe. Von links nach rechts: Beifuß, Echter Steinklee, Zinnkraut, Wilder Oregano, Odermennig, Herzgespann.

der Bürste, und das Wasser wird sehr gut abgeschüttelt. Die Wurzeln werden mit einem Messer gespalten und an einem warmen, luftigen Ort getrocknet. Dickere Wurzeln und Wurzelstöcke sollte man nach dem Spalten mit der Nadel auf einen kräftigen Faden ziehen und aufhängen. Wenn sie fast trocken sind, werden sie zerkleinert und nachgetrocknet.

Künstliche Wärme im Backofen oder auf einer Trockendarre darf keinesfalls zu hoch sein. 35° bei Pflanzen mit ätherischen Ölen und 50° bei Wurzeln wäre die richtige Temperatur. Neuesten Untersuchungen zufolge zeigt das Trocknen von Pflanzen im Mikrowellenherd besonders gute Ergebnisse. Das ist deshalb der Fall, weil enzymatische Abbauprozesse sofort unterbunden werden. Je rascher der Trocknungsvorgang beendet ist, desto eher werden die Abbauprozesse in den Zellen unterbunden. Wichtig: Wenn Sie mit der Mikrowelle trocknen, dürfen Sie die Pflanzen nur ganz dünn im Herd ausbreiten.

Die Kräuter dürfen beim Trocknen ihre natürliche Farbe nicht verlieren, sie darf allenfalls etwas gedämpfter werden. Verfärben sich die Pflanzen braun oder schwarz, dann waren sie wahrscheinlich beim Sammeln zu feucht. Verfärbte Pflanzen sind wertlos. Diesbezüglich besonders empfindlich sind Holunder und Brennessel.

Getrocknete Heilkräuter, in der Apothekersprache „Drogen" genannt, werden hauptsächlich zur Zubereitung von Tee verwendet. Hierbei sind einige Regeln und Ausnahmen zu beachten (S. 52 ff).

Kräuterfrischsäfte

Sie sind in sehr guter Qualität im Handel. Sollten Sie Lust verspüren, einmal selbst etwas Saft herzustellen, müßten Sie die Kräuter in der Küchenmaschine sehr gut zerkleinern und den Brei sofort mit einem Tuch auspressen. Wenn Sie öfter Frischsäfte aus Kräutern und eventuell auch aus Obst oder Gemüse herstellen wollen, ist die Anschaffung einer Haushaltszentrifuge zu empfehlen. Ein Hinweis: Dampfentsafter zur Herstellung von Obstsäften bzw. Gelee arbeiten nach einem anderen Prinzip und sind nicht zur Herstellung von Frischsäften geeignet.

Frischsäfte werden häufig zur blutreinigenden Frühjahrskur verwendet. Geeignet sind zum Beispiel Brennessel, Brunnenkresse, Löwenzahn und Spitzwegerich. Selbstgepreßter Saft muß sofort verbraucht werden.

Ausziehen mit Alkohol

Arnoldus Villanova, seinerzeit Leibarzt mehrerer Päpste, führte im 13. Jahrhundert destillierten Alkohol in die Medizin ein. Alkohol hat als Lösungsmittel sozusagen universelle Eigenschaften. Zudem ist er ein idealer Konservierungsstoff mit desinfizierender Wirkung. Deshalb enthalten die meisten flüssigen Medikamente Alkohol. Das gilt für die wissenschaftlich orientierte Phytotherapie genauso wie für viele Hausmittel der bäuerlichen Volksmedizin, für die Homöopathie und für die Essenzen der Bach-Blütentherapie.

Hildegard von Bingen übermittelt zahlreiche Rezepte, bei denen Kräuter und Früchte in Wein eingelegt werden, zum Beispiel ihr bekannter Petersilienwein. Die kluge Heilige weiß, daß Wein bald verdirbt, wenn er eingelegte Pflanzen enthält. Deshalb empfiehlt sie meistens, den Wein zu kochen. Für solche Hausmittel sollte ein möglichst „schwerer", also hochprozentiger Wein verwendet werden.

Hausmittel der bäuerlichen Volksmedizin werden häufig mit Korn- oder Obstschnaps hergestellt: Frische oder getrocknete Kräuter mit dem Schnaps übergießen, 2 bis 4 Wochen ausziehen lassen, durch ein Tuch absieben.

Tinkturen stellt man meistens mit 70prozentigem, manche mit 90prozentigem Alkohol her. Die verschiedenen Verdünnungen erhält man in der Apotheke. Die Kräuter werden in einer Glasflasche mit dem Alkohol übergossen. Das Gewichtsverhältnis beträgt bei getrockneten Pflanzen 1 Teil Pflanzen zu 5 bis 10 Teilen Alkohol, bei frischen Pflanzen etwa 1:1. Nach 2 Wochen wird durch ein Tuch abgesiebt. Wenn Trübungen auftreten, wird der Ansatz noch einmal durch ein Papierfilter gegossen.

Innerlich wird die Tinktur tropfenweise nach Vorschrift eingenommen, entweder auf Zucker, in wenig Wasser oder in Milch. Bei äußerer Anwendung, etwa für Umschläge oder zum Auswaschen von Wunden, wird die Tinktur mindestens 1:4 verdünnt, bei stark wirkenden Medikamenten, z.B. Arnika, mindestens 1:10.

Die alkoholischen Auszüge sind etwa 1 Jahr haltbar. Viele Kräuterliköre, häufig in Klöstern erfunden, sind eigentlich als Medikamente konzipiert.

Wichtiger Hinweis: Wegen ihres Alkoholgehalts sind Tinkturen und andere alkoholische Auszüge für Menschen mit einem Alkoholproblem völlig ungeeignet. „Trockene" Alkoholiker riskieren durch kleinste Mengen einen Rückfall, bei Alkoholikern, die noch trinken, beschleunigen sie den Niedergang. Auch bei Kindern sollte man mit alkoholischen Auszügen sehr zurückhaltend sein.

Ausziehen der Wirkstoffe mit Honig oder Zucker

Diese Methode wird vor allem bei Hausmitteln gegen Erkältungskrankheiten angewendet. Spitzwegerich, Löwenzahnblüten, junge Fichtentriebe, Huflattichblätter, Thymian, Fenchelfrüchte und Engelwurzstengel eignen sich für diese Rezepte besonders gut. Die frischen – oder seltener – die getrockneten Pflanzenteile werden mit einer Zuckerlö-

Sehr beliebt ist die Zubereitung von Ringelblumensalbe mit heißem Schweinefett. Einige Zweiglein Rosmarin oder Lavendel verleihen der Salbe einen aromatischen Duft.

sung gut durchgekocht. Wasser und Zucker sollten dabei im Verhältnis 100 Milliliter zu 180 Gramm stehen.

Einige bewährte Rezepte für Erkältungsarzneien mit Zucker oder Honig werden bei den entsprechenden Heilpflanzen beschrieben.

Herstellen von Salben

Selbst hergestellte Salben haben in der bäuerlichen Volksmedizin eine lange Tradition. Als Salbengrundlage wird häufig (Ziegen-) Butter oder ungesalzenes Schweineschmalz verwendet. Besonders häufig wird die Herstellung von Ringelblumensalbe (S. 156) praktiziert, aber bei den meisten Rezepten wird das Fett zu stark erhitzt. Empfehlenswert ist eine Temperatur nicht über 70°, dafür sollte man mehr Zeit fürs Ausziehen lassen.

Außer aus Ringelblumen kann noch aus Beinwellwurzeln, Majoran, Echtem Steinklee oder Thymian eine Salbe nach folgendem Grundrezept hergestellt werden: 2 Handvoll frische Pflanzen, bei Wurzeln ein faustgroßes, geraspeltes Stück, in 1/2 Kilogramm ca. 70° heißes Schweine-

Die frischen Stengel der Engelwurz werden in kleine Stücke geschnitten und zusammen mit Zucker in ein gut verschließbares Glas gefüllt. Der sehr aromatische Saft, der hierbei entsteht, wird zum Süßen von Hustentee verwendet.

schmalz einrühren, 3 Stunden lang bei etwa dieser Temperatur ausziehen lassen, ab und zu umrühren. Dann durchsieben und die Salbe in kleine Gläser abfüllen. Der Vorrat wird im Tiefkühlschrank aufbewahrt und immer nur so viel in ein kleines Salbentöpfchen abgefüllt wie man innerhalb von etwa 3 Wochen voraussichtlich verbrauchen wird.

Schweinefett ist wegen seiner chemischen Struktur, seiner Haltbarkeit und seinem niedrigen Schmelzpunkt für diesen Zweck besser geeignet als manchmal behauptet wird. Wer dem Schweinefett absolut nichts abgewinnen kann, sei auf Lanolin (= Wollfett) oder Eucerin (= Emulsion aus Lanolin, Paraffin und Wasser) aus der Apotheke verwiesen. Für Salben, die zu kosmetischen Zwecken oder als Heilmittel im Handel sind, werden hauptsächlich diese oder ähnlich zusammengesetzte Fette verwendet. Sie bedürfen aber großer Sorgfalt bei der Verarbeitung und dürfen nur im Wasserbad erwärmt werden. Bei industriell hergestellten Salben, die Heilkräuterwirkstoffe enthalten, wird meistens ein alkoholischer Auszug aus der Pflanze mit dem Fett gemischt. Auch Vaseline wird bisweilen als Salbengrundlage verwendet. Vaseline ist ein mineralisches Produkt, das bei der Erdölgewinnung anfällt. Es handelt sich dabei, chemisch betrachtet, nicht um ein Fett, sondern um kettenförmige Kohlenwasserstoffe ähnlich wie beim Schmieröl oder Dieselöl. Vaseline ist gut zum Schutz der Haut geeignet, hat aber keine ausgeprägte Tiefenwirkung.

Ausziehen der Wirkstoffe mit Öl

Dies wird besonders häufig mit Johanniskraut praktiziert (S. 82 f.). Früher wurden häufig auch Lavendelöl zum Einreiben verspannter Muskeln und Beifußöl zur Pflege der Füße hergestellt.

Eine helle, weithalsige Flasche oder ein Einmachglas wird zur Hälfte mit den frischen Kräutern gefüllt. Die Kräuter werden mit einem guten, kaltgeschlagenen Öl übergosen, so daß sie vollständig mit dem Öl bedeckt sind. Der Ansatz wird an einem warmen, hellen Platz aufgestellt. Alle 2 bis 3 Tage umrühren oder schütteln. Nach 2 bis 3 Wochen durch ein Tuch gießen, in dunkle Flaschen abfüllen, kühl aufbewahren.

Konservieren von Küchenkräutern

Weil man den gesundheitlichen Wert von Küchenkräutern nicht unterschätzen sollte, ist das Konservieren für den Winter eine wichtige Maßnahme. Bei manchen Arten der Konservierung gehen zwar weitgehend die Vitamine verloren, aber die lebenswichtigen Mineralstoffe sind auch in konservierten Kräutern voll wirksam. Manche Küchenkräuter eignen sich für keine Art der Konservierung, z.B. der Schnittlauch. Man sollte ihn auch im Winter stets frisch in einem Töpfchen zur Hand haben.

Manche Küchenkräuter kann man trocknen, vor allem die Lippenblütler, wie etwa Majoran, Oregano und Bohnenkraut, mit Einschränkung auch Basilikum. Nicht geeignet für Würzzwecke ist getrocknete Zitronenmelisse. Besonders bei den Doldenblütlern, z.B. Petersilie, Dill und Sellerielaub, geht das Aroma beim Trocknen verloren. Diese Kräuter sollten lieber eingefroren werden. Die Blätter werden gewaschen, gut abgetropft und von den Stielen gezupft. Sie werden in einen Gefrierbeutel gefüllt, schockgefroren und dann leicht zerdrückt.

Für die Herstellung von Kräuteröl wird eine helle, weithalsige Flasche oder ein Einmachglas zur Hälfte mit frischen oder besser, getrockneten Kräutern gefüllt. Die Kräuter werden mit einem guten, kaltgeschlagenen Öl übergossen, so daß sie vollständig mit dem Öl bedeckt sind. Der Ansatz wird an einem warmen, hellen Platz

aufgestellt. Alle 2 Tage umrühren oder schütteln. Nach 1 bis 2 Wochen durch ein Tuch gießen, in dunkle Flaschen abfüllen, kühl aufbewahren.

Wichtiger Hinweis: Beim Ansetzen von Würzölen schimmeln frische Kräuter leicht. Sollte dies geschehen, muß der ganze Ansatz weggegossen werden. Die Kräuter müssen beim Aufgießen unbedingt hundertprozentig mit Öl bedeckt werden. Getrocknete Kräuter sind nicht so anfällig gegen Schimmel.

Kräuteressig ist besonders delikat für Salate. Am bekanntesten ist Estragonessig, aber auch Zitronenmelisse, Basilikum, Weinraute, Salbei und halbreife Kümmel-, Dill- oder Kerbelfrüchte eignen sich sehr gut. 2 bis 3 Scheiben Zitrone oder 2 bis 3 Eßlöffel Himbeeren oder Brombeeren mit den Kräutern in Essig eingelegt, sind besonders delikat. Die Kräuter und Früchte werden in einer weithalsigen Flasche mit einem guten Wein- oder Obstessig übergossen. Man läßt sie 2 bis 3 Wochen ziehen. Empfehlenswert ist es, den Essig vor Gebrauch abzusieben.

Das Herstellen von Salzkräutern ist eine altmodische, aber vom Ergebnis her gar nicht schlechte Methode. Gut bewährt hat es sich, die gemischten Küchenkräuter, vor allem Petersilie, Sellerielaub, Liebstöckel, Bohnenkraut und Majoran, zusammen mit verschiedenen Wurzelgemüsen wie etwa Sellerie, Möhre und Petersilienwurzel zu zerkleinern, wofür sich besonders gut der Fleischwolf eignet. Das Mischen mit Salz sollte nicht nach Gefühl, sondern nach Gewicht gehen: Auf 4 Gewichtsteile Kräuter-Wurzelmischung kommt 1 Gewichtsteil Salz. Die Mischung wird in kleine Gläser abgefüllt und sollte dunkel aufbewahrt werden. Das Kräutersalz eignet sich besonders gut für Salatmarinaden. Zu Gemüse oder Suppe sollte es erst am Schluß zugesetzt werden. Die Mischung enthält nur 20% Kochsalz. Dazu kommen aus den Pflanzen Kalium, Magnesium, Eisen, Calcium und

Spurenelemente. Wenn man die Verwendung nicht übertreibt, handelt es sich bei diesen Salzkräutern um einen perfekten Mineralmix.

Einheimische Kräuter, fremdländische Heilpflanzen, Modedrogen

Der Volksmund sagt, daß für jede Krankheit ein Kraut gewachsen sei. Tatsächlich bringt unsere einheimische Flora eine Fülle an heilkräftigen, jahrhundertelang bewährten Pflanzen hervor. Wenn man deren Heilanzeigen studiert, ist man versucht zu sagen: Das reicht doch. Denn je mehr Pflanzen es kennenzulernen, zu prüfen und anzuwenden gilt, desto unübersichtlicher wird das Fachgebiet, desto mehr Irrtümer und Verwechslungen können auftreten. Dennoch kommen immer wieder neue Heilpflanzen aus fernen Ländern, oftmals als „Wunderpflanzen" angepriesen. Bereits Hildegard von Bingen beschreibt die Heilanzeigen zahlreicher tropischer oder zumindest mediterraner Pflanzen, deren Import offenbar eine Selbstverständlichkeit war. Der von ihr immer wieder empfohlene Römische Bertram (Anacyclus pyrethrum), der „aus dem Menschen nichts unverdaut hinausschickt", ist, wie schon der Name sagt, eine mediterrane Pflanze. Von Anhängern der Hildegard-Medizin wird auch heute Bertram als Universalgewürz verwendet. Galgant (Alpinia officinarum), bei Hildegard gegen Herzschmerzen empfohlen, stammt aus China. Ärzte, die nach den Methoden der Hildegard-Medizin behandeln, setzen das Pulver aus der Galgantwurzel bei Angina pectoris ein (11). Gewürznelken, Muskatnuß, Zimt, Aloe, Ingwer, Weihrauch, Myrrhe, Datteln, Oliven und Zeder waren offenbar bereits im 12. Jahrhundert so bekannt und verbreitet, daß sie mit der größten Selbstverständlichkeit von Hildegard als Heilmittel empfohlen wurden.

Zahlreiche neue Nutz-, Zier- und auch Heilpflanzen kamen im Zeitalter der großen Entdeckungsreisen ab dem 15. Jahrhundert zu uns. Manche konnten sich fest etablieren. So ist etwa Eucalyptus globulus, dessen Heimat das ferne Australien ist, im wahrsten Sinne des Wortes in aller Munde, besonders zu Erkältungszeiten. Berühmtheit erlangte auch die Rinde des Chinabaumes (Cinchona pubescens) bei der Behandlung schwerer Fieberanfälle. Seine Heimat sind die Schluchten der Anden, nicht etwa China, wie der Name anzudeuten scheint. Es gab Zeiten, in denen fast jede Tablette gegen Grippe und grippale Infekte das hochwirksame Alkaloid Chinin enthielt. Sogar als Kräftigungsmittel, vor allem für Kinder, wurde das Chinin zeitweise eingesetzt. Inzwischen wird es bei derartigen leichteren Fällen nicht mehr verwendet, aber es ist unverzichtbar zur Behandlung bestimmter Formen der Malaria.

Immer wieder macht die eine oder andere Heilpflanze als „Wunderpflanze" Schlagzeilen oder ein bestimmter Inhaltsstoff läßt auf immerwährende Gesundheit, Schlankheit und stetiges Wohlbefinden hoffen. Bald schaltet sich die Werbung ein und die Wogen schlagen hoch und höher. Schließlich wird die Pflanze wissenschaftlich geprüft und möglicherweise ins Repertoire der Medizin eingereiht. Damit wird das Wunder zur Selbstverständlichkeit. Oder ist es etwa kein Wunder, daß Kopfschmerzen durch Aspirin verschwinden, daß lebensbedrohliches Fieber durch Chinin auf ein erträgliches Niveau sinkt und daß bei schweren Herzkrankheiten Fingerhutpräparate lebensrettend wirken? Eine wissenschaftliche Erklärung für die Wirkung mancher Pflanzen ist allerdings bis heute noch nicht ausreichend möglich. Manchmal jedoch sind die Erwartungen zu hoch, die auf eine solche Wunder- oder Modedroge gerichtet werden. Der aus Amerika stammende Rote Sonnenhut, die Echinacea, dürfte ein solches Beispiel sein. Aufgrund der

Presseberichte glaubten viele Menschen allen Ernstes, daß man nun Grippe und Erkältungskrankheiten völlig im Griff habe. Echinacea ist tatsächlich ein hochwirksames Medikament (S. 58 f), aber das eigentliche Wunder muß Ihr Immunsystem vollbringen. Die Chancen sind gut, daß es funktioniert, aber vielleicht reagiert Ihr Immunsystem auf eine andere Heilpflanze besser.

Ganz sicher gibt es bei uns und in aller Welt noch viele Pflanzen, von deren heilsamen Inhaltsstoffen wir bis jetzt keine Ahnung haben.

Würzkünste – gesundheitlicher Wert des Würzens

„Rechtes Würzen ist eine Kunst, doch eine erlernbare, um die sich jeder bemühen sollte – seiner Gesundheit zuliebe", schreibt Apotheker Mannfried Pahlow (12, S. 8). Wir sollten auch nicht vergessen, daß Gewürze weltgeschichtliche Ereignisse ausgelöst haben: Wer weiß, wann Amerika entdeckt worden wäre, wenn Kolumbus sich nicht auf die Suche nach den Gewürzinseln Ostasiens gemacht hätte. Aber bereits einige Jahrhunderte vor diesem Ereignis beurteilt Hildegard von Bingen eingehend die gesundheitliche Bedeutung des Würzens und eine Reihe ihrer Ratschläge können wir moderne Menschen als Empfehlung übernehmen. Sie schreibt mit der gleichen Selbstverständlichkeit über Muskatnuß, Gewürznelken, Ingwer, Galgant, Römischen Bertram und Zimt – allesamt aus fernen Ländern –, wie über Kümmel, Petersilie, Kresse, Dill und Kerbel aus heimatlichen Gärten.

Interessant ist vor allem, und jetzt seien neuere Untersuchungsergebnisse zitiert, daß nicht nur die frischen, grünen Küchenkräuter deutliche gesundheitsfördernde Effekte aufweisen, die man ohnehin bei jeglichem frischen Grün voraussetzt, sondern daß auch die fremdländischen Gewürze durchaus sehr positive Wirkungen haben können. R.F.Weiß beschreibt dies am Beispiel von Paprika: „Wir haben bisher geglaubt, daß Reis und Butter leicht verträgliche Nahrungsmittel seien, während etwa Speck als ausgesprochen schwer verdaulich galt. Ein gewürzloser Reisbrei liegt schwer im Magen und verbleibt dort relativ lange, weil jeder Anreiz zu einer Magenfunktion fehlt. Damit wird auch die Blutzirkulation langsamer und muß durch vermehrte Herzarbeit ausgeglichen werden. Das ändert sich jedoch völlig, wenn man Gewürze zusetzt. Gibt man zu dem Reis

zeit sehr hohen Preis solcher Gewürze im Auge, denn in seiner Verbundenheit mit den ärmeren Volksschichten versuchte er stets, preiswerte einheimische und womöglich selbst angebaute oder selbst gesammelte Produkte zu empfehlen.

R.F. Weiß lobt die Gewürze, und hier vor allem Paprika und andere „Scharfmacher", weil sie die Blutgerinnung oder besser gesagt, die Durchblutung der Herzkranzgefäße günstig beeinflussen. Nach fettreichen Mahlzeiten kommt es erfahrungsgemäß bei entsprechend disponierten Personen leicht zu Angina-pectoris-Anfällen oder zum völligen Verschluß kleiner Gefäße bis zum ge-

jähriger ärztlicher Praxis hervorgingen. Zweitens, streng wissenschaftlich sind diese Beobachtungen wohl schwer zu verifizieren. Weiß vermutet, daß es möglich sei, durch kräftiges Würzen dem Herzinfarkt vorzubeugen, selbstverständlich immer unter der Prämisse, die eigentlich für alles gilt, selbst für die allerbesten und allergesündesten Dinge: Allzuviel ist ungesund. Allerdings: Mit dem Begriff „Würzen" ist nicht das „Salzen" gemeint.

Länger und besser bekannt sind die Wirkungen der Gewürze auf die Verdauungstätigkeit von Magen und Darm. Gewürze vermehren die abgeschiedene Speichelmenge. Zudem ist dieser Speichel enzymreicher, so daß im Magen die Verdauung vor allem der Stärke beschleunigt wird. Stark fördernd wirken diesbezüglich Pfeffer, Paprika, Curry und auch Zitronensaft.

Inhaltsstoffe der Gewürze

Die wichtigsten Wirkstoffe der Gewürze, wobei auch die Küchenkräuter mit einbezogen seien, sind ätherische Öle, Bitterstoffe und Scharfstoffe. In unseren heimischen Würzkräutern sind kaum Scharfstoffe enthalten, allenfalls die Senfölglykoside wären zu nennen. Offenbar hat aber der Mensch ein Bedürfnis nach diesen „Scharfmachern". Deshalb hat seit dem frühen Mittelalter die Bevölkerung unserer Breiten keine Mühen und Kosten gescheut, um diese fernöstlichen Köstlichkeiten in den Kochtopf zu bekommen.

Ein im wahrsten Sinne des Wortes „buntes Gemisch" verschiedener Gewürze, z.B. Galgant, Pfeffer, Paprika, verschiedene Curryarten, orangegelber Safran, getrocknete Chilischoten, frische Peperoni und ausgewählte frische Gartenkräuter.

Paprika, dann arbeitet das Herz ruhiger und kräftiger als nach der ungewürzten Mahlzeit." (2, S.160f). Interessant ist in diesem Zusammenhang, daß auch Sebastian Kneipp bei verschiedenen Krankheiten das Schlucken von Pfefferkörnern empfahl, sogar für kranke und geschwächte Kinder. Andererseits stand Kneipp ausländischen Gewürzen eher ablehnend gegenüber: „Der Pfeffer soll da gegessen werden, wo er wächst." Sicher hatte er dabei auch den seiner-

fürchteten Herzinfarkt. Mit Hilfe der Gewürze scheint es möglich zu sein, die problematischen Gerinnungsverhältnisse zu verbessern. Allerdings ersetzt das Würzen nicht den bei allen Störungen der Herzfunktion unumgänglich anzuratenden Arztbesuch.

Noch einmal sei betont: Erstens, es handelt sich bei den Aussagen über das Würzen um die aus langjährigen Beobachtungen gewonnenen Erfahrungen von R.F.Weiß, dessen Beurteilungen sowohl vom Standpunkt des Phytotherapeuten als auch aus lang-

Nun seien die wichtigsten Gewürze und Kräuter mit ihren Wirkungen auf die Gesundheit genannt:

Pfeffer ist wohl das häufigst verwendete Gewürz. Kenner raten, ihn erst beim Zusetzen zu den Speisen zu mahlen, weil bei längerer Lagerung der gemahlene Pfeffer seine ätherischen Öle verliert und nur die Schärfe bleibt. Früher war man der Meinung, Pfeffer sei für ältere Menschen nicht zu empfehlen. Das Gegenteil ist der Fall. Vielfache Erfahrungen zeigen, daß scharfe Gewürze den Kreislauf entlasten.

Paprika macht schwere Kost bekömmlicher und entlastet ebenfalls den Kreislauf. Sie regt die Nebennieren zur Hormonproduktion an, weshalb sie als „Muntermacher" gilt. Wer salzarm essen muß, sollte gut mit Paprika würzen. Mit der Paprika verwandt ist Chili oder Cayennepfeffer. Chili ist noch schärfer, besitzt aber weniger aromatische Eigenschaften. Paprika ist auch in Curry enthalten, einer ursprünglich indischen Gewürzmischung mit mindestens 12, aber oft bis zu 30 Bestandteilen. Seine gelbe Farbe erhält der Curry von der Gelbwurz = Kurkuma.

Piment, Muskatnuß und Nelken passen zu sehr viel mehr Suppen, Gemüsen, Fleisch und Fischgerichten als man gemeinhin denkt, auch zu süßen Speisen. Diese Gewürze seien vor allem Personen mit der Neigung zu Blähungen empfohlen.

Galgant und Ingwer sind botanisch nahe verwandt. Beide enthalten ätherische Öle sowie scharfe und leicht bittere Inhaltsstoffe. Die Galgantwurzel wird stets getrocknet und zerkleinert verwendet, Ingwer gibt es auch frisch zu kaufen. Zur medizinischen Wirkung des Galgant siehe S. 49, 191.

Zu ergänzen wäre, daß vor allem die scharfen Gewürze nachgewiesenermaßen schädliche Darmbakterien an der Vermehrung hindern. Dies dürfte wohl ein Hauptgrund sein, warum in heißen Ländern so scharf gewürzt wird. Eine Anmerkung zum Begriff „scharf": In manchen Gegenden Süddeutschlands wird eine stark gesalzene Speise als „scharf" bezeichnet. Das ist selbstverständlich nicht ganz korrekt. Daß zu viel Salz bei Menschen mit gegebener Veranlagung den Blutdruck in die Höhe treiben kann und dadurch Herz und Kreislauf belasten, dürfte bekannt sein. Nach neueren Untersuchungen spricht allerdings nur jeder fünfte Hochdruckpatient auf salzarme Kost mit Senkung des Blutdrucks an. Man-

Gewürz oder Heilmittel? Untere Reihe von links nach rechts: Anis, Kümmel und Koriander. Obere Reihe: 2 Sorten von Fenchel, nämlich links kräftiger und leicht bitterer Arzneifenchel, rechts süßer Fenchel, auch für Kindertee geeignet.

che Patienten mit Bluthochdruck reagieren auf salzarme Kost sogar mit einer Erhöhung des Blutdrucks. Menschen mit normalem und niedrigem Blutdruck das Salz zu verbieten, ist eigentlich Unsinn. Vor allem bei älteren Menschen scheint nach neueren Untersuchungen das Salz mehr positive als negative Wirkungen zu haben: Gut gesalzene Kost (nicht übertreiben!) fördert die Denkfähigkeit und verhindert das Austrocknen der Körpergewebe.

Die Küchenkräuter sowie die würzigen Samen und Wurzeln aus heimischen Gärten sind ebenfalls in ihrer gesundheitsfördernden Wirkung hoch zu loben. Frisch besitzen sie verschiedene Vitamine, vor allem Vitamin C. Sehr hoch ist auch ihr Gehalt an Mineralstoffen, besonders Kalium, Magnesium, etwas Calcium sowie Spurenelementen. Sehr hervorzuheben ist auch bei manchen der hohe Gehalt an Eisen, was sonst bei Pflanzen nicht unbedingt der Fall ist. Einen besonders hohen Eisengehalt besitzt der Thymian, was für Menschen, die ihren Fleischverzehr einschränken wollen, oder für Vegetarier bedeutsam sein dürfte.

Anregend auf die Nierentätigkeit wirken vor allem Wacholderbeeren, Petersilie, Sellerie und Liebstöckel, letzteres volkstümlich „Maggikraut" genannt.

Sehr günstig auf den Darm und vor allem die Fettverdauung fördernd wirken Majoran, Oregano, Bohnenkraut, Basilikum, Melisse und Würzminze.

Gegen Blähungen und zur Förderung der Bekömmlichkeit von Speisen mit einem hohen Ballststoffanteil wirken Kümmel, Fenchel, Anis und Koriander. Das bisher gesagte gilt auch für den Kardamon, der außer ätherischen Ölen auch Scharfstoffe enthält und der zur Verfeinerung von Suppen, Soßen, Fleischspeisen und Gemüse verwendet werden kann und der appetitanregend wirkt. Anis und Fenchel sind auch gut für Kleinkinder geeignet.

Beifuß ist als klassisches Bittermittel der volkstümlichen Küche und als Verdauungshilfe für fette Speisen bekannt. Er mobilisiert Enzyme und regt den Gallefluß an. Etwas milder, aber eben auch gallefußfördernd, wirken zwei weitere Kräuter, die mit dem Beifuß nahe verwandt sind, nämlich die Eberraute (Artemisia abrotanum) und der Estragon. Wermut, ebenfalls mit dem Beifuß verwandt, wird wegen seiner Bitterkeit kaum je zum Würzen verwendet, es sei denn zum Würzen verdauungsfördernder Liköre, z.B. Absinth oder Wermutwein. Gallesaftfördernd wirken auch Würzminze, Kümmel und Rettich.

Aufgrund ihres Gehalts an scharfen Senfölglycosiden fördern Rettich, Meerrettich und Senf die Abscheidung aller Verdauungssäfte im Magen und Darm. Auch Dill und Kerbel wirken leicht anregend auf die Aktivierung der Verdauungsäfte und den Gallefluß.

Antibiotisch wirkende Stoffe und demnach zur unterstützenden Behandlung von Darminfektionen geeignet sind Knoblauch, Zwiebel, Rettich, Meerrettich, Schnittlauch, Senf und Salbei. Salbei sollte zu Würzzwecken nicht in getrockneter Form, sondern nur frisch und nicht in größerer Menge verwendet werden.

Rosmarin gilt als Tonikum, also als Gewürz, das hellwach und munter macht. In diese Gruppe der tonisierenden „verjüngend" wirkenden Gewürze wären auch Zwiebel, Knoblauch und Schnittlauch hervorzuheben.

Tee-Arznei in moderner Form

Professor R.F. Weiß behauptete einmal, Selbstmedikation mit Arznei-Tees werde bevorzugt von aktiven Menschen praktiziert, die sich für ihre Gesundheit mitverantwortlich fühlen und nicht nur passiv auf die Wirkung von Tabletten und Injektionen warten (2, S. 95).

Tee wird im allgemeinen aus „Drogen" hergestellt, wobei dieser Begriff wahrscheinlich vom althochdeutschen Wort „drogge" abgeleitet ist, was soviel wie „trocken" bedeutet. Nach wie vor gilt derzeit noch hierzulande, daß eine Droge von einer Pflanze stammt. Im anglo-amerikanischen Schrifttum wird der Begriff „Droge" in einem umfassenderen Sinn gebraucht. Man bezeichnet damit jede Arzneisubstanz, auch mineralische und synthetische Arzneimittel. Wenn in diesem Buch der Begriff „Droge" verwendet wird, geschieht es im eben erläuterten traditionellen Sinn.

Tee wird meistens aus der getrockneten Pflanze, also aus der Droge, hergestellt. Hierfür gibt es einige Regeln, aber auch zahlreiche Ausnahmen. (4, S. 130ff).

Tee aus getrockneten Blättern und Blüten wird meistens überbrüht. 1 bis 2 Teelöffel der Droge werden mit 1 Tasse heißem Wasser übergossen. Dann läßt man den Tee etwa 5 bis 10 Minuten zugedeckt ziehen. Teemischungen werden im allgemeinen ebenso zubereitet. Diese Art der Zubereitung nennt man Infus. Stark duftende Kräuter, deren Hauptwirkstoffe ätherische Öle sind, dürfen keinesfalls zu lange ziehen. Dies gilt z.B. für Pfefferminz- und Kamillentee.

Noch eine Anmerkung zur Dosierung: R.F. Weiß konstatiert, daß die genaue Bemessung der Menge keine so große Rolle spielt. Im allgemeinen wird eher zu wenig als zu viel gegeben. Auch Sebastian Kneipp war bezüglich der Dosierung keineswegs zimperlich.

Die verschiedenen Inhaltsstoffe brauchen unterschiedliche Zeit, um in die Flüssigkeit überzugehen. Rasch werden ätherische Öle gelöst und z.B. auch das Teein des Schwarzen Tees. Gerbstoffe brauchen mehr als 5 Minuten. Wenn es demnach um die Gerbstoffe im Tee geht, muß der Tee länger ziehen. Therapeutisch betrachtet ist Schwarzer Tee, der nur etwa 3 Minuten lang gezogen hat, deshalb ein anregendes Tonikum. Läßt man ihn länger ziehen, kann er als gerbstoffhaltiger Arzneitee bei Durchfall eingesetzt werden. Vorsicht, manche Menschen vertragen Gerbstoff schlecht und bekommen Magenschmerzen. Dies gilt nicht nur für den Schwarzen Tee, sondern auch für die zahlreichen gerbstoffhaltigen Drogen, die für manche Erkrankungen der Verdauungsorgane eingesetzt werden.

Festere Pflanzenteile, wie etwa Wurzeln, Stengel oder Hölzer, muß man häufig eine Weile kochen, manche bis zu 20 Minuten, aber das gilt nicht für alle derartige Drogen. Eine solche Teeabkochung nennt man Dekokt. Bei manchen Drogen ist es besser, sie mit kaltem Wasser auszuziehen und dann erst zu erhitzen. Dies nennt man mazerieren und das Tee-

produkt nennt man Mazerat. Manche Drogen sollten mehrere Stunden lang kalt angesetzt werden, wie etwa Baldrianwurzeln. Auch die meisten getrockneten Früchte und die meisten Wurzeln werden kalt angesetzt. Manche Drogen dürfen nach dem Kalt-Ansetzen nicht stärker erhitzt, sondern nur auf Trinktemperatur erwärmt werden. Dies gilt z.B. für die Mistel.

Bei der Zubereitung von Teemischungen entscheidet das Basismittel. Im allgemeinen wird die Droge überbrüht. Man läßt zugedeckt ca. 5 Minuten ziehen und gießt dann ab.

Fazit: Bei gekauftem Tee müssen Sie die Anweisungen für die Zubereitung befolgen, die bei guten Produkten auf der Packung verzeichnet sein sollten. Im Zweifelsfall gibt im allgemeinen der Apotheker gerne fachkundige Auskunft. Wenn Sie Tee selbst sammeln und trocknen, sollten Sie sich in einem guten Kräuterbuch über die Zubereitung informieren. Das Buch sollte neueren Datums sein, denn früher, ehe das Verhalten der Inhaltsstoffe genau untersucht war, hat man Teedrogen häufig längere Zeit gekocht, wodurch flüchtige Inhaltsstoffe verloren gingen.

Der Tee soll gut warm getrunken werden. Wesentlich ist dabei der Rat, den schon Sebastian Kneipp gegeben hat, nämlich, daß der Tee nicht auf einmal in großen Zügen, sondern langsam schluckweise getrunken werden soll. Diese Art des Trinkens nennt man „diätetisch" und sie gilt auch für heilsame Mineralwässer.

Häufig taucht die Frage auf, ob Tee auch aus frischen Pflanzenteilen zubereitet werden kann. Die Antwort lautet: Ja, bei den meisten mild wirkenden Pflanzen, wie etwa Zitronenmelisse oder Pfefferminze, ist dies möglich. Bei stärker wirkenden Arzneipflanzen sollte die getrocknete Teedroge verwendet werden, denn es ist nicht auszuschließen, daß die frischen Kräuter eine andere, nicht unbedingt erwünschte Wirkung ausüben. Dies wird am Beispiel des Herzgespanns (S. 25, 107) aufgezeigt. Bei Verwendung frischer Gartenkräuter für den Tee muß man gewichtsmäßig das 5- bis 10-fache an Kräutern verwenden im Vergleich zur getrockneten Droge, denn die frische Pflanze enthält bis zu 90% Wasser. Beim Überbrühen muß das Wasser wirklich kochend heiß sein. Ich selbst bereite im Frühjahr und Sommer oft Tee aus frischen Kräutern zu. Ich wasche die Kräuter, überbrühe die Pflanzenteile in einem Topf und koche den Ansatz auf der Herdplatte noch einmal kurz auf, weil sich durch das Überbrühen der doch ziemlich großen Menge frischer Pflanzen der Tee beim bloßen Überbrühen ziemlich stark abkühlt. Anschließend muß der Tee noch ziehen.

Aufgrund der modernen Technik gibt es praktische Vereinfachungen. Tee-Aufgußbeutel sind heutzutage die wohl beliebteste Art, Tee herzustellen. Diese Darreichungsform gibt es für Einzeldrogen und auch für Teemischungen.

Sehr praktisch und deshalb beliebt ist auch der Instant-Tee, der „tassenfertig" vorliegt: Mit heißem Wasser übergießen, umrühren, fertig. Bei der Produktion dieser Instant-Tees werden die Drogenwirkstoffe von Einzelpflanzen oder Kombinationen nach einem besonderen Verfahren herausgelöst, in eine flüssige Form gebracht und in einem Sprühtrocknungsverfahren zu einem wasserlöslichen Pulver verarbeitet.

Einzeldroge oder Teemischung?

In vielen Fällen ist, medizinisch betrachtet, die Einzeldroge von Vorteil. Aber die Inhaltsstoffe verschiedener Kräuter können sich in ihrer Wirkung auch gegenseitig unterstützen. Im Tee ist dann eine größere Vielfalt an Wirkstoffen enthalten und die Chance ist größer, daß genau jener Wirkstoff dabei ist, der dem kranken Organismus den heilenden Anstoß gibt. Ein besonders wichtiger Grund, Teemischungen zu verwenden, ist

dann gegeben, wenn über einen längeren Zeitraum hinweg stärker wirkende Pflanzen verwendet werden sollen, was vor allem bei chronischen Erkrankungen der Fall ist. In Teemischungen liegen die stark wirkenden Inhaltsstoffe in der gebotenen Verdünnung vor. Selbst Tee von so allgemein gebräuchlichen Pflanzen wie etwa Kamille oder Pfefferminze sollte nicht tagaus tagein als Haustee getrunken werden. Keine Regel ohne Ausnahme: Weißdorntee hat auch im Dauergebrauch keine schädlichen Nebenwirkungen. Seine wichtigsten Inhaltsstoffe sind Flavonoide und diese werden vom Körper rasch wieder ausgeschieden.

Die Mischung der Kräuter für einen medizinischen Tee darf nicht willkürlich erfolgen, sondern das Rezept ist nach ziemlich strengen Regeln aufgebaut:

◆ Das Grundmittel (Remedium cardinale) ist für die therapeutische Wirkung verantwortlich.

◆ Ein Adjuvans verstärkt oder ergänzt die Wirkung des Grundmittels in die gewünschte Richtung.

◆ Als Füllmittel (Konstituens) dienen häufig Drogen mit hübscher Färbung. Sie sind fast stets in fertigen Teemischungen vorhanden und sollen der Teemischung ein gefälliges Aussehen geben. Blaue Kornblume, gelbe Strohblume, weiße Römische Kamille, lila Lavendelblüten und orangegelbe Ringelblumen-Blütenblätter (botanisch korrekt: die Zungenblüten) sind beliebte Füllmittel.

◆ Ein Korrigens verbessert häufig den Geschmack und die Bekömmlichkeit. So wird beispielsweise Tee aus Bitterstoffdrogen, etwa Wermut, nicht schmackhafter durch Zucker oder Honig, wohl aber durch Zugabe von Pfefferminze.

Kurmäßige Anwendung

Daß ein medizinischer Tee, besonders ein Tee aus einer Einzeldroge, meistens nicht für den Dauerge-

brauch zu empfehlen ist, wurde bereits erwähnt. Ratsam ist die kurmäßige Anwendung, wobei je nach dem therapeutischen Ziel, das angestrebt wird, 3 bis 6 Wochen lang täglich 2 bis 3 Tassen des zur Kur eingesetzten Tees getrunken werden. Schulmedizinisch wird von Intervalltherapie gesprochen. Sie wird etwa beim Weißdorn und beim Ginkgo empfohlen. Hierzu eine persönliche Anmerkung: Ich selbst bewege mich „kurmäßig" durchs ganze Jahr mit wechselnden therapeutischen Schwerpunkten. Im Frühjahr beispielsweise sind stoffwechselanregende, also „blutreinigende" Kräuter angesagt, im Sommer wird die Pflege des Herz-Kreislauf-Systems in den Vordergrund gestellt, im Herbst geht es schwerpunktmäßig um die Stimulation des Immunsystems und im Winter werden Gelenkschmerzen sowie etwa auftretende Erkältungen gleich abgefangen.

Beobachten Sie sich selbst genau, welche „Schwachstellen" Ihr Organismus aufweist. Behandeln Sie Ihre leichten gesundheitlichen Unpäßlichkeiten unmittelbar und konsequent mit einem heilsamen Tee oder unterstützen Sie bei lang anhaltenden oder chronischen Gesundheitsstörungen die ärztliche Therapie mit Heilpflanzen.

Soll eine Kur mit Tee durchgeführt werden, kann die Tagesration im ganzen zubereitet und in einer Thermoskanne warmgehalten werden. Der Tee kann dann über den Tag verteilt getrunken werden.

Die alte Redensart „Vorbeugen ist besser als heilen" ist ein wichtiger Aspekt der Heilpflanzenbehandlung. Wenn man zum Beispiel weiß, daß eine bestimmte konstitutionell und familiär (erblich) bedingte Disposition für eine bestimmte Erkrankung vorliegt, ist zu vorbeugenden Maßnahmen zu raten, wobei Heilpflanzen eine wichtige Rolle spielen können. Sie wirken meistens mild, aber stetig und sind, mit Ausnahme der stark wirkenden Arzneipflanzen in der Regel gut verträglich.

Teemischungen für die ganze Familie

Bisher war von medizinischen Tees und Teemischungen die Rede. Aber genauso empfehlenswert ist Kräuter- und Früchtetee als alltägliches Getränk zum Durstlöschen und für die nötige Flüssigkeitszufuhr. Solche Hausteemischungen enthalten ebenfalls häufig Heilpflanzen. Umso besser, wenn der Haustee auch ein wenig den Gesundheitsbedürfnissen angepaßt ist. Dazu einige Beispiele, wie ich sie bereits in meinem Buch „Heilpflanzen, die wirklich helfen" (4, S.132f) beschrieben habe:

„Ich begegnete einmal einem kräuterkundigen österreichischen Landwirt, der mir erzählte, er habe immer eine kleine Kanne dabei, in der er seine Hausteekräuter sammle. Ich war erstaunt, welch interessante Kombination er zusammenstellte! Es war gerade Sommer und er erzählte mir, daß er manche Kräuter schon im Frühling gesammelt habe und manche aus dem Garten entnehme. Der fertige Tee enthielt etwa zu gleichen Teilen folgende Pflanzen:

Brennesselkraut, Frauenmantel, Johanniskrautblüten, Zitronenmelisse, Pfefferminze, Ringelblumenblüten, Schafgarbe, Schlüsselblumenblüten, Thymian, Waldmeister und Wegwarte.

Von den Inhaltsstoffen her betrachtet, erhält mit diesem Tee jedes Organ einen freundlichen „Schubs", und das ist es eigentlich, was man von einem guten Haustee erwartet. Seither lasse ich mir diesen Tee in der Apotheke mischen und er ist unter dem Namen „Streßtee" oder „Abiturtee" in der eigenen Familie sehr beliebt. Natürlich trinken wir ihn nicht jeden Tag, denn Abwechslung macht das Leben süß."

Für diese und andere Teemischungen können Sie teilweise die Kräuter selbst sammeln oder die Kräuter kaufen und mischen. In der Apotheke mischt man Ihnen aber auch die gewünschte Kombination. Außerdem können Sie in der Apotheke, im Reformhaus und im Kräuterladen schmackhafte fertig abgepackte Hausteemischungen kaufen. Einige Beispiele für Kräutertees der Kneipp-Werke seien nachfolgend aufgeführt:

* „KNEIPP-Botanica® Siebenkräutertee" ist aus Blüten, Früchten und Blättern zusammengesetzt.
* „KNEIPP® Fasten-Kräutertee Kneippland®" ist speziell für die Flüssigkeitszufuhr bei Schlankheitskuren konzipiert.
* „KNEIPP® Kinder-Kräutertee" ist ein wohlschmeckendes Getränk, das von Kindern ab 3 Jahren auch ungesüßt gerne getrunken wird.
* „KNEIPP® Kräuter-Familien-Tages-Tee" hat vom Geschmack her eine gewisse Ähnlichkeit mit Schwarzem Tee. Er wirkt aber nicht belastend und kann unbesorgt auch in größeren Mengen getrunken werden. Dieser Tee besteht aus fermentierten Brombeerblättern.

Nun noch einige Teemischungen mit heilsamen Wirkungen für bestimmte Organe.

Die folgende Hausteemischung wirkt anregend und belebend. Sie ist besonders für Menschen mit niedrigem Blutdruck zu empfehlen: Brombeerblätter, Zitronenmelisse, Rosmarin und Beifuß, zu gleichen Teilen gemischt.

Sehr magenfreundlich ist folgender Haustee: Löwenzahnwurzel und -kraut, Pfefferminzblätter, Hagebuttenfrüchte und Hibiskusblüten zu gleichen Teilen gemischt. (Anmerkung: „Hibiskusblüten" sind unter dem volkstümlichen Namen „Malventee" bekannt. Es handelt sich hierbei nicht um eine Malvenart, die therapeutisch eingesetzt wird, sondern um die fleischigen Kelchblätter

von Hibiskus sabdariffa, einer afrikanischen Pflanze.)

Der nächste Haustee wirkt kräftig entwässernd und ist damit zur „blutreinigenden" Frühjahrkur sowie zur Unterstützung der Therapie bei Arthrose, Gicht und Krampfadern geeignet: Löwenzahnwurzeln und -kraut, Brennesselkraut, Ackerschachtelhalm und Hagebutten mit Samen zu gleichen Teilen gemischt.

Pflanzenheilkunde zur vorbeugenden Behandlung

„Vorbeugen ist besser als heilen", sagt ein Sprichwort. Unsere Schulmedizin hat ein teilweise phantastisches Repertoire an Heilmethoden bei manifesten Krankheiten, aber selbst in medizinischen Lexika kommt die klare Definition der vorbeugenden Maßnahmen zu kurz. Zu unterscheiden ist zwischen Prophylaxe und Prävention.

Bei der Prophylaxe geht es um das Verhindern möglicher Krankheiten, z.B. die Vermeidung von Ansteckung durch hygienische Sorgfalt, durch Impfungen oder auch durch vorbeugende Aktivierung des Immunsystems mit bestimmten Heilpflanzen.

Prävention bedeutet das Verhindern manifester und chronischer Krankheitsverläufe durch Behandlung der latenten Vor- und Frühstadien. Auch bei familiären und konstitutionellen Dispositionen sind neben genauer Beobachtung präventive Maßnahmen zu empfehlen. Für eine solche Präventivmedizin sind pflanzliche Heilmittel besonders gut geeignet. Das Heilmittel wird in solchen Fällen zum „Erzieher" des Organismus und erzeugt eine Reaktion. Es ist gleichermaßen Aufgabe des behandelnden Arztes und des Patienten hier das richtige Maß zu finden im Sinne von Sebastian Kneipp: Nicht zu viel und nicht zu wenig und alles zur rechten Zeit.

Heilpflanzen
für die Gesundheit
von Kopf bis Fuß

In diesem Hauptteil des Buches werden Heilpflanzen vorgestellt, die für einzelne Organsysteme und bestimmte Krankheitsbilder eingesetzt werden können. Ganz streng kann die „klassische" Einteilung „von Kopf bis Fuß" nicht durchgehalten werden, weil manche Erkrankungen sich auf verschiedene Organe auswirken oder den gesamten Organismus erfassen. Gleich die ersten beiden Kapitel dieses Hauptteiles sind Beispiele für dieses Faktum.

Vorbemerkung zur Selbstmedikation

Bei weitem nicht alle erwähnten oder beschriebenen Pflanzen sind zur Selbstmedikation geeignet. Manche Heilpflanzen sind nur in Form genau dosierter Extrakte nach ärztlicher Anweisung zu verwenden. Eine Reihe stark wirksamer Pflanzen ist giftig. Bei manchen ist die Wirksamkeit nicht wissenschaftlich nachgewiesen, bei manchen ist das Nutzen-Risiko-Verhältnis zu ungünstig, manche können allergisierend wirken und manche können erhebliche Nebenwirkungen haben. Diese Gesichtspunkte sind in der Regel bei der Beschreibung der einzelnen Pflanzen im Text vermerkt.

Wenn Sie selbst Pflanzen sammeln und aufbereiten möchten, sollten Sie sich an die auf Seite 45 ffund an die bei der Besprechung der einzelnen Pflanzen aufgeführten Kriterien halten. Vor allem dürfen aus der Natur nur Pflanzen genommen werden, die Sie hundertprozentig kennen. Bereits Sebastian Kneipp hat eindringlich vor gefährlichen Verwechslungen gewarnt.

Zur Beachtung: Bei der Beschreibung der einzelnen Heilpflanzen werden oft auch Teemischungen und einige Fertigarzneien genannt. Diese Aufzählung erhebt keinen Anspruch auf Vollständigkeit und bedeutet im allgemeinen auch keine Wertung, denn es gibt bis jetzt keinen objektiven Maßstab, mit dem verbindliche Beziehungen zwischen Wirksamkeit

und Unbedenklichkeit hergestellt werden können. Im Zweifelsfall gilt die aus der Fernsehwerbung bekannte Formel „Zu Risiken und Nebenwirkungen lesen Sie die Pakkungsbeilage oder fragen Sie Ihren Arzt oder Apotheker". Auch freiverkäufliche Arzneimittel bieten keine Gewähr dafür, daß keine gesundheitsschädlichen Wirkungen auftreten können. Die Autoren und der Verlag übernehmen keine Haftung bei gesundheitlichen Schäden durch die angegebenen Medikamente und Heilpflanzenanwendungen.

Die Auswahl der angeführten Medikamente erfolgt in Anlehnung an „Lehrbuch der Phythotherapie" (3), „Phytotherapie – Phytopharmaka und pflanzliche Homöopathika" (13), „Phytotherapie Manual" (17) sowie „Natur in Pillen und Tropfen" (18). Die Zusammensetzung und die Heilanzeigen der Medikamente sind so angegeben, wie sie die „Rote Liste® 1998" aufführt. Die „Rote Liste" wird jedes Jahr neu vom Bundesverband der pharmazeutischen Industrie in Zusammenarbeit mit den forschenden Arzneimittelherstellern herausgegeben. Im Laufe der Jahre können sich durch neue Erkenntnisse in der Forschung neue Gesichtspunkte ergeben, die Zusammensetzung der Medikamente kann sich ändern, neue Arzneimittel können auf den Markt kommen und manche ältere können vom Markt genommen werden. Dieses Buch bringt den wissenschaftlichen Erkenntnisstand vom Frühjahr 1998.

Die Wirkung von Heilpflanzen auf das Immunsystem

Wenn bei einem Patienten Forte-Pflanzen oder sonstige starke Medikamente eingesetzt werden, darf man, je nach Krankheitsbild und je nach eingesetztem Medikament, meistens in absehbarer Zeit eine spürbare und meßbare Änderung bzw. Besserung der Symptome er-

warten. Bei Mite-Pflanzen ist das häufig nicht so. Die Erfolge zeigen sich oft erst nach einiger Zeit. So ist vom Johanniskraut bekannt, daß sich seine antidepressive Wirkung erst nach 1 bis 2 Wochen einstellt. Diese Tatsache ist so zu erklären, daß im Organismus eine „Umstimmung" stattfinden muß. Zahlreiche Naturheilbehandlungen gehen vom Prinzip der Umstimmung aus. Was geschieht denn beispielweise im Organismus durch Kneippsche Wassergüsse oder eine Fangopackung? Ein starker Reiz wird aufs vegetative Nervensystem ausgeübt, was im Körper eine Art Großalarm auslöst. Daraufhin werden die Selbstheilungskräfte mobilisiert und die Heilung kann beginnen. Das erklärt auch, warum Kneippsche Anwendungen und andere Naturheilverfahren sowie auch eine Behandlung mit Heilpflanzen nicht bei allen Menschen mit vorhersagbarem Effekt wirksam sind. Wenn aus irgendeinem Grund die Selbstheilungskräfte nicht auf die Behandlung ansprechen, darf man keine durchgreifende Besserung des Krankheitbildes erwarten.

Was soll man in einem solchen Fall tun? Oft geschieht es, daß aufgrund einer derartigen Enttäuschung der Patient und bisweilen auch der behandelnde Arzt die Heilpflanzen und andere Naturheilverfahren für Humbug und faulen Zauber erklären. Grundfalsch! Der richtige Weg wurde schon im Kapitel über die psychologischen Aspekte der Heilpflanzenverwendung gewiesen (S. 23): Beobachten Sie genau und kritisch, wie die Pflanze oder das Heilverfahren auf Sie wirkt. Hilft es, ist es gut, hilft es nicht, dann sollten Sie wohlüberlegt ein anderes Verfahren oder eine andere Pflanze einsetzen. Vertrauen Sie auf die Heilkräfte der Pflanzen, denn sie haben schon unzähligen Menschen geholfen. Aber nicht der Glaube, sondern die richtige Dosis macht es, ob eine Pflanze hilft oder nicht.

57

Eine Umstimmung des Organismus in dem Sinne, daß die Selbstheilungskräfte mobilisiert werden, kann durch recht unterschiedliche Anwendungen zustande kommen. Hierbei wird durch eine „unspezifische Reizwirkung" eine „unspezifische Resistenzsteigerung" bewirkt. Dieser Effekt wird auch vielen Heilpflanzen zugesprochen.

Der Begriff „Selbstheilungskräfte" umschreibt bildhaft und gut verständlich die Tätigkeit unseres Immunsystems. Für einzelne Pflanzen ist es inzwischen gelungen, ganz konkret den Nachweis für eine Immunstimulation zu erbringen. Seit Jahren ist der Rote Sonnenhut (Echinacea sp.) sehr gut zur Behandlung von Infektionskrankheiten eingeführt, speziell bei den durch Viren erzeugten Erkältungskrankheiten und grippalen Infekten. Bei immunologischen Untersuchungen konnte durch Behandlung mit dem Roten Sonnenhut eine deutliche Steigerung der natürlichen immunologischen Abwehrkräfte bewiesen werden. Dies zeigte sich in einer Aktivierung der Makrophagen, also jener weißen Blutkörperchen, die in der Lage sind, Viren oder Bakterien zu vernichten, indem sie diese „auffressen", weshalb sie auf Deutsch auch „Freßzellen" genannt werden. Eine weitere aktivierende Wirkung auf das Immunsystem ist die sogenannte „Interferonisierung", was bedeutet, daß in den Körpergeweben mehr Interferon nachweisbar ist. In den Körperzellen werden verschiedene Interferone erzeugt, die unterschiedliche Aufgaben im Rahmen unseres Immunsystems erfüllen. Besonders wichtig ist die „antivirale" Wirkung, das heißt, ein bestimmtes Interferon unterdrückt die Vermehrung von Viren. Nachdem die Primärinfektion bei den meisten Erkältungskrankheiten sowie bei Grippe und grippalen Infekten durch Viren hervorgerufen wird, ist die positive Wirkung von Echinaceapräparaten einleuchtend.

Erfahrungsgemäß sind im Frühstadium der Infektion Präparate aus dem Sonnenhut einer Behandlung mit Antibiotika in der Regel überlegen. Gut zu verstehen ist aber auch, warum diese Medikamente nicht bei jedem Patienten und nicht in jedem einschlägigen Krankheitsfall gleich gut wirken: Nicht in jedem Fall gelingt dem Medikament die Aktivierung des Immunsystems in gleich effektiver Weise. Auch bei der äußeren Anwendung, vor allem zur Behandlung chronisch eiternder und sekundär infizierter Wunden, wurde ein deutlich entündungshemmender Effekt beobachtet (13, S. 262).

Von grundsätzlicher Bedeutung ist es, daß hier ein neues Wirkprinzip erkannt und nachgewiesen wurde. Die Medizin spricht heute meist nicht mehr von „Stärkung des Immunsystems" oder „unspezifischer Resistenzsteigerung", sondern verwendet die Begriffe „Immunstimulation", „Immunmodulation" und „Immunregulation". Die vorhin genannten Interferone werden inzwischen als Medikamente zur Immunstimulation bei verschiedenen Infektionskrankheiten sowie bei bestimmten Formen von Leukämie eingesetzt.

Anzumerken wäre, daß Interferone die wichtigsten körpereigenen Abwehrstoffe gegen Virusinfektionen sind. Inzwischen ist die Gewinnung von reinen Interferonen gentechnisch möglich und praktikabel. Stichwort „Gentechnik": Immer mehr Medikamente, vor allem wenn es sich um hochwirksame körpereigene Stoffe handelt, wie etwa Hormone und Interferone, werden gentechnisch erzeugt. Hierfür ist Gentechnik inzwischen unverzichtbar. Selbstverständlich könnte die Gentechnik, wie jedes Menschenwerk, auch mißbraucht werden. Damit dies nicht geschieht, sind verbindliche ethische und juristische Vorgaben unerläßlich.

Echinacea wird inzwischen auch in klimatisch günstigen Gegenden Deutschlands angebaut, hier z.B. in Schwebheim (Unterfranken).

Die innere und äußere Anwendung soll auf 8 Wochen begrenzt werden, bei Injektionen auf 3 Wochen.

Wesentliche Inhaltsstoffe für die immunstimulierenden Wirkungen:

Roter Sonnenhut ist eine empfehlenswerte Zierpflanze für den Garten. Viele Insekten, vor allem Schmetterlinge, finden hier kraftspendenden Nektar.

Kaffeesäurederivate, Polysaccharide, Glykoproteine, langkettige ungesättigte Fettsäuren.

Heilanzeigen und Anwendungsgebiete:

◆ Grippale Infekte

◆ Infektionen der Atemwege, vor allem chronisch rezidivierende

◆ Infektionen der Harnwege, vor allem chronisch rezidivierende

◆ Äußere Anwendung bei oberflächlich infizierten Wunden mit schlechter Heilungstendenz, vor allem bei bakteriellen Hauterkrankungen.

Kontrollierte Studien über die Anwendung von Echinacea-Präparaten im Kindesalter als Immunstimulanz liegen derzeit noch nicht vor. Einige Erfahrungsberichte deuten darauf hin, daß bei der Behandlung des Keuchhustens und der Mandelentzündung durch Injektionen mit Echinacea an 3 aufeinanderfolgenden Tagen positive Wirkungen erzielt werden (14, S. 414ff).

Die Homöopathie empfiehlt Echinacea ebenfalls bei diesen Erkrankungen, vor allem als Urtinktur oder Potenzen bis D6.

Nebenwirkungen, Gegenanzeigen:

Bei Injektionen mit Sonnenhutpräparaten kann kurzfristig Fieber mit Schüttelfrost und Erbrechen auftreten. Bei gegebener Disposition kann es zu allergischen Reaktionen kommen, vor allem dann, wenn der Patient auch gegen andere Korbblütler allergisch reagiert. Bei fortschreitenden Systemerkrankungen, wie etwa Tuberkulose, sollten Echinacea-Präparate nicht innerlich eingesetzt werden. Auch bei Polyarthritis sowie sogenannten Autoimmunerkrankungen, chronischen Leberentzündungen und chronischen Darmentzündungen ist Vorsicht geboten, denn das Immunsystem ist ohnehin sozusagen „aufgeheizt". In der Schwangerschaft ist von Injektionen mit Echinacea abzuraten. Auch bei Diabetes mellitus ist Vorsicht geboten, denn durch Injektionen mit Echinacea-Präparaten wird erfahrungsgemäß häufig die Stoffwechsellage verschlechtert.

Medikamente:

Rund 20 Präparate enthalten reine Echinacea-Auszüge (= Monopräparate), z.B.

* Echinacin® Madaus Trpf.
* Echinacea Hevert®

* Echinacea ratiopharm®, Tabletten und Tropfen
* Immunopret®, Tabletten und Tropfen (Bionorica)

Sie sind im allgemeinen zur Selbstmedikation geeignet, Packungsbeilage genau beachten.

Rund 250 Präparate, 90% davon sind homöopathisch, enthalten Echinacea-Extrakte in Kombination mit anderen Extrakten, z.B. aus dem Lebensbaum (Thuja occidentalis), der Arnika (Arnica montana), dem Kunigundenkraut (Eupatorium perfoliatum), der Zaunrübe (Bryonia dioica) und anderen. Aber wie schon ausgeführt: Die Arzneimittelkommission wird in näherer Zukunft viele Kombinationspräparate vom Markt nehmen.

* Esberitox® (Schaper & Brümmer) ist das wohl bekannteste Kombinationspräparat. Es enthält Sonnenhut, Wilden Indigo und Lebensbaum.
* Esberitox mono® Tabletten, Tropfen (Schaper & Brümmer) ist ein neues Monopräparat,
* Tee: 1 Eßlöffel der Droge mit 150ml kochendem Wasser überbühen, 10 Minuten ziehen lassen, möglichst heiß trinken.

Altbewährtes zur Stimulation der Abwehrkräfte

Auch einige einheimische altbewährte Heilpflanzen sollten im Zusammenhang mit dem Thema „Immunsystem" genannt werden, von denen R.F. Weiß sagt: „Vorzüglich geeignet zur Stärkung der Abwehrkraft sind zwei heimische Heilpflanzen, die man vorzugsweise als Tee gebraucht: die Lindenblüten und die Holunderblüten" (2, S. 121). Beide gelten als schweißtreibend, weshalb man früher fiebernden, grippekranken Menschen, sogar Kindern, sehr häufig nach dem Trinken einer erheblichen Menge an Holunder- oder Lindenblütentee eine Schwitzpak-

59

kung zumutete. Schon Kneipp hat eine solche Prozedur für unzweckmäßig erachtet, da sie bei den meisten kranken Menschen eher schwächend wirke und die Körperkräfte mehr beanspruche als steigere.

Anzumerken wäre, daß der Holunder vor allem bei der Landbevölkerung sich bis heute großer Wertschätzung erfreut. „Beeren, Rinde, Blatt und Blüte, jeder Teil ist voller Güte", heißt es in einem alten Reim. Deshalb zog vor dem Holunder der Bauer den Hut runter. Teemischungen mit Holunderblüten werden noch bei den Themen „Erkältungskrankheiten" und „blutreinigende Frühjahrskuren" vorgestellt.

Linde (Tilia sp.)

Allgemeine Informationen, Inhaltsstoffe:

Zwei einheimische Lindenarten sind es, die medizinisch genutzt werden: die Sommerlinde (Tilia platyphyllos), zu erkennen an ihren großen, dunkelgrünen Blättern, sowie die Winterlinde (T. cordata) mit kleineren, hellgrünen Blättern. Gesammelt und getrocknet werden die frisch aufgeblühten Blüten beider Arten mitsamt dem auffallenden, hellen Hochblatt.

Die wichtigsten immunstimulierenden und auch schweißtreibenden Inhaltsstoffe sind Flavonoide. Dazu kommen Gerb- und Schleimstoffe, die das Abhusten erleichtern (expektorierende Wirkung).

Heilanzeigen und Anwendungsgebiete:

◆ Grippale Infekte, vorbeugend und heilend
◆ Katarrhe der Atemwege
◆ Trockener Reizhusten.

Dosierung:

* Tee: 1 Teelöffel getrocknete, geschnittene Lindenblüten mit 1 Tasse Wasser heiß aufgießen, 15 Minuten ziehen lassen, absieben.

Wenn der Garten groß genug ist, hat vielleicht eine Linde Platz. Dann können die Lindenblüten im eigenen Garten geerntet werden, wenn sich die Blüten eben zu öffnen beginnen.

Zur Vorbeugung und Behandlung von Erkältungskrankheiten, aber auch dann, wenn eine unspezifische Stimulierung des Immunsystems angestrebt wird, 2 bis 3 mal pro Tag eine Tasse langsam trinken.

Nebenwirkungen und Gegenanzeigen sind nicht bekannt.

Medikamente:

Die Droge wird in offener oder abgepackter Form angeboten oder in Aufgußbeuteln, z.B.

* KNEIPP® Lindenblütentee

Lindenblüten sind auch Bestandteil zahlreicher Teemischungen gegen Erkältungen und Bronchitis.

Holunder (Sambucus nigra)

Allgemeine Informationen:

Vom Holunderstrauch wurden vor allem früher fast alle Teile therapeutisch genutzt. Wenn es um Immunstimulation geht, stehen die getrockneten Blüten im Vordergrund. Wer selbst die Blüten sammeln und trocknen möchte, sollte besonders sorg-

Ein Holunderstrauch im Garten bringt nach altem Volksglauben Glück und Segen ins Haus. Im Vordergrund ein Salbeibusch, dessen Blätter ein unübertreffliches Gurgelmittel sind.

fältig darauf achten, daß nicht an einem regnerischen Tag gesammelt werden darf und daß der Morgentau auf den Blüten abgetrocknet sein muß.

Wichtigste Inhaltsstoffe:

Schweißtreibende Glykoside, Flavonoide, ätherische Öle, Gerbstoffe und Schleimstoffe.

Nebenwirkungen und Gegenanzeigen sind nicht bekannt. Holunder enthält den artspezifischen Stoff Sambunigrin. Seinetwegen sollten Holunderbeeren nicht roh verzehrt oder ungekocht zu Saft verarbeitet werden. Viele Menschen klagen nach dem Genuß rohen Holunders über Übelkeit und Erbrechen.

Anwendungsgebiete:

◆ Katarrhe der Atemwege
◆ Trockener Reizhusten
◆ Vorbeugende Immunstimulation.

Als Medikament verwendet wird der Tee aus den getrockneten Blüten. Der Tee ist lose oder fertig abgepackt sowie in Form von Teebeuteln im Handel.

Holunderbeeren sollen vollreif geerntet werden. Sie können zu Saft oder Gelee verarbeitet werden. Achtung: Nicht roh verzehren!

Wermut ist besonders als Tonikum der Verdauungsorgane bekannt und bewährt. Neuere Forschungen deuten auf eine besonders effektive Stimulation des Immunsystems hin.

* Tee: 2 Teelöffel der Droge mit 1 Tasse kochendem Wasser übergießen, 10 bis 15 Minuten ziehen lassen, absieben. Mehrmals täglich 1 Tasse heiß trinken. Tagesdosis: 10 bis 15 Gramm Droge.

Die Wirkung einer ganzen Reihe von Heilpflanzen läuft, wie bereits erwähnt, auf eine Immunstimulation hinaus. Nach R.F. Weiß nimmt der Wermut eine „Sonderstellung unter den pflanzlichen Mitteln zur Resistenzsteigerung" ein. Er empfiehlt den Wermut vor allem auch bei Erkältungskrankheiten (S. 85 f.).

Nach Hildegard von Bingen hat Wermut eine recht umfassende Wirkung auf den Organismus, wie sie nur einem Mittel zukommen kann, das über den Weg des Immunsystems auf eine ganze Reihe von Organen gleichzeitig einwirkt. Sie schreibt unter anderem: „Wermut läßt nicht zu, daß die Lunge krank wird." Hildegard rät zu einer Frühjahrskur mit in Wein gesottenem Wermut (11, S. 500f). Von diesem Getränk soll man von Mai bis Oktober jeden dritten Tag vor dem Frühstück ein Gläschen zu sich nehmen.

Wermut wird schwerpunktmäßig bei Erkrankungen der Verdauungsorgane verwendet, weswegen er in dem entsprechenden Kapitel eingehend vorgestellt wird (S. 123 f.).

Manche Heilpflanzen und ihre Extrakte wirken lokal resistenzsteigernd oder auch antibiotisch, was zwar ein etwas anderer Wirkmechanismus ist, aber auch in diesen Zusammenhang gehört. Solche Pflanzen werden im Kapitel über die Erkältungskrankheiten besprochen.

Krebstherapie mit pflanzlichen Mitteln, am bekanntesten wohl die Misteltherapie (Iscador Weleda), läuft eigentlich auch auf eine spezielle Stimulation des Immunsystems hinaus. Sie wird bei der (zugegebenermaßen begrenzten) Einsatzmöglichkeit pflanzlicher Mittel in der Krebstherapie gewürdigt werden.

Was kann man gegen Allergien tun?

Ja, das ist die große Frage, die auch zur Thematik „Immunsystem" gehört. Die Antwort lautet: Leider herzlich wenig, wenn es um ursächli-

che Behandlung der allergischen Disposition geht. In den meisten Lehrbüchern und Standardwerken der Phytotherapie kommt das Stichwort „Allergie" im Inhaltsverzeichnis und im Register nicht einmal vor. Was bleibt, sind symptomatische Behandlungen bei allergischem Schnupfen, allergischen Hauterkrankungen, allergischen Magen-Darm-Beschwerden usw. Ist eine Allergie gegenüber einer bestimmten Substanz oder einer Pflanze nachgewiesen, muß der allergisierende Stoff oder die Pflanze nach Möglichkeit gemieden werden.

Bei gegebener allergischer Disposition muß besonderes Augenmerk darauf gerichtet werden, daß Allergien auch gegenüber einigen Heilpflanzen sowie gegenüber an sich sehr gesundheitsfördernden Würzkräutern und Gemüsen auftreten können. Untersuchungen der Dermatologischen Universitätsklinik Zürich haben ergeben, daß Sellerie mit einer Häufigkeit von 43% an der Spitze der allergieauslösenden Lebensmittel steht, was aber nicht gegen den Sellerie spricht, sondern nur dafür, daß Allergiker ihn meiden müssen. Zu beachten ist in diesem Zusammenhang, daß getrocknete Selleriewurzel und gemahlene Selleriesaat sehr häufiger Bestandteil verschiedener Gewürzmischungen sind. Bei Patienten mit Beifußpollen-Allergie wird die Reaktion ebenfalls häufig durch zahlreiche andere Gewürze ausgelöst, nämlich duch Anis, Fenchel, Koriander, Kümmel, Petersilie, Liebstöckel, Pfeffer, Paprika, Senf, Majoran, Oregano, Rosmarin, Basilikum und andere (15).

Wenn jemand auf ein Gewürz oder überhaupt auf eine Pflanze allergisch reagiert, ist sorgfältige Selbstbeobachtung notwendig, weil es häufig zu Kreuzallergien kommt. Das bedeutet, daß Menschen oft nicht nur gegen die Pflanze allergisch sind, bei der die Allergie festgestellt wurde, sondern häufig auch gegen andere Pflanzen, die mit der auslösenden Pflanze botanisch verwandt sind. Nur ein Beispiel: Beifußpollen-Allergiker sind oft auch gegen Kamille, Arnika, Sonnenblume und andere Korbblütler (Asteraceae) allergisch.

Zu ergänzen wäre, daß die Homöopathie (S. 31) bei der ursächlichen Behandlung von Allergien unter Umständen weiterhelfen kann, aber dazu ist eine genaue Anamnese durch einen erfahrenen Homöopathen unumgängliche Voraussetzung. Soweit psychische Probleme mit der Allergie verbunden sind, verspricht eine Behandlung mit Bachblüten-Essenzen (S. 33) bei engagierter Arbeit an sich selbst möglicherweise den gewünschten Erfolg.

Ist „Blutreinigung" noch aktuell?

Beschäftigt man sich mit alten Kräuterbüchern, dann ist bei sehr vielen Pflanzen verzeichnet, sie seien „blutreinigend". Es scheint ein uraltes, in der Menschheit verwurzeltes und bis heute überliefertes medizinisches Wissen zu sein, daß man das Blut immer einmal reinigen müsse. Besonders in jedem Frühjahr boomt die Blutreinigung, und unzählige Mittel, wie etwa Säfte, Tees, Tabletten, aber vor allem auch Heilfasten und bestimmte Nahrungsmittel sollen das Blut reinigen. Der Anwender solcher Mittel, und mehr noch die Anwenderin, stellen sich vor, nach der Durchführung einer solchen Blutreinigungskur sei der Organismus „entschlackt", wodurch man schlanker, körperlich und geistig aktiver und wegen strafferer Haut viel schöner sei.

Schon bei den alten Griechen werden Kuren zur Blutreinigung beschrieben. Die theoretische Voraussetzung dafür ist die Lehre von den vier Säften, die von Hippokrates verkündet und von Galen übernommen wurde. Diese vier Säfte sind das Blut,

die gelbe Galle, die schwarze Galle und der Schleim. Beim gesunden Menschen befinden sich die vier Säfte in einem individuell unterschiedlichen, aber ausgewogenen Gleichgewicht. Krankheit, so die Lehre der Antike, entsteht durch Störungen dieses Gleichgewichts, hervorgerufen durch ungünstige Lebensbedingungen, falsche Ernährung, Wetterwechsel und ähnliche schädliche Einwirkungen. Die Säftelehre (Humoralpathologie) galt gut 2000 Jahre lang als Dogma und wurde erst um die Wende zum 20. Jahrhundert von neuen Erkenntnissen abgelöst, als man die Zellen des Körpers mit ihren unterschiedlichen Funktionen genauer kennenlernte, als man bei vielen Krankheiten die bakteriellen Erreger fand, als man das Zusammenspiel der Organe immer genauer verstehen und die Biochemie der Hormone, Enzyme und vieler anderer Vorgänge begreifen konnte.

Diese modernen Erkenntnisse bedeuteten das Aus für die altehrwürdige Säftelehre und genaugenommen auch für die „Blutreinigung" wie sie bis heute oft verstanden wird, nämlich daß gefährliche „Schlackenstoffe", durch Blutreinigungskuren und Heilfasten beseitigt werden. Diese Vorstellung des „verschlackten Körpers" wird von namhaften Medizinern als „fürchterlicher Quatsch" abgetan. Aber andererseits: Was tut denn die moderne Labormedizin speziell bei einer Blutuntersuchung? Sie prüft die Zusammensetzung der „Körpersäfte" auf ihren Gehalt an Cholesterin, Harnsäure und Zucker, sie stellt die Leberwerte fest und hebt den Zeigefinger, wenn etwas daran nicht stimmt. Und weiterhin: Sind denn Nierensteine, Harnsäureablagerungen in Gelenken, Cholesterin- und Kalkablagerungen in den Arterien, Altersflecken in der Haut und ähnliche Unerfreulichkeiten etwas anderes als irgendwelche Stoffe, mit denen der Körper nichts anzufangen weiß und die er dann irgendwo ablagert? Ob und wie weit

man solche krankhaften Ablagerungen durch Blutreinigungskuren verhindern oder gar beseitigen kann, ist freilich eine von der Naturheilkunde bzw. der wissenschaftlichen Medizin höchst gegensätzlich beantwortete Frage.

Der Begriff „Blutreinigung" kommt in modernen wissenschaftlich ausgerichteten Veröffentlichungen der Phytotherapie nicht mehr vor oder mit ähnlichen theoretischen Einschränkungen wie in diesem Buch. Wohl aber werden die bewährten Heilpflanzen, die diese Wirkung haben sollen, weiterhin beschrieben und empfohlen, besonders bei Hautkrankheiten, rheumatischen Erkrankungen und als Durchspülungstherapie bei Nierenerkrankungen. Heilpflanzen und Temischungen, die man früher zur „Blutreinigung" einsetzte, werden jeweils in den entsprechenden Kapiteln behandelt. Die moderne Phytotherapie nennt diese Mittel „Antidyskratika".

Sebastian Kneipp stand mit seinem medizinischen Wissen voll in der Tradition der Säftelehre. „Blutreinigung" war für ihn ein ganz wesentlicher Faktor der Heilung von Krankheiten. Er schreibt: „Einen Kranken gesund machen, heißt alle Krankheitsstoffe in seinem Körper auflösen und ausleiten und seine Natur von allen schädlichen und Verderben bringenden Stoffen zu befreien." Manche Pflanzen, wie etwa die Kleine Pimpinelle (Pimpinella saxifraga), nennt er bildkräftig einen „guten Kehrbesen", der die Giftstoffe aus dem Körper fegen soll. Blutreinigung bedeutet für ihn also eine Anregung der Nieren- und Darmtätigkeit sowie eine Entgiftung durch Aktivierung der Leberfunktion. Ich glaube, in diesem Sinne sollten wir den Begriff der „Blutreinigung" verstehen und können ihn weiterhin verwenden. Freilich sollten wir uns darüber klar sein, daß die physiologischen Verhältnisse und die biochemischen Störungen im Körper so einfach nicht liegen, wie es manchmal dargestellt wird, und daß nicht jede „blutreinigende" und „entschlackende" Maßnahme wirklich unserer Gesundheit dienlich ist.

Heilsame Pflanzen für „blutreinigende" Kuren

Einige Kräuter, die für sich allein, als Tee, als Saft, in Teemischungen oder auch frisch traditionsgemäß zur blutreinigenden Frühjahrskur eingesetzt werden, seien im folgenden empfohlen. Die Rezepte mit frischen Kräutern sind richtige „Frühlingsrezepte". Ansonsten sollte der Begriff „Frühjahrskur" nicht gar so eng gesehen werden, denn zu allen Jahreszeiten ist ein heilsamer Anstoß für die Nieren und überhaupt den Stoffwechsel nicht zu verachten.

Löwenzahn
   (Taraxacum officinale)

Allgemeine Informationen:

Wer Löwenzahn selbst sammeln möchte, sollte dies möglichst im eigenen Garten tun, wo die Pflanzen im naturnahen Rasen, unter Sträuchern und auf Baumscheiben wildwachsend häufig vorkommen. In manchen Gegenden, vor allem im Rheinland, wird die Gartenform des Löwenzahns unter dem Namen „Pissen-lit" als Samen angeboten und im Beet ausgesät. Dieser französische Name zeigt deutlich die nierenanregende Wirkung, die man von einem Blutreinigungsmittel erwartet. In Bayern heißt der Löwenzahn mancherorts „Bettsaicher", was sozusagen eine korrekte Übersetzung aus dem Französischen darstellt. Verwendet werden frisch die jungen Blätter vor der Blütezeit oder die Wurzeln mit dem Löwenzahnkraut, die ausgestochen, gereinigt, gespalten, getrocknet und kleingeschnitten werden. Über den Zeitpunkt, wann die beste Erntezeit für Löwenzahnwurzeln mit Kraut ist, besteht unter Fachleuten keine Einigkeit. Manche raten, nur im Frühjahr, manche während der Blütezeit, ich selbst steche den Löwenzahn für Tee am liebsten im Herbst aus.

Junge, zarte Löwenzahnblätter werden im Frühling geerntet, gewaschen, kleingeschnitten und zum Salat gemischt. Der Verzehr von 2 bis 3 rohen Löwenzahnpflanzen täglich ist eine großartige blutreinigende Frühjahrskur.

Wichtigste Inhaltsstoffe:

Bitterstoffe, Carotinoide, Phytosterine, Schleim, Mineralstoffe, vor allem Calcium.

Heilanzeigen und Anwendungsgebiete:

◆ Blutreinigende Kur, vor allem vorbeugend
◆ Verdauungsbeschwerden (S. 121, 130)

◆ Arthrose und rheumatische Beschwerden (S. 172)
◆ Entzündliche Erkrankungen der ableitenden Harnwege (S. 162).

Nebenwirkungen, Gegenanzeigen:

Bei Menschen, die Bitterstoffe schlecht vertragen, kann es aufgrund der Förderung der Magensaft-Sekretion zu Beschwerden kommen. Bei Verschluß oder Vereiterung der Gal-

Im zeitigen Frühjahr oder im Herbst werden die Löwenzahnpflanzen ausgestochen, gut gewaschen, getrocknet und kleingeschnitten. Der Tee aus Wurzel und Kraut ist ein altbewährtes Mittel bei verschiedenen Beschwerden.

lenblase, darf Löwenzahn nicht angewendet werden.

Dosierung:

Zur Frühjahrskur pro Person die Blätter von 3 bis 5 jungen Pflanzen waschen, klein schneiden, in einen Salat mischen.

* Tee, Tagesdosis 3 Gramm Droge: 1 Teelöffel feingeschnittene Droge mit 1 Tasse kaltem Wasser ansetzen, 1 Minute kochen, 10 Minuten ziehen lassen, absieben, mehrmals täglich 1 Tasse trinken.

Medikamente:

Löwenzahn wird als Droge für Tee, in Teemischungen, als Saft sowie in Mischpräparaten als Dragees und in Tropfenform angeboten.

* KNEIPP® Löwenzahn Pflanzensaft Wörisol®

Weitere Medikamente mit Löwenzahn werden im Kapitel über Leber- und Gallenerkrankungen genannt.

In der Homöopathie wird der Löwenzahn in den Potenzen D3 und D4 bei akuter Hepatitis, einer Virusinfektion der Leber, eingesetzt.

Brennessel (Urtica dioica)

Allgemeine Informationen:

Die allseits bekannte Große Brennessel ist eine Kulturfolgerin des Menschen und wächst auf nährstoffreichen Böden. Seltener ist die Kleine Brennessel (U. urens). Sie besitzt noch mehr Brennhaare als die Große Brennessel und brennt deshalb noch unverschämter. Beide Arten werden medizinisch genutzt und zwar die Blätter und die Wurzeln.

Wenn Sie selbst Brennesseln sammeln und trocknen möchten, sollte dies im Juni und Juli an einem trockenen Tag geschehen. Das Trocknen der Pflanzen muß sehr sorgfältig und rasch erfolgen, sonst wird die Droge schwarz und ist wertlos.

Auf dem lockeren, nährstoffreichen Boden der Baumscheibe wächst ein üppiger Bestand der Großen Brennessel. Im Vordergrund blüht Wiesenschaumkraut (S. 66), dessen Blattrosetten vor der Blütezeit wie Kresse für Salat verwendet werden.

Wichtigste Inhaltsstoffe für die Blutreinigung:

Mineralsalze, vor allem Kalium, Calcium und Kieselsäure, Sterine, Gerbstoffe, Carotinoide und in den Brennhaaren Ameisensäure und Histamin.

Heilanzeigen, Anwendungsgebiete:

◆ Durchspülungstherapie
◆ zur Aktivierung des gesamten Körperstoffwechsels
◆ zur Ausscheidung von Harnstoff und Harnsäure, deshalb zur Behandlung von Gicht, Arthrose und rheumatischen Beschwerden (S. 173)
◆ zur vorbeugenden Behandlung bei Neigung zu Nierengrieß (S. 163)
◆ direkte antientzündliche Wirkung bei rheumatischen Erkrankungen
◆ Zubereitungen aus der Wurzel bei Prostatabeschwerden (S. 168).

Nebenwirkungen, Gegenanzeigen:

Bei Präparaten aus der Wurzel wird gelegentlich von leichten Magen- und Darmbeschwerden berichtet. Bei

Wasseransammlungen (Ödemen) infolge eingeschränkter Herz- oder Nierentätigkeit soll keine Durchspülungstherapie durchgeführt werden. In leichten Fällen von Herzschwäche, die zum Beispiel den Einsatz von Digitalis nicht rechtfertigen, wird von guten Erfolgen mit Brennesselsaft berichtet, wenn es darum geht, Ödeme zu verhindern. Auch Ödeme, die bei Venenschwäche oder nach Verletzungen entstehen, können erfolgreich mit Brennesselsaft behandelt werden (1, S. 335).

Die Homöopathie setzt die Brennessel folgerichtig nach dem Prinzip „Ähnliches mit Ähnlichem behandeln" gegen Nesselfieber ein. Für die Zubereitung homöopathischer Potenzen wird die Kleine Brennessel (Urtica urens) verwendet.

* Tee aus Brennesselblättern bzw. Brennesselwurzeln: 2 gehäufte Teelöffel der Droge mit $1/4$ Liter kochendem Wasser übergießen, 5 Minuten kochen, absieben. Den Tee mäßig warm schluckweise trinken. Morgens und abends je 1 Tasse etwa 4 bis 8 Wochen lang.

* Variante zum Tee aus getrockneten Brennesseln: Gartenbesitzer können die Pflanzen für die Brennessel-Frühjahrskur auch frisch aus dem Garten entnehmen. Ca. 6 etwa 20 cm lange Brennesseltriebe mit 1 Liter Wasser kurz aufkochen, 10 Minuten ziehen lassen, über den Tag verteilt trinken. Bei dieser Kur zeigt sich eine höchst erfreuliche Nebenwirkung von Brennesseltee: Man bekommt schöne, glänzende, gut frisierbare Haare. Die Teekur sollte 4 bis 6 Wochen dauern und kann im Herbst wiederholt werden.

Medikamente:

* KNEIPP® Brennessel Tee N, traditionell zur Blutreinigung
* KNEIPP® Brennessel Pflanzensaft Kneippianum®
* Schoenenberger® naturreiner Pflanzensaft Brennessel

* florabio® naturreiner Heilpflanzensaft Brennessel (Florabio)

Weitere Medikamente mit Brennesselwirkstoffen werden in den Kapiteln über rheumatische und Prostata-Erkrankungen genannt.

Weitere Pflanzen zur „Blutreinigung"

Aufgrund der Informationen in diesem Kapitel dürfte klar geworden sein, daß unter dem Begriff „Blutreinigung" im wesentlichen eine nierenanregende (diuretische) Wirkung zu verstehen ist. Dafür kommen außer den bisher genannten noch einige weitere Pflanzen in Frage.

Der **Bärlauch (Allium ursinum)** ist eine Pflanze feuchter Laub- und Auwälder. Er wird stets roh verzehrt. Von ihm sagt Pfarrer Künzle: „Wohl kein Kraut der Erde ist so wirksam zur Reinigung von Magen, Gedärmen und Blut wie der Bärlauch."

Die Blätter der **Birke (Betula pendula)** wirken als Tee mild, aber effektiv entwässernd, ohne die Nieren zu reizen.

Tee aus den getrockneten Fruchtschalen der **Bohne (Phaseolus vulgaris)** erhöhen nachweilich die Harnmenge und werden vor allem verordnet, um Harngrieß und Nierensteinen vorzubeugen, aber auch bei Hauterkrankungen, die seit jeher ein wichtiger Einsatzbereich für blutreinigende Maßnahme waren. Der Tee wird kalt angesetzt und 5 Minuten lang gekocht.

Erdrauch (Fumaria officinalis)
▶ **giftig**

Er hat eine sehr lange Tradition als Zauberpflanze und auch als Heilpflanze zur altbewährten Blutreinigung. Ein Tee aus dem getrockneten Kraut kann für sich allein oder in Teemischungen eingesetzt werden, wenn außer der Nierenanregung noch Krampflösung im Gallebereich und eine leicht abführende Wirkung

Die jungen Blätter der Birke werden im Frühling gesammelt, getrocknet und zerkleinert. Der Tee wirkt mild entwässernd, ohne die Nieren zu reizen.

Erdrauch ist ein unscheinbares Pflänzchen, das auf ungenutzten Flächen wächst. Das getrocknete Kraut ist Bestandteil von Teemischungen zur Blutreinigung, zur Behandlung von Gallenbeschwerden und Hautkrankheiten.

erwünscht ist (S. 130). Die Pflanze enthält Alkaloide, deshalb: Kein Dauergebrauch, keine Überdosierung!

Die Früchte der **Heckenrose (Rosa canina)**, also die **Hagebutten**, haben vor allem dann eine nierenanregende Wirkung, wenn der Tee aus den getrockneten Früchten auch die

Kernchen enthält. Hagebutten sind außerdem als geschmacks- und wirkungsverbessernder Bestandteil von Teemischungen zu empfehlen. Käuflicher Hagebuttentee und andere Früchtetee-Mischungen sind häufig mit Vitamin C angereichert.

Hirtentäschel (Capsella bursa-pastoris), eine bescheidene Pflanze, die auf ungenutzten Flächen wächst, ist volksheilkundlich oftmals Bestandteil von Teemischungen zur Blutreinigung.

Sauerampfer (Rumex acetosa) wird schulmedizinisch nicht empfohlen, weil er, roh gegessen, die giftige Oxalsäure enthält. Die Volksmedizin verwendet ihn gerne, und in manchen Gegenden, z.B. in der Rhön und in ihrem Umfeld, dürfte es kaum einen Garten ohne den Gartensauerampfer geben, der im Frühling in Salaten oder als Suppe zur Frühjahrskur eingesetzt wird. Wenn Sie Sauerampfer verwenden wollen, sollte er stets mit Milch zubereitet werden, damit die giftige Oxalsäure, die er enthält, neutralisiert wird.

Schachtelhalm (Equisetum arvense) ist wegen seiner deutlich nierenanregenden Wirkung als blutreinigender

Die Hagebutten sind die Früchte der Heckenrose und haben eine lange volksmedizinische Tradition als Tee, Mus oder Marmelade. Vorsicht bei der Aufbereitung: Zwischen den Kernchen sind Härchen, die unverschämten Juckreiz auslösen.

Sauerampfer schmeckt sehr pikant und kann im Frühjahr sparsam (!) zum Würzen von Salaten, Soßen oder Suppen verwendet werden. Auf Wanderungen wurden früher die Blättchen gegen Durst gekaut.

Tee für sich allein oder in Mischungen sehr beliebt. Weitere Informationen über diese Pflanze S. 101.

Wiesenschaumkraut (Cardamine pratensis), botanisch und im Geschmack verwandt mit der Kresse, wurde früher und wird in manchen Gegenden heute noch frisch in Salaten zur Frühjahrskur eingesetzt.

Sebastian Kneipp, der bei seinen Empfehlungen eigentlich so gut wie immer auch die Blutreinigung im Auge hatte, empfiehlt für diesen Zweck auch **frische Walderdbeeren**, **Holunder** (S. 60), **Wacholderbeeren** (S. 163 f) und **Spitzwegerich** (S. 95 f).

Fazit: Wenden Sie weiterhin die bewährten Methoden der „Blutreinigung" an, vor allem vorbeugend, versprechen Sie sich aber bei ernsteren, vor allem bei akuten Krankhei-

ten keine sofort durchgreifende, ursächliche Besserung. Versäumen Sie auf keinen Fall, rechtzeitig effektive medizinische Maßnahmen zu ergreifen, wenn physiologische und biochemische Störungen im Körper vorliegen.

Das Gehirn – Aufgaben und Probleme

In diesem Kapitel geht es wieder um gesundheitliche Störungen, die den ganzen Menschen erfassen oder erfassen können, denn die Nerven durchziehen mit feinsten Verästelungen den ganzen Körper. Das Gehirn ist die Informationszentrale. Es bewertet alle von außen kommenden Sinneseindrücke, wozu auch das Feststellen von körperlichen Beeinträchtigungen sowie von Schmerzen gehört, und es versucht entsprechende Maßnahmen an das periphere Nervensystem in Auftrag zu geben, damit der Mensch die Einflüsse der Außenwelt mit einer sinnvollen Reaktion beantwortet. Der Begriff „Außenwelt" beinhaltet in diesem Zusammenhang auch Schmerzzustände irgendwo im Körper. Längerfristig betrachtet hat das Gehirn auch die Aufgabe, Überlegungen anzustellen, wie der Krankheit beizukommen ist. Über diesen Teil unseres Gehirns ist unsere Persönlichkeit, die ebenfalls im Gehirn verankert ist, sozusagen der Chef: Wir können selbst entscheiden, ob wir mit unseren körperlichen Beschwerden zum Arzt gehen und ob wir dann seine Anordnungen befolgen oder nicht. Wir können auch beschließen, die Therapie mit Heilpflanzen oder anderen Naturheilverfahren zu unterstützen oder wir können die Naturheilkunde für Humbug erklären.

Kurzum, unser Gehirn ist der Sitz unseres Bewußtseins und die Zentrale für bewußtes Handeln. Wir haben weitgehend Entscheidungsfreiheit was zu tun ist.

Bei Erkrankungen des Gehirns ist die Entscheidungsfreiheit stark beeinträchtigt und verständlicherweise können Erkrankungen des Gehirns den ganzen Menschen erfassen oder auch bestimmte Organe oder Organsysteme. Erkrankungen des Gehirns können angeboren sein. Sie können aber auch durch Infektionen, Verletzungen, Durchblutungsstörungen oder Stoffwechselstörungen entstehen.

Die wohl häufigsten Erkrankungen des Gehirns treten im fortgeschrittenen Alter auf, wohl am bekanntesten die „Arterienverkalkung", von der noch im Kapitel über Herz-Kreislauf-Erkrankungen eingehend die Rede sein wird (S. 105 f), aber auch die gefürchtete Alzheimersche Krankheit wären Beispiele für organische Erkrankungen des Gehirns. Organische Erkrankungen des Gehirns können sich in vielfältigen körperlichen Beschwerden oder auch in psychischen Befindlichkeitsstörungen äußern. Hinzu kommt die Gruppe der Psychosen, wie etwa endogene Depression.

Organische Erkrankung bedeutet: Es sind krankhafte Veränderungen am Gehirn eingetreten, die mit modernen medizinischen Methoden nachweisbar sind oder sichtbar gemacht werden können. Diese organischen Erkrankungen können in der Regel ursächlich nicht erfolgreich mit Heilpflanzen behandelt werden, allerdings indirekt ist eine positive Beeinflussung der Gehirnleistung möglich. Auch die mit der Erkrankung zusammenhängenden Befindlichkeitsstörungen lassen sich bessern.

Heilpflanzen zur Verbesserung der Gehirnfunktion

Zur Verbesserung der Leistungsfähigkeit des Gehirns gibt es einige Pflanzen, deren Wirksamkeit inzwischen gut untersucht und erwiesen ist.

Ginkgo biloba

Allgemeine Informationen, Wirkung, Verwendung:

Der Ginkgo wird auch Chinesischer Tempelbaum genannt. Präparate aus seinen Blättern sind sehr bekannt und beliebt. Sie bewirken eine Förderung der Gehirndurchblutung und damit Verbesserung der Gedächtnisleistung und des allgemeinen Wohlbefindens. Ginkgo bewirkt eine Gefäßerweiterung. Auch Ohrensausen, Kopfschmerzen und Schwindel können mit Ginkgo erfolgreich behandelt werden, ebenso schlecht durchblutete Beine und Hände. Ohrgeräusche (Tinnitus) und der akute Hörsturz werden ebenfalls derzeit bisweilen mit Ginkgo-Injektionen behandelt.

Nebenwirkungen und Gegenanzeigen sind nicht bekannt.

Medikamente:

* Tebonin®, -forte, -retard: Tabletten, Tropfen, Ampullen (Schwabe)
* Kaveri® Tabletten, Tropfen (Lichtwer)
* Rökan® Novo Filmtabletten, Tropfen (Intersan)
* Duogink® 3000 Dragees (duopharm).

Weitere Pflanzen zur Behandlung degenerativer Erkrankungen des Zentralnervensystems:

Tollkirsche (Atropa belladonna)
▶ **giftig**

Bilsenkraut (Hyoscyamus niger)
▶ **giftig**

Der zweite Typus von Erkrankungen des Zentralnervensystems sind sogenannte funktionale Störungen. Sie können individuell ebenso gravierend oder gar katastrophal sein wie die eben besprochenen organischen Erkrankungen, obwohl eben keine organische Ursache eindeutig nachzuweisen ist. Hierzu gehören Schlaflosigkeit, Nervosität, Depressionen ohne endogenen Faktor und das Gefühl ständiger Schlappheit. An diesen zahlreichen funktionalen Störungen und Beeinträchtigungen, die teilweise charakterabhängig, teilweise schicksalsbedingt sind, kommt

Der Ginkgo kommt wildwachsend nur noch an wenigen Stellen Ostasiens vor. Vor rund 200 Millionen Jahren gab es ihn auch hier in Mitteleuropa. Weil er sich seither kaum verändert hat, wird er oft als „lebendes Fossil" bezeichnet.

wohl niemand im Leben ungeschoren vorbei. Diese komplexen Störungen sprechen meistens gut auf Heilpflanzen und andere Naturheilverfahren an, aber außerdem ist auch Vermeiden von Streß sowie Änderung der inneren Einstellung zum Schicksal, zu den Mitmenschen und zu sich selbst notwendig. Das ist jedoch der wohl schwierigste Teil der Behandlung und gehört in jenen Bereich, den Sebastian Kneipp mit dem Begriff „Ordnungstherapie" bezeichnet.

Der Streß und das vegetative Nervensystem

Kein Lebewesen bleibt verschont

Das englische Wort „stress" wurde früher ausschließlich in der technischen Materialprüfung verwendet. Erst seit 1953 wird es auch in dem Sinne gebraucht, in dem es heute in aller Munde ist, nämlich als Synonym für Belastungen, die Magenschmerzen oder gar einen Herzinfarkt hervorrufen können. Wer daraus den Schluß zieht, Streß sei ein ganz modernes, mit der Zivilisation einhergehendes Phänomen, der irrt. Den Streß gibt es, seitdem die Natur das Leben auf der Erde hervorgebracht hat. Nicht nur Hund und Katze haben Streß, wenn sie unversehens einander begegnen, sondern sogar Pflanzen und einzellige Lebewesen bleiben nicht verschont. Schon aus diesen Fakten ergibt sich die erste ganz ungemein tröstliche Schlußfolgerung: Streß ist etwas so überaus Normales, daß es sich nicht lohnt, sich seinetwegen stressen zu lassen. Brächten wir es fertig, uns diese Erkenntnis im entscheidenden Moment vor Augen zu führen, dann wäre alles halb so schlimm. Aber leider hat gerade unter Streß der Verstand die fatale Neigung zu versagen: Wo sonst die Vernunft ihren Sitz hat, gähnt ein pechschwarzer „Blackout".

Körperliche Reaktionen bei Streß

Der Streß trifft unsere Persönlichkeit genau an der Stelle, an der Körper und Psyche sich überschneiden. Hier gleich eine Anmerkung zum Begriff „Psyche". Häufig wird er mit „Seele" gleichgesetzt und man spricht oft auch von „seelischen" Ursachen für bestimmte Erkrankungen. Das ist nicht ganz korrekt. „Seele" umfaßt ein wesentlich weiter gespanntes Phänomen als „Psyche". Zur Seele gehört neben dem Ichbewußtsein und den Emotionen auch der metaphysische und theologische Bereich, also beispielsweise die Frage „Was geschieht mit meiner Seele nach dem Tode? Wird sie Gott schauen, wie es in der Bibel heißt?" Dieser Bereich gehört nicht in die Medizin, wenn man diese als exakte Naturwissenschaft betrachtet und anwendet, allenfalls in den Bereich der Seelsorge, wie sie etwa Sebastian Kneipp in seiner Eigenschaft als Pfarrer neben seinen durchaus handfesten und körperbezogenen Therapie-Ratschlägen praktiziert hat. Die „Psyche" ist die Gesamtheit unseres Bewußtseins und unserer Emotionen. Sie kann, wenn nötig, von der Psychologie oder Psychiatrie analysiert und behandelt oder auch durch Medikamente sowie durch Rauschmittel, Halluzinogene oder auch Kaffee beeinflußt werden. Die „Seele" steht jenseits dieser materiellen Einflüsse. Deshalb wird im folgenden stets von „Psyche" die Rede sein.

Streß trifft in der Regel zunächst unsere Psyche: Der Nachbar ärgert mich schon wieder, der Chef unterdrückt mich, das Computerprogramm ist zusammengebrochen, der Ehepartner ist untreu, das Kind ist krank, ich habe Terminnot und stehe im Stau auf der Autobahn oder ein Examen steht bevor. Wohlgemerkt, niemand beeinträchtigt oder verletzt den Betroffenen körperlich. Dennoch verursacht dieser psychische Druck weitreichende körperliche Reaktionen:

◆ Beim Elektroenzephalogramm (EEG) ist eine eklatante Alarmre-

aktion der Gehirnwellen mit starken unregelmäßigen Ausschlägen sichtbar. Es ist jene Erfahrung, die jeder Mensch unter starker Belastung erlebt: Man reagiert völlig falsch. Der Volksmund sagt: vor Schreck ist mir der Verstand stehengeblieben.

Durch Ausschüttung von Streßhormonen aus der Nebennierenrinde kommt es zu weiteren meßbaren physiologischen Veränderungen:

◆ Der Pulsschlag wird beschleunigt und er wird kräftiger. Der Volksmund, der Streßreaktionen ungemein treffend beschreibt, sagt: Das Herz schlägt mir bis zum Halse.

◆ Der elektrische Hautwiderstand sinkt, weil der Schweiß ausbricht, so daß auf der nunmehr feuchten Haut der Strom besser geleitet wird. Jeder Mensch kennt die feuchten Hände und die nassen Achselhöhlen unter Prüfungsstreß und bei einem Vorstellungsgespräch oder dergleichen.

◆ Der Blutdruck steigt: Man fühlt sich hellwach und aufgeregt.

◆ Der Traubenzuckergehalt im Blut steigt, weil das in der Nebennierenrinde erzeugte Streßhormon Adrenalin die Zuckervorräte, die in der Leber als Glykogen gespeichert sind, aktiviert und ins Blut ausschüttet.

◆ Ebenfalls aktiviert durch Streßhormone aus der Nebenniere, steigt der Gehalt an Fettsäuren, Cholesterin und Triglyzeriden im Blut.

◆ Die Blutgerinnungsfaktoren steigen.

Diese biologische Streßreaktion, deren physiologische Daten bei Mensch und Tier gleichermaßen abzulesen sind, klingt wahrhaftig nach einem ernsten Krankheitsbild und kann auch zu Krankheiten führen. Aber wir müssen uns vor Augen halten, daß die biologische Streßreaktion uralt ist. Sie ist dafür geschaffen, kurzfristig im Organismus ein enormes, sonst schlummerndes Energiepotential freizusetzen, wenn es um Leben oder Tod geht. Man erlebt es ja zuweilen, an anderen oder an sich selbst, daß der Mensch in existenzbedrohenden Situationen „über sich selbst hinauswächst".

Die Streßreaktion wurde von der Natur für Situationen konzipiert, in denen der Mensch nur zwei Wahlmöglichkeiten hat, um zu überleben: Flucht oder Angriff, und damit war von der Natur vor allem körperlicher Angriff gemeint. Die Streßreaktion wurde aber nicht geschaffen für riskante Überholmanöver mit dem Auto, nicht für nervtötende Auseinandersetzungen mit Chef, Kollegen, Untergebenen und Ehepartner, auch nicht für den Lärm der Städte, die Langeweile einsamer Abende oder den falsch geplanten Urlaub. Man sieht, unsere modernen Streßauslöser haben kaum noch etwas mit den natürlichen Gegebenheiten zu tun, also Jagd und Kampf von Angesicht zu Angesicht, wofür das biologische Streßprogramm eigentlich entwickelt wurde. Demnach wäre es genaugenommen „sehr gesund", wenn man den Chef, der einen ärgert, am Kragen packen und schütteln würde oder wenn man einfach davonliefe. Aber das geht meistens nicht. Das Wort „modern" bezieht sich allerdings nicht nur auf unsere unmittelbare Jetztzeit. Im Gegenteil: Durch kürzere Arbeitszeiten, längeren Urlaub, geregelte Sicherung im Alter und bei Krankheit, technische Arbeitshilfen und wesentlich mehr Chancengleichheit als früher könnte der Mensch wesentlich streßärmer als unsere Vorfahren leben, er müßte es nur tun. Statt dessen läuft bei uns häufig die Streßreaktion im Leerlauf ab, und genau das kann uns krank machen, vor allem, wenn es sich um Dauerstreß handelt.

Zu ergänzen wäre noch, daß es zwei Arten von Streß gibt. Die erste Art macht geradezu Spaß und manifestiert sich beim Sport, in einem Abenteuerurlaub oder einem spannenden Hobby. Diese Art von Streß heißt Eustreß. Die zweite Art von Streß macht gar keinen Spaß. Sie

tritt auf bei Ehekrach, bei verpatzten Prüfungen, bei beruflichen Belastungen und ähnlichen Unanehmlichkeiten. Diese Art von Streß heißt Distreß und macht auf Dauer krank.

Um Streß abzubauen oder die Streßtoleranz zu verbessern, bieten sich verschiedene Maßnahmen an: Wandern oder sportliche Betätigung (aber ohne Leistungstreß), Entspannungsübungen, physikalische Therapien wie etwa Kneipp-Anwendungen, weniger Ehrgeiz, mehr Fröhlichkeit und Lachen, ein angenehmes Hobby oder, wie die Amerikaner raten: „Shopping", also Einkaufen zum Vergnügen. Die Amerikaner haben noch zwei andere Slogans gegen den Streß: „Take it easy" (Nimm's leicht!) und „Keep smiling" (Immer nur lächeln!).

Ginseng (Panax ginseng)

Allgemeine Informationen, Wirkung, Verwendung:

Die Ginsengwurzel erhöht nachgewiesenermaßen die Streßtoleranz. Die große Wertschätzung, die man ihr in ihrer Heimat Ostasien entgegenbringt, zeigt sich schon im Namen, der übersetzt bedeutet „Ich heile alles". Präparate aus der Ginsengwurzel werden meistens eingesetzt bei Erschöpfungszuständen und zur Rekonvaleszenz.

Ginseng wird außerdem wegen seiner aktivierenden Wirkung auf die Gehirntätigkeit häufig als Geriatrikum eingesetzt (S. 192 f) und hat eine ähnlich „verjüngende" Wirkung wie der Knoblauch. Ginseng eignet sich auch zur Selbstmedikation.

Medikamente:

* Ginseng gibt es als getrocknete Droge für Tee: 1 Teelöffel Droge mit 1 Tasse kochendem Wasser übergießen, 10 Minuten ziehen lassen, absieben, 2 mal täglich nach den Mahlzeiten trinken.
* KNEIPP® Ginseng Tonic
* KNEIPP® Ginseng Dragees
* Ginsana® Kapseln (Pharmaton).

Weitere Pflanzen zur Behandlung streßbedingter Erschöpfungszustände:

Eleutherokokkus (Eleutherococcus senticosus)

Medikament:

* Vital-Kapseln-ratiopharm®

Mate (Ilex paraguariensis)

Kola (Cola nitida)

Dein vegetatives Nervensystem – dein Schicksal?

Was wir mit Hilfe unseres Gehirns denken oder beschließen, haben wir wenigstens einigermaßen in der Hand. Wenn man aber richtig unter Streß steht, mit feuchten Händen, Herzklopfen und trockenem Mund, kann man sich selbst gut zureden so viel man mag, die körperliche Streßreaktion läuft ab wie ein Computerprogramm. Nur leider fehlt bei uns die Taste zum Ausschalten. Die Streßreaktionen werden gesteuert vom vegetativen Nervensystem, das autonom arbeitet und von unserem Willen so gut wie nicht beeinflußt werden kann.

Das vegetative Nervensystem durchzieht den ganzen Körper. Es besteht aus zwei Teilen, dem Sympathikus und dem Parasympathikus, der auch Vagus genannt wird. Beide haben gegensätzliche Aufgaben und kontrollieren sich gegenseitig. Fast alle Organe stehen mit dem Sympathikus und dem Parasympathikus in Verbindung. Der Parasympathikus heißt auch „Vagus", womit ausgedrückt wird, daß dieser Nerv im ganzen Körper „umhervagabundiert".

Der Sympathikus ist jene Abteilung des vegetativen Nervensystems, die den Körper auf „Leistung" schaltet. Herz und Kreislauf werden aktiviert, die Atmungskapazität steigt, die Nebennieren werden angeschaltet und erzeugen ihre Hormone, vor allem Adrenalin und Noradrenalin, die den Menschen wach und leistungsbereit machen. Bei Dauerstreß erzeugt die Nebennierenrinde mehr Kortisol als üblich. Zu beachten ist, daß unter Dauerstreß nicht nur lang anhaltende psychische Belastungen zu verstehen sind, sondern auch Operationen und ihre Nachwirkungen sowie chronische Krankheiten. Das Hormon Kortisol erhält die Leistungsbereitschaft über längere Zeit hinweg und verhindert außerdem bestimmte Formen von Entzündungen, nämlich solche, die nicht durch Bakterien, Viren oder Pilze hervorgerufen werden. Deshalb wird dieses Hormon auch als Therapeutikum beispielsweise gegen chronische Polyarthritis und gegen Ekzeme eingesetzt. Von daher weiß man, daß Kortisol auf Dauer recht ernste Nebenwirkungen mit sich bringt, etwa neben Figurproblemen auch Dämpfung der Immunabwehr. Deshalb sind Menschen, die unter Dauerstreß stehen, häufig besonders anfällig für Infektionen. Die problematischste Nebenwirkung dürfte die Förderung der Entstehung von Osteoporose sein.

Angst, Sorgen oder Überlastung werden von der Psyche unmittelbar auf das vegetative Nervensystem übertragen. Deshalb bekommt man vor Angst eine Gänsehaut, schwitzt vor Wut, die Haare stehen einem zu Berge oder man möchte sie sich am liebsten ausraufen (und dann fallen sie womöglich tatsächlich aus), wie ein Felsen liegt einem etwas auf der Brust (und man bekommt womöglich Asthma), es bricht einem das Herz (medizinisch Herzinfarkt genannt), der Bissen bleibt einem im Halse stecken, es liegt einem etwas im Magen (und man bekommt womöglich Magenschmerzen), etwas geht einem an die Nieren, oder man hat zu viel am Hals (und bekommt dann Angina), man hat vielleicht die Nase voll (was sich in immer wieder

auftretendem Schnupfen äußern kann), und womöglich hat man die Hosen voll (weil sich die Angst auf den Darm legt).

Der Volksmund beschreibt demnach sehr genau und sogar drastisch eine Fülle psychosomatischer Wirkungen und Gesundheitsstörungen durch Streß. Ab und zu ein bißchen Streß, auch wenn man es als unangenehm empfindet und körperlich spürt, haut noch niemanden um. Aber immer wieder auf die streßanfälligen Organe einprügeln, das nehmen diese am Ende übel. Es beginnt mit sogenannten funktionalen Störungen, bisweilen mit der Verlegenheitsdiagnose „vegetative Dystonie" umschrieben, und endet in ernsten Erkrankungen.

Solange es sich um sogenannte funktionale Störungen ohne oder mit nur geringen organischen Veränderungen handelt, sprechen sie meistens sehr gut auf Behandlung mit Heilpflanzen an. Man könnte sogar sagen: Einseitige Belastungen oder Fehlsteuerungen des vegetativen Nervensystems mit den daraus folgenden vielfältigen Beschwerden an verschiedenen Organen, sind ein besonders wichtiger und erfolgversprechender Einsatzbereich für Heilpflanzen. Genau deshalb wird das vegetative Nervensystem mit seiner Wirkungsweise und seinen Störungen hier relativ ausführlich beschrieben. Beachten Sie bei der Aufzählung der Folgekrankheiten durch Streß und Fehlsteuerungen des vegetativen Nervensstems die jeweiligen Seitenverweise, auf denen entsprechende Behandlungsvorschläge beschrieben werden.

Häufige Erkrankungen durch Streß

- Besonders häufig reagieren Herz und Kreislauf auf den Streß. Manche Formen von chronisch hohem Blutdruck und erhöhtem Cholesterinspiegel kommen nicht von falscher Ernährung, auch nicht allein von einer genetischen Dispo-

sition, sondern von der immer wieder aufflackernden Streßreaktion. Arterienverschleiß, Arteriosklerose, Angina pectoris oder gar ein Herzinfarkt können die Folge sein (S. 105 ff).

- Manche Stoffwechselerkrankungen, wie etwa Gicht (S. 175) und Alterdiabetes werden durch Streß gefördert.

- Sehr stark wird das Immunsystem durch Streß beeinflußt. Allergien werden bei gegebener Disposition ausgelöst oder Infektionen plagen den Gestreßten (S. 57 ff).

- Gerade auch Asthma kann bei gegebener Disposition durch Streß ausgelöst werden (S. 101).

- Bei manchen Menschen sind Oberbauchbeschwerden typische Folgen von Streß (S. 126). Eine Disposition zur Verstopfung oder umgekehrt zu Durchfall kann sich manifestieren (S. 133 ff)

- Krebsstatistiken deuten darauf hin, daß die Entstehung von Tumoren häufig durch schwerwiegende Verlusterlebnisse ausgelöst wird, beispielsweise durch den Tod eines nahestehenden Menschen, Verlust des Arbeitsplatzes oder wenn einem Menschen der Sinn des Lebens abhanden kommt (S. 194 ff).

- Temporäre Impotenz ist meistens eine Folge von Streß, falls nicht eine organische Erkrankung vorliegt.

- Im psychischen Bereich reagieren manche Menschen mit Aggressionen und es können Neurosen entwickelt werden.

- Andere Menschen reagieren eher mit Depressionen und Schlafstörungen (S. 78 ff).

Hier erhebt sich die Frage: Könnte man nicht vielleicht primär mit Medikamenten oder vielleicht mit Heilpflanzen in die Streß-Symptomatik eingreifen, anstatt erst sekundär ein erkranktes Organ zu behandeln? Eine Zeitlang setzte man seine Hoffnung auf Tranquilizer, im Volksmund auch „Glückspillen" genannt, die eine allgemeine oder auch teilweise

Dämpfung überschießender psycho-somatischer Reaktionen bewirken. Weil solche Mittel auch die Aktivität des Sympathikus herabsetzen, der ja, wie beschrieben, unser Streß- und Leistungsregulator ist, dachte man, man könne vielleicht mit Tranquilizern einen harmonischen Ausgleich schaffen. Aber es hat nicht funktioniert. Verkehrsunfälle nach Einnahme von Tranquilizern und Gewöhnungseffekte bis zur Sucht führten dazu, daß die Indikationen inzwischen stark eingeengt wurden.

Rauwolfia serpentina
▶ giftig

Allgemeine Informationen, Wirkung, Verwendung:

Bei der Suche nach einem pflanzlichen Tranquilizer setzte man große Hoffnung auf die Wurzel der Rauwolfia, die an den Hängen des Himalaja wächst und bei den Indern schon seit Menschengedenken als Heilpflanze bei Erkrankungen des Nervensystems eingesetzt wird. Bekannt geworden ist die Pflanze hier in Europa vor allem deshalb, weil berichtet wurde, daß Mahatma Gandhi, wenn er erregt war, einen Rauwolfiatee trank, so wie man hierzulande Baldrian- oder Hopfentee trinken würde. Rauwolfia senkt den Blutdruck, indem sie die Wirkung des Sympathikus dämpft, und genau das wäre bei Streßbehandlung ein wichtiges Ziel. Sie ist jedoch eine Forte-Pflanze, die giftige Alkaloide enthält. Hauptwirkstoff ist das Reserpin, das pharmazeutisch isoliert und in Medikamenten angeboten wird. Es hat sich jedoch gezeigt, daß erhebliche Nebenwirkungen auftreten können, wie etwa Müdigkeit, Abnahme der Reaktionsfähigkeit, Potenzstörungen und verstopfte Nase. Als besser verträglich erwies sich der Gesamtextrakt aus der Rauwolfia, aber zur Selbstmedikation wäre nur nach Rücksprache mit dem Arzt zu raten. Aufgrund der bisweilen erheblichen Nebenwirkungen, die auf den Blutdruckabfall zurückzuführen sind,

werden Rauwolfia-Präparate heute nur noch selten eingesetzt.

Der eben erwähnte Baldrian (Valeriana officinalis) ist oft recht gut geeignet, Streßreaktionen zu mildern und in der Regel sind unangenehme Nebenwirkungen kaum zu befürchten. Auch sein Ruf, daß er Schläfrigkeit erzeuge, ist meistens nicht gerechtfertigt. Zur Dämpfung des Streßgeschehens rät Professor Müller-Limmroth vom Arbeitsmedizinischen Institut in München r.d.I. zu Baldrianpräparaten, z.B. zu dem Monopräparat Nervipan® (Medopharm). Dieses Medikament ist auf Valepotriate standardisiert. Baldrian wird im Kapitel über Nervosität und Schlaflosigkeit noch eingehender behandelt (S. 78 ff).

Fazit: Weil das vegetative Nervensystem den Streß aufnimmt und an die Organe weiterleitet, kann jedes Organ oder Organsystem betroffen sein. Beobachten Sie sich unvoreingenommen, welches Organ bei Ihnen auf den Streß mit Befindlichkeitsstörungen reagiert. Bekommen Sie Herzjagen mit Herzrhythmusstörungen? Bekommen Sie Magenschmerzen? Reagieren Sie mit Kopfschmerzen oder treten Ihre Kopfschmerzen eher in der Ruhephase auf? Sind Sie immer wieder „erkältet"?

Häufig kann eine entsprechende Teekur das betroffene Organ in seiner Funktion unterstützen und ernstere Folgen verhindern. Aber wenn es Ihnen nicht gelingt, dem Dauerstreß erfolgreich aus dem Wege zu gehen, eine Änderung Ihrer Lebensumstände herbeizuführen oder eine andere innere Einstellung zu Ihrem Problem zu entwickeln, werden Sie wahrscheinlich immer wieder krank werden.

Eine harmonisierende, ausgleichende Wirkung auf das vegetative Nervensystem und damit auf zahlreiche andere Organe hat die *Zitronenmelisse* (S. 81 f). Wegen ihrer vielfältigen Heilwirkungen sagt Hildegard von

Bingen von ihr, sie ersetze ein Dutzend andere Kräuter.

Sinnvoller Schmerz und sinnlose Qual

Mancher schmerzgeplagte Patient würde sich, hätte er einen Wunsch frei, nichts anderes als ein Leben ohne Schmerzen wünschen. Objektiv betrachtet, verläuft die Schmerzempfindung in drei Stufen. Der Schmerz wird aber subjektiv sehr unterschiedlich empfunden.

1) Verletzungen, Entzündungen, Verbrennungen, Verkrampfungen oder sonstige schädliche Einflüsse werden durch Schmerzsinneszellen (Nozizeptoren) wahrgenommen. An besonders schmerzempfindlichen Geweben wie etwa der Augenhornhaut, dem Zahninneren oder dem Nagelbett stehen die Schmerzsinneszellen besonders dicht. In Form von elektrischen Impulsen wird der Schmerz zum Zentralnervensystem weitergeleitet. Wo die Nerven ins Rückenmark eintreten, ist die erste Schaltstelle. Hier findet eine erste Kontrolle und Bewertung des Schmerzreizes statt. Das ist eine Erklärung dafür, warum etwa „im Eifer des Gefechts" manche objektiv ernste Verletzung subjektiv nicht oder kaum als Schmerz empfunden wird.

2) Von den Hinterhörnern des Rückenmarks, also der Stelle, an der die Nerven aus dem Rückmark austreten bzw. ins Rückenmark eintreten, wird der Schmerz zum Gehirn geleitet und zwar zum Thalamus, einer Schaltregion des Gehirns, in der wiederum eine Bewertung der ankommenden Reizimpulse stattfindet. Hier wird zum Beispiel auch, ohne daß man sich dessen bewußt wird, der Befehl „Hand wegziehen!" gegeben, wenn man eine heiße Herdplatte berührt.

3) Im Thalamus verzweigt sich der Weg zu verschiedenen Bereichen der Großhirnrinde. Hier kommt uns der Schmerz erstmals zum Bewußtsein. Er erhält Qualität und Bedeutung, etwa als „stechender" oder „brennender" oder „dumpfer" oder „hämmernder" Schmerz sowie als „unerträglich" oder „halb so schlimm". Diese durch Nervenimpulse gesteuerten Vorgänge werden durch eine Reihe von Gewebehormonen unterstützt oder behindert, so daß der Schmerz nicht objektiv meßbar ist und, je nach den Umständen, subjektiv nicht immer gleich stark empfunden wird. Eines dieser Gewebehormone ist das Histamin, das die Durchblutung des Gewebes fördert und damit eine Entzündung hervorruft. Unser Körper erzeugt aber auch hochwirksame schmerzstillende Substanzen. Am bekanntesten ist das 1975 entdeckte Endorphin, ein morphiumähnlicher Stoff, der im Gehirn oder Rückenmark entsteht und die gleichen schmerzstillenden Eigenschaften besitzt wie das Morphium.

Die subjektive Seite der Schmerzempfindung

Stark modifiziert wird der Schmerz durch das vegetative Nervensystem, das unserem Willen nicht folgt und das, wie schon beschrieben, die unbewußt ablaufenden Lebensvorgänge steuert. Wenn wir voll „auf Leistung laufen", beherrscht der Sympathikus unseren Lebensrhythmus und unser Lebensgefühl. Er vermittelt uns das Gefühl von „Streß", wenn er sozusagen auf Hochtouren läuft. Er sorgt für die Produktion der Streßhormone Adrenalin, Noradrenalin und Kortisol sowie auch von Endorphinen. Diese Substanzen sind in der Lage, Schmerzempfindungen zu unterdrücken und sogar Entzündungen einzudämmen. Das ist die

Erklärung dafür, daß man unter Streß und hohen Leistungsanforderungen weit weniger Schmerz empfindet als im Ruhezustand.

Eine Rheumatikerin mit starken Schmerzen, deren Ursache sich organisch manifestieren ließ, sagte einmal durchaus ernst gemeint zu mir: „Hoffentlich habe ich bald mal so richtig schweren Streß! Das ist die einzige Zeit, in der ich meine Schmerzen einigermaßen ertrage." Ganz richtig! Bei Dauerstreß erzeugt der Körper erhebliche Mengen an Kortisol, ein Hormon der Nebennierenrinde, das eines der wirkungsvollsten Mittel gegen entzündliches Rheuma darstellt, wenn auch bei längerem Gebrauch mit erheblichen Nebenwirkungen behaftet. Die Ausschüttung von Streßhormonen und Endorphinen ist auch die Erklärung dafür, daß Sportler im Wettkampf mit angebrochenem Fuß weitermachen und zunächst den Schmerz nicht wahrnehmen. Andererseits ist es die Erklärung für die „Wochenend-Migräne" und allerlei Wehwehchen, die uns den Urlaub vermiesen können. Der Ruhezustand wird vom Gegenspieler des Sympathikus gesteuert, nämlich vom Vagus oder Parasympathikus. Er ist dafür zuständig, daß unser Organismus sich regeneriert und daß wir endlich die verschiedenen Störungen des Körpers richtig wahrnehmen können und gefälligst für Abhilfe sorgen sollen.

Grundsätzliche Überlegungen zur Schmerztherapie

Der Schmerz ist, wie ein vielzitierter Vergleich sagt, der bellende Wachhund der Gesundheit. Er meldet schädliche Einflüsse von außen und innen und lenkt die Aufmerksamkeit auf Verletzungen oder Krankheiten. Er veranlaßt den Menschen, umgehend etwas für seine Gesundheit zu unternehmen. Es wäre aber leichtfertig, ohne genaue Analyse der Schmerzursache das warnende Gekläff mit einem Schmerzmittel zum Schweigen zu bringen. Das heißt, jede Schmerztherapie sollte, wenn es

sich nicht eindeutig um kurzfristige Schmerzen handelt, zunächst ursächlich angegangen werden. Dazu gehören das Ausheilen von Infektionen und Entzündungen, eventuell eine regulierende Operation, aber auch physikalische Therapien oder Entspannungstechniken. Auch die Behandlung der Psyche gehört unter Umständen zum Therapiekonzept, denn beispielsweise eine Depression senkt deutlich die Schmerzschwelle.

Unbehandelter Schmerz hat ein ernstes Problem zur Folge: Er kann chronisch werden. Offensichtlich verändern oder schädigen Schmerzreize auf längere Sicht die ihnen zugeordneten Nervenbahnen, so daß der Schmerz nicht mehr vergeht, auch wenn die Ursachen beseitigt sind. Millionen von Menschen und vor allem ältere Menschen stecken im Teufelskreis chronischer Schmerzen. Solche Schmerzen sind keine Einbildung, auch wenn sie nicht durch eine organische Erkrankung objektivierbar sind. Das auffallendste Phänomen in dieser Hinsicht sind unerträgliche „Phantomschmerzen", die noch Jahrzehnte nach einer Amputation im nicht mehr vorhandenen Glied auftreten. Damit akuter Schmerz nicht chronisch wird, kommt dem alsbaldigen Stillen des Schmerzes eine besondere Bedeutung zu. Fachleute sprechen deshalb vom „Grundgesetz der raschen Behandlung".

Chronischer Schmerz ist ein eigenständiges Krankheitsbild und muß als solches behandelt werden.

Zahlreiche Naturheilverfahren haben es zu ihrem Ziel erklärt, die Schmerzen ursächlich oder indirekt lindernd zu behandeln. Manche Verfahren werden zunehmend auch von Schulmedizinern eingesetzt. Nur zwei Beispiele seien genannt:

◆ Die aus der traditionellen chinesischen Heilkunde stammende Akupunktur,

◆ die Neuraltherapie nach Ferdinand Huneke (1891-1966), bei der ein Lokalanästhetikum in ein sogenanntes Störfeld eingespritzt wird. Im günstigsten Fall wird der Patient innerhalb weniger Sekunden schmerzfrei, eine Wirkung, die bis zu einigen Wochen anhalten kann, also viel länger als es der Wirkdauer des verwendeten Lokalanäthetikums entsprechen würde.

Pflanzliche und chemische Wirkstoffe gegen das Symptom „Schmerz"

Es gibt zentral wirkende Mittel, die verhindern, daß die Schmerzimpulse ins Gehirn weitervermittelt werden. Bei starken und sehr starken Schmerzen, wie etwa Krebserkrankungen im fortgeschrittenen Stadium, wird man ein zentral wirkendes Mittel verwenden. Diese morphinähnlichen Substanzen greifen im Zentralnervensystem an, vor allem im Rückenmark, und verhindern, daß Schmerzimpulse in die Großhirnrinde geleitet werden. Mit dem Wort Morphium verbindet man zu Recht den Gedanken an Sucht. Es hat sich jedoch gezeigt, daß Schwerkranke nachweisbar weniger suchtgefährdet sind als Gesunde. Wichtig ist dabei, daß man den Dauerschmerz den ganzen Tag über auf einem erträglichen Niveau hält und nicht zur Unerträglichkeit anwachsen läßt und dann niederringen will.

Zwei Pflanzenwirkstoffe mit zentral schmerzstillender (analgetischer) Wirkung sind Extrakte aus dem *Gelben Jasmin (Gelsemium sempervirens)* ▶ **giftig** und aus dem *Mutterkraut (Chrysanthemum parthenium)*. Letztere Pflanze aus der Familie der Korbblütler wurde früher in Bauerngärten gepflanzt und vielfältig volksmedizinisch eingesetzt. Klinische Studien aus Großbritannien in den achtziger Jahren, darunter auch Doppelblindversuche, haben ergeben, daß bei Migräneanfällen nach Einnahme von Medikamenten mit Mutterkrautextrakten Übelkeit und Erbrechen deutlich abnehmen (13, S. 73). Das mag damit zusammenhängen, daß die Pflanze mit der Kamille

Pfefferminze ist eine ungemein vielseitige Heilpflanze. Der Tee ist hilfreich bei Magen- und Darmbeschwerden. Einreiben von Stirn und Schläfen mit Minzeöl hilft gegen Kopfschmerzen. Keinesfalls bei Kindern anwenden!

verwandt ist, deren harmonisierende Wirkung auf den Magen allgemein bekannt ist.

Hochwirksame, aber giftige Wirkstoffe aus dem *Mutterkorn (Secale cornutum)* ▶ **giftig**, einer Pilzerkrankung von Getreide – also im weiteren Sinne auch ein Pflanzenwirkstoff – sind bewährte, aber nicht ungefährliche Medikamente zur Behandlung von Migräne.

Mutterkraut ist eine altbewährte, unverwüstliche Bauerngartenpflanze. Vielleicht gelingt es, aus ihr einen Extrakt gegen Migräne zu gewinnen.

Mit Abstand am häufigsten ist der sogenannte Spannungskopfschmerz. Der Name besagt, daß diese Art von Kopfschmerz meistens mit starken Verspannungen im Nacken- Schulterbereich einhergeht sowie oft auch mit unbewußtem Anspannen der Kaumuskulatur und Zusammenbeißen der Zähne. Es handelt sich um einen dumpfen Schmerz, der sich meistens vom Hinterkopf her ausbreitet und unbehandelt tage- oder wochenlang dauern kann.

Altbewährtes neu bestätigt

Untersuchungen von Professor Hartmut Göbel an der Neurologischen Abteilung der Universitätsklinik Kiel haben ergeben, daß dreimaliges Einreiben im Abstand von 15 bis 30 Minuten von Stirn, Schläfen und eventuell auch Nacken und Schultern mit einer 10%igen Lösung vom ätherischen Öl der *Pfefferminze* in Franzbranntwein die Spannungskopfschmerzen meistens ebenso gut beseitigt wie ein Schmerzmittel. Damit greift man eine bereits in der Antike übliche Behandlung von Kopfschmerzen auf und verbessert sie: Schon vor mehr als 2 000 Jahren wurden bei Kopfschmerzen gequetschte Minzeblätter auf Schläfen und Nacken gelegt.

Medikamente:

* ALPA® Franzbranntwein mit Menthol.
* JHP Rödler® Japanisches Heilpflanzenöl (Woelm Pharma).

Auch bei Neuralgien wird von guten Erfolgen durch Einreibungen mit verschiedenen ätherischen Ölen berichtet:

* Wacholderspiritus,
* Brennesselspiritus,
* Rosmarinspiritus
* Kalmusspiritus.

Eine lange Tradition hat besonders bei Neuralgien die Verordnung von Extrakten aus dem *Eisenhut (Aconitum sp.)* ▶ **giftig** . Aufgrund der großen Giftigkeit der Pflanze wurde von der Kommission E eine Negativ-Monographie erstellt. Bei Bedarf stehen homöopathische Präparate zur Verfügung.

Eisenhut ist eine wunderschöne Gartenpflanze, gehört aber zu den giftigsten Pflanzen unserer Flora. Nur in homöopathischer Dosierung wird Eisenhut medizinisch angewendet.

Die Muskelverspannungen können im allgemeinen nicht aktiv selbst gelöst werden, auch nicht durch autogenes Training und andere Entspannungstechniken. Regelmäßige Massagen, auf mehrere Wochen verteilt, sind meistens hilfreich.

Bei allen Arten von Kopfschmerzen, besonders bei Migräne, darf der psychiche Aspekt nicht außer Acht gelassen werden. Hier wäre eine der fünf Säulen der Kneipp-Heilkunde anzuwenden, nämlich die Ordnungstherapie. Vor allem Ehrlichkeit zu sich selbst ist geboten in der Frage: Lebe ich im Einklang mit meinen Anlagen und Zielen oder lebe ich gegen meine Natur?

Für andere, eventuell ebenfalls starke Schmerzen, werden die Stoffe Acetylsalicylsäure (ASS) oder Paracetamol eingesetzt. Sie sind auch in vielen Rheumamitteln enthalten. ASS ist vor allem durch das Aspirin® bekannt geworden. ASS und Paracetamol sind sogenannte periphere Mittel, das heißt, durch sie wird die Empfindsamkeit der Nozizeptoren, also der Schmerzsinneszellen herabgesetzt. Beide sind in riesigen Mengen auf dem Markt und beide können im Dauergebrauch ernste Nebenwirkungen haben. Man sollte sie nie auf leeren Magen einnehmen und sie müssen mit viel Flüssigkeit geschluckt werden. Auch bei diesen Mitteln gilt die Regel, daß man den Schmerz möglichst in seinem Anfangsstadium abblocken und nicht warten sollte bis er zur Unerträglichkeit ansteigt. Behandelt man beginnenden Schmerz, genügt in der Regel eine wesentlich geringere Dosis an Medikamenten zur nachhaltigen Schmerzstillung. Wechselwirkungen z.B. mit manchen Rheuma- und Gichtmitteln oder mit Medikamenten zur Blutgerinnung sind möglich und müssen beachtet werden.

Schlafmohn (Papaver somniferum)
▶ **giftig**

Allgemeine Informationen:

Es handelt sich beim Schlafmohn nicht um eine unserer einheimischen Mohnarten, wie etwa den bekannten Klatschmohn, dessen getrocknete Blütenblätter bisweilen zum Schönen von Tee verwendet werden. Die Verwendung von Schlafmohn als Rauschmittel und Medikament ist bereits seit ca. 1 000 v.Chr. aus dem antiken Griechenland schriftlich überliefert. Zubereitungen aus dem Schlafmohn wurden früher für Jung und Alt gegen zahlreiche Erkrankungen und psychische Störungen eingesetzt, wie etwa Magenkrankheiten, Koliken, Bluthusten, Epilepsie, Durchfall, Lungenentzündung, Folgen von Schrecken und Schock sowie vor allem bei Depressionen und psychischen Verstimmungen, auch klimakterischen Depressionen. In Mohnanbaugebieten, wie etwa im ehemaligen Oberschlesien, wo Mohngebäck früher außerordentlich beliebt war, wurden Abkochungen aus Mohnkapseln in einen Schnuller gefüllt, der unruhigen Kindern zu Saugen gegeben wurde, was bisweilen tödlich endete.

Der Anbau von Schlafmohn, auch wenn es nur im Garten als Zierpflanze sein soll, ist aufgrund der betäubungsmittelrechtlichen Vorschriften genehmigungspflichtig.

Wichtigste Inhaltsstoffe und ihre Wirkung:

Mohn enthält eine ganze Reihe von Alkaloiden, die in stärkster Konzentration in den unreifen Kapseln vorliegen. Um das Alkaloidgemisch, „Opium" genannt, zu gewinnen, werden unreife Mohnkapseln angeritzt und der ausgetretene Milchsaft abgekratzt, wenn er etwas angetrocknet ist. Er enthält ca. 25 verschiedene Alkaloide. Es sei daran erinnert, daß Alkaloide zu jenen Pflanzenstoffen gehören, die segensrei-

Zwei Pflanzen mit beruhigenden Inhaltsstoffen gedeihen in diesem Bauerngarten: Baldrian und Schlafmohn. Dies ist ein älteres Foto: Der Anbau von Schlafmohn ist inzwischen verboten bzw. genehmigungspflichtig.

che Heilwirkungen ausüben können, die aber alle mehr oder weniger giftig und gefährlich sind. Medizinisch wirksame Alkaloide aus dem Mohn oder deren Abkömmlinge sind vor allem Morphin, Codein, Noscapin, Papaverin und Narcotin. Im Mohnsamen ist kein Morphin enthalten, wohl aber andere Alkaloide.

Aus Morphin wird das Morphium hergestellt sowie auch das Heroin, das als gefährliches Rauschgift immer wieder Schlagzeilen macht. Morphin ist chemisch und von seiner Wirkung her mit unseren körpereigenen Endorphinen (S. 72) verwandt, die durch das vegetative Nervensystem im Körper freigesetzt werden, um in Extremsituationen schmerzstillend zu wirken. Das erklärt die intensiv und sicher schmerzstillende Wirkung des Morphins. Nicht nur gegen sehr starke Schmerzen und zur Beruhigung wird Morphin eingesetzt, sondern auch bei bestimmten schweren Durchfallerkrankungen.

Codein wirkt für sich allein nicht intensiv schmerzstillend, verstärkt jedoch die Wirkung anderer Schmerzmittel, weshalb es in manchen Kombinationspräparaten enthalten ist.

Codein ist auch Bestandteil mancher Hustensäfte gegen Krampfhusten.

Sämtliche Medikamente, die Alkaloide des Schlafmohns enthalten, unterliegen dem Betäubungsmittelgesetz. Sie sind verschreibungspflichtig und zur Selbstmedikation nicht geeignet.

Weide (Salix alba, S. fragilis und andere Salix-Arten)

Allgemeine Informationen:

Weidenrinde gehört zu den altbewährten schmerzstillenden und entzündungshemmenden Mitteln. Deshalb hat sie, als Tee zubereitet, bei Gicht, Rheumatismus und Kopfschmerzen eine lange Tradition. Aufgrund der Signaturenlehre (S. 16) wurden die Begriffe „Sumpf" und „schmerzhafte Fiebererkrankungen" miteinander verknüpft. Dies legte die Verwendung der Weide nahe, die auf feuchtem, oft sumpfigem Untergrund wächst.

Wichtigste Inhaltsstoffe:

Salicin (ein Phenolglycosid) und Salicylsäureester. Letzterer wird im Körper zu wirksamer Salicylsäure umgewandelt.

Medikamente:

* Weidenrindentee: 1 gehäufter Teelöffel feingeschnittene Weidenrinde mit 1 Tasse kaltem Wasser ansetzen, langsam zum Sieden erhitzen, 10 Minuten ziehen lassen. 2 Tassen pro Tag ist die

Die Weide ist ein Baum feuchter Standorte. Der schmerzstillende Inhaltsstoff ist das Salicin, das im Körper zu wirksamer Salicylsäure umgewandelt wird. Medikamente gegen Schmerzen enthalten oft Acetylsalicylsäure.

Nun ist noch vom grandiosen Siegeszug eines Schmerzmittels zu berichten, und zwar von einem Medikament, das in der eben beschriebenen Weidenrinde entdeckt wurde. Im Jahre 1838 isolierte Rafael Piria, Chemieprofessor in Pisa und Turin, aus der Weidenrinde die schmerzstillende und entzündungshemmende Substanz. Er nannte sie „Salicylsäure" nach dem lateinischen Namen „Salix" für die Weide. 1897 gelang dem deutschen Chemiker Felix Hoffmann die labormäßige Herstellung von Acetylsalicylsäure, einer chemischen Verbindung von Essigsäure und Salicylsäure. 1899 erhielt das Medikament den Namen „Aspirin", wobei „A" für „Acetyl" steht. Die Silbe „spir" ist vom Namen einer Pflanze abgeleitet, die ebenfalls Salicylsäure enthält, nämlich von der „Spirstaude" (Spirea ulmaria). Heute heißt die Pflanze **Mädesüß (Filipendula ulmaria)** und ihre Blüten sind Bestandteil mancher Teemischungen gegen Grippe, rheumatische Erkrankungen sowie als harn- und schweißtreibendes Mittel.

Im bisweilen ideologisch geführten Streit „Soll ich die ganze Pflanze oder isolierte Wirkstoffe verwenden?", ist das ein Beispiel dafür, daß unter bestimmten Bedingungen ein isolierter und chemisch modifizierter Stoff genauer dosierbar und sicherer in der Wirkung ist als bei der Anwendung der ganzen Pflanze. Leider hat Acetylsalicylsäure, wie fast alle hochwirksamen Medikamente, auch einen Schönheitsfehler. Manche Patienten reagieren mit Magenblutungen auf das Medikament. Überhaupt hat es aggregationshemmende Eigenschaften, volkstümlich ausgedrückt, das Blut wird „dünnflüssiger". Dies macht man sich zunutze, um die Durchblutung der Herzkranzgefäße zu verbessern und damit dem Herzinfarkt vorzubeugen. Aber andererseits führt die aggregationshemmende Wirkung zu erhöhter Blutungsneigung, und das ist unerwünscht. Deshalb laufen derzeit Versuche, auf Salicin standardisierte natürliche Weidenrindepräparate wieder vermehrt in die Therapie einzuführen.

Über 600 Schmerzpräparate sind auf dem Markt. Viele davon sind ohne Rezept zu bekommen. Die meisten beruhen auf der Basis von ASS oder Paracetamol oder einer Kombination beider Stoffe oder einer Kombination mit Coffein, Codein, Vitaminen und sonstigen Beigaben. In der modernen Medizin werden Kombinationspräparate heute eher kritisch betrachtet, wohl als Reaktion auf wahre Kombinationsorgien in den vergangenen Jahrzehnten. Man setzt mehr auf Reinsubstanzen oder auf die Kombination weniger und wohlüberlegt ausgewählter Stoffe.

Beim Verbrauch von Schmerzmitteln gibt es deutlich geschlechtsspezifische Unterschiede. Rund 70% der Dauerkonsumenten von Schmerzmitteln sind Frauen, und Frauen erhalten rund ein Drittel mehr Rezepte für Schmerzmittel als Männer. Fast alle Migränemittel werden Frauen verordnet. Über die Ursachen kann man bis jetzt nur spekulieren. Unterdrücken Frauen häufiger ihre Aggressionen als Männer, und äußert sich diese Verdrängung dann als Schmerz? Haben Frauen von Natur aus eine niedrigere Schmerzschwelle? Ist ihr vegetatives Nervensystem anders beschaffen als bei Männern, wobei dieser Unterschied nicht einmal sehr gravierend sein müßte, um Unterschiede in der Schmerzempfindung mit sich zu bringen? Neue Untersuchungen scheinen diese Hypothese zu bestätigen, nämlich daß Männer im Durchschnitt etwas mehr sympathikusbe-

Zahlreiche Pflanzen enthalten Salicylsäure, auch das Mädesüß. Es wächst an Bachrändern und in nassen, sumpfigen Wiesen. Seine Blüten sind in manchen Teemischungen gegen grippale Infekte und rheumatische Beschwerden enthalten.

tont reagieren. Nicht von ungefähr gilt der Mann als stark und kämpferisch, die Frau hingegen als nachgiebiger und anpassungsfähiger. Letzteres ist auf längere Sicht gesünder, weil die typischen Streßkrankheiten (S. 70) weniger häufig auftreten. Aber der Schmerz wird intensiver empfunden, wenn der Sympathikus nicht die Herrschaft über Körper und Psyche übernommen hat.

Zusammenfassend und ergänzend wäre über die Anwendung von Schmerzmedikamenten zu sagen, daß es zwar wichtig ist, den Schmerz durch gezielten Einsatz eines Schmerzmittels zum richtigen Zeitpunkt zu unterdrücken. Aber andererseits kann die häufige Einnahme von Schmerzmitteln, z.B. bei immer wiederkehrenden Kopfschmerzen, wieder neue Kopfschmerzen erzeugen, so daß der Kopfschmerz chronisch wird. Wir sind also schon wieder an dem bereits erwähnten Punkt, daß länger anhaltende Schmerzen ursächlich behandelt werden müssen.

Ursächliche Behandlung von schmerzhaften Erkrankungen

Zu starken, oft sich lang hinziehenden Schmerzen führen Krankheiten des Bewegungsapparates, wie etwa Gelenkarthrose, Hexenschuß (Lumbago), Bandscheibenprobleme und Ischias, entzündlicher Gelenkrheumatismus, Gicht und manche Krebserkrankungen. Die physiologischen Ursachen für diese Erkrankungen sind höchst unterschiedlich, aber sie sprechen (mit Ausnahme von Krebs) überraschend gut auf die Behandlung mit *Löwenzahn* in Form von Tee oder Saft an. Nach einer Kur mit dem Löwenzahn sind Patienten längerfristig schmerzfrei oder die Schmerzanfälle treten seltener auf und verlaufen milder. Diese wunderbare Heilpflanze bewirkt das, was Sebastian Kneipp mit dem Begriff „Blutreinigung" beschrieben und ins Zentrum seines Behandlungskonzepts gestellt hat. Bei sämtlichen Blutreinigungskuren, besonders

wenn es nicht nur um eine sozusagen turnusmäßige Frühjahrskur sondern um die Behandlung schmerzhafter Erkrankungen geht, ist die längere regelmäßige, also kurmäßige und nicht zu niedrig dosierte Anwendung wichtig. 2 bis 3 Monate lang sollte die Behandlung erfolgen. Im zeitigen Frühjahr kann die Kur mit frischen Löwenzahnblättchen durchgeführt werden, möglichst aus dem eigenen Garten (S. 63).

Weitere stoffwechselanregende, also blutreinigende Mittel, sind *Brennessel*, *Wacholderbeeren* und *Birkenblätter*, die alle als Tee oder Frischsäfte eingenommen werden können. Sehr zu empfehlen ist auch der *Akkerschachtelhalm* (Zinnkraut). Eine Teekur mit ihm aktiviert die Nieren und stabilisiert zusätzlich das Bindegewebe (S. 65).

Zur regelmäßigen, leicht schmerzstillenden Einreibung ist das Rotöl aus dem *Johanniskraut* zu empfehlen. Wenn die Durchblutung des erkrankten Körperteils gefördert werden soll, wodurch ebenfalls eine schmerzstillende und gleichzeitig muskelentspannende Wirkung ausgeübt wird, sind *Heublumenauflagen* oder Einreibungen mit *Arnikacreme* anzuraten. Bei entzündlichen Erkrankungen sollte vor diesen Behandlungen ärztlicher Rat eingeholt werden.

Häufig auftretende Kopfschmerzen und auch Migräne hängen überraschend oft mit Verdauungsproblemen, vor allem mit funktionalen Störungen der Gallenblasentätigkeit zusammen. Man spricht geradezu von digestiven, also verdauungsbedingten Kopfschmerzen. Dadurch wird die volksmedizinische Erfahrung bestätigt, daß Kopfschmerzen und Migräne vorbeugend mit einer *Beifuß-Teekur* gebessert werden können (S. 124 f). Der Beifußtee wird also nicht beim Anfall verabreicht, sondern kurmäßig am besten jeden Morgen getrunken.

Kopfschmerzen, die durch Blutdruckschwankungen hervorgerufen wer-

den, bessern sich häufig durch Bäder mit *Lavendel*-Zusätzen. Diese wirken auch entspannend, denn Kopfschmerzen gehen, wie bereits ausgeführt, häufig mit Verspannungen im Schulter-Nacken-Bereich einher.

Ungemein schmerzhaft sind auch Koliken, das heißt Verkrampfungen von Magen, Darm, ableitenden Harnwegen und Uterus. Der gute alte Kamillentee ist hier wohl immer noch das Mittel der Wahl und ersten Hilfe (S. 118 f). Wenn Koliken häufiger auftreten, besonders dann, wenn es sich um Gallenblasen- oder Nierenkoliken handelt, muß die Ursache abgeklärt und die zugrundeliegende Krankheit behandelt werden. Heilpflanzen, die gegen Krämpfe und Koliken wirken, gibt es zwar, aber sie enthalten allesamt giftige Stoffe und sind deshalb nicht frei von Nebenwirkungen. Besonders sicher wirkt die Wurzel der *Pestwurz* (S. 180). Früher hatte sie den Artnamen „officinalis", was ihre Verwendung als Heilpflanze zeigt. Neuere Untersuchungen haben jedoch erwiesen, daß sie Pyrrolizidinalkaloide enthält, die im Dauergebrauch Leberschäden hervorrufen können, so daß die Droge zeitweise vom Markt genommen wurde.

Aber nun zurück zur *Kamille*: Die ungemein schmerzhaften Infektionen der Stirnhöhle und der Kieferhöhle sprechen gut auf die bewährten Dampfbäder mit Kamille an (S. 90). Neuere Forschungen haben ergeben, daß der Kamillendampf die Bakteriengifte der am Krankheitbild beteiligten Streptokokken und Staphylokokken beseitigt, die den starken Schmerz auslösen. Dies ist ein Beispiel dafür, daß oftmals die altbewährten Methoden der Volksmedizin durch moderne Forschungsergebnisse bestätigt werden.

Und noch eine Information von der Kamille: Das Homöopathikum Chamomilla hilft in der Potenz D6 manchem Patienten bei Kopf- und Gesichtsneuralgien, bei Zahnschmerzen sowie bei krampfartigen Schmerzen im Bereich der Verdauungsorgane.

Gerade die Homöopathie besitzt ein großes Repertoire für die verschiedenen Formen von Kopfschmerzen. Selbstmedikation nach dem Motto „Probieren wir's doch mal, es kann ja nicht schaden" ist nicht zu empfehlen. Wie stets bei homöopathischen Behandlungen ist eine sehr genaue Anamnese sämtlicher Begleitsymptome sowie der Lebensumstände des Patienten erforderlich. Diese Aussage gilt auch für alle weiteren Homöopathika, die in diesem Buch genannt werden.

Besonders schwierig zu behandeln sind Neuralgien. Hierbei handelt es sich um anfallsweise auftretende sehr starke Schmerzen, die auf das Ausbreitungsgebiet eines Nerven beschränkt sind. Am bekanntesten ist die sehr unangenehme Gesichtsneuralgie. Selbstmedikation mit pflanzlichen Präparaten kann durch Einreiben der betroffenen Stellen und des Umfeldes mit alkoholischen Lösungen verschiedener ätherischer Öle, vor allem *Fichtennadelöl*, *Lavendelöl* oder *Pfefferminzöl* erfolgen. In manchen Fällen hilft es, allerdings nicht ursächlich.

Schmerz ist eine lebensnotwendige Empfindung, die uns bisweilen oder vielleicht sogar tagaus tagein daran erinnert, wie zerbrechlich wir eigentlich sind. Der Schmerz trifft uns, genau wie der Streß, in jenem Bereich unserer Persönlichkeit, an dem Körper und Psyche sich überschneiden. Deshalb werden Körper und Psyche gleichermaßen geschädigt und niedergedrückt. Oder ist vielleicht doch alles nur Einbildung? Wie wäre es sonst möglich, daß unter bestimmten Umständen auch starke Schmerzen durch Verabreichen eines Placebos, also eines Scheinmedikaments ohne Wirkstoffe, vergehen? Und wie wäre es sonst zu erklären, daß bei manchen Naturvölkern die Frau bis

zum letzten Moment vor der Entbindung auf dem Feld Schwerarbeit leistet, dann rasch und ohne nennenswerte Schmerzen das Kind zur Welt bringt, recht bald wieder aufsteht und auf dem Acker weiterarbeitet? Der Clou dabei ist, daß der Vater des Kindes mit schwersten Geburtswehen darniederliegt.

Aber nein, Schmerzen sind real und manchmal unerträglich. Wird es diese Generation von Wissenschaftlern fertigbringen, den Schmerz besser zu verstehen, vielleicht seine Stärke und seine unterschiedlichen Qualitäten zu messen und noch bessere Therapien gegen ihn zu entwickeln?

Unruhe, Schlafstörungen, Erschöpfung, Depressionen

Diese in der Überschrift aufgeführten Zustände können Begleitsymptome verschiedener Krankheiten sein, sie können sich aber auch, ähnlich wie der Schmerz, zu eigenständigen psychischen Störungen oder Krankheitsbildern entwickeln. Sie können zeitlich begrenzt auftreten, z.B. aufgrund bestimmter Lebensumstände, oder sie können einen Menschen ein Leben lang begleiten und ein Teil seiner Persönlichkeit werden. Wie auch immer die Umstände beschaffen sein mögen, die Phytotherapie bietet ein Repertoire an Heilpflanzen. Einige von ihnen wurden schon im Kapitel über den Streß vorgestellt, einige im Kapitel über den Schmerz, denn die Krankheitsbilder, die auf Störungen des Nervensystems beruhen, überschneiden sich bzw. gehen ineinander über und werden noch weiter modifiziert durch schicksalhafte Lebensbedingungen und psychische Prägungen.

Noch einmal: Es gibt eine Reihe von Pflanzen, denen Heilwirkungen bei den genannten psychisch-physischen Störungen zugeschrieben werden, aber auf einen problematischen Um-

stand dieser pflanzlichen Psychopharmaka sei eindringlich hingewiesen: Es gibt für diesen Behandlungsbereich stark und sicher wirkende pflanzliche Mittel (= Forte-Pflanzen) und es gibt mild wirkende pflanzliche Mittel (= Mite-Pflanzen), die keineswegs unwirksam sind, deren Wirksamkeit sich aber häufig im pharmakologischen Experiment nicht nachweisen läßt. Ihre Wirksamkeit ergibt sich aus alter ärztlicher Erfahrung, die man aber heutzutage oft nicht mehr als ausreichende Absicherung für eine Anwendungsempfehlung gelten läßt. Aber Empirie, also der medizinische Erfahrungsschatz ist und bleibt weiterhin eine der beiden Säulen, auf denen die Kenntnisse der Wirkung von Arzneimitteln beruhen. Die zweite Säule ist das pharmakologische Experiment.

Forte-Pflanzen und die aus ihnen hergestellten Medikamente sind in der Regel zur Selbstmedikation nicht geeignet. Die Wirkung von Mite-Pflanzen hängt bisweilen von verschiedenen Begleitumständen ab und ist eventuell bei ernsteren Problemen nicht sicher genug. Sehr zu begrüßen ist es, wenn zur Behandlung einer bestimmten Krankheit im Bereich zwischen Forte- und Mite-Pflanzen solche eingereiht werden können, die sozusagen eine Mittelstellung einnehmen, wie etwa das Herzgespann bei den Pflanzen für Herz-Kreislauf-Erkrankungen (S. 107). Dies ist bei Heilpflanzen zur Behandlung psychischer Erkrankungen und Befindlichkeitsstörungen nicht gegeben, sondern hier klafft, wie Weiß es nennt, eine „phytotherapeutische Lücke" (1, S. 349, 2, S. 54).

Heilpflanzen bei Nervosität und Schlafstörungen

Mild wirkende Beruhigungsmittel, die auch bei Schlaflosigkeit eingesetzt werden können, sind Baldrian, Hopfen und Melisse. Wenn man sie hoch genug dosiert, bestehen gute Chancen, daß sie die gewünschte Beruhigung oder den Schlaf innerhalb relativ kurzer Zeit herbeiführen.

Ebenfalls mild wirkend ist das Johanniskraut. Ihm ist jedoch weniger eine beruhigende, sondern eher eine stimmungsaufhellende Wirkung zuzuschreiben. Allerdings tritt die Wirkung nicht sofort, sondern erst nach ein bis zwei Wochen ein. Johanniskraut muß also kurmäßig angewendet werden. Es ist in die Gruppe der Tranquilizer zu stellen, die zwar psychische Ruhe und Gelassenheit herstellen, aber nicht schläfrig machen sollen. Ebenfalls zu den Phyto-Tranquilizern ist die auch bei hohem Blutdruck beschriebene Rauwolfia (S. 71) zu zählen, aber sie gehört wegen ihres Gehaltes an dem Alkaloid Reserpin schon zu den Forte-Pflanzen. Eine weitere Forte-Pflanze mit sehr sicher beruhigender Wirkung ist der Schlafmohn, der bereits bei den schmerzstillenden Mitteln beschrieben wurde (S. 74 f).

Die mild wirkenden pflanzlichen Beruhigungs- und Schlafmittel haben einen großen Vorteil gegenüber stärker wirkenden chemischen Schlafmitteln, wie etwa den Barbituraten: Sie wirken nicht schlaferzwingend, sondern ihre Wirkung könnte man eher als „schlafanstoßend" umschreiben. Deswegen gibt es keine negativen Veränderungen des „Schlafmusters", so daß also die Traumphasen, insbesondere die REM-Phasen nicht beeinträchtigt werden. Anmerkung: Der Begriff REM-Phase ist die Abkürzung von „Rapid-Eye-Movement" = „schnelle Augenbewegung" und beschreibt eine Schlafphase mit besonders intensiven Träumen, was an den raschen Augenbewegungen unter den Lidern zu erkennen ist. Man geht heute davon aus, daß Träume für die psychische Gesundheit des Menschen wichtig sind, weil Affekte abreagiert und Triebspannungen ausgeglichen werden.

Schlafmittel aus Mite-Pflanzen stören dieses Traumgeschehen nicht, bewirken aber bei genügend hoher Dosierung eine abendliche Entspannung, wodurch die Schlafbereitschaft herbeigeführt wird. Selbst wenn man dann nicht gleich einschläft, ist schon das ruhige Im-Bett-Liegen erholsam. Das sollte man akzeptieren und das beste daraus machen. Wichtig ist dabei, daß man sich nicht mit unangenehmen Gedanken „verrückt macht". Um dies zu erreichen, hilft die entspannende Wirkung pflanzlicher Schlafmittel. Wichtig ist aber auch das Umlenken der Gedanken auf angenehme Themen. Man muß sich nur, wenn die Probleme im Kopf auftauchen, bewußt machen: „Ich selbst bin's, der diese Gedanken wälzt, aber ich muß das jetzt nicht denken, denn die Gedanken sind frei." Das gilt besonders für ältere Menschen die weniger Schlaf brauchen. Aber sie brauchen Ruhe und Entspannung besonders notwendig. Dazu kommmt, daß man die Wachphasen in der Nacht stark überbewertet. Weiß schreibt: „Wie oft haben uns Patienten schon berichtet, sie hätten in der ganzen Nacht kein Auge zugetan. Aber wenn man sie fragt, ob sie denn das heftige Gewitter in der Nacht gestört habe, so wissen sie nichts davon. So gut und tief haben sie also doch geschlafen." (1, S.350).

Baldrian (Valeriana officinalis)

Allgemeine Informationen:

Der lateinische Gattungsname „Valeriana" bedeutet „der Wertvolle", denn Baldrian wurde früher als Allheilmittel auch bei schweren Krankheiten eingesetzt. „Eßt Pimpernell und Baldrian, dann gehet euch die Pest nicht an", hieß es vor einigen Jahrhunderten. Verwendet wird vom Baldrian die sorgfältig getrocknete Wurzel und deren Zubereitungen.

Wichtigste Inhaltsstoffe und ihre Wirkung:

Von dem Gemisch ätherischer Öle wurden folgende isoliert und untersucht:

◆ Valerensäure mit zentral dämpfender, krampflösender und muskelentspannender Wirkung,

◆ Valerenal wirkt muskelentspannend und reduziert körperliche Unruhe, volkstümlich „Zappeligkeit" genannt,

◆ Valeranon wirkt in hoher Dosierung zentral dämpfend,

◆ Sesquiterpen-Verbindungen wirken, aber auf anderem Wege, ebenfalls zentral dämpfend auf übertrieben starke Nervenaktivität,

◆ Valepotriate wirken „tranquillierend", also beruhigend und stimmungsaufhellend mit gleichzeitiger Verminderung von Angst und Aggressivität. Sie sind in den gebräuchlichen Zubereitungen von Baldrian nicht mehr vorhanden, aber die bisherigen Untersuchungen lassen den Schluß zu, daß auch ihre Abbauprodukte (Baldrinale) diese beschriebenen Wirkungen ausüben können oder die eigentliche Wirkform der Valepotriate darstellen.

Anzumerken wäre, daß Katzen bekanntlich vom Duft des Baldrian stark angezogen werden, ihre natür-

Die Baldrian-Wurzelstöcke werden auf dem Feld mit dem Pflug herausgegraben. Mit einen kleinen Beil werden sie gespalten, dann gewaschen, getrocknet und zu Tee oder Medikamenten verarbeitet.

79

liche Würde vergessen und sich wie verrückt herumwälzen. Dies bewirkt aber nicht die frische Baldrianpflanze, sondern die trocknende oder getrocknete Wurzel, was als Hinweis gedeutet werden kann, daß bestimmte Wirkstoffe mit starkem Effekt auf die (Katzen-)Psyche sich erst bei der Aufbereitung entwickeln.

Die wichtigsten Anwendungsgebiete in der Humanmedizin:

◆ Nervöse Erregungszustände
◆ nervöse Schlaflosigkeit
◆ nervöses Herzklopfen.

Baldrian setzt nicht die Reaktionsfähigkeit und nicht die intellektuelle Leistungsfähigkeit herab. Untersuchungen lassen vermuten, daß eher das Gegenteil der Fall ist. Deshalb wird Baldrian auch zur Minderung von Prüfungsstreß empfohlen. Auch die Fahrtüchtigkeit im Auto wird durch Einnahme von Baldrian nicht herabgesetzt. Da damit gerechnet werden muß, daß nicht jeder Mensch in gleicher Weise reagiert, sollte man die Wirkung schon vor dem Ernstfall getestet haben.

Durch Kombination mit anderen Heilpflanzen kann eine Verstärkung der Wirksamkeit erreicht werden, z.B. mit Melisse bei nervösen Erregungszuständen, mit Hopfen bei Schlaflosigkeit und mit Auszügen aus dem Maiglöckchen bei nervösem Herzklopfen.

Medikamente:

* Teeaufguß ist wohl am bekanntesten: 2 Teelöffel Baldrianwurzel mit 1 Tasse kochendem Wasser überbrühen, 10 Minuten ziehen lassen, abgießen und langsam lauwarm trinken.
* Manche Fachleute schwören auf den Kaltauszug: 2 Teelöffel Baldrianwurzel mit 1 Tasse kaltem Wasser übergießen, 8 bis 10 Stunden ziehen lassen, absieben.

* KNEIPP® Baldrianwurzel Tee Herbipolis®
* KNEIPP® Baldrian Pflanzensaft Nerventrost®
* Schoenenberger® naturreiner-Heilpflanzensaft Baldrian
* florabio® naturreiner Pflanzensaft Baldrian (Florabio)
* Baldrian-Tinktur (alkoholischer Auszug): $\frac{1}{2}$ bis 1 (eventuell 2) Teelöffel auf Zucker oder in etwas Wasser einnehmen. Baldriantee läßt sich durch Zugabe von 1 Teelöffel Baldrian-Tinktur in seiner Wirkung verstärken.
* Baldrian-Tinktur (Auszug mit Äther): Sie wirkt durch den Ätherzusatz (nach Weiß, 1, S. 352) eher erregend und ist für Schwächezustände und Kollaps geeignet.

Zahlreiche Medikamente in Form von Dragees, Kapseln und Filmtabletten sind in Apotheken, Drogerien und Lebensmittelmärkten im Angebot, häufig als Kombinationspräparate mit anderen Pflanzen:

* KNEIPP® Baldrian Tabletten
* Seda KNEIPP® N Dragees, mit Hopfen
* Nervendragees-ratiopharm® (Baldrian,Passionsblume, Hopfen)
* Beliebt ist auch Baldrian als Badezusatz z.B.
* KNEIPP® Baldrian Ölbad.
* Euvegal® forte Dragees (Spitzner), mit Melisse,
* Valdispert® Dragees (Solvay Arzneimittel)
* Baldrian-Phyton® Dragees (Merckle)

Auf Valepotriate standardisierte Präparate:

* Nervipan® Kapseln (Medopharm)
* Valmane® Dragees (Solvay Arzneimittel)

Hopfen (Humulus lupulus)

Allgemeine Informationen:

Wildwachsend kommt der Hopfen als Liane an Flußufern und in feuchten Gebüschen vor. Die Droge

Dies ist eine weibliche Hopfenpflanze mit den typischen Hopfenzapfen. Diese Zapfen sind es, die den entscheidenden Wirkstoff sowohl für medizinische Zwecke als auch zum Bierbrauen enthalten.

stammt aus Hopfenkulturen, die in manchen Teilen Süddeutschlands, vor allem in Mittelfranken, Niederbayern und Schwaben landschaftsprägend sind. Sowohl für die Gewinnung von Hopfenbitter zum Bierbrauen als auch zur Herstellung der Medikamente aus dem Hopfen werden die Fruchtzapfen aus den weiblichen Pflanzen verwendet.

Hopfenzapfen (Lupuli strobulus) nennt man die ganzen Fruchtstände mit vielen Einzelfrüchten, die unter den Fruchtschuppen stehen. Die Fruchtschuppen und die Deckblättchen der Blüten sind dicht mit gelblichen Drüsen besetzt, die der eigentlich wirksame Bestandteil der Pflanze sind. Diese kleinen, gelben Drüsen (Lupuli glandula) gewinnt man durch Sieben der Hopfenzapfen.

Wichtigste Inhaltsstoffe und Wirkung:

Die Drüsen enthalten ätherisches Öl, Humulon und Lupulon, Bitterstoffe, Flavonoide und dazu 2-Methyl-3-Butenol, dem ein großer Teil der Wirksamkeit zugeschrieben wird.

Hopfenzapfen und deren Zubereitungen wirken beruhigend und schlaffördernd. Eigene Erfahrung: Bei Einschlaf- und Durchschlafstörungen Tee aus Hopfenzapfen ziemlich hochdosiert ansetzen (1 gehäufter Eßlöffel mit 1 großen Tasse Wasser überbrühen), 10 Minuten lesen, den Tee absieben und trinken, keine problematischen Gedanken mehr aufkommen lassen, einschlafen. Es hat bis jetzt so gut wie immer funktioniert. Am kommenden Morgen wurden nie negative Auswirkungen beobachtet, wie etwa Benommenheit und Schläfrigkeit, die nach der Einnahme synthetischer Schlafmittel fast stets auftreten.

Sehr interessant ist auch der Gehalt des Hopfens an pflanzlichen Hormonen, die den Östrogenen entsprechen. Seit langem ist es in Hopfenanbauerkreisen bekannt, daß die Hopfenpflückerinnen – das sind junge Mädchen, die früher aus der Umgebung des Anbaugebietes zum „Hopfenzupfen", also zur Ernte der Hopfenzapfen eingesetzt wurden – auffallend verfrüht ihre Menstruation bekamen. Umgekehrt bewirkt der Hopfen bei Männern ein Nachlassen der Libido. Im Tettnanger Hopfen (Allgäu) wurden in 100 Gramm Hopfenzapfen 30 000 bis 300 000 IE (Internationale Einheiten) Östrogen gefunden. R.F. Weiß vermutet, daß im Hopfen außer den Östrogenen noch Anti-Androgene vorkommen, die männliche Hormone unwirksam machen können.

Drei Anwendungsgebiete sind hervorzuheben:

◆ Schlaflosigkeit, Einschlaf- und Durchschlafstörungen
◆ nervöse Magenbeschwerden
◆ sexuelle Neurosen und Überreiztheit bei Männern.

Medikamente:

* Tee aus der Droge, wie vorhin beschrieben

* Lactidorm® Beruhigungs-Kapseln (Galactopharm)

* Nervendragees ratiopharm®, mit Baldrian und Passionsblume

* Abtei-Dragees, mit Baldrian (Abtei Pharma)

* Hovaletten® Filmtabletten (Novartis Consumer Health), mit Baldrian

Die *Passionsblume (Passiflora incarnata)* ▶ **giftig** enthält ein Alkaloid, das leicht beruhigend wirkt. Als unterstützendes Mittel in Kombinationspräparaten dürfte die Droge zu empfehlen sein.

* Biral® forte Dragees (Madaus)

Aus der *Pomeranze (Citrus aurantium ssp. amara)*, einer Unterart

Die Zitronenmelisse wirkt ausgleichend und beruhigend auf das vegetative Nervensystem. Köstlich schmeckt ein Tee aus frischer Zitronenmelisse: 5 Triebe mit Blättern abschneiden, mit $^{1}/_{2}$ Liter Wasser überbrühen, 5 Minuten ziehen lassen.

Weitere Heilpflanzen mit beruhigender Wirkung:

Melisse (Melissa officinalis), auch *Zitronenmelisse* genannt, wird frisch zum Würzen von Salaten und Quarkspeisen verwendet. Tee aus dem getrockneten Kraut wirkt beruhigend und schlaffördernd. Eigene Erfahrung: Zappelige Kinder, die schlecht einschlafen und nachts häufig aufwachen, werden ruhiger durch regelmäßiges Trinken von Melissentee am Nachmittag.

* KNEIPP® Melisse Pflanzensaft bewirkt natürliche Beruhigung und ist auch für Kinder geeignet.

* „Melissengeist" verschiedener Fabrikate ist ein alkoholischer Auszug, der sich großer Beliebtheit erfreut, aber selbstverständlich für Kinder nicht geeignet.

der Orange, wurden vor allem in früheren Zeiten verschiedene Medikamente gewonnen. Die Pomeranze ist ein Bittermittel mit angenehm aromatischem Geschmack. Ihr kommt eine mild sedative Wirkung zu. Sie kann als Einschlafmittel und bei nervösen Unruhezuständen eingesetzt werden.

* Tinctura Aurantii (Pomeranzentinktur), 3 mal täglich 20 Tropfen

Genau wie unser Schlafmohn enthält auch die *Eschscholtzie = Kalifornischer Mohn (Eschscholtzia californica)* einige Alkaloide. Sie wirken aber schwächer als das Morphin des Schlafmohns, so daß die Zubereitungen auch für Kinder, z.B bei Neuropathie oder Bettnässen geeignet sind.

Hafer (Avena sativa), und zwar seine Früchte und das Haferstroh, gilt ebenfalls in verschiedenen Zubereitungen als beruhigend. Aufgrund der untersuchten Inhaltsstoffe erlaube ich mir, die Wirkung zu bezweifeln und befinde mich dabei in guter Gesellschaft.

Aus den genannten Pflanzen können Teemischungen oder Mischungen der Tinkturen (= alkoholische Auszüge) hergestellt werden. Zur Überdeckung des eventuell unangenehmen Baldriangeruchs kann Pfefferminze verwendet werden.

Ein altes Volksheilmittel sind Kräuterkissen, die mit aromatisch duftenden, getrockneten Pflanzen oder Drogenmischungen mit ätherischen Ölen gefüllt sind. Beliebt sind z.B. Lavendelblüten, Hopfenzapfen und Thymiankraut.

Eine ganze Reihe homöopathischer Heilmittel haben sich bei Unruhezuständen, Nervosität und Schlafstörungen bewährt. Hierbei muß aber wie stets bei der Homöopathie die Persönlichkeit des zu behandelnden Menschen berücksichtigt werden.

Depressive Verstimmungen, Erschöpfung, Melancholie

Niemand kommt wohl im Leben an einer Depression vorbei. Oft wird allerdings der Begriff „Depression" mit Melancholie oder Traurigkeit verwechselt. Diese Gefühle sind freilich meistens mit der Depression verbunden, vor allem dann, wenn es sich z.B. um Lebenskrisen oder Trauer über den Verlust eines nahestehenden Menschen handelt. Eine Depression kann den Menschen aber auch befallen, ohne daß eine genaue Ursache zu finden ist. Zur Depression gehört vor allem das Gefühl des Niedergedrücktseins und der Sinnlosigkeit des Lebens. Dazu kommt die Unfähigkeit, sich zu den normalen Aktivitäten des täglichen Lebens aufzuraffen. Oft klagen Betroffene über vielfältige Beschwer-

den, vor allem Kopfschmerzen, Rükkenschmerzen, Verdauungsbeschwerden, Appetitlosigkeit und Schlafstörungen. Bald gelten die Betroffenen dann als „wehleidig" oder hysterisch. Es hilft aber wenig zu sagen, „Reiß' dich doch zusammen" oder „Halb so schlimm" oder „Wird schon wieder werden", und es hilft auch nicht, wenn sich Betroffene selber diese Sprüchlein vorsagen, die man für solche Fälle parat hat. Mit verkrampftem Tapfersein und Sich-nichts-anmerken-lassen wird die Sache meistens noch schlimmer.

Unterschieden werden muß zwischen endogenen und reaktiven Depressionen. Die Ursache endogener Depressionen ist noch nicht genau bekannt, aber da die Erkrankung familiär gehäuft auftritt, wird eine erbliche Komponente angenommen. Neuere Beobachtungen und Untersuchungen an der Freien Universität Berlin scheinen darauf hinzudeuten, daß ein Virus an der Entstehung schwerer Depressionen, die nicht durch Lebensumstände erklärbar sind, beteiligt ist. Ca. 1% der Bevölkerung wird mindestens einmal im Leben von einer behandlungsbedürftigen Depression befallen, deren Symptome so gravierend sind, daß fachärztliche Hilfe benötigt wird. Charakteristisch für das Krankheitsbild der endogenen Depression ist – zwar nicht immer, aber doch häufig – das zeitweise Auftreten sogenannter manischer Phasen, in denen der Betroffene meist guter Stimmung ist und vor Tatendrang sozusagen aus den Nähten platzt. Diese Form der Depression bedarf fachärztlicher Behandlung, ebenso jene Form der Depression, die, häufig altersbedingt, durch hirnorganische Veränderungen eintritt, oder Depressionen, die als Folgeerkrankung bei Einnahme bestimmter Medikamente ausgelöst werden. Für die Patienten ebenso belastend und bedrückend sind psychogene Depressionen, auch reaktive Depressionen genannt. Die reaktive Depression ist ein Zustand, der sich zwischen psychisch-physischer

Überforderung und eigentlicher Krankheit befindet. 20 bis 25% aller Frauen und 8% aller Männer erkranken irgendwann in ihrem Leben an Depressionen im klinischen Sinn. Die Unfähigkeit, den Aufgaben des täglichen Lebens gerecht zu werden sowie Angst, nervöse Unruhe und Erschöpfung prägen das Krankheitsbild. Erschöpfung ist nicht gleichzusetzen mit Müdigkeit. Letztere ist eine gesunde Reaktion auf starke Beanspruchung. Erschöpfung hingegen ist die Folge von Überforderung, wobei sich Personen im Zustand der Depression durch die „ganz normalen" Aufgaben des Lebens überfordert fühlen. Bei reaktiven Depressionen und Erschöpfungszuständen ist das Johanniskraut, eine sehr alte Heilpflanze, das Mittel der Wahl. Früher setzte man es gegen „Hexen und dolle Geister" ein. Aber sind nicht depressive Patienten wie „verhext", und wäre es nicht angebracht, die „dollen Geister" dieser Krankheit zu vertreiben und den Geistern der Kraft, Fröhlichkeit und Lebensbejahung wieder Zutritt zu der zutiefst verzweifelten Psyche zu verschaffen?

Johanniskraut (Hypericum perforatum)

Allgemeine Informationen:

Die gelbblühende Pflanze wächst an Wegrändern und auf ungenutzten Flächen. Manchmal ist im Sommer der Bereich um Bahngleise leuchtend gelb von Johanniskraut. Beim Zerreiben der frischen Blätter und Blüten werden die Finger rot. Hält man ein Blatt gegen das Licht, sieht es aus, als wäre es durchlöchert, daher der Artname „perforatum". Es handelt sich bei diesen durchscheinenden Pünktchen um Drüsenzellen, die den heilsamen Wirkstoff enthalten. Verwendet wird die blühende Pflanze und deren Zubereitungen.

Wichtigste Inhaltsstoffe und ihre Wirkung:

Der spezielle Wirkstoff der Pflanze ist das Hypericin, eine gelbliche Sub-

Johanniskraut: die Blüten werden abgeschnitten und können nun getrocknet oder zu Johanniskrautöl verarbeitet werden.

Aus frischen Johanniskrautblüten und Olivenöl wird das heilkräftige Rotöl hergestellt. Durch die Einwirkung der Sonne nimmt der zunächst farblose Wirkstoff eine leuchtend rote Farbe an.

stanz, die am Sonnenlicht rot wird. Dazu kommen Flavonoide, ätherisches Öl und Gerbstoffe.

Johanniskraut ist eine psychotrope Heilpflanze, das heißt, ihr Inhaltsstoff Hypericin beeinflußt die Psyche. Im Gegensatz zur Rauwolfia, die in erster Linie beruhigend wirkt, besitzt Johanniskraut eine stimmungsaufhellende, euphorisierende Wirkung. Als typische Mite-Pflanze darf man vom Johanniskraut keine intensiv durchschlagende Wirkung bei endogenen Depressionen erwarten. Hauptanwendungsgebiet sind die leichteren reaktiven Formen der Depression, Angst und nervöse Unruhe sowie psychovegetative Störungen, also Beschwerden, die ursächlich psychisch bedingt sind und über das vegetative Nervensystem auf verschiedene Körperorgane übertragen werden. Sehr bekannt sind „nervöse Magenschmerzen", „nervöses Herzjagen", „nervöse Spannungskopfschmerzen" und dergleichen mehr.

Die Wirkung von Präparaten aus dem Johanniskraut oder vom Tee aus der Droge baut sich erst allmählich auf, so daß ein Erfolg erst 2 bis 3 Wochen nach Beginn der Kur einsetzt. Wegen der etwas unklaren Wirkungsweise und der längeren Dauer bis das Medikament anspricht, rät R.F. Weiß zur Kombination mit Rauwolfia. Wird eine raschere Wirkung erwartet, sollte der Wirkstoff injiziert werden.

Sebastian Kneipp beklagte seinerzeit, daß leider das Johanniskraut fast in Vergessenheit geraten sei. Er selbst hielt viel von dieser Pflanze und verordnete sie bei den unterschiedlichsten Erkrankungen, häufig gemischt mit blutreinigenden Kräutern, wie etwa Schafgarbe und Wacholderbeeren. Alle Personen, denen er die Behandlung mit Johanniskraut nahelegte, haben allerdings eins gemeinsam: Durch ihre Grundkrankheit sind sie zutiefst bedrückt. Er beschrieb unter anderem den Fall eines jungen Mädchens, bei dem sich als Folge einer starken Erkältung ständige Kopfschmerzen und Unterleibsbeschwerden eingestellt hatten, so daß „Kleinmut und Verzagtheit statt Heiterkeit und Fröhlichkeit" eingetreten waren. Neben anderen Anwendungen riet Kneipp in diesem Fall zu Johanniskrauttee.

Eine weitere Darreichungsform ist das Johanniskrautöl, das man kaufen, aber auch selbst zubereiten kann (4, S. 68). Es wird meistens äußerlich angewendet, etwa zu Umschlägen oder als Massageöl, besonders bei Arthritis, Arthrose und Hexenschuß (S. 176). Es wirkt leicht schmerzstillend und wegen seines hohen Flavonoidgehalts vor allem auch entzündungshemmend.

Nebenwirkungen:

Vor allem bei hellhäutigen Personen kann nach der Einnahme von Johanniskrautpräparaten, auch durch Johanniskrauttee, eine Photosensibili-

sierung auftreten, das heißt, diese Menschen bekommen nach Sonneneinstrahlung einen sehr starken Sonnenbrand, was bis zur Blasenbildung auf der Haut und bis zur Ausbildung von Ekzemen führen kann.

Medikamente:

* KNEIPP® Johanniskraut Tee N Wöripressan®
* KNEIPP® Johanniskraut Pflanzensaft N
* Schoenenberger® naturreiner Heilpflanzensaft Johanniskraut
* florabio® natureiner Heilpflanzensaft Johanniskraut (Florabio)
* KNEIPP® Johanniskraut 300 Pflanzen-Dragees
* JOHANNISKRAUT-ratiopharm Kapseln/Tropfen
* Hyperforat® Dragees, Tropfen, Injektionslösung (Klein)
* Jarsin® 300 Dragees (Lichtwer)

In manchen Fällen dürfte eine Mischung mit anderen psychotropen Drogen, wie etwa Baldrian, Hopfen oder Passiflora, sinnvoll sein:

* Sedariston® Kapseln oder Tropfen (Steiner) enthalten außer Johanniskraut einen Extrakt aus dem Wurzelstock der Traubensilberkerze (S. 182 ff). Anwendung bei psychischen Beschwerden der Wechseljahre.

83

Zahlreiche kontrollierte klinische Therapiestudien haben sich seit Beginn der achtziger Jahre bis Mitte des Jahres 1993 mit der Wirkung von Johanniskraut-Extrakten beschäftigt. Die Ergebnisse bei neurotischer Verstimmtheit und leichten bis mittelschweren Depressionen sind sehr ermutigend. Zwischen Hypericum-Extrakten und synthetischen Antidepressiva gab es in der Wirksamkeit keine signifikanten Unterschiede. In vielen Fällen war eine deutliche Zunahme der geistigen (kognitiven) Leistungsfähigkeit zu beobachten. Die Nebenwirkungen waren deutlich geringer als bei der Verwendung chemischer Antidepressiva.

Also: Den Mut nicht verlieren, wenn die „dollen Geister" unsere Zufriedenheit und unsere Seelenkräfte zerstören wollen. Johanniskraut treibt sie davon. Eine unterstützende psychotherapeutische Behandlung ist in vielen Fällen vorteilhaft.

Das Krankheitsbild der Depression hat gewisse Berührungspunkte mit dem Symptom „Erschöpfung". Auch der Erschöpfte kann sich zu nichts aufraffen und betrachtet die Welt sozusagen durch eine rußgeschwärzte Brille. Bei der Erschöpfung sollte versucht werden, zunächst die Ursachen des Zustandes zu erkunden und, wenn möglich, diese Ursachen zu beseitigen oder eventuell die Lebensumstände zu ändern, die daran schuld sind. Das Gefühl der Erschöpfung und Überforderung kann aber auch als Folge einer Erkrankung während der Rekonvaleszenz auftreten. Häufig ist dies mit erniedrigtem Blutdruck verbunden, volkstümlich „Kreislaufschwäche" genannt. Auch Menschen, die von Natur aus (konstitutionell) einen niedrigen Blutdruck haben, fühlen sich oftmals ohne gravierende äußere Ursachen schlapp und erschöpft. Für solche eben beschriebenen Zustände ist der Tee aus dem *Rosmarin (Rosmarinus officinalis)* hilfreich. Auch Präparate mit Rosmarinauszügen, wie etwa Rosmarin-

wein sowie Rosmarinbäder am Morgen sind in solchen Fällen sehr zu empfehlen. Rosmarin gilt seit altersher als Stärkungsmittel (Tonikum) und er wird im Kapitel über Heilkräuter für Herz und Kreislauf eingehend gewürdigt (S. 113).

Erkältungskrankheiten und sonstige Erkrankungen der Atmungsorgane

Schnupfen, eine teure Angelegenheit

Rund ein Drittel aller Arbeitsausfälle ist durch Schnupfen bedingt, wobei freilich der Patient sich meistens nicht wegen „Schnupfen", sondern lieber wegen „Grippe" entschuldigt. Auch wenn der Schnupfen, medizinisch betrachtet, zu den Bagatellerkrankungen zählt, dürfte er wohl zu den teuersten Krankheiten gehören, denn statistisch betrachtet erkrankt jeder Mitteleuropäer im Laufe seines Lebens mindestens hundertmal an Schnupfen, Pechvögel doppelt so oft.

Der Schnupfen ist bei uns ein Wirtschaftsfaktor ersten Ranges: Für 6,9 Milliarden Mark jährlich (Stand 1996) kaufen deutsche Schnupfenkranke Medikamente, die bestenfalls Symptome lindern, schlimmstenfalls im Dauergebrauch die Schleimhäute zerstören.

Bleiben wir beim Finanziellen. Den wohl teuersten Schnupfen aller Zeiten hatte sich der Astronaut John Creighton kurz vor dem Start in den Weltraum geholt, und alle ärztliche Kunst versagte gegenüber der Macht der lächerlich kleinen Rhinoviren, wie die Erreger des Schnupfens heißen. Es half auch nicht weiter, daß die Mediziner konstatierten, es sei typisch, daß ein Mensch unter den stressigen Bedingungen eines bevorstehenden Fluges in die Erdumlaufbahn besonders anfällig für Erkältungskrankheiten sei, kurzum, sie

konnten ihn nicht kurieren, und der Flug mußte um eine Woche verschoben werden. Kostenpunkt: 2,7 Millionen Dollar. Daß unser Immunsystem unter Streßbedingungen, vor allem bei Dauerstreß und auch bei Schlafmangel negativ beeinflußt wird, ist sogar meßbar. Im Speichel sinkt unter Streßbedingungen das Immunglobulin A, ein Stoff, der die Aktivität des Immunsystems anzeigt, deutlich ab. Das gilt auch für Tiere.

Zusammenspiel vieler Faktoren

Betrachten wir das „Timing" des Schnupfens, also das zeitliche Zusammenspiel der Viren, der Schleimhäute und des Immunsystems: Am ersten Tag dringen Viren in die Schleimhautzellen der Nase ein und setzen ihr Erbmaterial frei, wodurch die Schleimhautzellen umprogrammiert werden und nichts anderes mehr tun, als weitere Viren zu produzieren. Am zweiten Tag zerfallen die infizierten Zellen und jede entläßt Hunderte von neuen Viren, die sich sofort über benachbarte Zellen hermachen. Die ersten Abwehrzellen stellen sich ein und schlagen sozusagen Alarm. Die Schleimhaut schwillt an und die Nase beginnt zu laufen. Diese Symptome werden nicht von den Viren hervorgerufen, sondern vom Abwehrsystem. Ab dem dritten Tag sind sehr viele Schleimhautzellen infiziert oder bereits abgestorben. Das Gewebe ist geschwollen und wie ein Schwamm mit Flüssigkeit vollgesogen. Die Schleimproduktion läuft auf Hochtouren. An den weiteren Tagen wird der Schleim immer dikker, zäher und gelblich, denn er enthält nun massenhaft abgestorbene Zellreste und weiße Blutkörperchen. Die Schleimhautzellen erzeugen einen bestimmten Typus von Interferon. Das ist ein Botenstoff, der an die Nachbarzellen weitergegeben wird und die Vermehrung der Viren hemmt. Erst am siebten Tag sind Antikörper gegen die Viren nachweisbar. Sie verkleben die Erreger und hindern sie an der Vermehrung und an der Ausbreitung auf neue Zellen.

Dann regeneriert sich die Schleimhaut wieder.

Zu ergänzen wäre, daß inzwischen für den Schnupfen mehr als 200 Erregerstämme bekannt sind und wer weiß, wieviele noch nicht bekannt sind. Angesichts dieser Tatsache dürfte eine effektive Impfung gegen Schnupfen noch Zukunftsmusik sein. Und zu ergänzen wäre außerdem, daß Schnupfen als eigenständige Krankheit auftreten kann, aber häufig mit einer umfassenderen Erkrankung der oberen Luftwege einhergeht, also mit Halsentzündung und Bronchitis. Und noch ein wichtiger Hinweis: Die sogenannte Primärinfektion bei Erkältungskrankheiten ist, wie bereits ausgeführt, meistens auf Viren zurückzuführen. Gegen Viren helfen Antibiotika nicht. Die Behandlung von Erkältungskrankheiten erfolgt symptomatisch oder indirekt durch Immunstimulation. Bei Erkältungskrankheiten besteht die Gefahr einer Sekundärinfektion mit Bakterien, wenn die Krankheit „verschleppt" wird, das heißt, wenn man sie nicht ernst genug nimmt und sich nicht schont sowie dann, wenn man die Erkältung nicht angemessen behandelt. Typische Beispiele hierfür sind etwa Stirnhöhlenvereiterungen, chronische Bronchitis bis zum Asthma und chronischer Schnupfen. In früheren Zeiten bestand stets die Gefahr, daß als Komplikation bei Erkältungskrankheiten eine Lungenentzündung auftrat. Die Sterberate betrug bei dieser bakteriell erzeugten, höchst gravierenden Erkrankung rund 50%. Eine ursächliche Behandlung der Lungenentzündung mit Heilpflanzen ist nicht möglich. Dank moderner Antibiotika konnte die Mortalität bis auf wenige Prozent herabgesetzt werden.

Doch zurück zum Schnupfen. An der Erzeugung wirksamer Medikamente gegen den Schnupfen wird geforscht, aber die kostspieligen Forschungsprogramme lesen sich eher wie eine Geschichte der Niederlagen. Das Problem, wirksame Medikamente zu erzeugen, scheitert bis

jetzt weitgehend daran, daß eine effektive ursächliche Behandlung von Virus-Erkrankungen zur Zeit nur unzureichend möglich ist. Deshalb gilt immer noch die volkstümliche Aussage: Ein richtiger Schnupfen dauert ohne Arzt eine Woche und mit ärztlicher Behandlung sieben Tage. Immerhin gibt es inzwischen eine genaue theoretische Definition des Schnupfens, veröffentlicht vom Altmeister der Schnupfenforschung Dr. David Tyrell (Salisbury, England), nachdem er zu Versuchszwecken 20000 Freiwillige mit Schnupfen infiziert hatte: „Einen Schnupfen hat, wer täglich mehr als 4 Papiertaschentücher verbraucht." Was allerdings Erkältung mit Kälte zu tun hat, kann er leider nicht sagen. Sogar wie der sozusagen effektivste Ansteckungsweg verläuft, ist ebenfalls noch nicht bekannt: Ist es die Tröpfcheninfektion, wenn man angeniest wird? Oder ist es der direkte körperliche Kontakt? Oder sind es Gegenstände, die mit virushaltigem Schleim beschmiert sind und von Hand zu Hand und somit über einen Umweg von Nase zu Nase gehen? Genaugenommen wäre gerade das wichtig zu wissen, damit man sich effektiv schützen kann.

Auch bei den Naturheilverfahren ist keine Möglichkeit bekannt, den Schnupfen ursächlich zu behandeln. Aber glücklicherweise bringt die Natur eine ganze Reihe von Kräutern hervor, mit denen sich der Schnupfen besser überstehen läßt.

Heilpflanzen:
Die richtige Wahl treffen

Erkältungskrankheiten, und dies gilt nicht nur für den Teilbereich des Schnupfens, sind ein besonders wichtiger Einsatzbereich für Heilpflanzen. Allerdings ist es sehr wichtig, die richtige Wahl für die speziell gewünschte Wirkung zu treffen. Manche wirken allgemein resistenzsteigernd und sind deshalb nicht nur bei bereits bestehender Erkrankung, sondern vor allem bei beginnender Erkrankung sowie zur Vorbeugung

sehr zu empfehlen. Dies gilt für die schon im Kapitel „Die Wirkung von Heilpflanzen auf das Immunsystem" (S. 57 ff) genannten Pflanzen, zum Beispiel den Roten Sonnenhut, den Holunder, die Linde und den Wermut. Bei ernsteren Infektionen kann es unter Umständen auch darum gehen, das Fieber zu senken, was mit der Salicylsäure (Aspirin = Acetylsalicylsäure, ASS) erreicht werden kann (S. 21). Manche wirken entzündungshemmend, wie etwa die Kamille (S. 118 f). Manche wirken schleimlösend und auswurffördernd, besonders intensiv der Huflattich (S. 94 f). Einige Kräuter wirken zusammenziehend (adstringierend) und lassen die entzündeten Schleimhäute abschwellen, wie etwa die Blutwurz (S. 134 f) und der Salbei (S. 90 f). Letzterer besitzt außerdem eine antibakterielle Wirkung. Zum Abschwellen der Schleimhaut ist in manchen Nasentropfen und Nasensprays das Alkaloid Ephedrin enthalten, das ursprünglich aus der Forte-Pflanze Ephedra sp. gewonnen wurde, inzwischen aber synthetisch hergestellt wird. Ephedrin wurde auch bei Bronchialasthma zum Lösen von Verkrampfungen eingesetzt, kann aber erhebliche Nebenwirkungen haben, wie etwa Bluthochdruck und Schlaflosigkeit. In Verruf kam das Ephedrin deshalb, weil es von Sportlern immer wieder zum Doping mißbraucht wurde.

Besonders beliebt sind derzeit Pflanzen mit ätherischen Ölen oder die isolierten ätherischen Öle. Hier sind vor allem Pfefferminze, Fichte, Kiefer, Eukalyptus, Thymian und Kampfer zu nennen. Der Patient erwartet von ihnen nicht nur eine direkte körperliche Wirkung, sondern auch eine indirekte Verbesserung der psychischen Befindlichkeit.

Nicht warten, gleich handeln!

Schon bei den ersten Anzeichen einer Erkältung mit dem bekannten Kältegefühl, dem Niesen und dem

Die Wasserminze gehört zu den von Sebastian Kneipp hochgeschätzten Heilpflanzen. Er bevorzugte sie vor der Pfefferminze, die im Garten wächst. Er war stets bestrebt, die Menschen an die Natur heranzuführen, damit sie sich aktiv für ihre Gesundheit einsetzen sollten.

beginnenden Schnupfen ist es empfehlenswert, 1 bis 2 Tassen Holunderblütentee oder Lindenblütentee zur Immunstimulation schluckweise zu trinken, wie es die Volksmedizin seit Jahrhunderten empfiehlt. Alternativ dazu gibt R.F. Weiß den Rat, eine Tasse heißen Wermuttee zu trinken (S. 124).

Medikamente zur Immunstimulation: S. 59 ff.

Wenn bei den ersten Anzeichen einer Erkältungskrankheit immunstimulierende Arzneien oder Teemischungen angewendet werden, sind meistens folgende Ergebnisse zu beobachten:

◆ Abschwächung der Beschwerdenintensität
◆ Verkürzung der Krankheitsdauer
◆ Reduktion der Gefahr eines Rückfalls.

Lindern und Luft schaffen

Hierzu ist das Inhalieren besonders zu empfehlen. Einige Pflanzen besitzen ätherische Öle, die beim Einatmen die malträtierten Schleimhäute zum Abschwellen bringen. Andere Heilpflanzen wirken eher entzündungshemmend und wieder andere auch desinfizierend. Der Vorteil des Inhalierens besteht darin, daß der Dampf mit den Wirkstoffen sich auch in die feinsten Verästelungen der Atmungsorgane verteilt.

Besonders rasch wirksam ist das Japanische Minzöl Oleum Menthae japonicum. Diese Essenz wird von der Minzeart **Mentha arvensis var. piperascens** gewonnen und hat sich zu einem vielgebrauchten Hausmittel entwickelt. Der Mentholgehalt dieser Minzeart ist erheblich höher als bei unserer Pfefferminze. Das wirkt sich für die therapeutische Anwendung aus. Durch diesen hohen Mentholgehalt wirkt das Japanische Minzöl deutlich lokal anästhesierend. Nicht jede Minzeart und jede Minze-

sorte ist von ihren Inhaltsstoffen her betrachtet gleichwertig. Interessant ist in diesem Zusammenhang, daß auch Sebastian Kneipp schreibt: „Der **Wasserminze**, die stärker wirkt, gebe ich den Vorzug." Hierbei ist allerdings unsere einheimische Spezies **Mentha aquatica** gemeint.

Die Anwendung ist denkbar einfach und die Wirkung steht umständlichen apparativen Verfahren nicht nach: Einige Tropfen des Öls auf den Boden eines Gefäßes geben, etwas kochendes Wasser darüber gießen, ein Tuch über den Kopf ziehen und die Dämpfe etwa 10 Minuten lang einatmen. Die Anwendung darf nicht als unangenehm „stechend" empfunden werden. In solchen Fällen sollte kein kochendes, sondern nur heißes Wasser verwendet werden. Wegen der stark schleimhautabschwellenden Wirkung des Menthols werden auch die Nebenhöhlen der Nase erreicht und der Sekretabfluß wird wieder hergestellt. Kopfschmerzen und Druckgefühl lassen rasch nach. Auch bei trockenem

Reizhusten und bei chronischer oder akuter Bronchitis hat sich das Minzöl inzwischen bewährt. Die Behandlung soll zweimal täglich erfolgen.

Zwei wichtige Anmerkungen: Kleinere Kinder dürfen Minzöl auf keinen Fall erhalten, weil sie mit Verkrampfung der Bronchien reagieren können. Auch Erwachsene sollten vom Dauergebrauch absehen, weil sich bei Überdosierung das Minzöl in den Bronchien absetzen könnte.

Bekannt und altbewährt bei Schnupfen und Bronchitis ist die Inhalation mit Kamillentee oder Kamillenessenz, wobei zu beachten ist, daß *Kamille* fabelhaft entzündungshemmend wirkt. Inhalationen mit Kamille lindern auch deshalb die Beschwerden so überzeugend, weil durch sie die von Bakterien erzeugten Giftstoffe zerstört werden.

Kamille bewirkt außerdem ein Trockenwerden der Schleimhäute, was beim fließenden Schnupfen sehr erwünscht ist. Bei chronisch trockener Nasenschleimhautentzündung ist diese Wirkung allerdings schädlich und Kamille sollte bei dieser Erkrankung nicht angewendet werden.

Desinfizierend und zusammenziehend (adstringierend) wirkt Inhalation mit *Salbeitee*.

Zur Beachtung: Wenn die Inhalation nicht mit Wasser und einigen Tropfen des ätherischen Öls, sondern mit Tee erfolgt, muß beim zehnminütigen Inhalieren dem Topf ein bis zweimal etwas Hitze zugeführt werden.

Fertige Inhalationspräparate enthalten *Eukalyptus*, *Kamille*, *Römische Kamille*, *Kiefer-* und *Fichtennadeln*, *Schafgarbe* und *Terpentinöl* (Extrakt aus verschiedenen Nadelbäumen). Auszüge aus diesen Pflanzen sind auch in Lutschbonbons enthalten. Diese haben sich vor allem dann bewährt, wenn übermäßige Schleimabsonderung die Nachtruhe beeinträchtigt.

Das ätherische Öl aus den Eukalyptusblättern erleichtert das Abhusten und wirkt krampflösend. Die Schleimhäute schwellen ab und der Atem wird freier. Die Krankheitserreger werden abgetötet.

Eukalyptusöl wird aus den Blättern des Eukalyptusbaums (Eucalyptus globulus) gewonnen. Dieser stammt ursprünglich aus Australien, wird aber inzwischen auch in Italien zur Aufforstung angepflanzt. Sein ätherisches Öl mit dem Hauptbestandteil Cineol wirkt schleimlösend und erleichtert das Abhusten.

Wichtiger Hinweis: Nach dem Inhalieren ist unbedingt eine Nachruhe von 20 Minuten einzuhalten. Spezielle Erkältungssalben enthalten ebenfalls die ätherischen Öle jener Pflanzen, die auch für Inhalationen geeignet sind. Die heilsamen Inhaltsstoffe wirken über die Haut und werden auch eingeatmet. Diese Salben werden im Kapitel über die Bronchitis vorgestellt, da dies ihr Haupteinsatzgebiet ist.

Medikamente:

* Japanisches Heilpflanzenöl Rödler®
* KNEIPP® Minzöl Trost®, enthält Japanische Minze
* Bronchicum® Medizinalbad mit Thymian (Rhône-Poulenc Rorer, Nattermann)

* Broncholind® Erkältungsbad
* Erkältungsbalsam-ratiopharm E (Eucalyptus, Campher, Terpentinöl)

Homöopathisches Medikament gegen Schnupfen:

* Euphorbium compositum-Nasentropfen, Spray (Heel)

Ein Trost zum Schluß: Die Allerweltskrankheit Schnupfen tritt im fortgeschrittenen Lebensalter viel seltener auf als in jungen Jahren. Das zeigt die Erfahrung und jahrelange Forschungen haben es statistisch belegt. Aber warum das so ist, weiß niemand genau.

Grippe und grippale Infekte

Grippe oder die echte Influenza ist eine sehr schwere, durch Viren hervorgerufene Infektionskrankheit mit hohem Fieber, die den gesamten Organismus erfaßt. Häufig stellen sich langanhaltende Folgeerkrankungen ein unter Mitbeteiligung verschiedener Organe. Da besonders oft auch das Herz betroffen ist, endet die Grippe vor allem für ältere Menschen oft tödlich. Kurzum, Grippe bedarf intensiver ärztlicher Betreuung. Für Risikogruppen, zu denen auch die Senioren zählen, wird deshalb vorbeugend die alljährliche Schutzimpfung empfohlen. Anmerkung: Bei Kortisonbehandlung „geht die Impfung nicht an", das heißt, sie ist weitgehend wirkungslos.

Grippale Infekte, meistens fälschlich auch als „Grippe" bezeichnet, werden ebenfalls von Viren erzeugt und verlaufen in der Regel harmloser. Aber auch sie müssen ernstgenommen und dürfen auf keinen Fall verschleppt werden. Nachdem, wie mehrfach erwähnt, die Viruserkrankungen nicht ursächlich behandelt werden können, behandelt die Schulmedizin im wesentlichen die unangenehmen Symptome und rät zu Naturheilmitteln. Hierzu ein Zitat von R.F. Weiß: „So wurde in einer unserer medizinischen Fachzeitschriften als eines der besten Mittel im Beginn einer Grippe empfohlen, eine Tasse warmen Lindenblütentee mit einer Tablette Aspirin zu nehmen. Das ist in der Tat ein vorzüglicher Rat, den man nur begrüßen kann ..." (2, S. 122). Weiterhin rät Weiß in Grippezeiten zum Genuß von Rote-Bete-Saft zur Vorbeugung. Hierbei entfaltet auch das reichlich enthaltene Vitamin C seine unterstützende Heilwirkung.

Volker Fintelmann, Spezialist für Medikamente aus Heilpflanzen, rät sowohl vorbeugend als auch in der Frühphase der Erkältung zu Echinacea-haltigen Medikamenten, die drei Tage lang eingenommen werden sollen. Häufig lassen sich dadurch die Symptome der Grippe oder des grippalen Infekts auffangen. Eine Reihe sehr bekannter Erkältungsmittel enthalten zahlreiche verschiedene chemische und pflanzliche Wirkstoffe, häufig in alkoholischer Lösung. Pharmaexperten kritisieren eine derartige „Schrotschuß-Therapie", die gegen alles und gar nichts hilft, wobei häufig noch die einzelnen Komponenten dieser Mittel sich in ihrer Wirkung gegenseitig aufheben.

Grippe und grippale Infekte gehen häufig mit Fieber einher. Fieber ist im Sinne der Naturheilkunde eine Selbstheilungsmaßnahme des Körpers. Deshalb sollte man nicht rasch und leichtfertig zu fiebersenkenden Mitteln greifen. Jeder fiebernde Kranke gehört grundsätzlich ins Bett. Mit einem kalten Wadenwickel kann auf natürliche und bewährte Weise das Fieber abgeleitet werden. Besonders wichtig ist hohe Flüssigkeitszufuhr, vor allem, wenn der Patient schwitzt. Eventuell muß auch der Darm entlastet werden. Hierfür ist bei Kindern ein Kamilleneinlauf ratsam, bei Erwachsenen das Trinken einer Lösung von Karlsbader Salz.

Die gelben, getrockneten Blumenblätter (Zungenblüten) der Sonnenblume werden in Amerika als Tee bei Erkältungskrankheiten genommen. Ausprobieren!

Außer den bisher genannten Heilpflanzen für Erkältungskrankheiten sind zur unterstützenden Therapie bei Grippe und grippalen Infekten noch folgende Arten zu nennen:

Die *Einjährige Sonnenblume (Helianthus annuus)* ist in unseren Gärten als Zierpflanze sehr beliebt. Auch feldmäßig wird sie zur Gewinnung des Sonnenblumenöls angebaut, das durch seinen hohen Gehalt an Vitamin E und mehrfach ungesättigten Fettsäuren ernährungsphysiologisch besonders wertvoll ist. In ihrer Heimat Nordamerika werden die Zungenblüten der Sonnenblume, also die Blumenblätter, seit altersher als fiebersenkendes Mittel bei verschiedenen Infektionskrankheiten verwendet. Apotheker Mannfried Pahlow (16, S. 295) rät bei Grippe und grippalen Infekten zur Fiebersenkung eine Teemischung aus den getrockneten Blumenblätter der Sonnenblume im Verhältnis 1:1 mit Lindenblüten gemischt.

* Teemischung: 1 gehäufter Eßlöffel der Droge mit $\frac{1}{4}$ Liter Wasser überbrühen, 10 Minuten ziehen lassen, absieben, mit etwas Honig süßen.

Von der *Heckenrose* oder *Hundsrose (Rosa canina)* werden die sehr Vitamin-C-reichen Früchte, also die Hagebutten, außer für Mus, Marmelade und Säfte für einen erfrischenden Tee verwendet, der auch leicht diuretisch wirkt, wenn er zusammen mit den Kernchen zubereitet wird. Das Vitamin C soll, verschiedenen Literaturangaben zufolge, auch noch im Hagebuttentee vorhanden sein.

* Hagebuttentee: 2 gehäufte Teelöffel getrocknete, zerkleinerte Hagebutten mit $\frac{1}{4}$ Liter kochendem Wasser überbrühen, 15 Minuten ziehen lassen, abgießen.

Die Zubereitungen aus zwei weiteren Beerenfrüchten seien wegen ihres hohen Vitamin-C-Gehalts und ihrer erfrischenden Wirkung bei Erkältungskrankheiten empfohlen:

Der **Sanddorn (Hippophae rhamnoides)** ist ein Strauch mit schmalen, silbrigen Blättern, der als Gartengehölz beliebt ist, vor allem zur Befestigung rutschender Hänge. Sein natürlicher Standort sind die Ufer- und Kiesbänke der Flüsse im Alpenvorland. Seine Früchte werden zu Säften oder Mus verarbeitet und nehmen einen wichtigen Platz ein unter den Mitteln zu einer natürlichen Vitamin-C-Versorgung.

Im Fachhandel angeboten:

* KNEIPP® Sanddorn-Orangen-Nektar
* KNEIPP® Sanddorn-Orangen-Getränk für Diabetiker.

Die **Schwarze Johannisbeere (Ribes nigrum)** sei ebenfalls genannt und gewürdigt. Sie dürfte wohl unter den einheimischen Gartenfrüchten am reichsten an Vitamin C sein, denn sie enthält 120 bis 200 Milligramm Vitamin C in 100 Gramm. Das heißt, es genügen ca. 50 Gramm Früchte oder entsprechende Zubereitungen, um den Tagesbedarf von 75 Milligramm zu decken.

Zu ergänzen wäre, daß die getrockneten Blätter der Schwarzen Johannisbeere wegen ihres Gehalts an Gerbstoff und Rutin im Deutschen Apothekerbuch (DAB) als Heilmittel verzeichnet sind und als Tee zur Verhinderung von Ödemen empfohlen werden.

Zu ergänzen wäre außerdem, daß Kneipp Fruchtsäfte sehr hoch schätzte. Er schreibt: „Wenn doch Hunderte von Menschen im Frühjahr oder Sommer diese Säfte tränken."

Halsentzündung, Entzündungen im Mund- und Rachenraum

Diese Entzündungen können die Mundschleimhaut, das Zahnfleisch und den hinteren Rachenraum mit den Mandeln erfassen. Letzteres Krankheitsbild, volkstümlich als „Halsentzündung" oder „Angina" bezeichnet, geht mit schmerzhaften Schluckbeschwerden und Heiserkeit

Die Sanddornbeeren gehören zu den besonders Vitamin-C-reichen Früchten. Empfehlenswert ist es, in Erkältungszeiten etwas mehr Vitamin C zu sich zu nehmen als üblich.

einher. Wurden die Mandeln operativ entfernt, entzünden sich bei einer Infektion die Seitenstränge links und rechts im hinteren Rachenbereich und man spricht von einer Seitenstrang-Angina. Entzündungen, im Mund- und Rachenraum können durch Viren, Bakterien oder Pilze ausgelöst werden. Viren und Bakterien lösen Entzündungen im Rahmen der sogenannten Erkältungskrankheiten aus, wie schon eingehend beschrieben (S. 84 ff). Von den hier in Frage kommenden Pilzerkrankungen ist am bekanntesten der Soor, eine Hefepilzinfektion der Schleimhäute.

Zur Behandlung entzündlicher Prozesse im Mund- und Rachenbereich stehen eine Reihe von symptomatisch gut wirkenden Heilpflanzen zur Verfügung. Die Behandlung muß regelmäßig und bisweilen auch über einen längeren Zeitraum erfolgen. Die Präparate sind im wesentlichen entzündungswidrig, zusammenziehend, manche auch leicht antiseptisch und schwach antibiotisch. Die Behandlung erfolgt hauptsächlich durch Gurgeln, Inhalieren, Sprühen, Spülen oder Lutschen.

Zur inneren Anwendung gibt es für die Krankheitsbilder kaum ursächlich wirksame Heilpflanzen. Weil jedoch

die meisten derartigen Infekte aufgrund mangelhafter Immunabwehr zustande kommmen, sei auf die Präparate mit immunstimulierender Wirkung verwiesen (S. 57 ff).

Gurgeln, Spülen, Inhalieren, Lutschen bei Halsschmerzen

Die Blüten der **Kamille** enthalten das entzündungshemmende ätherische Öl Chamazulen sowie spezielle Flavonoide, die ebenfalls entzündungshemmend wirken. Im Kamillentee, der häufig erfolgreich zum Spülen und Gurgeln verwendet wird, sind vor allem die löslichen Flavonoide enthalten. Weniger gut löslich sind die ätherischen Öle, die demnach im Tee weniger stark vertreten sind als in alkoholischen Extrakten. Deshalb spricht einiges für das Gurgeln und Spülen mit Tee, einiges aber auch für die Verwendung des verdünnten Extraktes. Zum Spülen und Gurgeln sollte der Tee ziemlich konzentriert verwendet werden.

* Tee zum Gurgeln: 2 Eßlöffel der Droge mit 1 ½ Tassen kochendem Wasser übergießen, 15 Minuten bedeckt ziehen lassen, absieben.

Wildwachsend ein dichter Bestand der Echten Kamille bei Schwebheim (Unterfranken). Wer Kamillenblüten selbst sammeln will, muß die Merkmale der Pflanze sehr genau kennen.

Beim Inhalieren wirken vor allem die ätherischen Öle entzündungshemmend auf die geplagten Schleimhäute ein. Auch ein schmerzstillender Effekt ist deutlich zu beobachten, weil die ätherischen Öle der Kamille die sehr unangenehmen Bakteriengifte, die erhebliche Beschwerden an den Schleimhäuten verursachen, beseitigen.

Kamille wird schwerpunktmäßig bei Erkrankungen der Verdauungsorgane eingesetzt, weshalb sie im entsprechenden Kapitel eingehend behandelt wird (S. 118 f).

Medikamente:

* KNEIPP® Kamillen Konzentrat, ein alkoholischer Gesamtauszug aus Kamillenblüten, verdünnt zur Mundpflege zu verwenden

* Rekomill® Kamillen Konzentrat (Pino)

* Kamillosan® Mundspray (ASTA Medica)

* Odol Plus® Mundwasser mit Salbei und Kamille zur Pflege von leichten Zahnfleischentzündungen

90

ßen und nach 10 Minuten absieben. Mäßig warm zum Gurgeln und Spülen verwenden.

Schwerpunktmäßig wird die Arnika zur Behandlung von stumpfen Verletzungen eingesetzt, bei denen keine offenen Wunden vorhanden sind (S. 155 f).

Medikamente:

* Hyzum® Tinktur (Merckle)
* Weleda® Arnika Essenz

Salbei (Salvia officinalis)

Allgemeine Informationen:

Die Pflanze stammt aus den Mittelmeerländern. Sebastian Kneipp empfiehlt: „Wer ein Gärtchen beim Hause hat, wird, wenn er es neu

Arnika ist inzwischen so selten geworden, daß sie unter Naturschutz gestellt wurde. Naturbelassene Wiesen mit sauren, eher mageren Böden, wie die Arnika sie braucht, werden leider immer seltener.

Die Blüten der **Arnika (Arnica montana)** ▶ geschützt enthalten eine Fülle an Inhaltsstoffen, die entzündungshemmend sind und zusätzlich schmerzstillend und antiseptisch wirken. Deshalb eignet sie sich als Tee und in den aus ihr hergestellten Zubereitungen besonders gut zum Gurgeln.

* Arnikatee: 2 Teelöffel der getrockneten Arnikablüten mit $\frac{1}{4}$ Liter kochendem Wasser übergie-

anlegt, den Salbeistrauch nicht vergessen; er ist eine hübsche Zierpflanze." Medizinisch und zum Würzen werden die Blätter verwendet, die nicht während der Blütezeit geerntet werden sollten.

Inhaltsstoffe und ihre Wirkung:

Salbei enthält reichlich Gerbstoff, der für die adstringierende und damit abschwellende Wirkung verantwortlich ist. Glykoside und ein saures

Auf diesem Bild sind zwei Pflanzen zu sehen, die ideal zum Gurgeln sind: Im Vordergrund die gelb blühende Blutwurz, deren Wurzel viel Gerbstoff enthält. Im Hintergrund steht der Echte Salbei.

Saponin fördern die Schleimlösung. Das charakteristisch kräftig duftende ätherische Öl wirkt nachgewiesenermaßen virostatisch, fungistatisch und bakterizid. Das heißt, Viren und Pilze werden an der Vermehrung gehindert und Bakterien zum großen Teil abgetötet. Das Zusammenwirken dieser Substanzen erklärt die ausgezeichnete Wirkung von Salbeitee und Salbeiextrakten zum Spülen und Gurgeln sowie bei Inhalationen. Bezeichnenderweise wurden lange vor Erfindung der Zahnbürste die Zähne und das Zahnfleisch mit einem frischen Salbeiblatt abgerieben und damit gereinigt. Auch für Umschläge und bei schlecht heilenden Wunden bewähren sich seine Zubereitungen außerordentlich. Nebenwirkungen sind bei der äußeren Anwendung nicht zu erwarten. Bei der inneren Anwendung können Nebenwirkungen auftreten. Salbeitee sollte deshalb nur ausnahmsweise etwa im akuten Zustand bei funktionellen Beschwerden bzw. Infektionen, also Infektionen im Magen-Darm-Bereich, getrunken werden. Von längerer regelmäßiger Anwendung ist abzuraten. Auch Schwangere sollten ihn nicht trinken.

Zeitweise wurde das Trinken von Salbeitee bei Neigung zu starkem Schwitzen empfohlen. Das Schwitzen wird vom vegetativen Nervensystem gesteuert. Vor allem dynamische, kraftvolle Menschen und Personen, die sich viel im Freien aufhalten, haben eine Neigung zu stärkerer Schweißabsonderung. Dies ist ein Teil ihrer Persönlichkeit und sollte akzeptiert werden. Ist das Schwitzen ein Begleitsymptom krankhafter Prozesse, sollte die ursächliche Behandlung im Vordergrund stehen.

Zu ergänzen wäre, daß außer dem hier besprochenen Echten Salbei (S. officinalis) auch die Blätter des *Dreilappigen Salbei (S. triloba)* medizinisch verwendet werden und im Deutschen Arzneibuch 10. Ausgabe beschrieben sind. Sein ätherisches Öl ist etwas anders zusammengesetzt und enthält mehr Cineol, so daß die Blätter leicht nach Eukalyptus duften.

* Zubereitung von Salbeitee: 2 gehäufte Teelöffel der Droge mit $1/4$ Liter kochendem Wasser übergießen, 10 Minuten zugedeckt ziehen lassen. Wichtig: Das Spülen und Gurgeln soll ziemlich häufig erfolgen, nämlich in der akuten Phase der Krankheit alle 2 Stunden, bei chronischem Verlauf alle 4 Stunden.

Medikamente:

* KNEIPP® Salbeiblätter-Tee
* Salus® Salbei Tropfen (Salushaus)
* Salviathymol® N Flüssigkeit (Galenika Hetterich), mit Thymian.

Eigene Erfahrung:

* Dallmann's Salbei Bonbons® in der Handtasche vorrätig helfen gut bei akuten Reizungen, also „kratzigem Hals", wenn man sich zum Beispiel kaltem Luftzug aussetzt oder in einem Raum aufhalten muß, in dem stark geraucht wird,
* KNEIPP® Brustkaramellen sind eine Kombination aus Salbei, Menthol, Anis und Honig. Sie sind ebenfalls sehr hilfreich bei gereiztem Hals.

Weitere Pflanzen, die viel Gerbstoff enthalten, werden ebenfalls häufig zum Gurgeln verwendet, vor allem die **Blutwurz (Potentilla erecta)**, auch **Tormentill** genannt. Sie ist neben der **Eichenrinde** die wichtigste einheimische Gerbstoffdroge. Ihre Anwendung hat sich besonders bei Mandelentzündungen bewährt.

* Tee zum Spülen des Zahnfleisches und zum Gurgeln: 2 bis 3 Eßlöffel mit $1/2$ Liter Wasser etwa 10 Minuten lang kochen, absieben, mehrmals am Tag spülen oder gurgeln.

Die traditionelle Volksmedizin empfiehlt seit altersher als weitere Gurgelmittel den Tee aus dem **Ruprechtskraut (Geranium robertianum)** und dem **Wiesenknöterich (Polygonum bistorta)**. Beide wirken vor allem durch ihren Gerbstoffgehalt.

* Tinctura Tormentillae

Die Ratanhia (Krameria triandra) ist eine Gerbstoffdroge aus den Anden (Südamerika). Sie wird bei Schleimhautentzündungen und Durchfall verwendet.

Medikament:

* ratioSept® Mund- und Rachen-
tinktur, ratiopharm

Die Tinktur aus dem Harz des *Myr-*
rhe-Strauches (Commiphora molmol)
gehört zu den Standardzubereitun-
gen für die Behandlung von Erkrankungen der Mundschleimhaut. Sie
wird unverdünnt zum Betupfen oder
Pinseln des entzündeten Zahnfleisches verwendet oder verdünnt zum
Spülen und Gurgeln: 20 Tropfen in 1
Glas warmes Wasser geben.

* Tinctura Myrrae

Ein anderes Wirkprinzip entfaltet ein
Aufguß aus dem *Leinsamen* zum
Gurgeln. Hierbei ist der Schleim der
wirksame Inhaltsstoff. Er legt sich als
schützende Hülle um die entzündeten Schleimhäute. Deshalb ist das
Gurgeln mit diesem Aufguß besonders bei Heiserkeit und Reizhusten
zu empfehlen.

* Leinsamen-Aufguß: 1 bis 2 gehäufte Teelöffel ganze Leinsa-
men mit $\frac{1}{4}$ Liter kaltem Wasser
übergießen und unter gelegentli-
chem Umrühren $\frac{1}{2}$ bis 1 Stunde
stehen lassen. Die Flüssigkeit abgießen und erwärmen.

Schützend und lindernd wirkt auch
der Tee aus verschiedenen medizinisch genutzten Malven, z.B. den
Blüten der *Stockrose (Alcea rosea)*.
Dies leitet über zum nächsten Kapitel, denn auch bei Husten und Bronchitis spielen Schleimdrogen eine
wichtige Rolle.

Husten und Bronchitis

Es gibt eine solche Fülle an Heilpflanzen, die gegen Husten und
Bronchitis eingesetzt werden können, daß man fast den Überblick verlieren könnte. Diese Heilpflanzen
und die aus ihnen hergestellen Arzneien sind recht unterschiedlich in
ihrer Wirkung und deshalb nicht beliebig untereinander austauschbar
sowie nicht beliebig kombinierbar.

Seit der Antike wird der Eibisch als Heilpflanze genutzt. Zahlreiche volksmedizinische
Zubereitungen aus der Wurzel, den Blättern und den Blüten sind bekannt. Will man
selbst Heilmittel aus der Eibischwurzel herstellen, muß man peinlich darauf achten,
daß die Wurzel wirklich rasch getrocknet wird, denn sie schimmelt leicht und schadet
dann mehr als sie nützt.

Das „Timing" des Hustens und sein
spezieller Charakter sollten beachtet
werden, das heißt, am Anfang der
Erkrankung sollten andere Pflanzen
eingesetzt werden als am Höhe-
punkt der Krankheit, und ein trockener, krampfhafter Husten wird anders behandelt als die Neigung zu
starker Verschleimung. Je nach domi-
nierendem Symptom sind folgende
Wirkeigenschaften der Heilpflanzen
gefragt:

◆ Förderung des Abhustens
◆ Entzündungshemmung
◆ krampflösende Wirkung
◆ Dämpfung von Hustenreiz
◆ desinfizierende Wirkung.

Wichtig: Selbstmedikation wird gerade bei bronchitischen Erkrankungen häufig durchgeführt und ist
auch sehr zu empfehlen. Sie ist jedoch nur anzuraten bei akuten,
nicht fiebrigen Krankheitssympto-
men. Dauern die Beschwerden länger als 3 bis 4 Tage, ist Arztbesuch
dringend anzuraten, denn gerade
bei Bronchitis ist die Gefahr chronischer Verläufe mit gefährlichen und
höchst unangenehmen Komplikationen sehr groß. Auch bei länger dauernder und chronischer Bronchitis
kann die ärztlich verordnete Therapie durch Heilpflanzenanwendungen unterstützt werden.

Die wichtigsten Inhaltsstoffe, die
eine Pflanze als Hustenmittel geeignet erscheinen lassen, sind Schleim,
Saponin, ätherische Öle sowie bei ei-

nigen Pflanzen Alkaloide (Codein), die beruhigend auf das Zentralnervensystem wirken und dadurch den Husten dämpfen.

Das richtige Mittel zur richtigen Zeit – Schleimhaltige Hustenmittel

Diese sollten bei der akuten Entzündung der Atmungsorgane verwendet werden, um die entzündete und gereizte Schleimhaut zu beruhigen und die Reizbarkeit zu mildern.

Eibisch (Althaea officinalis)

Allgemeine Informationen:

Eibisch gehört zur Familie der Malvengewächse. Aus dieser botanischen Familie werden seit altersher Hustenmittel gewonnen, aber außerdem werden die Malven auch bei gereizter Magenschleimhaut wegen ihrer reizlindernden Wirkung eingesetzt. Eibisch ist eine altehrwürdige Bauerngartenpflanze, aber auch im modernen Garten sollte er wegen seiner aparten Erscheinung häufiger gepflanzt werden.

Wichtigster Inhaltsstoff und seine Wirkung:

Eibisch ist eine typische Schleimdroge. Verwendet wird vor allem die Wurzel, seltener die Blätter. Eibischwurzel enthält ca. 15% Schleim. Dieser hohe Schleimgehalt mildert und beruhigt die unangenehmen Symptome besonders bei trockenem Reizhusten. Auch bei chronischer Bronchitis mildert er diese unangenehmen Erscheinungen.

*   Auszüge sollten mit kaltem Wasser erfolgen: 1 Teelöffel Wurzeldroge oder 1 Eßlöffel Blattdroge mit 1 Tasse kaltem Wasser übergießen, 1 bis 2 Stunden stehen lassen und in dieser Zeit häufig umrühren, dann abgießen, leicht anwärmen und mehrmals täglich 1 Tasse langsam in kleinen Schlucken trinken.

Die Stockrose ist eine Malvenart, die zu den typischen Bauerngartenpflanzen gehört. Ihre roten Blütenblätter sind Bestandteil von Hustenteemischungen.

Medikamente:

Zahlreiche Brustteemischungen enthalten Eibischwurzel. Ein Beispiel: * Teemischung: Eibischwurzel, Königskerzenblüten, Huflattichblätter und Anisfrüchte zu gleichen Teilen gemischt.

*   Eibisch Sirup
*   Eibischsirup ist in zahlreichen Hustensäften enthalten und wird häufig kombiniert mit Fenchel, Huflattich, Thymian, Primelwurzel, Süßholzwurzel und Isländisch Moos.

Weitere Schleimdrogen aus der Malvenfamilie sind die **Stockrose (Alcea rosea)**, das blühende Kraut der **Wilden Malve (Malva silvestris)** und der **Wegmalve (M. neglecta)**, volkstümlich „Käsepappel" genannt.

Anzumerken wäre, daß der säuerlich schmeckende, im Handel angebotene „Malventee" von dem in den Tropen wachsenden Hibiscus sabdariffa stammt, der ebenfalls in die Familie der Malvengewächse gehört und als wichtigste Inhaltsstoffe verschiedene Fruchtsäuren besitzt. Dieser rote Malventee eignet sich gut zum Mischen mit anderen Teearten. Auch der bittere Geschmack mancher Heilpflanzen kann durch ihn etwas überdeckt und ausgeglichen werden.

Die **Königskerze (Verbascum densiflorum und andere Spezies)**, auch Wollblume genannt, gilt zwar als Schleimdroge, aber sie enthält außerdem etwas Saponin, so daß sie auch bei chronischer Bronchitis mit Reizbarkeit der Schleimhäute sehr hilfreich ist. Verwendet werden die Blüten, die sehr vorsichtig geerntet und getrocknet werden müssen. Königskerzenblüten sind Bestandteil mehrerer Brusteemischungen.

Die Königskerze ist eine zweijährige Pflanze, d.h. sie bildet im ersten Jahr eine Blattrosette und im zweiten Jahr den prachtvollen Blütenstand. Verwendet werden die Blüten.

Medikamente:

*   KNEIPP® Husten- und Bronchial-Tee N Bronchikneipp.®

Diese Mischung enthält außer Königskerzenblüten noch Süßholz, Spitzwegerich, Fichtennadeln, Fenchel, Bockshornsamen, Malvenblüten und Somnnenblumenblüten.

*   Eres® N (Müller Göppingen) ist standardisierter Verbascum-Extrakt.

Huflattich (Tussilago farfara)

Allgemeine Informationen:

Bereits im Spätwinter kommen die gelben Blütenköpfchen des Huflattich aus dem Boden. Volksmedizinisch wurden sie seit altersher gesammelt und verwendet. Mehr Wirkstoffe enthalten die Blätter, die nach dem Verblühen der Blütenköpfchen erscheinen. Sie sind eckig und unterseits weißfilzig. Sie ähneln denen der Pestwurz, sind aber kleiner.

Huflattich blüht bereits ehe seine Blätter erscheinen (oben). Im Gartenbeet (unten) ist er unbeliebt, denn er läßt sich nur schwer jäten. Heilsame Inhaltsstoffe sind in höherer Konzentration in den Blättern enthalten. Die Blätter sollten im Mai oder Juni gesammelt werden, wenn sie etwa handtellergroß sind. Vor dem Trocknen nicht waschen!

Inhaltsstoffe und ihre Wirkung:

Hauptinhaltsstoff ist der Schleim, der das Abhusten von zähem Sekret sehr erleichtert. Huflattichzubereitungen haben deshalb in der Medizin eine lange Tradition bei chronischer Bronchitis, Lungenemphysem und Staublunge (Silikose). Dazu kommt etwas Bitterstoff, wodurch der Huflattich auch die Eigenschaft eines Tonikums erhält. Außerdem enthält er Gerbstoffe, die eine adstringierende Wirkung auf die gereizten Schleimhäute ausüben.

Achtung, Nebenwirkungen: Huflattich wurde in den achtziger Jahren von der Presse übel „zerrissen", weil man in ihm Pyrrolizidinalkaloide fand. Diese Stoffe sind im Tierversuch leberschädigend und krebserregend. Die Kommission E hielt in einer von ihr erstellten Monographie die längerfristige Anwendung von Huflattich für nicht vertretbar. Der Tee oder andere Zubereitungen sollten nicht länger als 4 bis 6 Wochen pro Jahr eingenommen werden. Eine Bronchitis über einen solchen begrenzten Zeitraum mit Huflattich zu behandeln, ist, neueren Untersuchungen zufolge, durchaus vertretbar, denn die Alkaloide sind schwer wasserlöslich, so daß die Gefahr von schädlichen Nebenwirkungen nur sehr gering ist. In der Schwangerschaft, während der Stillzeit und bei Kindern sollte Huflattich tunlichst nicht verwendet werden.

Eigene Erfahrung: Bei einem Familienmitglied wurde eine therapieresistente chronische Bronchitis mit diagnostiziertem Lungenemphysem durch tägliche Einnahme von Huflattichsirup über einen Zeitraum von 2 Monaten ausgeheilt. Als unterstützende Behandlung wurde Inhalation mit Salbeitee verabreicht. Als Immunstimulans wurden täglich 2 Tassen Holunderblütentee oder Holundersaft getrunken.

Isländisch Moos
(Lichen islandicus)

Allgemeine Informationen:

Botanisch betrachtet ist die Pflanze kein Moos, sondern eine Flechte, die auf kahlen, felsigen Hängen und auf Heiden wächst. Sie ist über die ganze Erde verbreitet.

Inhaltsstoffe und ihre Wirkung:

Durch ihren Gehalt an Schleimstoffen, Bitterstoffen und bitter schmeckenden Flechtensäuren ist das Isländisch Moos in Form von Aufgüssen oder in anderen galenischen Zubereitungen ein wirksames Mittel gegen Halsentzündung und Bronchitis, wird aber auch bei Magenerkrankungen eingesetzt. Die Flechtensäuren besitzen eine antibakterielle Wirkung.

Medikamente:

* Tee, häufig gemischt mit Fenchel, Eibischwurzel und Thymian
* Isla Moos® Lutschpastillen (Engelhard).

Spitzwegerich
(Plantago lanceolata)

Allgemeine Informationen:

Namhafte Phytotherapeuten behaupten, daß die Volksmedizin diese bewährte Hustenpflanze weit mehr

Hier wurde Spitzwegerichhonig zubereitet und in kleine, gut verschließbare Gläser gefüllt. Er sollte kühl und dunkel aufbewahrt werden. Die Volksmedizin verwendet auch seine beiden nahen Verwandten, den Mittleren Wegerich und den Breitwegerich.

schätze als die Ärzte. Dazu ein Zitat von Sebastian Kneipp: „Mit Spitzwegerichsaft habe ich die schönsten Erfolge erzielt." Spitzwegerich gehört zu den häufigsten Pflanzen unserer Wiesenflora. Im Garten wächst er gerne im Rasen. Wer Spitzwegerich selbst sammeln möchte, sollte sich an naturnahe Wiesen halten. Die Blätter können während der ganzen Vegationszeit gesammelt werden, manchmal sogar im Winter in schneefreien Perioden. Spitzwegerich wird getrocknet als Tee zubereitet, aber noch empfehlenswerter ist die Verwendung von Saft oder Sirup.

Inhaltsstoffe und ihre Wirkung:

Spitzwegerich enthält Schleimstoffe sowie die Glykoside Aucubin und Catapol. Dazu kommen Gerbsäure, etwas Senföl und Kieselsäure. Die Wirkung kann als reizmildernd, adstringierend und antibakteriell beschrieben werden. Zubereitungen aus Spitzwegerich leisten sowohl im akuten Stadium der Erkrankung als auch bei chronischen Verläufen gute Dienste zur symptomatischen und ursächlichen Behandlung. Wegen der desinfizierenden, reizlindernden Wirkung können zerquetschte Blätter des Spitzwegerich auch als Erste Hilfe bei Insektenstichen oder Baga-

tellverletzungen als Auflage eingesetzt werden, vor allem etwa auf Wanderungen.

Medikamente:

* KNEIPP® Spitzwegerich-Tee Bronchipressan®
* KNEIPP® Spitzwegerich Pflanzensaft Hustentrost®
* Schoenenberger® naturreiner Pflanzensaft Spitzwegerich
* florabio® naturreiner Heilpflanzensaft Spitzwegerich (Florabio)
* Bronchicum® Elixir Plus (Rhône-Poulenc Rorer Nattermann)
* Bronchitussin® Tabletten (Schuck), Kombinationspräparat mit Primelwurzel, Thymian u.a.
* Von den zahlreichen volksmedizinischen Zubereitungen hat sich folgendes Rezept für Spitzwegerichhonig in der eigenen Familie ausgezeichnet bewährt: 2 Handvoll Spitzwegerichblätter waschen und gut abtropfen lassen, in der Küchenmaschine zerkleinern und sofort in $\frac{1}{2}$ Kilogramm 60° bis 70° warmen Honig einrühren, 10 Minuten lang umrühren, in kleine Gläser absieben. Im akuten Stadium alle 2 Stunden 1 Teelöffel einnehmen. Häufig kann

die Erkältung dadurch abgefangen werden. Falls die Krankheit länger dauert, alle 4 Stunden 1 Teelöffel. Kleinkinder bekommen $\frac{1}{2}$, Säuglinge $\frac{1}{4}$ Teelöffel. Vorräte an Spitzwegerichhonig sollten kühl und dunkel aufbewahrt werden, aber wegen des hohen Zuckergehalts durch den Honig schimmelt er nicht und ist sehr gut haltbar.

Auswurfförderung durch Saponine

Im Wort „Saponin" steckt der Begriff „Seife" (lateinisch sapo= Seife). Von der Seife weiß man von Kindesbeinen an, daß sie eine schmutzlösende Wirkung ausübt. Manche Pflanzen haben Inhaltsstoffe, die zwar chemisch betrachtet nicht unserer für Reinigungszwecke verwendeten Seife entsprechen, aber mit Wasser zusammen schäumen und ebenfalls eine lösende Wirkung haben. Gurgelt man beispielsweise mit einer saponinhaltigen Droge, was durchaus empfehlenswert ist, so kämpft man meistens mit dem beim Gurgeln entstehenden Schaum. Deswegen sollte man in solchen Fällen den Mund nicht zu voll nehmen und dies ist ganz wortwörtlich und real gemeint.

Seifenkraut (Saponaria officinalis)

Allgemeine Informationen, Inhaltsstoffe und Anwendung:

Nomen est Omen: Vor allem das Seifenkraut wurde früher zur Gewinnung einer seifenähnlichen Substanz angebaut, die auch zum Wäschewaschen verwendet wurde, weshalb die Pflanze auch „Waschlaugenkraut" hieß (Abb. S. 40). Der Artname „officinalis" zeigt die medizinische Verwendung an. Bezeichnenderweise heißt die Pflanze in manchen Gegenden „Hustenwurzel". Verwendet wird die getrocknete Wurzel, die auch rote Seifenwurzel (Saponariae

rubrae radix) genannt wird im Gegensatz zur weißen Seifenwurzel (Gypsophila radix), die vom Schleierkraut stammt. Anmerkung: Die Ausdrücke „Saponariae rubrae radix" und „Gypsophila radix" sind keine botanischen Pflanzennamen, sondern die pharmazeutischen Bezeichnungen für die jeweilige Droge. Beide Drogen werden wegen ihres hohen Saponingehaltes bei katarrhalischen Infekten der Atemwege zum Zweck der Schleimlösung verordnet, und zwar in Form von Tee und anderen galenischen Zubereitungen. Häufig wird mit Thymian, Eibischwurzel und Anis kombiniert.

Medikamente mit weißer Seifenwurzel:

* Bronchicum® Tropfen (Rhône-Poulenc Rorer Nattermann)
* Aspecton® Hustentropfen (Krewel Meuselbach)
* Aspectonetten® Lutschtabletten (Krewel Meuselbach)

Weitere Pflanzen zum „Abhusten"

Die Wurzel der einheimischen **Schlüsselblumenarten (Primula veris und P. elatior)** enthalten 4 bis 10% Saponine. Dazu kommen Salicylsäureglykoside die Bestandteil zahlrei-

cher Medikamente gegen Erkältung sind. Schlüsselblumenwurzel gehört zu den wichtigsten Drogen mit schleimlösender, auswurffördernder und leicht entzündungswidriger Wirkung. R.F.Weiß schreibt, sie werde mit Recht als „deutsche Senega" bezeichnet (1, S. 266). Die **Senega (Polygala sp.)**, auch Klapperschlangenwurzel genannt, ist ebenfalls eine Droge mit hohem Saponingehalt und deshalb Bestandteil von Hustenteemischungen und Medikamenten gegen Bronchitis. Weiß kritisiert jedoch den Vergleich mit der Schlüsselblume, weil dies so klinge als sei die Schlüsselblume nur ein Ersatz für die Senega. Sie sei aber „eine ausgeprägte eigene Heilpflanze, die den Vergleich mit anderen nicht zu scheuen braucht." Auch die Schlüsselblumenblüten mit dem Kelch geerntet, haben eine lange volksmedizinische Tradition und sind Bestandteil verschiedener Teemischungen und Kombinationspräparate. Zur Beachtung: Die Schlüsselblumenarten stehen insofern unter Naturschutz, als am Wildstandort keine Wurzeln ausgegraben werden dürfen. Ein Handstrauß darf jedoch mitgenommen werden.

Die Wurzel eines weiteren Frühjahrsblümchens wird ebenfalls bei Katar-

Die Echte Schlüsselblume steht teilweise unter Naturschutz, d.h. ein Handstrauß darf gepflückt werden, aber man darf die Pflanze nicht ausgraben. Rechts daneben steht der Kleine Wiesenknopf, volkstümlich „Pimpinelle" genannt.

rhen der Luftwege verwendet. Gemeint ist das **Wohlriechende Veilchen (Viola odorata)**. Die Wurzel enthält sehr ähnliche Inhaltsstoffe wie die Schlüsselblumenwurzel, nämlich ebenfalls Saponin, ein Glykosid und eine Salicylsäureverbindung. Viele ältere Personen erinnern sich gewiß noch aus ihrer Jugend an die seinerzeit sehr beliebten Veilchenpastillen und vielleicht hat die Mutter oder Oma noch selbst Veilchensirup aus den Blüten mit Zucker und Honig zubereitet. Sebastian Kneipp empfahl das Veilchen zur Behandlung von Keuchhusten und sogar von Schwindsucht. „Dieses liebliche, wohlduftende Frühjahrsblümchen soll mit seinem Heildufte auch unsere Hausapotheke erfüllen", schrieb er.

Das auch zur Gattung Viola gehörende **Wilde Stiefmütterchen (Viola tricolor)** wird ebenfalls medizinisch verwendet, aber vor allem bei Stoffwechsel- und Hautleiden (S. 148).

Zu den volksmedizinisch hochgelobten saponinhaltigen Heilpflanzen gehört auch das **Gänseblümchen (Bellis perennis)**. Die Droge besteht aus den getrockneten Blättern und Blüten.

Die Kräuterbuchautoren im 16./17. Jahrhundert sind voll des Lobes für das Gänseblümchen. Es kann (fast) das ganze Jahr gesammelt werden, aber die beste Wirkung wird der um den Johannitag (24. Juni) gesammelten Droge zugeschrieben.

Und nun sei von einem Verwirrspiel die Rede:

Eine weitere Saponindroge ist die **Pimpinelle (Pimpinella saxifraga)**, auch **Bibernelle** genannt. Sie hatte im Mittelalter einen sehr guten Ruf. So soll während einer Pestepidemie ein Engel vom Himmel gerufen haben: „Esset die Pimpinelle, dann sterbet ihr nit so schnelle."

Hier ist aber gewiß nicht jenes Pflänzchen gemeint, das stets unter dem Namen „Pimpinelle" als Küchenkraut angeboten wird. Dies ist der **Kleine Wiesenknopf (Sanguisorba minor)**, dessen viel verwendete Blätter, wenn man ehrlich sein will, nicht besonders ausdrucksvoll schmecken, sondern allenfalls ein wenig nach Gurke. Dies ist eigentlich für ein Küchenkraut etwas zu dürftig, denn man erwartet doch von einer Würzpflanze den Duft nach ätherischen Ölen. Die wirkliche Pimpinelle, die inzwischen auch feldmäßig zur Gewinnung der heilsamen Wurzeln angebaut wird, enthält außer Saponinen sehr wohl ätherische Öle sowie Gerbstoffe und Cumarin. Ihre ätherischen Öle haben eine gewisse Ähnlichkeit mit dem Öl des nahe verwandten Anis (Pimpinella

Die Echte Pimpinelle wächst auf mageren Standorten. Recht häufig findet man sie an den Mauern und Felsen bei mittelalterlichen Burgen.

Das Veilchen ist ein altes Hausmittel zur Behandlung hartnäckiger Bronchitis und auch zur Blutreinigung. Kneipp empfahl bei Podagra (Gicht) Umschläge mit einem Veilchenabsud in Essigwasser.

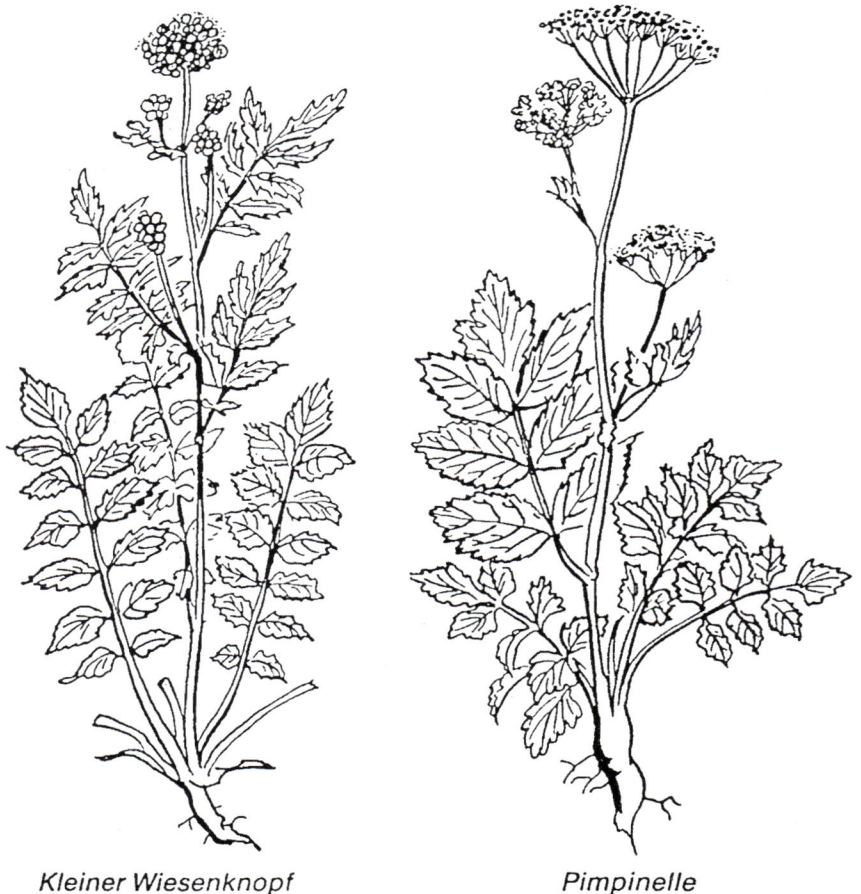

Kleiner Wiesenknopf   Pimpinelle

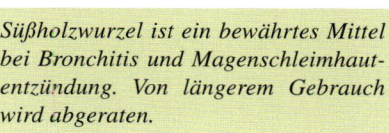

Kleiner Wiesenknopf und Echte Pimpinelle werden beide oft „Pimpinelle" oder auch „Bibernelle" genannt, obwohl sie unterschiedlichen botanischen Familien angehören. Korrekterweise ist nur die rechts abgebildete Pflanze eine Pimpinelle.

Süßholzwurzel ist ein bewährtes Mittel bei Bronchitis und Magenschleimhautentzündung. Von längerem Gebrauch wird abgeraten.

anisum), der ebenfalls in mehreren Hustenmitteln enthalten ist.

Man fragt sich natürlich, wie eine solche Verwirrung oder Verwechslung zustande kommt. Die Antwort dürfte sein, daß Echte Pimpinelle und Kleiner Wiesenknopf sehr ähnlich aussehende Blätter besitzen und noch dazu an den gleichen Wildstandorten vorkommen, nämlich auf Trocken- und Halbtrockenrasen. Beide sind botanisch nicht miteinander verwandt: Die Echte Pimpinelle ist ein Doldenblütler, der Kleine Wiesenknopf, den R.F.Weiß „Gartenpimpinelle" nennt, ist ein Rosengewächs.

Medikamente mit der Echten Pimpinelle:

* Bronchicum® Elixier (Nattermann)

* Melrosum Hustensirup N (Nattermann)

* Pimpinellen-Tinktur (= alkoholischer Auszug): mehrmals täglich 20 bis 30 Tropfen in 1 Likörglas mit Wasser verdünnt einnehmen

* Tee: 2 Eßlöffel möglichst fein geschnittene Droge mit 1 Tasse Wasser kalt ansetzen und aufkochen oder mit kochendem Wasser überbrühen, nach einigen Minuten absieben, mehrmals täglich 1 Tasse trinken.

Aus der Wurzel des **Süßholz (Glycyrrhiza glabra)** wird ein Extrakt hergestellt, der unter dem Namen Lakritzensaft Bestandteil verschiedener Hustenmittel ist. Früher war ein Gemisch aus Lakritze und Ammoniumchlorid unter dem Namen „Salmiakpastillen" sehr gebräuchlich. Süßholzwurzel enthält den Stoff Glycyrrhizin, der wie ein Saponin wirkt, also lösend und auswurffördernd. Süßholzpräparate werden auch zur Behandlung von Magenleiden eingesetzt (S. 126). Eine krampflösende Wirkung kommt durch die in der

Droge enthaltenen Flavonoide zustande.

Achtung Nebenwirkungen: Bei längerer Anwendung kann es durch den Wirkstoff Glycyrrhizin wegen verstärkter Kaliumausscheidung durch die Nieren zum Verlust von Kalium im Körper kommen, was zu Ödemen, Schwäche und Herzrhythmusstörungen sowie eventuell zu hohem Blutdruck führen kann. Süßholzwurzel scheint den Abbau des körpereigenen Hormons Kortisol zu hemmen. Der dadurch erhöhte Kortisolspiegel hat zwar die positive Wirkung, daß nicht bakteriell bedingte Entzündungen mit Verkrampfungen der Bronchialmuskulatur abklingen, aber auf Dauer können die bekannten Nebenwirkungen einer Kortisonbehandlung auftreten, vor allem eine Dämpfung des Immunsystems. Die Tagesdosis von 5 bis 15 Gramm sollte nicht überschritten werden. Bei hohem Blutdruck, Lebererkrankungen, während der Schwangerschaft sowie bei Nierenschwäche sollten Süßholzpräparate nicht eingenommen werden.

Medikamente:

* Lakriment® Neu Bronchial-Pastillen (Dolorgiet)

Anmerkung: Auch bei Magen-Darm-Beschwerden werden Präparate eingesetzt, die Lakritz-Aroma enthalten z.B. Gastrocaps® A Magentabletten (RIAM)

Krampflösende Hustenmittel

Die Blätter des *Efeu (Hedera helix)* ▶ **giftig** haben einen hohen Gehalt an Saponinen. Tee und Präparate aus Efeu dürfen nicht zu hoch dosiert werden, weil eine Schleimhautreizung auftreten kann. Das ist in schwachem Maße durchaus erwünscht, weil es das Abhusten fördert, aber wie immer, ist allzu viel ungesund. Vor allem bei trockenem Reizhusten vom Typus des Keuchhustens und bei krampfartigem Husten ist Efeu seit langem bewährt.

Medikamente:

* Tee: ¹/₂ Teelöffel feingeschnittene Droge mit 1 Tasse heißem Wasser aufgießen, 10 bis 15 Minuten zie-

hen lassen, absieben. Bis zu dreimal pro Tag 1 Tasse trinken.

* Bronchoforton® Tropfen und Saft (Sanoli Winthrop)

* Prospan® Tropfen, Kinderzäpfchen, Saft (Engelhard)

* Soledum® Hustensaft, Hustentropfen (Cassella-med), mit Thymian und Süßholzwurzel

* Tussiflorin forte® Tropfen, Saft (Pascoe), mit Schlüsselblumenwurzel und Thymian.

Bei den Atemwegserkrankungen ist das Repertoire an Heilpflanzen besonders groß. Weitere Pflanzen mit Wirkstoffen, die das Abhusten erleichtern, sind Blätter der *Edelkastanie (Castanea sativa)*, *Gundermann (Glechoma hederacea)*, *Ysop (Hyssoppus officinalis)*, *Eisenkraut (Verbena officinalis)* und *Echter Ehrenpreis (Veronica officinalis)*. Die Schulmedizin verwendet diese Pflanzen nicht, weil ihre Inhaltsstoffe und ihre Wirkung zu wenig untersucht sind. Gleiches gilt nach Weiß für das Destillat des tropischen *Gujakbaumes (Guiacum officinale)*, der außer bei Husten auch bei rheumatischen Erkrankungen eingesetzt wird (1, S. 271).

Pflanzliche Mittel gegen das Symptom „Husten"

Viel wurde bisher davon gesprochen, wie bei einer Bronchitis oder sonstigen Erkältungskrankheit der Reiz gelindert und das Abhusten gefördert werden kann, wobei das Verflüssigen zähen Schleims eine wichtige Rolle spielt. Es gibt aber auch Situationen, in denen eine hustendämpfende und eventuell krampflösende Wirkung erzielt werden soll, vor allem dann, wenn die Nachtruhe durch Hustenanfälle gestört wird. Ein besonderes Problem stellt hierbei der Keuchhusten dar.

Hustendämpfung kann auf zwei Wegen erreicht werden:

◆ durch Präparate, die das Hustenzentrum im Gehirn dämpfen
◆ durch Präparate, die zur Verminderung des Hustenreizes beitragen.

Für die Dämpfung des Hustenzentrums ist das Codein aus dem Schlafmohn (S. 74 f) am bekanntesten. Es ist strenggernommen kein Phytotherapeutikum. Codeinhaltige Hustenmittel sind verschreibungspflichtig und sollten, vor allem bei Kindern, nur nach reiflicher Abwägung des Für und Wider verordnet werden.

Häufig tun Präparate, die am Ort der Reizentstehung den Hustenreiz lindern, ebenso gute Dienste. So wurde beispielweise bei Kleinkindern mit Keuchhusten, Reizhusten oder chronischer spastischer Bronchitis eine kontrollierte Studie mit einem Efeuextrakt durchgeführt. Es zeigte sich, daß bei den mit Efeuextrakt behandelten Kindern im Durchschnitt 10 Tage früher die Häufigkeit und Intensität der Hustenanfälle deutlich abnahmen im Vergleich zu Kindern in der Kontrollgruppe, die zur üblichen Therapie nicht das Efeupräparat bekamen.

Efeu, hier als Zierpflanze, wird seit der Antike zum Hustenstillen verwendet. Die Homöopathie setzt Efeu in ziemlich hohen Potenzen gegen Schilddrüsenüberfunktion ein.

Zur unterstützenden Selbstmedikation gut geeignet ist der **Thymian (Thymus vulgaris)**, vor allem wegen seiner krampflösenden Wirkung. Die Wirksamkeit ist durch die ätherischen Öle Carvacrol und Thymol bedingt. Vor allem das Thymol hat auch deutlich antibiotische Eigenschaften. Da vom Thymian keine ungünstigen Nebenwirkungen bekannt sind, kann und sollte er hoch dosiert werden.

Außer wegen seiner medizinischen Wirkungen sei der Thymian auch als Würzpflanze sehr empfohlen (S. 51).

Sonnentau zählt zu den „fleischfressenden" Pflanzen, weil Insekten leicht an seinen klebrigen Drüsenhaaren hängenbleiben und dann verdaut werden. Er ist Bestandteil hustenstillender Medikamente.

Gartenthymian ist sehr vielseitig zu verwenden. Er ist ein mineralstoffreiches, aromatisches Gewürz. Seine krampflösende Wirkung ist seit langem bekannt und auch Hildegard von Bingen schätzte ihn sehr.

Thymian, Fenchel und Anis sowie andere Drogen mit ätherischen Ölen sind in vielen hustenstillenden Arzneien enthalten.

Eine weitere häufig in Arzneien eingesetzte Pflanze zur Hustenlinderung ist der **Sonnentau (Drosera sp.)**, eine unter Naturschutz stehende Pflanze magerer Hochmoorstandorte.

Medikamente zum Hustenstillen:

* Prospan® Efeuextrakt (Engelhard)

Kombinationspräparate:

* Bronchicum® pflanzlicher Hustenstiller (Nattermann)
* Makatussin® (Roland) enthält Thymian- und Droseraextakt
* Primotussan® Tropfen (Galinka Hetterich), Drosera-, Schlüsselblumen- und Thymianextrakt

Bronchial-Teepräparate:

Sie sind meistens so zusammengesetzt, daß sie eine Mehrfachwirkung besitzen. Sie sollen

◆ das Abhusten fördern
◆ entzündungswidrig sein
◆ krampflösend wirken
◆ und den Hustenreiz lindern.

Aufgrund der bisher in diesem Kapitel besprochenen Heilpflanzenwirkungen kann die Rezeptur des Tees so gestaltet werden, daß durch gezielte Auswahl der Drogen schwerpunktmäßig jeweils eine bestimmte

Medikamente:

* Tee, Tagesdosis 10 Gramm Droge: 2 Teelöffel feingeschnittene Droge mit 1 Tasse heißem Wasser aufgießen, 5 Minuten zugedeckt ziehen lassen, absieben, mehrmals täglich 1 Tasse trinken.

* Thymian Tinktur: Mehrmals täglich 5 bis 10 Tropfen in etwas Wasser oder auf einem Stück Zucker einnehmen.

* Schoenenberger® naturreiner Pflanzensaft Thymian

* florabio® naturreiner Heilpflanzensaft Thymian (Florabio)

* Hustagil® Thymianextrakt (Dentinox)

* THYMIAN-ratiopharm Hustensaft

Die ätherischen Öle von **Anis (Pimpinella anisum)** und **Fenchel (Foeniculum vulgare)** wirken ebenfalls beruhigend bei Hustenreiz. Eigene Erfahrung: Als „erste Hilfe" bei einem Hustenanfall $\frac{1}{4}$ Teelöffel Fenchelfrüchte in einem Mörser leicht quetschen, mit 1 Teelöffel Honig verrühren, ganz langsam in winzigen Portionen im Mund zergehen lassen, ruhig und tief atmen. Eine solche Zubereitung mit einer Pflanzendroge und Honig hat den schönen, alten Namen „Latwerge".

Wirkung betont wird. Die wichtigsten Bestandteile für einen Hustentee sind Schleimdrogen, die reizlindernd und antientzündlich wirken. Fast ebenso wichtig sind Drogen mit ätherischen Ölen, weil diese eine „Tiefenwirkung" bis in die Lungenbläschen besitzen und die Sekretion von flüssigem Schleim anregen.

* Rezepturbeispiel mit Mehrfachwirkung:
  Eibischwurzel 25
  Fenchelfrüchte 10
  Isländisch Moos 10
  Spitzwegerichkraut 15
  Süßholzwurzel 10
  Thymiankraut 30

Diese Teemischung kann in der Apotheke angefertigt werden.

* KNEIPP® Husten- und Bronchial-Tee, Mischung aus Schlüsselblumen mit Kelch, Thymian und Spitzwegerich
* Brust- und Hustentee Stada®.

Weitere Pflanzen bei Erkrankungen der Atmungsorgane

Altbekannt und beliebt sind Zubereitungen und Arzneien mit **Eukalyptusöl** wegen ihrer lösenden und auswurffördernden Wirkung. Volksmedizinisch bewährt sind auch Zubereitungen aus frischen Fichtenspitzen, Kiefernnadeln und Kiefernsprossen sowie aus Campher, der bei Inhalation krampflösend auf die Bronchien wirkt. Ebenfalls eine lange volksmedizinische Tradition haben Zubereitungen aus Zwiebel und Meerrettich bei verschiedenen Erkältungskrankheiten.

Ein völlig anderes Wirkprinzip haben Kieselsäuredrogen, also vor allem Schachtelhalm (Equisetum arvense), volkstümlich Zinnkraut genannt, und Vogelknöterich (Polygonum aviculare). Sebastian Kneipp und auch die alten Kräuterbücher sind voll des Lobes über ihre Wirkung. Sie stabilisieren das Bindegewebe, was vor allem bei chronischer Bronchitis angestrebt werden sollte. In solchen Fällen sollten kurmäßig 6 Wochen lang täglich

Extrakte aus Fichtennadeln werden heute schwerpunktmäßig als Badezusätze verwendet. Eine lange volksmedizinische Tradition haben Zubereitungen mit Zucker oder Honig gegen Husten.

2 bis 3 Tassen aus einer der beiden Pflanzen oder einer Mischung aus ihnen getrunken werden.

Asthma bronchiale

Inzwischen sind für das Asthma mehr als 25 verschiedene Ursachen bekannt. Bei keiner anderen Atemwegserkrankung ist die richtige Diagnosestellung und das Abklären der Entstehung so wichtig wie hier. Drei Hauptursachen können zu Asthma führen:

◆ Allergien
◆ Luftschadstoffe
◆ verschleppte Infekte

Alle drei Einwirkungen führen zunächst zur Entzündung der Bronchialschleimhaut. Die Folge ist eine Überaktivität der Bronchien mit verstärkter Produktion von zähem Schleim und Verkrampfungen der Bronchialmuskulatur. Gelingt es nicht, die Entzündung in den Griff

zu bekommen, dann kommt es zu einer Steigerung der Immunabwehr mit immer wieder aufflammenden Anfällen. Auch eine psychosomatische Komponente darf nicht außer acht gelassen werden.

Zur ursächlichen oder unterstützenden Behandlung von Asthma gibt es eine Reihe von Phytopharmaka, also pflanzlichen Medikamenten. Es bedarf jedoch genauer ärztlicher Beratung für die richtige Auswahl. Häufig handelt es sich um Forte-Pflanzen, so daß Selbstmedikation nicht ohne ärztlichen Rat in Frage kommt.

Einige Beispiele seien genannt:

Theophyllin aus dem Teestrauch (Camellia sinensis) hemmt die Histaminausschüttung. Histamin ist ein Stoff, der Entzündungen auslöst, wie man es zum Beispiel von der Wirkung der Brennessel auf die Haut kennt. Aus verschiedenen Nachtschattengewächsen, z.B. *Stechapfel* ▶ **giftig** und *Tollkirschenblättern* ▶ **giftig** werden Alkaloide gewonnen, die heute nur noch selten eingesetzt werden. Früher wurden sie in Form von Räuchertee und Asthmazigaretten angewendet.

Manche Formen oder Stadien des Asthma werden mit *Ephedrin* (S. 85) behandelt, manche mit Khellin, einem Wirkstoff aus den Ammeifrüchten. *Ammei (Ammi visagna)* ▶ **giftig** ist ein Doldenblütler, der in Nordafrika und auf den Kanarischen Inseln wächst. Ammei ist ein Beispiel für eine Pflanze, die bei uns bereits im Mittelalter verwendet wurde, aber dann in Vergessenheit geriet. Erst in den dreißiger Jahren des 20. Jahrhunderts wurden ihre Heilwirkungen wieder beachtet. Sie bestehen vor allem in einer Entspannung der glatten Muskulatur. Wegen dieser Wirkung wurde sie in der seinerzeit bereits hochentwickelten ägyptischen Medizin gegen Nierensteine eingesetzt. Bei Überdosierung ruft der Wirkstoff Übelkeit, Schwindel und Kollaps hervor. Außerdem wird Ammei zur Verbesserung der Durchblutung der Herzkranzgefäße eingesetzt (S. 105 f).

Medikament:

* Asthmakhell® N Tropfen (Steigerwald)

Geforscht wird noch an Wirkstoffen aus der *Zwiebel*, die, wie schon erwähnt, seit altersher volksmedizinisch bei Bronchitis und Asthma angewendet wurde.

Zwei Giftpflanzen wurden zu den früher gebräuchlichen „Asthmazigaretten" verarbeitet, nämlich die Blätter der Tollkirsche und des Stechapfels.

Alles Gute für Herz und Kreislauf

Gesundes Herz – Schicksal oder Eigeninitiative?

„Die Erkrankungen des Herzens und des Kreislaufes haben in den letzten Jahren ganz erheblich an Häufigkeit und damit auch an praktischer Bedeutung zugenommen", konstatierte R.F.Weiß zu Beginn der neunziger Jahre (1, S. 179). Sie stehen derzeit in der Statistik der Todesursachen an erster Stelle. Dafür dürfte in erster Linie die Zunahme der Lebenserwartung und die mit höherem Alter verbundenen funktionalen und organischen Veränderungen an Herz und Kreislauf verantwortlich sein. Herz-Kreislauferkrankungen sind ein besonders wichtiges Anwendungsgebiet für Phytopharmaka. Die meisten von ihnen sind Forte-Pflanzen und damit für die Selbstmedikation kaum geeignet. Einige Mite-Pflanzen und einige mittelstark wirkende Pflanzen können jedoch bei funktionalen und altersbedingten Störungen mit großem Erfolg eingesetzt werden. Sie sind auch zur Selbstmedikation geeignet.

Allerdings spielen bei Herzerkrankungen die Lebensumstände des Patienten eine entscheidende Rolle. Hier gilt in besonderem Maße das

Sprichwort: „Vorbeugen ist besser als Heilen". Vernünftige Ernährung, richtiger Umgang mit Streß, Ausgewogenheit von Arbeit und Ausruhen sowie Bewegung an der frischen Luft sind wohl die wichtigsten Voraussetzungen für die lange Gesunderhaltung des Herz-Kreislaufsystems. Hierbei helfen auch heute noch Sebastian Kneipps Ratschläge für die gesunde Lebensführung, also das, was er mit dem Begriff „Ordnungstherapie" umschreibt.

Aber gerade bei Herz-Kreislauferkrankungen zeigt sich, daß Gesundheit auch mit bestem Willen nicht „machbar" ist: Immer mehr Erbanlagen werden gefunden, die eine Disposition für bestimmte Herzerkrankungen darstellen. Ererbte Disposition bedeutet aber nicht „Vorbestimmtes Schicksal", sondern „Das muß nicht einfach hingenommen werden". Gerade wenn man seine ererbten Schwachpunkte kennt, gilt es gegenzusteuern. Das heißt, man sollte versuchen, durch gesunde Lebensführung das Bestmögliche an Wohlbefinden, Leistungsfähigkeit und Freude herauszuholen. An einer weiteren möglichen Ursache für degenerative Herz- Kreislauferkrankungen wird derzeit intensiv geforscht: Die Hinweise mehren sich, daß bestimmte bakterielle Erreger, nämlich die sogenannten Chlamydien, auslösender Faktor für krankhafte Veränderungen der Arterien sein könnten. Sollte sich dies bestätigen, dann könnten diese Erkrankungen mit bestimmten Antibiotka behandelt werden.

Die Hauptanwendungsgebiete für Phytopharmaka sind:

◆ Herzschwäche (Herzinsuffizienz)
◆ Erkrankungen der Herzkranzgefäße mit dem häufigen Symptom Angina pectoris
◆ funktionale Herzbeschwerden, vor allem Herzrhythmusstörungen
◆ Durchblutungsstörungen
◆ hoher Blutdruck (Hypertonie)
◆ niedriger Blutdruck (Hypotonie)
◆ Venenerkrankungen

Aber gleich sei es vorausgeschickt, daß die kausale Behandlung dieser Erkrankungen nur in seltenen Fällen möglich ist. Demnach zielt auch die Behandlung mit Heilpflanzen weitgehend auf Linderung der Symptome ab.

Genaugenommen gehört, von den Ursachen her betrachtet, die Migräne ebenfalls zu den Kreislauferkrankungen. Ihr Hauptsymptom ist jedoch der Schmerz, weshalb sie im entsprechenden Kapitel behandelt wurde (S. 72).

Herzschwäche: Wehret den Anfängen!

Eigentlich grenzt es an ein Wunder, daß unser Herz-Kreislaufsystem, vom rein technischen Standpunkt her betrachtet, so viele Jahrzehnte funktionstüchtig bleibt. Jedes andere technische Gerät, vor allem wenn es Tag und Nacht ständig beansprucht wird, wäre längst kaputt, würde man nicht für regelmäßigen Wartungsdienst und Austausch von verschlissenen Teilen sorgen.

Aus dem Fingerhut werden die klassischen Präparate gewonnen, die bei unregelmäßiger Herztätigkeit eingesetzt werden. Sie verbessern die Pumpleistung des Herzens.

Wenn es um die Behandlung fortgeschrittener Herzschwäche geht, beherrschen pflanzliche Medikamente das Feld. William Withering, einer der berühmtesten Ärzte seiner Zeit, begann um 1775 mit der wissenschaftlichen Untersuchung des Fingerhuts. Seine Veröffentlichungen bilden bis heute die Grundlage der pharmazeutischen Verwendung dieser Pflanze, die zu den giftigsten in unserer Flora zählt.

Fingerhut, unersetzlich in der Herztherapie
▶ **giftig**
▶ **geschützt**

Allgemeine Informationen, Inhaltsstoffe und Anwendung

Die herzwirksamen Glykoside werden aus dem Roten Fingerhut (Digitalis purpurea) und dem Wolligen Fingerhut (D. lanata) gewonnen, wobei letzterer den Vorteil hat, daß er leichter feldmäßig angebaut werden kann. Die wirksamen Inhaltsstoffe der Fingerhutarten sind das Digitoxin aus dem Roten Fingerhut und das Digoxin aus dem Wolligen Fingerhut. In therapeutischen Dosen verbessern sie die Arbeit des Herzens, vor allem durch Verstärkung der Herzmuskelkraft. Auch die Herzglykoside aus anderen Pflanzen haben das gleiche Wirkprinzip. Sie unterscheiden sich vor allem in der Resorptionszeit, in der Zeit bis die Wirkung eintritt, in der Wirkungsdauer und in der eventuellen Gefahr einer Kumulation, also einer Anhäufung des Wirkstoffes im Körper. Beim Fingerhut ist bekannt, daß seine Wirkstoffe sehr lange im Herzmuskel zurückbleiben. Deshalb muß die Dosierung sehr genau erfolgen, weil es sonst zu einer Kumulation, das heißt, einer Anhäufung des in größerer Dosis nicht ungefährlichen Wirkstoffes kommt. Nebenwirkungen von Fingerhut-Präparaten sind Übelkeit, Erbrechen und Störungen im Farbsehen. Wenn man die wirksame Dosis rasch erreichen will, besteht ein erhöhtes Intoxikationsrisiko.

Die schon erwähnte „Wassersucht" ist eine Erkrankung, die durch Flüssigkeitsansammlung in den Körpergeweben gekennzeichnet ist. Ursache hierfür ist sehr oft mangelhafte Herzfunktion, die sich negativ auch auf die Funktion der Nieren auswirkt, so daß der Flüssigkeitshaushalt des Körpers ernsthaft gestört ist. Witherings Entdeckung, seine genauen Untersuchungen und seine Veröffentlichungen lösten den Siegeszug der Digitalistherapie aus. Bis heute, so R.F.Weiß, könnte man kaum zu einem besseren Wirkstoff kommen, um das versagende Herz zu behandeln. Aber, wie Weiß ebenfalls betont, der Nachteil der Digitalisbehandlung ist die geringe therapeutische Breite, wie das bei Forte-Pflanzen häufig der Fall ist. Die volle therapeutische Dosis und die toxische Dosis liegen sehr nahe beieinander. Noch in der ersten Hälfte dieses Jahrhunderts wurden zur Therapie bei Herzkrankheiten gepulverte Fingerhutblätter verwendet, wobei die Menge nach „Katzeneinheiten" bemessen wurde, denn die letale Dosis der Giftpflanze Fingerhut wurde an Katzen getestet. Der Test an Tieren, in diesem Falle Katzen, war notwendig, weil es vom Fingerhut verschiedene Rassen mit sehr unterschiedlichem Wirkstoffgehalt gibt.

Aber trotz positiver Gesamtbewertung fragt sich Weiß, ob wir vielleicht Digitalis womöglich doch zu oft oder zu frühzeitig verordnen: Berechnungen aus den USA ergaben, daß im gesamten Gebiet der USA gerade ebenso viel Digitalis verbraucht wird wie im wesentlich kleineren Deutschland. Digitalis wird demnach bei uns etwa zehnmal so oft verordnet wie in den USA.

Anzumerken wäre, daß der Verbrauch von Digitalis inzwischen auch bei uns rückläufig ist. In der Schulmedizin haben ACE-Hemmer bei der Behandlung von Herzinsuffizienz die führende Rolle übernommen. ACE-Hemmer führen zu einer Erweiterung der Gefäße, wodurch eine Entlastung von Herz und Kreislauf erreicht wird. Digitalis wird nunmehr häufiger bei bestimmten Formen von Herzrhythmusstörungen zur Absenkung der Herzfrequenz verordnet.

Digitalispräparate werden für die „große" Herztherapie eingesetzt. Sie sind das souveräne Mittel für das versagende schwerkranke Herz. Solange das Herz noch keine deutlichen Anzeichen eines solchen Versagens zeigt, ist auch kein deutlicher Digitalis-Effekt zu erwarten. Das bedeutet im Klartext: Digitalis wird nicht zur Vorbeugung verwendet. Dafür gibt es Mite-Pflanzen, die rechtzeitig eingesetzt werden sollten. Es gibt noch einige weitere Pflanzen, die Herzglykoside enthalten. Sie wirken qualitativ alle gleich, das heißt sie führen in therapeutischen Dosen zu einer Verbesserung der Ökonomie der Herztätigkeit und verstärken die Herzmuskelkraft. In quantitativer Hinsicht wirken die einzelnen Herzglykoside unter-

schiedlich, vor allem bezüglich der Latenzzeit bis zum Eintritt der Wirkung, der Wirkungsdauer und der Kumulationsgefahr (13, S. 37).

Die folgenden Pflanzen enthalten Herzglykoside und werden, häufig in Kombinationspräparaten, zur Behandlung von Herzschwäche eingesetzt:

Das *Maiglöckchen (Convallaria majalis)* ▶ giftig ▶ geschützt bzw. das „Maienblümleinwasser" galt in früheren Zeiten geradezu als Allheilmittel. Heute werden galenische Zubereitungen vor allem beim „Altersherzen" eingesetzt sowie bei Druckanstieg im Lungenkreislauf, der durch chronische Lungenerkrankungen entstehen kann.

Das *Frühlings-Adonisröschen (Adonis vernalis)* ▶ geschützt ▶ giftig ist eine wunderhübsche, seltene Pflanze, die bei leichter Herzleistungsschwäche und bei nervösen Herzbeschwerden verwendet wird.

Oleander (Nerium oleander) ▶ giftig, bei uns als Kübelpflanze beliebt, ist so giftig, daß er in manchen Ländern „Horsekiller", also Pferdemörder heißt. In Kombinationspräparaten werden Auszüge aus ihm in therapeutischer Dosierung bei

Das Maiglöckchen kommt wildwachsend in Buchenwäldern vor, ist aber auch eine beliebte Gartenpflanze. Es enthält 30 verschiedene herzwirksame Glycoside.

Der sehr giftige Oleander kommt wild-wachsend im Mittelmeergebiet vor. Er enthält zahlreiche herzwirksame Gly-coside. Ihre Wirkung ist ähnlich wie die von Digitalis.

Der Besenginster ist eine Pflanze, die gerne an Waldrändern und Abhängen wächst. Er braucht saure Böden, wie hier zum Beispiel Granit. Keine Selbst-medikation!

leichter Herzschwäche und funktio-nalen Herzbeschwerden verordnet.

Glykoside aus der **Meerzwiebel (Ur-ginea maritima)** ▶ **giftig** , auch Scilla maritima genannt, werden bei leichter Herzschwäche und vermin-derter Nierenleistung eingesetzt. An-merkung: Hierbei ist nicht die in un-seren Gärten gebräuchliche Scilla ge-meint, die auf Deutsch „Blaustern" heißt.

Strophanthus gratus, St. kombe ▶ giftig

Allgemeine Informationen, wichtigste Inhaltsstoffe und Anwendung

Diese zwei im tropischen Afrika wachsenden Lianen gehören zur Fa-milie der Hundsgiftgewächse (Apo-cynaceae) und sind hochgiftig. Die Eingeborenen verwendeten sie tradi-tionsgemäß als Pfeilgifte. Schon bei kleinen Verletzungen führt das Ein-dringen des Giftes in die Blutbahn zum Tod durch Herzstillstand. Aber wie so oft macht es auch hier die Dosis, ob der Wirkstoff heilsam oder giftig ist.

Aus den Samen wird die Tinctura Strophanthi gewonnen, die bei ver-schiedenen funktionalen Herzer-krankungen verordnet wird, vor al-lem als mildes Herztonikum, bei Herzrhythmusstörungen (Extrasysto-len) und arteriellem Bluthochdruck.

Zwei weitere Pflanzen werden gele-gentlich bei Herzrhythmusstörungen als Tinktur verwendet, nämlich **Be-senginster (Cytisus scoparius)** ▶ **giftig** und **Gelber Jasmin (Gel-semium sempervirens).** ▶ **giftig** .

Diese Pflanzen sind zur Selbstmedi-kation nicht geeignet. Da wir Kneipp-Freunde uns gerne vorbeu-gend selbst behandeln und auch gerne die ärztlich verordnete Thera-pie mit Naturheilverfahren unter-stützen, seien vor allem noch Weiß-dorn und Herzgespann gewürdigt.

Erkrankungen der Herzkranzgefäße und Arteriosklerose

Diese in der Überschrift genannten Erkrankungen treten häufig im fort-geschrittenen Alter auf. Erfahrungs-

medinisch ist für die entsprechenden Störungen der Begriff „Altersherz" gebräuchlich. Die Symptome sind Druck auf der Brust und Außer-Atem-geraten bei körperlichen An-strengungen. Schmerzen in der Herz-gegend dürfen hierbei nicht auftre-ten. Dies wäre schon eine weiterge-hende Einschränkung der Herzfunk-tion, die einer genaueren Diagnostik bedürfte. Beim Altersherzen, dessen erste Symptome häufig bereits im Alter von 50 Jahren auftreten, oder auch bei ähnlichen funktionalen Stö-rungen ist Selbstmedikation durch-aus möglich

Weißdorn (Crataegus mongyna, C. laevigata)

Allgemeine Informationen

Zwei Weißdornarten werden medizi-nisch genutzt, nämlich der Eingriffe-lige und der Zweigriffelige. Als Ein-friedung von Gärten und Weideflä-chen hat der weißblühende dornige Strauch eine lange Tradition, denn er heißt auch Hagedorn und das Wort „Hag" bedeutet „Zaun".

Medizinisch verwendet werden die Blüten, die Blätter und die Früchte in Form von Tee und verschiedenen ga-lenischen Präparaten.

Inhaltsstoffe und ihre Wirkung:

Weißdorn enthält keine Digitalis-ähnlichen Substanzen. Er enthält ein Gemisch verschiedener Flavonoide, Procyanidine sowie Amine. Die Be-mühungen „den" wirksamen Stoff im Weißdorn zu finden, sind bis jetzt noch nicht erfolgreich gewesen. Er ist ganz offensichtlich ein Muster-beispiel für jene Pflanzen, die mit der Gesamtheit ihrer Inhaltsstoffe wirken. Bei Untersuchungen über die meßbaren Wirkungen von Weiß-dornpräparaten, durchgeführt an der Parkklinik in Meersburg von Dr. Klaus Ch. Schimmel, konnte gezeigt werden, daß Weißdorn folgende drei Wirkungen zeigt:

Tee und Präparate aus dem Weißdorn kräftigen das Altersherz und sind bewährt bei der Nachbehandlung des Herzinfarkts. Aber die Medikamente müssen hoch genug dosiert und über einen längeren Zeitraum hinweg eingenommen werden.

◆ Kräftigung des Herzmuskels

◆ Erweiterung der Herzkranzgefäße und damit eine bessere Durchblutung des Herzmuskels

◆ Bessere Sauerstoffversorgung des Herzens.

Diese Wirkungen kommen vor allem in den ersten beiden Stadien der Angina pectoris zum Tragen. Die Zahl der Angina-pectoris-Attacken ließ sich im Versuch deutlich einschränken. Die Belastbarkeit der Patienten, die mit Weißdornpräparaten behandelt wurden, erwies sich im Versuch als deutlich höher als in der Vergleichsgruppe.

Im Rahmen dieser Untersuchungen zeigte sich, daß zahlreiche Herzpatienten bereits eine Selbstmedikation mit Weißdorntee oder Weißdornpräparaten durchführten. Jedoch wurde fast stets zu niedrig dosiert, so daß die Wirkung jeweils rasch wieder abflaute.

Eine weitere wichtige Wirkung des Weißdorns ist eine günstige Beeinflussung von Herzrhythmusstörungen, allerdings signifikant nur bei intravenöser Zufuhr. In leichteren Fällen von Herzrhythmusstörungen, vor allem bei Extrasystolen, genügt die perorale Einnahme, also Dragées, Tinktur oder Tee. In manchen Fällen wird zur Kombination mit einem blutdrucksenkenden Mittel, wie etwa **Mistel** oder **Rauwolfia** geraten.

Anmerkung: Bei Herzrhythmusstörungen muß diagnostisch abgeklärt werden, ob es sich um ungefährliche funktionale Störungen oder um gefährliche Symptome einer organischen Herzerkrankung handelt. In letzterem Fall werden im allgemeinen Forte-Pflanzen eingesetzt, wie zum Beispiel Chinidin aus der **China-rinde** (= getrocknete Rinde von **Cinchona pubescens**). Aus der Chinarinde wird auch das bekannte Malariamittel Chinin hergestellt.

Aber ein besonders wichtiger Hinweis für das Verständnis der Weißdornwirkung konnte nach R.F.Weiß durch eine Zufallsbeobachtung gewonnen werden (2, S. 111f). Die Wirkungen zeigten sich bei zoologischen Untersuchungen am Schwammspinner, durchgeführt am Zoologischen Institut der Universität Hamburg. Die Raupen erhielten als Futter Erlenblätter, die sie auch in der Natur gerne verzehren. Von Generation zu Generation wurden die Schwammspinnerraupen immer kümmerlicher und die Falter immer unansehnlicher. Eines Tages gab ein Kollege dem Versuchsleiter den Rat, er möge doch die Ernährung der Tiere radikal umstellen und die armen Tierchen ab sofort mit Weißdornblättern füttern. Im Versuchsbericht heißt es: „Keinerlei Verluste durch die sonst regelmäßigen Infektionskrankheiten. Sehr große, kräftige Falter und ebenso wieder Eiablagen von mehreren hundert Eiern pro Tier." Na bravo! Offensichtlich wissen auch in der Natur die Schwammspinner, was zu tun ist, um bei Kräften zu bleiben, denn Schwammspinner sind jene höchst unbeliebten, recht unauffälligen Schmetterlinge bzw. ihre Raupen, die in manchen Jahren ganze Laubwälder kahl fressen.

Weißdorn gilt als Prototyp aller Mittel für die „kleine" Herztherapie. Toxische Wirkungen sind auch bei grober Überdosierung und im Dauergebrauch nicht zu befürchten. Man muß Weißdorn sogar ziemlich hoch dosieren. Nach Weiß „muß man wissen und beachten, daß eine Crataegus-Wirkung nur dann zustande kommt, wenn genügende Mengen gegeben werden. Einige Tropfen oder die kleinen Dosen, die in vielen der Herzpräparate enthalten sind, reichen bei weitem nicht aus. Von einem guten Crataegus-Extrakt kann und muß man mindestens 30 Tropfen oder sogar einen ganzen Teelöffel voll auf einmal nehmen und dies mindestens 2 bis 3mal täglich; von den Crataegus-Dragées morgens und abends je 4 auf einmal. Auf der so häufigen Unterdosierung dürften viele der zweifelhaften und ganz negativen Beurteilungen beruhen." (2, S. 114)

Bei Weißdornpräparaten tritt die Wirkung nicht schnell ein, sondern läßt eine gewisse Zeit, nämlich etwa 1 bis 2 Wochen, auf sich warten.

* Tee: 2 bis 3 Teelöffel Blüten oder Blüten und Blätter mit 1 Tasse Wasser überbrühen, 10 Minuten ziehen lassen, umrühren, absie-

ben, 3 mal täglich 1 Tasse trinken. R.F.Weiß rät, den Tee mit Honig zu süßen, weil Honig erfahrungsgemäß günstig auf das Herz einwirkt.

Medikamente:

* KNEIPP® Weißdorn-Tee Cor-Kneipp®
* KNEIPP® Weißdorn Pflanzensaft Sebastianeum®
* KNEIPP® Weißdorn Pflanzen-Dragees
* Schoenenberger® naturreiner Heilpflanzensaft Weißdorn
* florabio® naturreiner Heilpflanzensaft Weißdorn (Florabio)
* Crataegutt® -novo, -forte, Tropfen, Ampullen (Schwabe)
* Crataegysat® f Bürger Lösung (Ysatfabrik)
* Esbericard® novo, Dragees, Tropfen (Schaper & Brümmer)

Anmerkung: Weißdorn war 1990 die Heilpflanze des Jahres. Die Fülle an Medikamenten kann hier bei weitem nicht aufgezählt werden. Kombinationspräparate werden häufig angeboten. Auch die Homöopathie empfiehlt den Weißdorn bei Herzbeschwerden und erschöpftem Altersherzen in Form der Urtinktur.

Herzgespann wird vor allem bei funktionalen Herzbeschwerden mit starkem Herzklopfen, Hitzewallungen, Unruhe und Atemnot angewendet. Die Droge kann mit Baldrian gemischt werden.

Herzgespann
(Leonurus cardiaca)
 geschützt
▶ leicht giftig

Die Pflanze ist aus warmen östlichen Steppengebieten nach Mitteleuropa eingewandert und kommt wildwachsend ziemlich selten in Dörfern an Zäunen oder Scheunen vor sowie bisweilen an Bahndämmen. Sie enthält Alkaloide und Bitterstoffglycoside. Verwendet wird das ganze blühende Kraut für Tee oder Fertigarzneien. Die Tagesdosis beträgt 4,5 Gramm Droge bzw. entsprechende Zubereitungen. Die Dosis sollte vorsichtshalber nicht überschritten werden und der Tee sollte nicht aus der frischen Pflanze zubereitet werden. Von Nebenwirkungen in Form von Übelkeit wird nur bei Verwendung der frischen Pflanze

für den Tee berichtet. Es sind zwar bei Verwendung der getrockneten Pflanze keine Nebenwirkungen bekannt, auch bei längerer Anwendung, aber Alkaloide sind eben doch stärker wirkende Inhaltsstoffe als etwa die Flavonoide des Weißdorns. Ein wichtiger Einsatzbereich sind nervöse Herzbeschwerden, vor allem dann, wenn sie aufgrund einer Schilddrüsenüberfunktion auftreten (S. 146).

* Tee: 1 Teelöffel kleingeschnittene Droge mit 1 Tasse heißem Wasser übergießen, 5 Minuten ziehen lassen, absieben. 2mal täglich 1 Tasse trinken.

Medikament:

* Mutellon® Tropfen (Klein), mit Wolfstrapp, Herzgespann und Baldrian

Weitere Heilpflanzen für degenerative Herzerkrankungen

Immer wieder hört und liest man, daß Scharfstoffdrogen bei degenerativen Herzerkrankungen, vor allem Angina pectoris, hilfreich seien. Dies wurde schon für **Paprika (Capsici fructus)** im Kapitel über das Würzen erwähnt. Ihre Scharfstoffe sind in manchen Herzsalben und übrigens auch in einigen Rheumasalben enthalten.

Bereits Hildegard von Bingen beschreibt die Symptome beim alternden Herzen und bei Angina pectoris. Sie rät bei solchen Ausfällen zur Anwendung von **Galgant (Alpinia officinarum)**. Verwendet wird der Wurzelstock. Wie schon beschrieben (S.

29 f), versuchte der österreichische Arzt Gottfried Hertzka die Hildegard-Medizin neu zu beleben. Sein Mitarbeiter und Nachfolger Dr. Wighard Strehlow führt dieses Werk weiter. Beide raten bei Angina-pectoris-Anfällen zum Kauen von Galgantwurzel anstelle der Anwendung von Nitroglycerinspray und berichtet von guten Ergebnissen. Im eigenen Bekanntenkreis gibt es ebenfalls einige Patienten, die auf eigene Verantwortung in dieser Art verfahren und sehr gut zurechtkommen. Wahrscheinlich tritt die Wirkung auf reflektorischem Wege über das vegetative Nervensystem ein. Der Haupteinsatzbereich der Galgantwurzel sind allerdings Verdauungsbeschwerden. Stichwort „eigene Verantwortung": Diese darf gerade bei Herzbeschwerden nicht zum Leichtsinn verführen und kann nicht den notwendigen Arztbesuch ersetzen.

Auch von Johann Wolfgang von Goethe ist überliefert, daß er im fortgeschrittenen Alter an Herzbeschwerden litt, die wir heute wahrscheinlich als Angina pectoris diagnostizieren würden. Sein hochgelobtes Heilmittel war der Arnikatee. Die **Arnika** ist ein Musterbeispiel für eine Heilpflanze, die zeitweise hoch gelobt, vielleicht sogar allzu hoch gelobt wurde. Dann wurden allergische Reaktionen gegen die Arnika entdeckt. Diese Überempfindlichkeit eines beschränkten Personenkreises wurde nach Weiß/Fintelmann stark überbewertet. Die sehr vorsichtig urteilende Kommission E empfiehlt die Arnika nur noch zur äußeren Anwendung. Weiß/Fintelmann hingegen empfehlen Arnika in Form von Tee oder Tinktur durchaus auch bei pektinösen Beschwerden, vor allem, wenn Schwächezustände im Vordergrund stehen. Personen mit bekannter Allergie gegen eine Pflanze aus der Familie der Korbblütler (z.B. Beifuß oder Kamille) sollten Arnika nicht verwenden.

Will man Knoblauch im Garten kultivieren, steckt man im März Knoblauchzehen etwa 4 bis 5 cm tief in die Erde. Knoblauch braucht guten Boden und einen sonnigen Platz. In der Küche südlicher und östlicher Völker gehört er zu den wichtigsten und beliebtesten Würzmitteln.

Bei leichten Beschwerden oder präventiv kann ein frisch zubereiteter Arnikatee getrunken werden.

* Tee: 2 Teelöffel der Droge mit einer Tasse kochendem Wasser überbrühen, 10 Minuten ziehen lassen, absieben. Zweimal täglich schluckweise 1 Tasse trinken.
* Arnika-Tinktur/-Essenz: Bei pektanginösen Beschwerden 50 Tropfen in ein Glas lauwarmes Wasser geben und langsam, schluckweise innerhalb von 15 Minuten trinken.
* ® Arnika Urtinktur

Knoblauch (Allium sativum)

Allgemeine Informationen

Von dieser Heil- und Würzpflanze könnte man Geschichten über Geschichten erzählen. Alle laufen letztlich darauf hinaus, daß Ägypter, Türken, Chinesen und andere in eher südlichen Regionen angesiedelten Völker diese seit Urzeiten bekannte Pflanze in teilweise gewaltiger Menge zum Vorbeugen und Heilen von Krankheiten einsetzen und daß hingegen wir Mitteleuropäer den Knoblauch theoretisch sehr hoch achten, aber nicht wagen, ihn zu essen. Denn es ist allbekannt: Wer Knoblauch ißt, riecht nach ihm, und Knoblauchgeruch wird hierzulande als ordinär empfunden. Es hilft auch nichts, irgendetwas nachzukauen, etwa Petersilie oder Wacholderbeeren, wie oft empfohlen wird, oder Milch nachzutrinken, denn ein Mensch, der Knoblauch verzehrt hat, riecht aus allen Poren und atmet den Duft aus der Lunge aus. Recht beleidigende Sprüche und Witze muß dann oft der gesundheitsbewußte Knoblauchkonsument über sich ergehen lassen. Aber daß Knoblauch so rasch aus der Lunge und allen Poren riecht, ist wohl ein schlagender Beweis für die Tatsache, daß sich seine Wirkstoffe bis in die feinsten Verästelungen des Blutgefäßsystems verteilen. Hier entfaltet der Knoblauch die wohl wichtigsten seiner segensreichen Wirkungen. In südlichen Ländern ist Knoblauchduft kein Problem, denn jeder riecht und keinen stört es. Manche Hersteller von Knoblauchpräparaten haben Verfahren erarbeitet, die teilweise auch patentiert sind, durch die der Geruch unterdrückt wird. Nach Weiß/Fintelmann können die Versprechungen geruchfreier Präparate nur auf Kosten der Wirksamkeit gehalten werden (3, S. 386).

Die wichtigsten Inhaltsstoffe und ihre Wirkung:

Aus der Fülle an Inhaltsstoffen sei zunächst das schwefelhaltige Alliin herausgegriffen. Es ist wasserlöslich, kann demnach vom Körper gut aufgenommen werden und gelangt in den Blutkreislauf. Es wird sogar sehr schnell ins Blut aufgenommen, denn anhand von Versuchen konnte gezeigt werden, daß bereits nach etwa einer Viertelstunde die maximale Alliinkonzentration erreicht ist. Alliin kann durch die Wirkung eines Enzyms in Allicin umgewandelt werden. Dieser Stoff ist nicht wasserlöslich, sondern „lipophil", was bedeutet, daß er in Alkohol oder Öl gelöst werden kann. Die Volksmedizin verschiedener Völker hat wohl deshalb neben dem Frischverzehr noch eine Fülle von Arzneizubereitungen entwickelt, bei denen Knoblauchzehen in starken Schnaps oder in Speiseöl eingelegt werden. Auch für die moderne pharmazeutische Herstellung von Knoblauchpräparaten spielt wegen der unterschiedlichen Löslichkeit der Inhaltsstoffe die Art der Herstellung eine entscheidende Rolle.

Außer den genannten Hauptinhaltsstoffen enthält der Knoblauch ein ätherisches Öl, die Vitamine A, B1, Nicotinsäureamid und Vitamin C. Dazu kommen einige Enzyme sowie hormonähnliche Substanzen, die unseren männlichen und weiblichen Geschlechtshormonen ähnlich sind. Diese sind an der sprichwörtlich „verjüngenden" Wirkung des Knoblauch wesentlich beteiligt.

Untersuchungen über die Wirkung des Knoblauchs

Teilweise in klinischen Studien, teilweise in Tierversuchen, konnten die wichtigsten Wirkungen, die optimale Dosierung und die Dauer der Anwendung erarbeitet werden.

Als Dosierung empfiehlt die Kommission E täglich 4 Gramm Frischknoblauch. Bei Pulverpräparaten entspricht dies einer Tagesdosis von 600 bis 1200 Milligramm Knoblauchpulver. Moderne Knoblauch-Arzneimittel entsprechen meistens dieser Anforderung. A propos „Arzneimittel": Knoblauch und die aus ihm hergestellten Präparate stehen zwischen echten Medikamenten und Diätetika. Aufgrund ihrer nachgewiesenen physiologischen Heilwirkungen verdienen sie jedoch durchaus die Bezeichnung „Medikament". Nun die wichtigsten Wirkungen von Knoblauch und der aus ihm herstellten Präparate:

◆ Eine besonders wichtige Wirkung ist die Verhinderung der Zusammenballung von Thrombozyten, was die Gerinnungsfähigkeit des Blutes und damit die Gefahr von Thrombosen herabsetzt. Sehr wichtig: Auch die Menge an zirkulierenden Thrombozytenaggregaten, also Zusammenballungen der Blutbestandteile, nimmt deutlich und rasch ab.

◆ Knoblauch besitzt „Radikalfängereigenschaften". „Radikale" sind aggressive chemische Substanzen im Organismus, die Schäden an den Geweben anrichten können, z.B. an der Innenwand der Blutgefäße.

◆ Signifikante Wirkungen konnten bei überhöhten Blutfett- und Cholesterinwerten erzielt werden, wenn die Behandlung mit den Präparaten über mehrere Wochen bis zu 6 Monaten erfolgte. Die Senkung der Cholesterinwerte betrug im Versuch 5 bis 23%, die mittlere Senkung der LDL-Werte lag um 16%.

◆ Besonders deutlich wird die Fließgeschwindigkeit des Blutes erhöht.

◆ Die blutdrucksenkende Wirkung bei erhöhtem Blutdruck ist gering, nämlich 7 bis 9%. Personen mit der Neigung zu niedrigem Blutdruck können demnach Knoblauch zu sich nehmen, ohne Kreislaufschwäche befürchten zu müssen.

◆ Bei Nachbehandlung von Herzinfarkten mit Knoblauch konnte die Gefahr eines erneuten Infarkts deutlich herabgesetzt werden.

◆ Außerdem ist der „tonisierende", also allgemein anregende Effekt des Knoblauchs hervorzuheben, der sich schon rasch nach der Einnahme einstellt. Diese Wirkung ist es, die den Knoblauch in besonderem Maße zu einem Phyto-Geriatrikum, also einem Heilmittel bei typischen Altersbeschwerden prädestiniert

Historischer Ausblick: Als die Türken zu Beginn des 18. Jahrhunderts Europa erobern wollten, hatten sie Kaffee und Knoblauch im Gepäck. Den Kaffee haben wir Mitteleuropäer mit Begeisterung übernommen, nicht immer zu unserem gesundheitlichen Nutzen. Hätten wir doch auch nach dem Knoblauch gegriffen, um ihn in unsere Gärten und in unseren Speiseplan zu integrieren, dann hätten wir vielleicht weniger Herz-Kreislauferkrankungen und vielleicht noch höhere Leistungsfähigkeit und damit noch bessere Lebensqualität im letzten Lebensdrittel.

Zu ergänzen wäre, daß Knoblauch in südlichen Ländern seit alterher auch zur Gesunderhaltung des Darmes und zum Schutz vor Darminfektionen eingesetzt wird. Dies ist den antibakteriellen und antimykotischen Wirkstoffen im Knoblauch zu verdanken. Umgekehrt können aber nach Verzehr von Frischknoblauch als allerdings seltene Nebenwirkung Magen-Darm-Beschwerden auftreten, bisweilen auch allergische Reaktionen.

Medikamente:

* KNEIPP® Knoblauch-Dragees N
* KNEIPP® Knoblauch Pflanzensaft
* Vitagutt® Knoblauch 300 (Schwarzhaupt)
* Carisano® Dragees (Bilgast)
* KNOBLAUCH-ratiopharm® Dragees
* Klosterfrau Aktiv® Kapseln, Kombinationspräparat mit Johanniskraut, Weizenkeimöl und Retinol
* Kwai® Dragees (Lichtwer)
* Ilja Rogoff® forte (Roche Nicholas)

Anmerkung: Manche Wissenschaftler halten Kombinationspräparate von Knoblauch mit anderen Wirkstoffen nicht für sinnvoll, manche Anwender hingegen schwören auf „ihr" bewährtes Medikament.

Weitere Pflanzen mit Mehrfachwirkung auf das Herz-Kreislaufsystem

Ungemein begeistert äußert sich die traditionelle Volksmedizin über den **Bärlauch (Allium ursinum)**. Seine kräftig nach Knoblauch duftenden Blätter sprießen schon im zeitigen Frühjahr in Laubwäldern und Auwäldern aus dem feuchten, noch kahlen Boden hervor. Bärlauchblätter kleingeschnitten auf ein Butterbrot gestreut und diese schlichte Delikatesse an einen Baumstamm gelehnt verzehren, das Gesicht der Sonne zugewandt, dann spürt man: Jetzt kommt der Frühling wirklich. Diese etwas romantisch angehauchte Schilderung soll zeigen, wie unsere Vorfahren wahrscheinlich das Verzehren von Bärlauch empfunden haben mögen. Denn nach der langen Winterzeit, die gleichzeitig Mangelzeit war, besonders die Vitamine betreffend, war der Genuß von frischem, gesundheitsförderndem Grün ein wahres Labsal. Bärlauch hat weitgehend

Hier blüht der Bärlauch schon und es ist demnach zu spät, seine würzigen Blätter zu ernten. Er wächst an feuchten, kalkreichen Standorten und kann auch im Garten ausgesät werden.

Die Küchenzwiebel gehört zu den wichtigsten und bewährtesten Würzmitteln. Der Volksmund sagt: Sie paßt zu allem, außer zum Grießbrei. Die Volksmedizin schätzt ihre Heilwirkung.

vergleichbare Inhaltsstoffe wie Knoblauch, allerdings in geringerer Konzentration. Man muß dreimal so hoch dosieren wie beim Knoblauch.

Die **Küchenzwiebel (Allium cepa)** wird in ihren Hauptanbaugebieten außer als Würzmittel auch häufig als Heilmittel eingesetzt, und zwar bei Darmerkrankungen, gegen Bronchitis und Asthma sowie wegen ihrer dem Knoblauch vergleichbaren Wir-

kung als Tonikum für den Blutkreislauf. Bei einem wissenschaftlichen Versuch konnte folgendes gezeigt werden: Nach fettreichen Mahlzeiten wird die fibrinolytische Aktivität normalerweise deutlich herabgesetzt, das bedeutet, das Blut wird „zähflüssiger" mit stärkerer Neigung zu Thrombosen. Wenn die Versuchspersonen gekochte oder gebratene Zwiebeln zu solchen fettreichen Mahlzeiten verzehrten, trat dieser eben beschriebene negative Effekt nicht auf. Gewiß wirkt auch die rohe Zwiebel in dieser Weise.

Nebenwirkungen: Selbst bei einer so allgemein und häufig verwendeten Pflanze wie der Zwiebel sind schädliche Nebenwirkungen nicht auszuschließen. Manche Menschen sind allergisch gegen die Zwiebel und bei Patienten mit der Neigung zu Darmentzündungen werden die Beschwerden verstärkt. Außerdem enthält die Zwiebel den nierenschädigenden Stoff Diphenylamin, so daß vom täglichen Verzehr größerer Zwiebelmengen abzuraten ist.

Medikamente:

* Schoenenberger® naturreiner Heilpflanzensaft Zwiebel
* florabio® naturreiner Heilpflanzensaft Zwiebel (Florabio)

Es gibt außerdem eine Reihe von Kombinationspräparaten mit Zwiebelauszügen, aber ob sie wirklich sinnvoll sind, ist schwer zu sagen.

Schnittlauch (Allium schoenoprasum) wird seit dem frühen Mittelalter in unseren Gärten angebaut. Er gehört, genau wie Zwiebel, Knoblauch und Bärlauch, zur Gattung Allium und ist auch von den Inhaltsstoffen her mit diesen Pflanzen verwandt. Er galt früher als Mittel für Jugend und Schönheit. Heute liest man in manchen volkstümlichen Veröffentlichungen, der Schnittlauch senke zu hohen Blutdruck und zu hohen Cholesterinspiegel. Das mag ein wenig hoch gegriffen sein. Bei diesen beiden Krankheitsbildern sollten Sie wenig Salz und Fett essen, sich viel bewegen, Ihr Gewicht mit fleischarmer Vollwertkost kontrollieren und sich möglichst wenig Streß aufhalsen. Wenn dieses Gesundheitsmenü regelmäßig mit reichlich Schnittlauch gewürzt wird, dürfte sich der Blutdruck und Cholersterinspiegel vielleicht regulieren.

Nach Wagner/Wiesenauer ist der große Vorteil von natürlichen Zwiebel- und Knoblauchpräparaten gegenüber synthetischen Präparaten die „multifaktorielle Wirksamkeit". Dies bedeutet, daß nicht nur der Cholesterin- und der Triglycerid (= Fett)-Spiegel gesenkt werden, sondern daß auch erhöhter Blutdruck gesenkt wird, die Thrombosegefahr sich verringert und die Fließeigenschaften des Blutes verbessert werden. Die Senkung des Cholesterinspiegels kommt allerdings erst nach einigen Wochen zum Tragen. Pflanzliche Lipidsenker können ohne weiteres mit synthetischen Präparaten kombiniert werden (13, S. 61).

Hier sei auch noch einmal an **Ginkgo-Präparate** erinnert (S. 67 f), die nicht nur bei Durchblutungsstörungen des Gehirns eingesetzt werden, sondern ganz allgemein die Gewebedurchblutung fördern und damit auch die bessere Sauerstoffversorgung des Herzmuskels gewährleisten.

Ammei oder **Bischofskraut** (S. 102) fördert die Durchblutung der Herzkranzgefäße, schirmt Streß ab und verbessert die Herzmuskelleistung.

Medikament:

* steno-loges® N (Loges)

Hafer (Avena sativa), und zwar die Kleie, senkt nachgewiesenermaßen den Cholesterinspiegel bei entsprechend disponierten Personen. Bei Zufuhr von 100 Gramm Haferkleie täglich kann innerhalb von 2 bis 3 Wochen das Gesamtcholesterin um ca. 13%, das LDL-Cholesterin um 14% gesenkt werden. Im Verlauf von 14 Wochen beträgt die Gesamtcholesterinabnahme durchschnittlich 14%, die LDL-Cholesterinabnahme 21%, wahrlich ein überzeugendes Ergebnis. Weizenkleie hat diesen Effekt nicht. Bei manchen Patienten mit entsprechender erblicher Disposition fällt das Ergebnis nicht so überzeugend aus.

Anmerkung: Das LDL-Cholesterin (= Low-density Lipoprotein) wird volkstümlich als „schlechtes" Cholesterin bezeichnet, weil es sich, wenn es im Überschuß vorhanden ist, an den Arterienwänden ablagert und auch Gallensteine bilden kann. Neben den Wirkstoffen von Knoblauch und Zwiebel ist auch Sojalecithin zur Unterstützung diätetischer Maßnahmen in der Lage, den Cholesterinspiegel zu senken. Es wird in flüssiger Form und als Dragees angeboten.

Auch Pektine, die im Obst, vor allem in **Äpfeln**, **Birnen**, **Orangen** und **Beeren** vorkommen, wirken sich günstig auf den Cholesterinspiegel aus. Zudem versorgen sie den Körper mit lebenswichtigen Vitaminen. Vielleicht sind dies die beiden Gründe, warum die Engländer sagen „An apple a day keeps the doctor away." Nun ja, ein Apfel am Tag ist vielleicht ein bißchen wenig, aber das Prinzip stimmt. Pektine, die als Diätetika oder als Bestandteil von Medikamenten im Handel sind, werden heute

meistens aus Apfelschalen und Zitrusfrüchten hergestellt.

Ein weiterer Ballaststoff mit den bisher besprochenen günstigen Wirkungen ist **Guar**, hergestellt aus der indischen **Büschelbohne (Cynopsis tetragonoloba)**. Guar ist Zusatzstoff bei zahlreichen Lebensmitteln. Es wird auch bei Formula-Schlankheits-Diäten zur begleitenden Therapie bei Diabetes Typ II B eingesetzt (S. 145).

Zu ergänzen wäre, daß auch Fischölpräparate, hergestellt aus verschiedenen Hochseefischen, aufgrund ihrer speziellen ungesättigten Fettsäuren eine leicht blutdruck- und cholesterinsenkende Wirkung ausüben.

Hoher Blutdruck, niedriger Blutdruck, funktionale Herzbeschwerden

Jeder Mensch besitzt seinen ganz speziellen, ihm eigenen Blutdruck, der vom vegetativen Nervensystem gesteuert und immer wieder nach Bedarf neu eingestellt wird. Nach Bedarf bedeutet: Wenn ich mich körperlich anstrenge oder mich in einer problematischen Streßsituation befinde, in der es darum geht, rasch und sicher zu handeln, oder wenn ich gar um mein Recht kämpfen muß, steigt mein Blutdruck. Liege ich hingegen am Strand und lasse „die Seele baumeln", sinkt mein Blutdruck. Beides ist normal. Auch daß der Blutdruck mit zunehmendem Lebensalter leicht oder auch etwas stärker ansteigt, ist normal. Irgendwann haben sich praktizierende Ärzte und Wissenschaftler zusammengesetzt, beraten, diskutiert, gestritten und schließlich vereinbart, in welchem Bereich sich der „normale" Blutdruck bewegen darf. Wer ständig einen Blutdruck über dem normalen Bereich hat, lebt in Gefahr, eine ganze Reihe von Folgeerkrankungen zu bekommen. Niedriger Blutdruck ist meistens nicht gefährlich, führt aber zu verschiedenen Befindlichkeitsstörungen.

Beim hohen Blutdruck (Hypertonie) unterscheidet die medizinische Wissenschaft zwischen mehreren Formen. 90% werden der primären, stabil-chronischen, essentiellen Hypertonie zugeordnet. Hier scheinen genetische Faktoren eine sehr große Rolle zu spielen. Streß und erhöhte Kochsalzzufuhr verstärken die Hypertonie und sollten deshalb von entsprechend disponierten Personen tunlichst gemieden werden. Auch das Rauchen sowie erhöhter Alkoholkonsum sollten unterbleiben und eine Gewichtsnormalisierung sollte angestrebt werden. Nach neueren Untersuchungen scheint sich die generelle Schädlichkeit von Kochsalz selbst bei Hypertonikern nicht zu bestätigen. Man darf auf weitere Untersuchungen gespannt sein. Bewegungstherapie, je nach Leistungsfähigkeit in Form von leichten Ausdauersportarten, wie etwa Radfahren, Joggen oder Wandern, ist anzuraten. Die Nierenfunktion sollte aktiviert werden. Außerdem gibt es einige Heilpflanzen, die bei mäßig erhöhtem Blutdruck hilfreich sein können.

Bereits beschrieben wurden **Knoblauch** (S. 108 ff) und **Rauwolfia** (S. 71), die zur unterstützenden Behandlung des hohen Blutdrucks eingesetzt werden können. Auch Präparate aus den Blättern des **Ölbaums (Olea europaea)**, aus dessen Früchten das Olivenöl gewonnen wird, werden traditionsgemäß zur Blutdrucksenkung angewendet. Aber besonders bekömmlich sollen sie nicht sein.

Die **Mistel (Viscum album)**
▶ **leicht giftig** wird bereits von Sebastian Kneipp „bei Störungen im Blutumlaufe" vor allem vorbeugend „gegen Aderverkalkung" empfohlen. Mit der Anwendung sollte man nicht warten, bis sich der Bludruck dramatisch und krankhaft erhöht

Die Mistel ist eine sehr eigenartige Pflanze, die schon in vorchristlicher Zeit als Zauberpflanze galt. Viele dieser Pflanzen, denen magische Eigenschaften zugeschrieben wurden, werden heute als Heilpflanzen genutzt.

hat, sondern bereits beginnen, wenn er sich im Grenzbereich bewegt. Die Kneipp-Werke bieten einige Mistelpräparate an und verweisen dabei auf klinische Studien, bei denen durch Mistelpräparate gute Erfolge bei Symptomen wie Schwindel, Konzentrationsschwäche, nachlassende Leistungsfähigkeit und nachlassende Gedächtnisleistung erzielt wurden.

Achtung: Die Mistel enthält neben ihren heilsamen Inhaltsstoffen auch toxische Stoffe. Deshalb muß die Dosierung und die Zubereitungsvorschrift für den Tee genau eingehalten werden.

Zu ergänzen wäre, daß Mistelextrakte auch zur Krebstherapie eingesetzt werden (S. 195 f). Hierbei hilft aber nicht die orale Einnahme, sondern es werden stets Injektionen verabreicht.

* Tee: 1 Teelöffel feingeschnittene Droge mit 1 Tasse kaltem Wasser übergießen und bei Raumtemperatur 10 Stunden stehen lassen, absieben, täglich 1 bis 2 Tassen trinken.

Medikamente:

* KNEIPP® Mistel Pflanzensaft

* KNEIPP® Mistel Pflanzen-Dragees

* Viscysat® Bürger Lösung (Ysatfabrik)

* Mistel Curarina® Tropfen (Harras Curarina)

Ob Kombinationspräparate der Mistel mit anderen Pflanzenextrakten, etwa Weißdorn, Knoblauch usw. sinnvoll sind, wird unterschiedlich beurteilt.

Bei Herzerkrankungen ist der Übergang von funktionalen zu organischen Erkrankungen fließend. Organische Erkrankungen bedürfen häufig einer Medikation mit synthetischen Medikamenten oder mit stark wirkerden Pflanzen, wie etwa Strophanthus oder Digitalis. Aber wo genau liegt die Grenze? Amerikanische Mediziner machen deutschen Medizinern den Vorwurf, bei uns werde zu rasch und zu oft Digitalis verschrieben. R.F.Weiß behauptet, sehr häufig wäre ein Patient mit milderen Medikamenten besser bedient, denn bei funktionalen Störungen bleibe der Erfolg von Digitalis und Strophantin aus, und außerdem züchte man bei dem Patienten die Vorstellung „herzkrank" zu sein (1, S. 245).

Eine wichtige „Funktion" des Kreislaufsystems ist der Blutdruck. Höherer Blutdruck ist gefährlicher und muß, wie beschrieben, bei wiederholter oder konstant deutlicher Erhöhung behandelt werden. Personen mit konstitutionell niedrigem Blutdruck empfinden subjektiv ihren Zustand häufig als unangenehmer im Vergleich zu Personen mit höherem Blutdruck, obwohl ein niedrigerer Blutdruck eher Gewähr dafür bietet, uralt zu werden und dabei gesund zu bleiben. Dies sind keine aus der Luft gegriffenen Behauptungen, sondern die Statistiken der großen Krankenversicherungsgesellschaften belegen dies deutlich.

Medizinisch betrachtet ist niedriger Blutdruck keine Krankheit, sondern nur ein Symptom. Eventuell weiterreichende Störungen und Erkrankungen müssen getestet und ausgeschlossen werden. Oft sagen Ärzte dem Patienten gar nichts von seinem niedrigen Blutdruck, aber besser ist es wohl, dem Hypotoniker, also dem Menschen mit niedrigem Blutdruck, zu empfehlen, daß er sich wahrscheinlich besser fühlt, wenn er Rosmarintee trinkt. Niedriger Blutdruck geht häufig mit einem Gefühl von Schlappheit und mangelnder Leistungsbereitschaft und Leistungsfähigkeit einher. Man sollte meinen, das sei mit einer Tasse gutem Bohnenkaffee zu beheben, aber häufig haben Personen mit niedrigem Blutdruck aufgrund langjähriger Erfahrungen kein gutes Verhältnis zum Bohnenkaffee. Er scheint bei den meisten Hypotonikern nicht jene angenehm ermunternden und stimmungshebenden Wirkungen zu entfalten wie bei Menschen mit normalem und eher höherem Blutdruck, die ihn vielleicht besser meiden sollten. Die Wirkung von Schwarzem Tee wird von Hypotonikern häufig als angenehmer empfunden.

Rosmarin
(Rosmarinus officinalis)

Allgemeine Informationen:

Er stammt aus dem Mittelmeergebiet, wo er auf Trockenheiden und felsigen Abhängen wächst. Bei uns ist er nur in Gegenden mit mildem Klima im Garten winterhart, aber eine sehr empfehlenswerte Topfpflanze, die im Sommer im Freien stehen sollte und im Winter ins Haus genommen wird. Frisch sind Rosmarinblätter ein empfehlenswertes Gewürz, zum Beispiel für Fischgerichte und helle Fleischsorten, wie es in

In Griechenland kommt Rosmarin wildwachsend vor, aber er wird auch angebaut. Je mehr Sonne er bekommt, desto mehr Wirkstoffe entwickelt er. Hier wird er für medizinische Zwecke geerntet.

Mittelmeerländern üblich ist. Allerdings sollte man ihn zunächst recht sparsam den Speisen zusetzen, denn hierzulande ist sein Duft und Geschmack gewöhnungsbedürftig.

Wichtigste Inhaltsstoffe und ihre Wirkungen:

Der ganzen Pflanze entströmt ein intensiver Duft nach Kampfer. Dieser Rosmarin-Kampfer, ein ätherisches Öl, ist der wichtigste Wirkstoff. Er hat eine ähnliche Wirkungsweise wie der Echte Kampfer. Anmerkung: Der echte Kampfer aus dem Kampferbaum (Cinnamomum camphora) wurde früher medizinisch viel verwendet. Seine Anwendung ist aber vor allem bei Herzerkrankungen stark rückläufig. Rosmarin besitzt außer dem Rosmarinkampfer Gerbstoffe, Bitterstoffe und Harze. Seine Hauptwirkung ist ein allgemein tonisierender Effekt, vor allem auf die Gefäße und das vegetative Nervensystem. Er ist also das Mittel der Wahl bei chronischen Schwächezuständen des Blutkreislaufes, also auch bei niedrigem Blutdruck. Auch bei jungen Menschen, die immer blaß aussehen und leicht körperlich versagen, ist seine Anwendung zu empfehlen. Ein wichtiger Anwendungsbereich ist bei jüngeren und vor allem älteren Menschen in der Rekonvaleszenz nach schwächenden Krankheiten, besonders Infektionen. Nach Kneipp ist Rosmarin das gegebene Tonikum für alte Leute. Rosma-

rin gehörte zu seinen Lieblingspflanzen. Er ist auch ein gutes Magentonikum und regt den Appetit an. Hier empfiehlt Kneipp vor allem den Rosmarinwein, zum Mittagessen und Abendessen ein Gläschen. Kneipp sagt vom Rosmarin: „Er ist unbezahlbar und es gibt wenige Kräuter, die ihm gleichkommen."

In Form von Bädern, die anregend wirken, ist Rosmarin ebenfalls sehr zu empfehlen. Solche Bäder sollten morgens genommen werden, etwa 10 Minuten lang, bei 24° bis 36°. Lavendelbäder wirken ausgleichend auf das vegetative Nervensystem, so daß sie bei manchen Patienten das durch den niedrigen Blutdruck ausgelöste Schwächegefühl beseitigen können.

Eine weitere äußerliche Anwendung sind Einreibungen mit Rosmarinspiritus oder Rosmarinsalbe bei rheumatischen Beschwerden, Gelenkschmerzen und Neuralgien. Bei funktionalen Herzbeschwerden wird die Wirkung einer Einreibung in der Herzgegend sehr gelobt. Die Aromatherapie empfiehlt Rosmarienöl bei Erschöpfung und Muskelverkrampfung.

Medikamente:

* KNEIPP® Rosmarin Pflanzensaft
* Weleda® Rosmarin Bademilch
* Weleda® Rosmarin Salbe.

Unser Herz: Pumpe oder Zentrum der Gefühle?

Wenn ein Arzt von unserem Herzen spricht, meint er das Pumporgan in unserer linken Brustseite, das im allgemeinen über Jahrzehnte hinweg erstaunlich gut und mit der gebotenen Flexibilität seinen Aufgaben nachkommt. Das Herz ist dafür verantwortlich, daß jede Zelle unseres Körpers mit Nährstoffen und Sauerstoff versorgt wird. Wie jede andere technische Pumpe auch, kann das Herz von Anfang an oder auch später (organische) Fehler aufweisen. Man spricht dann von angeborenen oder erworbenen Herzfehlern. Außerdem ist es einem gewissen Materialverschleiß unterworfen, was sich beim Herz-Kreislaufsystem vor allem als Abnahme der Geschmeidigkeit unserer Blutgefäße bemerkbar macht. Dazu kommt, daß sich womöglich LDL-Cholesterin an den Gefäßwänden ablagert und an dem klebrigen Cholesterin können dann noch Kalkteilchen hängenbleiben und es können sich Blutgerinnsel bilden. Das Blutgefäß wird enger, die Blutversorgung der entsprechenden Organe wird schlechter und es kommt schlimmstenfalls zum Infarkt oder Schlaganfall. Gegen diese Erkrankungen muß der Arzt vorbeugend und heilend unser Herz behandeln und wir müssen unsere Lebensweise entsprechend anpassen.

Wenn wir selbst von unserem Herzen sprechen, erscheint vor unserem inneren Auge der oder die Herzallerliebste, wir freuen uns von ganzen Herzen, und wenn uns jemand enttäuscht, dem wir uns herzlich verbunden fühlen, geht uns das sehr zu Herzen. Unsere Vorstellung vom Herzen ist demnach sehr eng mit intensiven Emotionen verbunden. Das ist jedoch auch körperlich relevant und unter Umständen hat dies ernste Folgen, wie es schon im Kapitel vom Streß (S. 68 ff) erörtert wurde. Die Verbindung zwischen unseren Emotionen und unserem Körper, vor allem dem Herzen, stellt das vegetative Nervensystem her. Wenn seine fein abgestimmten Impulse aus dem Ruder laufen, kann sich das auf sämtliche Organe auswirken, von Gänsehaut und Schweißausbrüchen bis zu ernsten Problemen mit dem Herzen.

Lavendel
(Lavandula angustifolia)

Es gibt eine Pflanze, die ausgleichend auf unser vegetatives Nervensystem wirkt. Es ist der Lavendel. In der Volksmedizin war das bekannt, lange bevor man etwas über das vegetative Nervensystem wußte. So empfiehlt ihn Petrus Andreas Matthiolus im 16. Jahrhundert „wider alle gebresten des hirns", aber auch gegen Schwindel, „kalten, blöden magen", „anhebende wasserseuch" (durch Herzinsuffizienz verursachte „Wassersucht" = Ödeme) und gut ein weiteres halbes Dutzend Krankheiten. Lavendel müßte demnach eigentlich einen Ehrenplatz im Reich der Heilkräuter erhalten. Hauptwirkstoffe sind seine ätherischen Öle. Lavendel wird innerlich als Tee, auch in Teemischungen oder in Tropfenform genommen. Die innere Anwendung ist bei Unruhezuständen, Einschlafstörungen und dyspeptischen Beschwerden, also bei funktionalen Verdauungsstörungen oder Darminfektionen zu empfehlen. Äußerlich wird vor allem die psychisch ausgleichende und körperlich entspannende Wirkung von Lavendelbädern gelobt.

Medikamente:

Innere Anwendung:

* Tee: 1 bis 2 Teelöffel Lavendelblüten mit 1 Tasse Wasser überbrühen, zugedeckt 5 Minuten ziehen lassen, absieben, abends 1 bis 2 Tassen trinken.

* Lavendelöl: 1 bis 4 Tropfen z.B. auf einem Stück Würfelzucker vor dem Schlafengehen einnehmen.

Äußere Anwendung:

* Lavendelbad: 60 bis 100 Gramm getrocknete oder 200 bis 300 Gramm frische Lavendelblüten mit 1 Liter Wasser aufkochen, 5 bis 10 Minuten zugedeckt ziehen lassen, einem Vollbad zusetzen, Augen schließen, bewußt atmen, freundliche Gedanken fassen.

* KNEIPP® Lavendelölbad

* KNEIPP® Lavendel-Badesalz

* Weleda® Lavendel-Bademilch

* KNEIPP® Lavendel Aromaöl, für die Duftlampe.

Das angenehm duftende ätherische Öl des Lavendels ist vor allem in den Blüten konzentriert. Wenn sie eben aufzublühen beginnen, werden sie geerntet und rasch getrocknet oder anderweitig verarbeitet.

Noch einmal: Niedriger Blutdruck

Auch die Homöopathie bietet eine ganze Reihe von Mitteln gegen niedrigen Blutdruck an. Zur Selbstmedikation sind sie jedoch nicht geeignet, weil die Ursachen, die Begleitumstände, die Konstitution und die Lebensbedingungen des Patienten genau untersucht werden müssen. Nur zwei Beispiele seien genannt: Tritt der niedrige Blutdruck mit der Neigung zum Kollaps nach Darminfektionen auf, wird *Veratrum album (= Weißer Germer)* ▶ giftig in den Potenzen C4 bis C30 verwendet. Weißer Germer ist eine hochgiftige Alpenpflanze. Immer wieder wird von schweren Vergiftungen mit Kreislaufkollaps berichtet, wenn die Pflanze mit dem Gelben Enzian verwechselt wird und ihre Wurzeln zum Ansetzen von „Enzianschnaps" verwendet werden.

Bei bestimmten Arten von organischen Herzerkrankungen, die sich als Verkrampfungen im Brustbereich und Taubheit im linken Arm äußern, wäre *Cactus grandiflorus (= Königin der Nacht)* ▶ giftig als D4 oder C6 anzuwenden.

Und was sagt Sebastian Kneipp?

Zu seiner Zeit hat man den Blutdruck noch nicht gemessen, aber die mangelhafte Durchblutung und die Schwächezustände bei zu niedrigem Blutdruck waren wohlbekannt: „Darum, lieber Leser, wirst du es auch für wichtig halten und Sorge dafür tragen, daß dein Blut den besten Lauf habe, überall hindringe und alle Körperteile gut nähre." Er rät zu kalten Kniegüssen, wobei im Winter dem Wasser Schnee hinzugefügt werden sollte. Allerdings bei Kranken „welche das Kalte zurückschreckt", wird für den Beginn lauwarmes Wasser gewählt, denn „die Fliegen locke ich ja auch mit Honig und nicht mit Salz oder Essig".

Venenerkrankungen, Krampfadern, Hämorrhoiden

Die häufigsten Venenerkrankungen sind Krampfadern (Varizen) im Unterschenkelbereich. Es handelt sich dabei um eine konstitutionelle (= ererbte) Erkrankung. Somit kann ursächlich nichts an der Erkrankung geändert werden, aber die Beschwerden können mit Heilpflanzen gelindert werden und Komplikationen, vor allem die gefürchteten „offenen Beine", lassen sich vermeiden.

Heilpflanzen zur Behandlung von Venenerkrankungen

Eine ganze Reihe von Heilpflanzen wird traditionsgemäß bei Venenleiden angewendet: Sie sollen eine Tonisierung, also Kräftigung der Venen bewirken oder das Blut „dünnflüssiger" machen oder Stauungen in den betroffenen Regionen abbauen, vor allem im Unterschenkel. Sehr interessant ist, daß Sebastian Kneipp bei Hämorrhoiden zum Kleiebrot rät, denn Kleie dürfte wohl zu den wenigen Mitteln gehören, die nebenwirkungsfrei den Stuhlgang fördern, was bei Hämorrhoiden außerordentlich wichtig ist.

Roßkastanie (Aesculus hippocastanum)

Allgemeine Informationen, Inhaltsstoffe, Wirkung, Anwendung:

Die vor allem bei Kindern sehr beliebten, glänzend-glatten Kastanien liefern wertvolle, heilsame Stoffe für Venenerkrankungen. Der Hauptwirkstoff der Roßkastanie ist ein saures Saponin. Es beeinflußt die Durchlässigkeit der Kapillaren, indem es die Zahl und den Durchmesser der kleinen Poren in den Venenwänden verringert. Dadurch wird eine Tonisierung erreicht. Es wird verhindert, daß Flüssigkeit aus den Venen ausläuft und ins umliegende Gewebe eindringt. Solche Flüssigkeitsansammlungen im Gewebe werden Ödeme genannt. Sie sind eine unangenehme Komplikation schwacher Venen. Ödeme können auch Ausdruck einer Herzinsuffizienz oder einer Nierenfunktionsstörung sein. Deshalb muß die Ursache grundsätzlich abgeklärt werden. Die ersten Anzeichen für Ödeme sind die berüchtigten „schweren Beine".

Roßkastanienzubereitungen sollten auf den Wirkstoff Aescin standardisiert sein. Gleichzeitige innere und äußere Anwendung ist zu empfeh-

Der Kastanienbaum kam in der 2. Hälfte des 16. Jahrhunderts aus dem nördlichen Griechenland zu uns. Erst seit 1896 ist die Heilkraft seiner Inhaltsstoffe, vor allem bei Hämorrhoiden, bekannt.

115

len, innerlich als Tropfen oder Dragees, äußerlich in Form von Salben.

Wichtige Anmerkung: Die Behandlung mit Roßkastanienextrakt ersetzt in der Regel nicht die Kompressionstherapie.

Zu ergänzen wäre, daß die Wirkstoffe der Roßkastanie auch bei Prellungen und Blutergüssen eingesetzt werden können, um Schwellungen zu beseitigen.

Medikamente:

* Reparil® Dragees (Madaus)
* Reparil®-Gel N (Madaus)
* Venoplant® retard S Tabletten (Schwabe)
* Venostasin S Retardkapseln (Klinge)
* Essaven® ultra Kapseln (Rhône-Poulenc Rorer, Nattermann)
* Venentabs retard-ratiopharm®

Die Hamamelis oder Zaubernuß ist ein empfehlenswertes Gartengehölz, denn schon im Vorfrühling entfalten sich am Strauch die bizarren Blüten.

Zaubernuß
(Hamamelis virginiana)

Allgemeine Informationen:

Gartenfreunde pflanzen diesen aus Nordamerika stammenden Busch gerne, denn er bringt bereits im Vorfrühling gelbe, etwas bizarre Blüten hervor.

Inhaltsstoffe und Anwendung:

Die Inhaltsstoffe der Blätter und der Rinde werden zu Heilmitteln und Kosmetika verarbeitet. Sie enthalten Gerbstoffe (Hamamelis-Tannin), kleine Mengen eines Glycosids und etwas ätherisches Öl. Gereizte, durch Entzündungen aufgequollene Schleimhäute werden zusammengezogen und in einen normalen, widerstandsfähigen Zustand versetzt. Gerade bei chronischen Hämorrhoiden ist eine sorgfältige Pflege des Anus (= After) unverzichtbar. Es ist ratsam, nach jedem Stuhlgang den After sorgfältig zu waschen und etwas Hamamelissalbe aufzutragen. Bei höhersitzenden Hämorrhoiden sollte ein Zäpfchen mit Hamameliswirkstoff benutzt werden.

Zu ergänzen wäre, daß Hamamelis auch bei leichteren Hautverletzungen sowie Entzündungen der Haut verwendet werden kann (S. 156) und daß die Wirkstoffe in verschiedenen Kosmetika enthalten sind. Ein Aufguß aus den Blättern kann auch bei akutem und chronischem Durchfall gegeben werden.

Innere Anwendung:

* Aqua Hamamelidis, mehrmals täglich 2 Teelöffel mit etwas Wasser verdünnt einnehmen.

Äußere Anwendung:

* Aufguß für Umschläge: 1 Eßlöffel kleingeschnittene Droge mit 1 Tasse Wasser aufkochen, 15 Minuten ziehen lassen, absieben, abkühlen lassen. Mehrmals täglich kalte Umschläge auflegen. Für den Aufguß ist eine Mischung

von Hamamelis mit Kamille oder Ringelblume sinnvoll.

Medikamente:

* Venoplant top Hamamelis Creme (Schwabe)
* Eulatin® NN, Salbe (Lichtwer)
* Hametum® Salbe, Extrakt, Creme (Schwabe)
* Hametum® N Zäpfchen, mit Roßkastanienextrakt (Schwabe)
* Heweven P 3 Venendragees (Hevert).

Mäusedorn (Ruscus aculeatus)

Aus dem Wurzelstock dieser mediterranen Pflanze werden Arzneien hergestellt, die bei chronisch-venöser Schwäche (Insuffizienz) vor allem auch bei Hämorrhoiden wegen ihrer kräftigenden, entzündungshemmenden und auch leicht abführenden Wirkung eingesetzt werden.

Medikamente:

* Phlebodril® Kapseln (Pierre Fabre Pharma)
* Ruscorectal® Hämorrhoidalzäpfchen (Heumann).

Gartenraute, Weinraute
(Ruta graveolens)

Eine besondere Bedeutung bei der Behandlung von Krampfadern und allgemeiner Venenschwäche kommt dem Wirkstoff Rutin zu. Der Name ist abgeleitet von Ruta = Raute. Es handelt sich hierbei um eine Pflanze, die bereits im Capitulare de Villis Karls des Großen genannt und empfohlen wird. Ihre aparten, graugrünen Blätter duften stark nach ätherischen Ölen. Rutin ist ein Flavonolglycosid und zählt zu den P-Vitaminen, wobei der Buchstabe „P" für „Permeabilität" = Durchlässigkeit steht. Rutin setzt die Durchlässigkeit der Venen herab, so daß kein Blutplasma (= Blutflüssigkeit ohne Blutkörperchen) aus den Venen auslaufen kann. Dadurch werden Flüssigkeitsansammlungen in den Geweben, vor allem in den Beinen verhindert. Dies

Die Weinraute spielte im Mittelalter eine viel größere Rolle als jetzt. Botanisch ist sie mit den Orangen- und Zitronenbäumen verwandt.

Die aus den Früchten des Buchweizens zubereitete Grütze galt früher als besonders kräftigend für alte Menschen. Tee oder Medikamente aus Buchweizen helfen gegen „schwere Beine".

Steinklee wird als Tee gegen Hämorrhoiden und Krampfadern gebraucht. Rezepte für Salben auf der Grundlage von Schweinefett haben eine lange volksmedizinische Tradition.

spricht für die sparsame (!) Verwendung von Weinrautenblättern als Gewürz, z.B. für Salate.

Nebenwirkungen:

Die Betonung liegt auf „sparsam", denn bei Überdosierung können erhebliche Nebenwirkungen auftreten, z.B. Stimmungsschwankungen, Müdigkeit, Schlafstörungen, Schwindelgefühl. Vorsicht, die Pflanze ist phototoxisch. Das bedeutet, daß Berührung der Blätter und nachfolgende Sonnenbestrahlung unangenehme Ekzeme hervorrufen können. Schwangere dürfen die Raute nicht verwenden, weil dies zu einer Fehlgeburt führen könnte. In früheren Jahrhunderten wurde die Weinraute als Mittel zur Abtreibung verwendet.

Buchweizen
(Fagopyrum aesculeatum)

Der Name Buch"weizen" ist irreführend, denn es handelt sich bei der Pflanze um kein Getreide, sondern um ein Knöterichgewächs. Sein wichtigster medizinisch genutzter Inhaltsstoff ist das Rutin. Aus dem getrockneten Kraut kann ein Tee zubereitet

werden. Auch fertige rutinhaltige Medikamente werden zur äußeren und inneren Anwendung aus dem Buchweizen hergestellt. Vor allem das Symptom „schwere Beine" wird gerne mit rutinhaltigen Medikamenten behandelt.

Medikamente:

* Fagorutin® Buchweizen-Tabletten (SmithKline Beecham OTC Medicines)
* Venoruton® Tropfen (Novartis Consumer Health)

Honigklee, Echter Steinklee
(Melilotus officinalis)

Bei Krampfadern ist ein Tee aus diesem gelbblühenden Kraut zu empfehlen. Sein Hauptwirkstoff ist das Cumarin, das aus dem Waldmeister und den Heublumen bekannt ist. Flavonoide unterstützen die Wirkung. Stauungen in den Unterschenkeln werden abgebaut.

* Tee: 1 bis 2 Teelöffel der Droge mit 1 Tasse siedendem Wasser übergießen, 10 Minuten ziehen lassen, abgießen. Kurmäßig 2 bis

3 Tassen pro Tag trinken. Wie bei allen cumarinhaltigen Drogen kein Dauergebrauch!

Medikamente:

* Clemenzil® ST Dragees (Medopharm)
* Meli Rephastasan® Flüssigkeit (Repha)

Auch Tee aus der **Echten Goldrute (Solidago virgaurea)** wird bei Krampfadern und Hämorrhoiden empfohlen. Schwerpunkt der Anwendung ist jedoch die Behandlung von Nierenkrankheiten (S. 167 f).

Volksmedizinisch wird bei Krampfadern auch eine Teekur mit dem **Schachtelhalm (Equisetum arvense)** empfohlen. Dies soll eine Kräftigung des Bindegewebes, in diesem Fall der Venen, bewirken. Allerdings ist eine mindestens achtwöchige Anwendung von 3 Tassen Tee täglich notwendig. Seine entwässernde Wirkung verhindert die Ansammlung von Lymphflüssigkeit im Gewebe, vor allem in den Unterschenkeln.

Krampfadern können auch zu den gefürchteten Unterschenkelgeschwüren (Ulcus cruris) führen. Ihre Behandlung wird im Kapitel über die Therapie von Wunden und Geschwüren beschrieben (S. 153).

Alles Gute für Magen und Darm

Erkrankungen von Magen und Darm gehören zu den wichtigsten Einsatzbereichen pflanzlicher Medikamente. Vor allem die Therapie mit Kräutertee spielt in der Volksheilkunde und auch in der modernen Schulmedizin eine besonders wichtige Rolle. Zwar sollte bei der Behandlung von Krankheiten stets die Therapie der Ursache vorrangig sein, aber gerade bei Magen- und Darmerkrankungen geht es häufig darum, Symptome zu lindern, wie etwa Magenkrämpfe, Übelkeit und Blähungen. Hierbei ist zwischen akuten und chronischen Erkrankungen zu unterscheiden. Bei akuten Erkrankungen handelt es sich um Zustände mit recht unterschiedlicher Ursache, von der einfachen Überladung des Magens über Übelkeit mit Erbrechen bis zur akuten Magenschleimhautentzündung (Gastritis). Zum Kapitel der Magen- und Darmerkrankungen gehören selbstverständlich im weiteren Sinne auch die übrigen Verdauungsorgane, vor allem Leber und Galle. Auch sie sprechen zum Beispiel auf Pfefferminztee gut an, aber auch einige andere Kräuter werden eingesetzt. Es sollte auch nicht vergessen werden, daß R.F. Weiß gerade bei empfindlichem Magen zu kräftigem Würzen der Speisen geraten hat (S. 49 f).

Akute Magenkrankheiten

Bei akuten, nicht-infektiösen Magenkrankheiten ist nach R.F. Weiß die Anzahl der Heilpflanzen, die für die Behandlung in Frage kommen, nicht groß. Es sind vor allem Kamille, Pfef-

ferminze und Melisse. Wirklich überlegen in der Wirkung dürfte diesen bewährten Kräutern keine andere Pflanze sein und „noch so und so viele andere heranziehen zu wollen, ist zweck- und sinnlos" (1, S. 55).

Echte Kamille (Matricaria recutita)

Allgemeine Informationen:

Sie gehört zur Familie der Korbblütler (Asteraceae). Brachliegende Äcker, Ödland, sowie der Rand von Autobahnen und sonstigen Straßen sind im Sommer oft weiß von zusammenhängenden Kamillenbeständen. Aber nicht alles, was wie Kamille aussieht und nicht einmal alles, was so ähnlich riecht, ist auch wirklich Echte Kamille. Das Selbersammeln von Kamille an einem von Schadstoffen unbelasteten Platz lohnt sich durchaus, wenn man die Pflanze genau kennt. Es gibt eine Reihe ähnlich aussehende, nahe verwandte „Kamillen"arten, die aber eben nicht das Spektrum der heilsamen Inhaltsstoffe aufweisen. Bei der Echten Kamille ist die gelbe Mitte der Blume, Blütenboden genannt, deutlich in die Höhe gewölbt. Wenn man den Blütenboden der Länge nach durchschneidet, sieht man, daß er innen hohl ist. Bei der ähnlich aussehenden Hunds- oder Ackerkamille (Anthemis arvensis) und der Geruchlosen Kamille (Matricaria inodora) ist der Blü-

tenboden mit einem weißlichen Mark gefüllt. Ca. 80% der in der Natur wachsenden „Kamillen" sind andere Arten.

Trotz oder gerade wegen ihrer Anspruchslosigkeit eignet sie sich nicht gut für die Kultur. Erst in den letzten Jahren wurde mit Hilfe moderner biotechnischer Verfahren dieses Problem gelöst. Seither wird in Thüringen die Kamille großflächig angebaut. Ein Teil der benötigten Kamillen wird in den Balkanländern, Italien und Spanien von der wildwachsenden Kamille gesammelt, man bemüht sich jedoch zunehmend, auch dort die Kamille anzubauen. Sogar aus Südamerika wird Kamille importiert. Zu Ende der neunziger Jahre betrug der jährliche Kamillenbedarf in Deutschland 3 500 Tonnen.

Wichtigste Inhaltsstoffe und ihre Wirkung:

Zahlreiche neue phytochemische Untersuchungen zeigen, daß in den Kamillenblüten ein ganzer Wirkstoffkomplex vorliegt, der erst in seiner Gesamtheit den vollen Kamilleneffekt ergibt. Dies erklärt die unvergleichliche Wirkung des guten, alten Kamillentees für verschiedene Einsatzbereiche. Allerdings ist zu beachten, daß in den Kamillentee nur die wasserlöslichen Inhaltsstoffe übergehen. Die alkohollöslichen Bestandteile, die ebenfalls für die Wirkung sehr wichtig sind, fehlen dann. Deshalb wird bei manchen Anwendungen, zum Beispiel für die erfahrungsmedizinisch bewährte „Rollkur" der Kamillentee mit dem alkoholischen Kamillenextrakt gemischt.

Wichtigstes ätherisches Öl in der Kamille ist das blaue Chamazulen. Ein weiterer Inhaltsstoff ist das Bisalobol, genau wie Chamazulen mit krampflösender, entzündungshemmender Wirkung. Bisalobol kann inzwischen synthetisch hergestellt werden, aber ein winziger Unterschied im Bau des Moleküls verleiht dem Natur-Bisalobol eine deutlich bessere krampflösende, entzündungshemmende Wirkung. Ähnliches gilt für das synthetisch hergestellte Chamazulen. Hier erweist sich die Überlegenheit des Naturprodukts gegenüber dem synthetisch hergestellten Medikament. Dies muß freilich nicht immer so sein. Außerdem sind in der Kamille über 20 verschiedene Flavone analysiert worden. Dazu kommen bis zu 12% Schleimstoffe, die eine Wohltat für entzündete Schleimhäute sind.

Wie bereits beim Thema „Schnupfen" erläutert, werden durch die Wirkstoffe der Kamille die von Bakterien erzeugten krankmachenden Giftstoffe abgebaut, durch die Infektionskrankheiten so unangenehm und gefährlich sind. Untersuchungen konnten beweisen, daß schon geringe Mengen des ätherischen Öls ausreichen, um die Gifte von Staphylokokken und Streptokokken zu zerstören. Beide Bakteriengattungen gehören zu den berüchtigten Eitererregern und sind Ursache für verschiedene sehr gefährliche Krankheiten. Die Fähigkeit der Kamille, diese Bakteriengifte unschädlich zu machen, erklärt die Beobachtung, daß nach dem Trinken von Kamillentee bei Magen-Darmbeschwerden oder dem Einatmen von Kamillendämpfen bei Erkältungskrankheiten sich nicht nur die lokalen Krankheitssymptome sondern auch das Allgemeinbefinden recht bald bessert.

Sehr gut bewährt hat sich die Anwendung von Kamillentee bei Ga-

stritis, Dünndarm- und Dickdarmentzündungen. Hier kommt auch die krampfstillende und karminative Wirkung zum Tragen.

Eine besonders wichtige Rolle spielt in der Naturheilkunde die Umstimmung des Darmmilieus, denn unsere außerordentlich komplizierte Darmflora ist vielen störenden Einflüssen ausgesetzt. Nicht zuletzt wird sie durch die Anwendung von Antibiotika in Mitleidenschaft gezogen. Die Gefahr, daß sich anstelle der von uns gezähmten Darmbakterien problematische Hefepilze in den warmen, feuchten, von Nährstoffen aller Art umspülten Falten der Darmschleimhaut ansiedeln, ist erheblich, muß aber nicht immer Krankheitswert haben. R.F. Weiß rät, bei gestörter Darmflora 3 bis 4 mal täglich 2 bis 3 Teelöffel Milchzucker in eine Tasse starken Kamillentee einzurühren und zu trinken. Nicht jeder Mensch, der es eigentlich nötig hätte, verträgt den Milchzucker (Lactose) gut, weil manchen Erwachsenen das den Milchzucker spaltende Enzym Lactase fehlt oder nur in geringer Menge vorhanden ist. Aber zusammen mit Kamillentee wird die Bekömmlichkeit deutlich verbessert. Auch die Darmtätigkeit wird angeregt, so daß sich eine lange andauernde Verstopfung wahrscheinlich erheblich bessert.

Kamille kann mit anderen Drogen gemischt werden, wenn es darum geht, Blähungen zu beseitigen, z.B. mit Kümmel oder Fenchel. Auch mit leberstärkenden Drogen kann Kamille gemischt werden, wie es etwa bei esberigal (siehe unten) geschieht.

*   Kamillentee sollte nicht zu schwach angesetzt werden: 1 Eßlöffel mit 1 Tasse kochendem Wasser übergießen, 5 bis 10 Minuten zugedeckt stehen lassen, absieben. Bei Magen- und Darmerkrankungen täglich 3 bis 4 mal 1 Tasse trinken. Nach R.F. Weiß können Personen mit chronischem Magen-Darmleiden den Kamillentee zur Linderung ihrer

Beschwerden über Jahre hinweg trinken. Bei Magenschleimhautentzündung und Magengeschwür gehört die morgendliche „Rollkur" mit Kamillentee immer noch zu den wichtigsten naturheilkundlichen Anwendungen (9, S. 37).

Kamillentee wird auch für Spülungen bei Entzündungen im Mund- und Rachenbereich eingesetzt, für Inhalationen (S. 89) sowie für Umschläge bei Entzündungen der Haut (S. 150). Deshalb enthalten zahlreiche Zahncremes, Mundwässer und Hautpflegecremes die Wirkstoffe der Kamille, um Entzündungen im Mund und auf der Haut zu lindern oder vorzubeugen.

*   Es sind auch Totalextrakte aus der Kamille im Handel. Sie haben den Vorteil, daß sowohl die alkohol- als auch die wasserlöslichen Inhaltsstoffe enthalten sind.
*   Die beliebten Heublumensäcke enthalten heutzutage bis zu 10% Kamille.
*   KNEIPP® Kamille Pflanzen-Dragees
*   KNEIPP® Kamillen-Konzentrat
*   Perkamillon® Liquidum (Robugen), Kamillenextrakt zur äußeren Anwendung
*   KNEIPP® Kamillenölbad
*   Kamillen-Bad-Robugen-Lösung
*   Kamillosan®, Salbe, Creme (ASTA Medica).

Nebenwirkungen: Auf die „austrocknende" Wirkung der Kamille für Nase und Augen wurde bereits hingewiesen (S. 87, 160). Allergien können vorkommen, allerdings hat die Kamille ein sehr geringes Allergiepotential. Allenfalls auf Kreuzallergien ist zu achten. Dies betrifft Personen, die gegen andere Korbblütler, z.B. die Arnika oder Beifuß, allergisch sind.

Zu ergänzen wäre, daß Chamomilla, also die Kamille, auch in der Homöopathie bei einer ganzen Reihe von Erkrankungen eingesetzt wird.

Andere Kamillenarten

Die **Strahllose Kamille (Matricaria discoidea)** wächst teilweise massenhaft auf Schuttplätzen und an Wegrändern, meist auf verfestigten Böden. Sie stammt aus Nordamerika und wurde im Alten Botanischen Garten in Berlin gepflanzt. Sie ist von dort sozusagen „geflüchtet" und benimmt sich nun, als wäre sie schon immer hier gewesen. Sie ist kein Ersatz für die Echte Kamille, obwohl das in schlechten Zeiten immer wieder versucht wurde. In der Volksmedizin wurde sie als Wurmmittel eingesetzt. Aus heutiger Sicht wäre allerdings zu raten, bei Wurmerkrankungen umgehend ärztlichen Rat einzuholen.

Anmerkung: Von den in früheren Zeiten sehr zahlreichen Pflanzen, die gegen Eingeweidewürmer eingesetzt wurden, sind wegen ihrer Giftigkeit oder meist nicht ungefährlichen Nebenwirkungen nicht viele übrig geblieben. Fast nur noch Kürbiskerne können empfohlen werden,

wobei es sich um eine besondere, in der Türkei wachsende Kürbisart handelt.

Die **Römische Kamille (Chamaemelum nobilis syn. Anthemis nobilis)** hat gefüllte Blüten, manchmal jedoch auch gar keine Zungenblüten. Sie enthält etwas mehr ätherisches Öl als die Echte Kamille sowie Bitterstoffe und Flavonoide. In England, Frankreich und Belgien wird sie bei Magen- und Darmstörungen häufiger gebraucht als die Echte Kamille. Oft wird auch das **Mutterkraut (Chrysanthemum parthenium)** Römische Kamille genannt, eine unverwüstliche Bauerngartenpflanze. Ihre Blätter werden in England vorbeugend gegen Migräne genommen: 1 Teelöffel frische oder 1 Messerspitze getrocknete, gepulverte Blätter werden regelmäßig eingenommen. Klinische Studien hierzu liegen noch nicht vor.

Vorsicht, die Pflanze ist nicht ganz ungiftig. Sie wurde in früheren Jahrhunderten für Abtreibungen eingesetzt.

Die Römische Kamille ist eine aparte Zierpflanze für den Garten. Zum Nachspülen blonder Haare nach dem Waschen ist ein Tee aus ihr sehr zu empfehlen.

Pfefferminze (Mentha piperita)

Allgemeine Informationen, Inhaltsstoffe

Die echte Pfefferminze ist ein Bastard, der durch Kreuzen verschiedener wildwachsender Minzearten gezüchtet wurde. Die Sortenvielfalt ist inzwischen fast unüberschaubar. Wie auch bei anderen typischen Bastarden kann sortenreine Pfefferminze nicht aus Samen, sondern nur durch Wurzelausläufer vermehrt werden. Dies gilt es beim Anbau im Garten zu beachten. Als naturverbundener Mensch gab Sebastian Kneipp der wildwachsenden Wasserminze (Mentha aquatica) den Vorzug.

Wichtigster Inhaltsstoff der Minzen ist das ätherische Öl Menthol, dessen heilsame Wirkung bereits zur Anwendung bei Kopfschmerzen und gegen Schnupfen hoch gelobt wurde (S. 86).

Wirkung, Verwendung

„Minzentee", so schreibt Sebastian Kneipp, „jeden Morgen und jeden Abend eine Tasse, fördert die Verdauung und macht das Aussehen gesund und frisch" (7/I, S. 174). Bei den meisten Magen- und Darmbeschwerden, die von Blähungen, Krämpfen und übelriechenden Stühlen begleitet sind, wirkt Pfefferminztee sehr schnell. Wenn die Beschwerden länger dauern, sollte man 3 mal täglich 1 Tasse trinken. Ein weiterer wichtiger Effekt von Pfefferminztee ist die Förderung der Galleproduktion in der Leber. R.F. Weiß rät allen „Gallensteinträgern", die nicht oder nur selten eine Kolik bekommen, zum regelmäßigen Genuß von Pfefferminztee (2, S. 77).

Einschränkung: Patienten mit Magengeschwüren vertragen Pfefferminztee meistens nicht so gut.

Außer den Teemischungen zur Behandlung von Magen-, Darm- und Gallebeschwerden enthalten auch viele andere Teemischungen die Pfefferminze zur Geschmacksverbesserung. Pfefferminze verstärkt offenbar die Wirkung von Gerb- und Bitterstoffen.

Kurzum, Pfefferminztee gehört in jede Hausapotheke.

Zu ergänzen wäre, daß viele Völker die Minze als Würzpflanze verwenden, und zwar für Fischsud, Fleischgerichte, vor allem Hammelbraten, Salate, Suppen, Eintöpfe und Quarkspeisen. Hierzu wird eine der weniger scharf schmeckenden Würzminzen verwendet.

Medikamente:

* Tee: 1 Eßlöffel geschnittene Droge mit 1 Tasse kochendem Wasser übergießen, 5 bis 10 Minuten zugedeckt ziehen lassen, absieben. Soll der Tee aus frischer Minze zubereitet werden, muß man erheblich mehr Blätter nehmen, da man den hohen Wassergehalt frischer Blätter bedenken muß.
* KNEIPP® Pfefferminze-Tee N, in Aufgußbeuteln
* Tinktur: 1:10 verdünnt mehrmals täglich einnehmen

Kombinationspräparate mit Pfefferminze:

* KNEIPP® Galle- und Leber-Tee N Sekretokneipp®, mit Javanischer Gelbwurz und Löwenzahnkraut mit Wurzel
* Salus® Leber-Galle.Tee Kräutertee Nr. 18, mit Artischocke, Fenchelfrüchten, Kamille u.a. (Salushaus)
* Carminativum-Hetterich® N Tropfen (Galenika Hetterich), mit Kamille, Fenchel, Kümmel, Pomeranzenschalen
* KNEIPP® Flatuol® Tabletten, mit Fenchel, Kümmel, Enzian

Die *Zitronenmelisse* mit ihrer ausgleichenden Wirkung auf das vegetative Nervensystem wurde bereits beschrieben (S. 71). Da auch die Funktion unseres Magens und damit unser Wohlbefinden sehr stark vom vegetativen Nervensystem abhängt, bessern sich nervöse Magenschmerzen durch Melissentee oder alkoholi-

sche Auszüge = Melissengeist. Älteren Menschen mit schlechtem Appetit, was häufig auf ein Nachlassen der Enzymproduktion im Magen-Darmkanal zurückzuführen ist, rät Kneipp das Trinken von *Rosmarintee* oder Rosmarinwein.

R.F. Weiß beantwortet bezüglich der Therapie von akuten Magenbeschwerden auch einige häufig gestellte Fragen (1, S. 70f):

◆ Soll oder darf Kamillen-, Pfefferminz- oder Melissentee gesüßt werden?

Antwort: Bei akuten Magenerkrankungen oder bei Ulkusleiden hat man häufig mit Übersäuerung zu rechnen. Zucker regt aber die Säureproduktion an. Deshalb sollte man, wenn wirklich das Süßen gewünscht wird, Saccharin oder Cyclamate verwenden. Bei chronischen Beschwerden spielen Pfefferminz- und Melissentee eine wichtige Rolle. Hier kann es als Regel gelten, daß eine Süßung mit 1 bis 2 Teelöffel Honig in einem guten Pfefferminztee diesen schmackhafter und zusagender machen (Diabetiker verwenden Süßstoff).

◆ Kann Pfefferminztee stopfen?

Antwort: Dies ist ähnlich wie beim Schwarzen Tee. Läßt man den Tee nur kurz (3 bis 5 Minuten) ziehen, dann geht vor allem das ätherische Öl (beim Schwarzen Tee das Teein) in Lösung. Ein solcher Tee stopft nicht. Läßt man den Tee länger auf den Blättern stehen, gehen auch Gerbstoffe in Lösung, so daß eine eventuell bestehende Verstopfung ungünstig beeinflußt wird. Bei Durchfall hingegen tut ein solcher „dicker, alter Tee", wie R.F. Weiß ihn nennt, sehr gut. Zu ergänzen wäre, daß Pfefferminztee nur wenig Gerbstoffe enthält.

◆ Soll man Pfefferminztee ständig als Haustee oder täglichen Abendtee trinken?

Antwort: Wahrscheinlich schadet es nicht, aber zweckmäßig ist es auch nicht. Man sollte Pfefferminze vor allem als Heilmittel betrachten. Möglicherweise schwächt sich die Wirkung bei Dauergebrauch ab. Eher wird man Gallenkranken zu einem länger dauernden Gebrauch von Pfefferminztee raten. Bei Magenleidenden und Magennervösen trifft dies für die Kamille und die Melisse zu. Aber auch Gesunde können von einem kurzfristigen Gebrauch durchaus profitieren.

◆ Kann Pfefferminze den Augen schaden?

Antwort: Durch Trinken des Tees sicher nicht. Wird jedoch konzentriertes Pfefferminzöl mit seinem hohen Gehalt an Menthol zum Einreiben von Stirn, Schläfen und Nacken verwendet, muß man recht vorsichtig sein, denn schon in der Nähe der Augen kann dieses leicht verdunstende Öl eine Augenreizung mit Brennen und Tränenfluß hervorrufen.

Magen- und Darmgeschwüre, chronische Magenkrankheiten

Ursachen und Beschwerdebilder chronischer Magenkrankheiten sind höchst unterschiedlich. Außerdem hat sich in den letzten Jahren dank neuer Diagnosemöglichkeiten ein erheblicher Wandel in der Betrachtungsweise und der Beurteilung dieser Erkrankungen ergeben. Typisches Beispiel hierfür ist das Zwölffingerdarmgeschwür, im Volksmund „Magengeschwür" genannt, dessen Ursache früher hauptsächlich psychosomatisch gesehen wurde: „Dieser Mensch frißt alles in sich hinein." Inzwischen hat sich jedoch herausgestellt, daß es sich um eine Infektion mit den Bakterien Helicobakter pylori handelt. Magengeschwüre werden heute mit Antibiotika und Magensäureblockern behandelt. Folgende grundlegende therapeutische Maßnahmen sollten bei jedem Schub eines akuten Ulkus-Leidens eingehalten werden: Ruhe, Diät, Wärme in Form von feuchten Wickeln und einige einfache phytotherapeutische Anwendungen. Hinsichtlich der Diät sind die strengen Schemata aus früheren Zeiten nicht mehr aktuell. Auch zartes Fleisch wird gut vertragen. Wichtig ist, daß der Magen niemals voll, aber auch niemals ganz leer sein soll. Magengeschwüre werden nicht mit tonisierenden Bitterstoffdrogen behandelt, weil eine weitere Anregung der Magensäureproduktion nicht erwünscht ist. Beim Magen- und Zwölffingerdarmgeschwür geht es im wesentlichen darum, die gereizte und entzündete Schleimhaut zu beruhigen und zu schützen.

Außerdem gibt es eine Fülle von funktionalen chronischen Magen-Darm-Problemen sowie Krankheitszuständen nach akuten Infektionskrankheiten, die sehr wirkungsvoll mit Heilpflanzen behandelt werden können. Dies sind erstens vor allem Pflanzen mit Bitterstoffen, die eine tonisierende Wirkung ausüben, also die Sekretion der Verdauungsdrüsen anregen. Zweitens sind es Schleimdrogen, die auf der entzündeten Magenschleimhaut eine Schutzschicht erzeugen und drittens sind es Pflanzen mit krampflösender und karminativer Wirkung (= Mittel gegen Blähungen). Besonders die Kamille spielt hier wieder eine wichtige Rolle.

Zu betonen wäre auch, daß sich, vor allem soweit es um die Behandlung mit Heilpflanzen geht, die „Magen"krankheiten nicht immer streng von einer Erkrankung der übrigen Verdauungsorgane trennen lassen. So wirkt zum Beispiel Kamille ganz allgemein lindernd bei unterschiedlichen Beschwerden der Verdauungsorgane, und etwa Wermut und Beifuß werden außer bei bestimmten Erkrankungen des Magens auch zur Behandlung von Leber- und Galleerkrankungen eingesetzt.

Pflanzen mit Bitterstoffen

Die Zahl der Pflanzen, die Bitterstoffe enthalten, und zur Behandlung von chronischen Magen- und Darmkrankheiten herangezogen werden, ist sehr groß. Es wird unterschieden zwischen

◆ Amara tonica = Pflanzen, die nur Bitterstoffe enthalten, z.B. der Gelbe Enzian.

◆ Amara aromatica = Pflanzen, die Bitterstoffe und ätherische Öle enthalten, z.B. Wermut und Beifuß.

◆ Amara acria = Pflanzen, die Bitterstoffe und Scharfmittel enthalten, z.B. Ingwer. Sie werden im wesentlichen zum Würzen verwendet.

Es sei daran erinnert, daß der zappelige Junge im „Struwwelpeter", der stets sagte „Ich esse meine Suppe nicht", vom Doktor die „Bittertropfen" erhielt. Appetitlosigkeit verschiedener Ursache gehört zu den wichtigsten Einsatzbereichen von Bitterstoffdrogen.

Amara tonica – Reine Bitterstoffdrogen

Tausendgüldenkraut (Centaurium erythraea)
▶ **geschützt**

(darf gesammelt, aber nicht ausgegraben werden)

Die rosablühende, unscheinbare Pflanze wächst in moorigen Wiesen. Die Droge bewirkt eine Steigerung der Magensaftsekretion und eine Verbesserung der Durchblutung. Die tonisierenden Effekte auf den Magen und den Allgemeinorganismus zeigen sich in vollem Umfang erst bei längerer Dauer der Medikation.

* Tee: 2 Teelöffel feingeschnittene Droge mit 1 Tasse siedendem Wasser übergießen, 5 Minuten ziehen lassen, abgießen. Vor den Mahlzeiten 1 Tasse trinken.

Medikamente:

* Tinktur: 3 mal täglich vor den Mahlzeiten 10 Tropfen in etwas warmen Wasser einnehmen.
* Gastroplant® Tropfen (DHU), Kombinationspräparat (Homöopathikum)
* Teemischung: Tausendgüldenkraut

Tausendgüldenkraut hilft beim schlaffen, saftlosen Magen ganz ausgezeichnet. Bitterstoffdrogen sollten aber nicht angewendet werden, wenn eine Übersäuerung des Magens oder Sodbrennen vorliegt.

Schafgarbe
Pfefferminze
zu gleichen Teilen gemischt.

Sebastian Kneipp sagt: „Der Name lautet auf eine hohe Summe; die Hilfe spendet das Kräutchen einem jeden umsonst."

Gelber Enzian gehört zu den bekanntesten Bitterstoffdrogen. Bei Hieronymus Bock (1557) heißt es: „Die allergebreuchlichst wurzel in Germania ist der Entian .."

Enzian (Gentiana lutea, G. pannonica., G. purpurea, G. punctata)
▶ **alle Arten geschützt**

Man darf nicht an den charakteristischen blauen Enzian denken, wenn vom Enzian als Heilmittel gesprochen wird. Die vier medizinisch genutzten Enzianarten blühen gelb, bräunlich und purpurfarben gefleckt. Der Enzian ist ein reines Amarum. Noch in einer Verdünung von 1:20 000 schmeckt er bitter. In den Alpen und weit darüber hinaus erfreut sich der Enzianlikör großer Beliebtheit. Die Verträglichkeit von schwerverdaulichen Speisen wird durch ihn verbessert. Aber man sollte nicht vergessen, daß der Enzianlikör eigentlich als Medikament zur Verdauungshilfe gedacht ist und

Hier wächst der Fieberklee in einem Teich zusammen mit der Teichrose, die an ihren schwimmenden, rundlichen Blättern zu erkennen ist. Bei Appetitlosigkeit und wegen seines Gerbstoffgehaltes auch bei Durchfall hat er sich sehr bewährt.

nicht zum übermäßigen Alkoholgenuß verführen sollte.

Medikamente:

*   Tinktur: Vor den Mahlzeiten 20 bis 30 Tropfen in etwas Wasser verdünnt einnehmen.
*   Fluidextrakt: Vor den Mahlzeiten ein halbes Likörglas verdünnt oder unverdünnt trinken.
*   Enziagil® Magenplus Kapseln (Sertürner)

Es gibt zahlreiche Kombinationspräparate mit anderen Bitterstoffdrogen und Karminativa.

Bitter- oder Fieberklee (Menyanthes trifoliata) ▶ **geschützt** enthält außer Bitterstoffen auch 7% Gerbstoff und ist demnach kein reines Amarum tonicum. Wegen seiner eventuellen Reizwirkung auf den Magen wird er heute weniger verwendet als früher.

Gerade bei den Bitterstoffdrogen ist ein großes Repertoire an Pflanzen seit altersher bis heute in Gebrauch. Dies zeigt die Wichtigkeit dieser Drogengruppe. Immer wieder werden auch ausländische Pflanzen herangezogen. Häufig enthalten sie jedoch Alkaloide, so daß sie nicht für einen längeren Gebrauch geeignet sind wie etwa die Chinarinde.

Amara aromatica – Bitterpflanzen mit würzigem Duft

Wermut und seine Verwandtschaft

Wermut gehört zur Gattung Artemisia, die eine Reihe von Heil- und Würzpflanzen hervorbringt. Alle wirken lindernd und ausgleichend auf den Magen und die Galleproduktion.

Wermut (Artemisia absinthium)

Allgemeine Informationen:

Er ist das bitterste und leidenschaftlichste Mitglied der Gattung Artemisia. Seine Heimat ist der östliche Mittelmeerraum. Er spielte bereits im Mittelalter eine herausragende Rolle in der Medizin und wurde vor allem in den Burggärten angebaut. Dies erkennt man daran, daß noch heute im Umfeld vieler Burgruinen der Wermut an den warmen Hängen gedeiht. Schon Hildegard von Bingen empfahl eine Frühjahrskur mit dem Wermutwein zur intensiven Blutreinigung. Im Kapitel über das Immunsystem wurde der Wermut bereits gewürdigt (S. 61).

Zwei heilkräftige Pflanzen für Magen- und Gallebeschwerden stehen hier nebeneinander: links Wermut, rechts Pfefferminze, die es in zahlreichen Sorten gibt. Besonders intensiv duftet die rotstengelige 'Sorte Mitcham'.

Apotheker Mannfried Pahlow empfiehlt Zubereitungen aus dem Wermut vor allem bei „unruhiger Galle", die eine ganze Reihe von unangenehmen Begleiterscheinungen, wie etwa Völlegefühl, Appetitlosigkeit und Blähungen erzeugt (16, S. 339). Die Kommission E nennt als Anwendungsgebiete Magenbeschwerden durch mangelhafte Magensaftbildung. Auch die Gallewirksamkeit wird anerkannt.

Magen- und Darmgeschwüre gelten als Gegenanzeigen. Vom Dauergebrauch und Überschreiten der empfohlenen Tagesdosis wird abgeraten. Schwangere sollten den Wermut meiden.

Medikamente:

*   Tee, Tagesdosis 3 bis 5 Gramm Droge: 1 Teelöffel feingeschnittene Droge mit 1 Tasse kochendem Wasser übergießen, zugedeckt ziehen lassen, je 2 Tassen morgens nüchtern und vor der Hauptmahlzeit trinken. Der bittere Geschmack verbessert sich nicht durch Süßen des Tees. Man muß ihn akzeptieren. Ein wenig lindern kann man ihn durch Zumischen von Pfefferminztee.

Wermut ist außerdem in zahlreichen Fertigteemischungen zur Behandlung von Verdauungsbeschwerden sowie Leber- und Galleleiden enthalten.

*   Tinktur, 3 mal täglich 5 Tropfen in etwas Wasser ca. 15 Minuten vor den Mahlzeiten einnehmen.

Ein Rat von Sebastian Kneipp: Reisende, die viel von Magenbeschwerden und Übelkeit geplagt werden, sollen ihr Fläschchen mit Wermuttinktur als treuen Begleiter nie vergessen!

*   Schoenenberger® naturreiner Pflanzensaft Wermut
*   florabio® naturreiner Heilpflanzensaft Wermut (Florabio)
*   Digestivum-Hetterich® S Tropfen (Galenika Hetterich)
*   Abdomilon® N Liquidum (Redel)

Beifuß (Artemisia vulgaris)

Er wächst an Wegrändern und Zäunen sowie auf unbebauten Flächen. Bis heute wird er von Bäuerinnen und Kräuterfreunden an solchen Stellen geerntet, wenn er eben zu blühen beginnt. Sein vielleicht wich-

Beifuß ist volksmedizinisch ein hochgeschätztes Würzmittel für fette Speisen. Hildegard von Bingen empfiehlt ein Mus aus Beifußblättern. Zum Würzen werden die Blütchen gebraucht.

Eibisch (im Vordergrund) wird vor allem bei Halsentzündung eingesetzt, aber sein milder Schleim schützt auch die gereizte Magenschleimhaut. Im Hintergrund steht Wermut.

Inhaltsstoffe, Anwendung

Seine wichtigsten Inhaltsstoffe sind die charakteristischen Bitterstoffe, vor allem das Absinthin. Dazu kommen ätherische Öle, Flavone und Gerbstoffe.

124

tigster Anwendungbereich ist das Würzen der Martins- und Weihnachtsgans, denn die volksmedizinische Erfahrung zeigt, daß er fette, deftige Speisen bekömmlicher macht. Deshalb sollte er für fette Speisen häufiger zu Würzzwecken verwendet werden.

Volksmedizinisch wurde und wird der Tee aus dem Beifuß bei Magen- und Darmstörungen mit üblem Mundgeruch und stinkenden Durchfällen empfohlen. Bei allgemeiner Schwäche sowie Galle- und Leberleiden und auch bei Hämorrhoiden wird der Tee gelobt. Immer wieder wird auch berichtet, daß kurmäßiges Trinken des Tees (6 Wochen lang jeden Tag 2 bis 3 Tassen) vorbeugend gegen Migräneanfälle hilft.

* Tee: 1 Teelöffel getrocknetes, geschnittenes Beifußkraut mit 1 Tasse siedendem Wasser überbrühen, 5 Minuten ziehen lassen, absieben, vor den Mahlzeiten trinken.

Beifuß ist auch in den Magen-Darm-Dragees der chinesischen Heilkunde enthalten.

Eberraute (Artemisia abrotanum) und *Estragon (A. dracunculus)* sind Würzpflanzen, die wesentlich weniger Bitterstoffe als Wermut besitzen. Ihre kräftigen ätherischen Öle machen sie zu interessanten Würzpflanzen, die wegen ihrer galleanregenden Wirkung häufiger eingesetzt werden sollten als es derzeit geschieht. In Kräuterbüchern des Mittelalters und der frühen Neuzeit wird ihre Heil- und Zauberwirkung sehr gelobt. Sollte jemand von Ihnen von einem Drachen geärgert werden, so wäre das Austreiben mit Estragon zu bewerkstelligen, wie es schon im Mittelalter üblich war (der Name Estragon ist von „ex dragon!" (= hinaus mit dem Drachen!) abgeleitet.

Kalmus (Acorus calamus) ▶ **giftig**

gehört zu den Aronstabgewächsen und ist demnach mit unserer Zimmerkalla verwandt. Er wächst an sumpfigen Teich- und Seeufern. Wahrscheinlich stammt er aus Südostasien und wurde im 16. Jahrhundert bei uns eingebürgert. Er kommt hierzulande zwar zum Blühen, aber nicht zur Fruchtreife und pflanzt sich demnach seit Jahrhunderten nur vegetativ fort.

Tee und fertige Medikamente aus dem Kalmus sollen besonders gut helfen, wenn die Magenschmerzen eine psychosomatische Komponente aufweisen. Kalmus ist nicht ganz so bitter wie manche andere Amara, so daß auch appetitlose Kinder mit Kalmustropfen vor dem Essen erfolgreich behandelt werden können. Auch für den äußeren Gebrauch wird Kalmus verwendet, zum Beispiel für Einreibungen mit Kalmusöl und Kalmusspiritus, etwa bei Krampfadern. Hierbei ist vor allem sein aromatischer Bestandteil wirksam. Sebastian Kneipp empfahl Kalmusbäder bei bestimmten Hauterkrankungen (Skrofulose).

Kalmus wird als Tee, als Extrakt und als Tinktur angeboten.

Ein weiteres Bittermittel mit ätherischem Öl ist die *Echte Engelwurz (Angelica archangelica)*, deren getrockneter Wurzelstock Bestandteil mancher Arzneien und Tees zur Behandlung von Magen-, Galle- und Leberkrankheiten ist. Sie heißt im Volksmund auch Brustwurz, weil sie in manchen Hustenteemischungen (= Brusttee) enthalten ist.

Das *Benediktenkraut (Cnicus benedictus)* ist Bestandteil von Kräuterlikören. Das aus ihm gewonnene Öl hat eine leicht antibiotische Wirkung.

Eberraute wird seit Karl dem Großen in Bauerngärten gepflanzt und wird zum Würzen kräftiger Fleischspeisen empfohlen. Wie Wermut, Beifuß und Estragon gehört sie zur Gattung Artemisia.

Estragon ist das mildeste, aber würzigste Mitglied der Gattung Artemisia. Häufiges Würzen mit ihm sei empfohlen, weil er schwer verdauliche Speisen bekömmlicher macht.

Kalmuswurzel wird vor allem dann eingesetzt, wenn kein organisches Magenleiden vorliegt, aber die Patienten über Appetitlosigkeit, Völlegefühl und Krämpfe klagen.

Amara acria – Scharfe Bittermittel

Hier wäre vor allem der **Ingwer (Zingiber officinale)** zu nennen. Die frischen Wurzelstöcke gibt es im Gemüsehandel zu kaufen, so daß man sie zum Kochen, zum Beispiel anstelle von Pfeffer verwenden kann. Fein gerieben ist ein Stückchen Ingwerwurzel zum Würzen von Salatmarinade zu empfehlen. Ingwer hat als Gewürz eine lange Tradition. In einem Kochbuch von 1581 wird empfohlen, „eine gute, wohlgeschmackte Sawsuppen" (= Sausuppe, Suppe von Schweinefleisch) mit Ingwer zu würzen. Kandierte Ingwerwurzel aus der Konditorei schenkt man gerne Menschen mit Verdauungsbeschwerden, die sich aus „normalen" Näschereien nicht viel machen.

Ingwer fördert die Verdauung, aber es gibt auch Menschen, die von der aromatisch scharf-bitteren Wurzel ein unangenehmes Brennen im Magen bekommen.

Noch einmal: Bittermittel gehören zu den wichtigsten Arzneien bei Erkrankungen von Magen, Leber und Galle. Kenner der Materie behaupten, daß die Bittermittel bereits im Mund, und zwar durch den Reiz, den sie auf die Geschmacksknospen ausüben, mit ihrer Wirkung einsetzen. Dies führt reflektorisch zur Steigerung von Speichel- und Magensaftsekretion. Das bedeutet, daß Tee und Tropfen besser wirken als Tabletten und Dragees. Gelangen die Bitterstoffe in den Magen, wird außer weiterer Steigerung der Sekretion die Motorik des Magens in Gang gesetzt. Außerdem wird die Produktion von Galle- und Pankreassaft angeregt. Wichtig ist ebenfalls, daß die Bittermittel etwa eine halbe Stunde vor der Nahrungszufuhr gegeben werden. Dies ist zum Beispiel beim traditionellen Apéritif der Franzosen der Fall.

126

In Medikamenten sind bisweilen als weitere Bittermittel **Condurangorinde**, **Bitterholz**, **Pomeranzenschalen** und **Chinarinde** enthalten.

Viele Oberbauchbeschwerden mit Druckgefühl, Schmerzen und Blähungen sprechen oft auch gut auf Enzyme an (S. 204). Enzyme, auch Fermente genannt, sind sozusagen Werkzeuge, die bestimmte chemische Reaktionen steuern. Im Falle der Verdauung spalten sie Fett, Eiweiß und höhere Kohlenhydrate. Dies ist der eigentliche „Verdauungsvorgang", das heißt, schwer lösliche Nahrungsbestandteile werden in eine gelöste Form übergeführt, so daß die Nährstoffe über die Darmschleimhaut ins Blut aufgenommen werden können. Im Volksmund wird häufig der Begriff „Verdauung" im Sinne von „Stuhlgang" benützt, wobei auch das Wort „Stuhlgang" nicht besonders treffend ist. Aber wie sollen wir das sonst nennen? Auch die zur Behandlung verwendeten Enzyme werden großenteils aus Pflanzen gewonnen.

Um zu zeigen, welch große Fülle an Heilpflanzen für die Erkrankungen der Verdauungsorgane zur Verfügung stehen, sei auf die Behandlung von Magenerkrankungen mit Auszügen aus den Blättern und Wurzeln der **Tollkirsche (Atropa belladonna)** ▶ **giftig** hingewiesen. Hierdurch wird eine Einschränkung der Säure- und Enzymproduktion bewirkt. Außerdem hat der Extrakt eine krampflösende Wirkung.

Medikamente:

* Belladonnysat® Bürger Saft (Ysatfabrik)
* Auszüge aus Belladonna sind in zahlreichen Kombinationspräparaten enthalten, zum Beispiel gemischt mit Baldrian und Pfefferminze

Die Verwendung einer so giftigen Forte-Pflanze wie der Tollkirsche zeigt aber, daß eine genaue Diagnosestellung notwendig ist, denn in manchen Fällen muß die Sekretion angeregt, in anderen Fällen gebremst werden. Zur Selbstmedikation sind solche Mittel aus Forte-Pflanzen ungeeignet.

Extrakte aus **Süßholzwurzel (Glycyrrhiza glabra)** sind ebenfalls krampflösend und fördern die Schleimabsonderung im Magen, ohne daß mehr Magensäure erzeugt wird. Dadurch wird ein Schutz der Magenschleimhaut bewirkt. R.F. Weiß rät, zur Behandlung von Magen- und Zwölffingerdarmgeschwüren die gewöhnlichen Lakritzenstangen in 1 Glas warmem Wasser oder warmem Kamillentee aufzulösen. Die Tagesdosis beträgt 20 bis 25 Gramm, auf mehrere Einzeldosen verteilt. 3 bis 4 Wochen lang soll jeweils nach den Mahlzeiten 1 Glas dieser Lösung getrunken werden. Es sei auch darauf hingewiesen, daß Süßholzsaft nicht über einen längeren Zeitraum regelmäßig eingenommen werden darf. Als Nebenwirkung tritt unter Umständen ein gedunsenes Gesicht auf, wie man es bei der längeren Anwendung von Kortisonpräparaten in höherer Dosis kennt.

Süßholz in Form von Lakritze bewährt sich auch bei der Behandlung von Halsschmerzen (S. 98).

Preßsaft aus dem rohen **Weißkohl (Brassica oleracea)** wird seit den fünfziger Jahren zur Behandlung von Magen- und Zwölffingerdarmgeschwüren eingesetzt. Wissenschaftliche Untersuchungen mit dieser Therapie sind aus der Schweiz und aus USA bekannt. Der im Saft des Weißkohls wirksame Stoff wird Anti-Ulcus-Faktor oder auch Vitamin U genannt (U steht für Ulcus). Eine Behandlung mit rohem Kohlsaft sollte 4 bis 5 Wochen dauern, wobei der Patient bei leichter Schonkost täglich 1 Liter Saft trinkt.

Anzumerken wäre, daß in der Volksmedizin seit Jahrhunderten die heilende Wirkung von rohem Weißkraut bekannt ist: Gequetschte Kohlblätter wurden seit altersher über schlecht heilende Wunden (Geschwüre) gebunden.

Pflanzen mit Schleimstoffen für den Magen

Man nennt sie Muzilaginosa. Der in ihnen enthaltene Schleim dient als Schutz für die hochentzündeten Schleimhäute. Schleimdrogen werden nicht nur zur Behandlung von Magenkrankheiten verwendet, sondern auch bei Reizhusten und entzündeter Mundschleimhaut eingesetzt, um die entzündeten Schleimhäute zu schützen.

„Isländisch Moos" (Cetraria islandica)

Diese Flechte enthält etwa 70% Schleim. Dazu kommen bittere Flechtensäuren. Wenn das Isländisch Moos für Magenbeschwerden verwendet wird, sollte die Droge für die Teezubereitung nicht gekocht, sondern nur heiß überbrüht werden oder der Tee wird kalt angesetzt, bis zum Sieden erhitzt und gleich abgegossen.

Auch einige andere Baumflechten (z.B. Bartflechten) und alpine Flechten, die an Steinen wachsen, werden therapeutisch verwendet.

Ein besonders wichtiges und hochwirksames Schleimmittel ist der **Leinsamen**. Sein bekanntester Anwendungsbereich ist die chronische Verstopfung (S. 141). In diesem Fall wirkt der Leinsamen als Ballaststoff. Bei Magen- und Dünndarmentzündungen oder Geschwüren wird die schützende Wirkung seines Schleims angestrebt.

Achtung: Die Zubereitung des Leinsamens ist völlig anders, je nachdem, ob er bei entzündeter Magenschleimhaut und Magengeschwüren oder gegen Verstopfung eingesetzt wird.

Der Schleimhautschutz wird durch Leinsamentee erreicht, der nach zwei verschiedenen Anweisungen zubereitet werden kann:

* 1 bis 2 Eßlöffel ganze Leinsamen mit ¼ Liter kaltem Wasser übergießen. Unter öfterem Umrühren ca. ½ Stunde stehen lassen. Ohne auszupressen die Flüssigkeit abgießen und vor dem Trinken leicht erwärmen.
* Noch mehr Schleim wird abgeschieden, wenn 2 bis 3 Eßlöffel geschroteter Leinsamen abends in ¼ bis ½ Liter kaltem Wasser eingeweicht werden, am Morgen abgießen, anwärmen und trinken.

Medikament:

* Gastronal (Schleimzubereitung aus Leinsamen) SmithKline Beecham
* Weitere Schleimdrogen sind **Eibischwurzeln**, **Eibischblätter** sowie die Blüten und Blätter verschiedener **Malven**. Sie sind Bestandteil verschiedener Magen- und Husten-Teemischungen.

Sodbrennen, oft schwer zu beeinflussen

Diese höchst unangenehme Erscheinung kommt dadurch zustande, daß der sehr saure Magensaft in die Speiseröhre aufsteigt. Normalerweise verhindert ein Verschlußmechanismus, der wie ein Ventil wirkt, das Aufsteigen von saurem Speisebrei. Aber jedes Ventil kann schadhaft werden und dies geschieht im Falle der Speiseröhre häufig im fortgeschrittenen Alter. Dadurch kommt es zu Schluckbeschwerden und Sodbrennen. Wenn Sodbrennen sehr häufig auftritt, kann es zu Entzündungen und sogar zu Geschwüren der Speiseröhrenschleimhaut kommen.

Der Patient sollte genau beobachten, nach welchen Speisen die Störung bevorzugt auftritt. Oft sind es Kaffee, Alkohol, Süßspeisen und bestimmte Gewürze. Manche Menschen bekommen nach Obstsaft, Wein oder Cola heftiges Sodbrennen. Speisen, Gewürze oder Getränke, die das Sodbrennen erzeugen, müssen gemieden werden. Wenn die Ursache für das chronische Sodbrennen ein Zwerchfellbruch ist, dürfte eine Operation nicht zu umgehen sein.

In den wissenschaftlichen Lehrbüchern der Phytotherapie ist wenig über die Behandlung des Sodbrennens zu erfahren. Oft kommt das Stichwort im Register nicht einmal vor. Deshalb werden hier einige Empfehlungen der traditionellen Volksheilkunde vorgestellt.

* Tee aus **Liebstöckel (Levisticum officinale)**: 2 gestrichene Teelöffel der geschnittenen, getrockneten Wurzel mit ¼ Liter kaltem Wasser übergießen, zum Sieden erhitzen und gleich danach absieben. 1 bis 2 Tassen nach Bedarf möglichst ungesüßt langsam trinken.
* Tee aus der **Bibernelle (Pimpinella saxifraga, P. major)**, Wurzel und Kraut: 2 gehäufte Teelöffel mit ¼ Liter kaltem Wasser ansetzen, aufkochen, 1 Minute sieden lassen, gleich absieben. Ungesüßt nach Bedarf trinken.
* Tee aus **Wacholderbeeren**: 1 Teelöffel mit ¼ Liter siedendem Wasser übergießen, 10 Minuten ziehen lassen, absieben.

Die Anwendung von Wacholderbeeren ist auch ein Rat von Sebastian Kneipp. Ein weiterer Rat sind 10 Tropfen **Enziantinktur** auf einem Würfel Zucker. Je nach Ursache des Sodbrennens ist aber nicht unbedingt gesagt, ob dies hilft. Manche Patienten berichten, daß durch Trinken eines Gläschens **Karottensaft** vor jeder Mahlzeit das Sodbrennen weitgehend verhindert wird.

Erkrankungen der Leber und der Gallenwege

Die moderne Diagnostik der Lebererkrankungen und ihrer Ursachen ist ganz ausgezeichnet. Dem steht gegenüber, daß bis jetzt bei einer Reihe von organischen Lebererkrankungen noch keine kausale Therapie bekannt ist. Bei Virushepatitis ist inzwischen eine Behandlung mit Inter-

127

Liebstöckel ist zwar vor allem als Gewürz und durch seine nierenanregende Wirkung bekannt, aber einer der wenigen volksmedizinischen Ratschläge bei Sodbrennen ist ein Tee aus Liebstöckel. Ausprobieren und kritisch beobachten!

Leberschäden sind schwer zu behandeln. Man ist weitgehend auf die Selbstheilung angewiesen. Die Samen der Mariendistel enthalten Wirkstoffe, die diesen schwierigen Prozeß der Genesung unterstützen.

feron möglich. Jedoch besteht nach den Aussagen namhafter Mediziner „bei der Behandlung von Lebererkrankungen ein therapeutischer Nihilismus" (13, S. 140). Glücklicherweise hat die Leber ein gutes Regenerationsvermögen. Und glücklicherweise gibt es eine Reihe von Phytopharmaka, durch die das subjektive Befinden der Patienten und damit deren Lebensqualität deutlich verbessert wird. Appetitstörungen, Blähungen, Verstopfung und Gallestauungen können erfolgreich behandelt werden. Voraussetzung hierfür ist, daß der Patient seine Lebensweise und seine Ernährung den Gegebenheiten anpaßt, wobei der Verzicht auf schwer verdauliche und blähende Speisen, wie etwa Kohl und Hülsenfrüchte, angezeigt ist. Scharf gebratene, fette Pfannengerichte und oft auch rohes Obst sowie selbstverständlich Alkohol und Kaffee sind zu meiden. Bei konsequenter Behandlung mit pflanzlichen Medikamenten kann häufig die Befindlichkeit deutlich verbessert werden.

Wermut (Artemisia absinthium)

Eine wichtige Pflanze zur Behandlung der Oberbauchbeschwerden, die bei Leber- und Galleerkrankungen auftreten, ist der Wermut, dessen gute Wirkung seit Jahrhunderten bekannt ist. Auch seine Anwendung bei Leber- und Galleerkrankungen ist uralt und bestens bewährt.

Präparate mit dem Wermut siehe Seite 124.

Mariendistel (Silybum marianum)

Allgemeine Informationen:

In südlichen Ländern wächst diese hohe, ausdrucksstarke Pflanze massenhaft auf Ödland. Hierzulande läßt sie sich im Garten an warmen, trockenen Standorten aussäen und ist mit ihren weißgeaderten Blättern und den großen, roten Blumen sowie den leuchtend weißen, haarigen Fruchtständen eine attraktive Pflanze. Zur Herstellung von Arzneien werden die reifen, von ihrer Haarkrone befreiten Früchte verwendet.

Inhaltsstoffe und Wirkung

Die Samen enthalten ein Gemisch aus Flavonolderivaten, die als Silyma-

rin zusammengefaßt werden. Bei wissenschaftlichen Untersuchungen konnten höchst bemerkenswerte Ergebnisse bei verschiedenen Leberschäden erzielt werden. Im Tierversuch konnten sogar Vergiftungen mit Knollenblätterpilzen durch Mariendistelfrüchte geheilt werden. Auch die heilende Wirkung bei Leberschädigung nach Alkoholmißbrauch und durch verschiedene Umweltgifte, wie etwa Tetrachlorkohlenstoff und Thiocetamid ist erwiesen. Inzwischen konnte auch die Wirkungsweise der Mariendistel zumindest in wichtigen Bereichen geklärt werden. Es handelt sich dabei um Kräftigung der Zellmembranen in der Leber, so daß Toxine von Infektionskeimen oder sonstige Giftstoffe nicht so leicht in die Zellen eindringen können.

Kurzum, Mariendistelsamen ist hilfreich bei infektiösen Lebererkrankungen, bei akuten Vergiftungen und bei chronischen, entzündlichen Lebererkrankungen sowie bei Leberzirrhose. Bisweilen wird die Droge auch bei allgemeinen, unklaren Verdauungsbeschwerden verordnet.

Die Artischocke ist ein sehr gesundes Gemüse südlicher Breiten, aber auch in Deutschland kann sie in warmen Regionen an geschützter Stelle im Garten gezogen werden. Sie ist bei verschiedenen Erkrankungen der Leber und Gallenblase hilfreich.

Medikamente:

Die Tagesdosis beträgt 15 Gramm der Droge in verschiedenen Zubereitungen.

*   Tee: 2 Teelöffel angequetschte Droge mit 1 Tasse heißem Wasser aufgießen, 15 Minuten ziehen lassen, absieben. Zu den Mahlzeiten 3 mal täglich 1 Tasse trinken.
*   Carduus marianus Kapseln (Weleda)
*   Ardeyhepan® N (Ardeypharm)
*   Heplant Filmtabletten (Spitzner)
*   Legalon® Kapseln (Madaus)
*   Pascohepan novo Tropfen (Pascoe), mit Schöllkraut und Löwenzahn
*   Hepatofalk® Planta Kapseln (Falk), mit Javanischer Gelbwurz und Schöllkraut

Zu ergänzen wäre, daß **Schöllkraut** auch in der chinesischen Medizin bei Magenleiden eingesetzt wird. Die häufig verordneten Magen-Dragees werden auch bei Leber- und Gallenleiden genommen.

Weitere heilsame Pflanzen für Leber und Galle

Schon immer galt die **Artischocke (Cynara scolymus)** als wirksames Anregungsmittel für Leber und Galle. Eine solche Doppelwirkung ist sonst nur noch von der Mariendistel bekannt. Verwendet werden die Blätter.

Medikamente:

*   KNEIPP® Artischocken-Saft
*   florabio natureiner Heilpflanzensaft Artischocke (Florabio)

*   Schoenenberger® natureiner Heilpflanzensaft Artischocke
*   Cynarzym® N, Dragees (Roland), mit Schöllkraut und Boldoblättern
*   Neurochol® C, Dragees (Merck Produkte), mit Löwenzahn, Schöllkraut, Wermut.
*   Ullus® Galle-Tee N (Polypharm), mit Löwenzahn und Pfefferminze

Die javanische **Gelbwurz (Curcuma sp.)** besitzt galletreibende (cholagoge) Eigenschaften und wird bei Verdauungsbeschwerden mit Völlegefühl verordnet. Die Gelbwurz ist wichtigster Bestandteil des Curry. Dieses scharfe Gewürz ist in den Tropen vor allem deshalb so beliebt, weil es die Magensekretion deutlich

Das Schöllkraut wird in verschiedenen Kulturkreisen zur Behandlung von Leber- und Galleleiden eingesetzt. Betupfen von Warzen mit dem gelben Saft in seinem Stengel hilft recht oft.

anregt und auf diese Weise den Verdauungsvorgang beschleunigt. Gelbwurz kann bei Überdosierung und im Dauergebrauch Magenschleimhautreizungen hervorrufen.

*   Gelbwurz ist im KNEIPP® Galle- und Leber Tee N Sekretokneipp® enthalten.

Früher wurde in der Volksmedizin das **Schöllkraut (Chelidonium majus)** ▶ **giftig** als Tee oder Preßsaft bei Leber- und Galleerkrankungen ver-

129

wendet. Bis heute wird sein gelber Saft, der aus abgeschnittenen Stengeln austritt, zur Behandlung von Warzen verwendet. Die Inhaltsstoffe des Schöllkrauts besitzen vor allem eine krampflösende Wirkung.

Medikamente:

* Chelidophyt® Dragees (Galenika Hetterich)
* Cholarist® Tabletten (Steiner)

Schöllkraut ist in Kombinationspräparaten enthalten, z.B.

* Aristochol® N Tropfen (Steiner), mit Löwenzahn, Schafgarbe u.a.

Erdrauch (Fumaria officinalis) ▶ giftig ist genau wie Schöllkraut ein Mohngewächs. Die Pflanze war fast schon vergessen, aber neuere Untersuchungen zeigten die krampflösende Wirkung auf die Gallenwege. Auch die **Pestwurz** (S. 180) gehört zu den Pflanzen mit guter krampflösender Wirkung. Auszüge von Schafgarbe (S. 179 f), **Katzenpfötchen (Helichrysum arenarium)** ▶ geschützt und **Odermennig (Agrimonia eupatoria)** sind ebenfalls in Kombinationspräparaten enthalten. Auch der bereits bei Magenerkrankungen beschriebene Wermut und einige andere Bitterstoffdrogen sowie auch Löwenzahn (S. 63 f) werden zur Behandlung von Leber- und Galleleiden verordnet.

Besondere Bedeutung kommt auch dem **Rettich (Raphanus sativus)** zu. Als Heilmittel wird vor allem der Saft verwendet. Man kann ihn selbst zubereiten, indem man den Rettich reibt und dann auspreßt. Ein mittelgroßer Rettich ergibt etwa $\frac{1}{4}$ Liter Saft. R.F. Weiß rät, den Rettichsaft nach der Zubereitung einige Stunden in den Kühlschrank zu stellen, damit der beißende Geschmack gemildert wird. Eventuell kann etwas Zucker oder Honig zugefügt werden. Pro Tag werden 100 bis 150 Milliliter eingenommen, auf mehrere Einzelportionen verteilt. Selbstverständlich

130

Regelmäßiger Verzehr von Rettichen, vor allem in der hier gezeigten geriebenen Form, wirkt vorbeugend gegen Erkrankungen der Leber- und Gallenblase. Auch bei chronischer Verstopfung ist diese Maßnahme sehr hilfreich.

ist auch zu häufigem Essen von Rettich zu raten. Rettich wirkt indirekt günstig auf die Galle ein, indem er die Peristaltik des Darmes anregt.

Medikamente:

* KNEIPP® Schwarzrettich Pflanzensaft
* Schoenenberger® naturreiner Heilpflanzensaft Schwarzrettich
* florabio naturreiner Heilpflanzensaft Schwarzrettich (Florabio)

Last but not least sei noch einmal der **Löwenzahn** gelobt, der ein mildes, aber empfehlenswertes Mittel zur Behandlung funktionaler Leber-Galle-Störungen ist.

Medikamente mit verschiedenen pflanzlichen Wirkstoffen:

* Cholaktol® Dragees (Medopharm), mit Pfefferminzöl
* Taraleon® Tropfen (Zilly), mit Löwenzahn

Teemischungen:

* KNEIPP® Galle- und Leber-Tee N Sekretokneipp®, mit Pfefferminze und Javanischer Gelbwurz
* Cholosom Tee (Hevert), mit Kümmel, Javanischer Gelbwurzel u.a.
* Heumann Leber- und Galletee Solu-Hepar® NT, mit Boldoblätter, Schöllkraut u.a.
* Ullus® Galle-Tee N (Polypharm), mit Löwenzahn, Pfefferminze, Artischocke.

Blähungen, Roemheld-Syndrom

Blähungen im Oberbauch, medizinisch „Meteorismus" genannt, sind häufige Begleitumstände mangelhafter Verdauung (Dyspepsie) und können äußerst quälend sein. Magen und Darm sind daran beteiligt. Die Ursachen können meistens nicht genau abgeklärt werden. Gase entstehen bereits bei der normalen Verdauung und wahrscheinlich spielen sich außerdem Gärungsvorgänge ab, bei denen Gase entstehen. Wenn die Resorption dieser Gase durch den Darm gestört ist, kommt es zu unangenehmen Gasansammlungen im Darm.

An der Wende vom 19. zum 20. Jahrhundert wies Roemheld auf die engen Beziehungen zwischen Blähungen und dem Herz-Kreislaufsystem hin und schuf den Begriff „gastrokardialer Symptomenkomplex", heute allgemein Roemheld-Syndrom genannt. Nach R.F. Weiß sind ausgeprägte Blähungen recht häufig eine Teilerscheinung der Arteriosklerose und vielleicht des Alterns überhaupt. Auffallend oft sind bei Blähungspatienten die Gefäße zur Blutversorgung der Verdauungsorgane verkalkt, so daß Störungen beim Verdauungsvorgang unvermeidbar sind. Auch die Galletätigkeit ist in solchen Fällen oft ungenügend. Aufstoßen, Völlegefühl und Aufgetriebenheit des Magens sind die Folgen. Häufig dürfte hinter dem Symptomenkomplex der Blähungen auch eine Lebensmittelallergie bzw. -unverträglichkeit stecken (1, S. 104).

Die symptomatische Behandlung von Blähungen ist wichtig, um Koliken sowie die negativen Auswirkungen auf Stimmung, Appetit und Schlaf für den Patienten zu beseitigen. Nicht zuletzt werden Herz und Kreislauf entlastet. Pflanzliche Karminativa spielen hierbei eine entscheidende Rolle. Der sehr alte Name „Karminativum" stammt von „carminare" = reinigen. Zahlreiche Pflanzen, vor allem solche mit ätherischem Öl, helfen bei der Beseitigung von Blähungen, z.B. Kamille, Pfefferminze, Melisse und Angelika, die meistens schwerpunktmäßig für andere Verdauungsstörungen eingesetzt werden. Karminativa im engeren Sinn sind Kümmel, Fenchel und Anis, die wohl in gleichem Maße Gewürzpflanzen und Heilmittel sind. In diesem Zusammenhang sei noch einmal auf die große gesundheitsfördernde Wirkung des Würzens verwiesen (S. 49 f), vor allem auch der scharfen Gewürze wie Paprika und Chillies sowie der einheimischen „Scharfmacher", wie etwa Senf, Meerrettich und Rettich. Am Beispiel von Senf betont R.F. Weiß, daß ein senfgewürztes, fettes Eisbein schneller und gründlicher verdaut wird. Die Entleerung des Magens und die Darmpassage werden beschleunigt. Ebenso günstig wirken Bittermittel wie Enzian, Beifuß und Wermut.

Und was empfiehlt Sebastian Kneipp gegen Blähungen? Kalte Sitzbäder mit einer Temperatur bis 18° von 6 bis 10 Sekunden sowie außerdem die bewährten Heilpflanzen, von denen im folgenden berichtet wird. Die wichtigsten gehören zur Familie der Doldenblütler. Hierbei ist ein sehr wichtiger Rat von Kneipp zu befolgen: Wildwachsende Doldenblütler, wie etwa Kümmel und Engelwurz, dürfen nur von wirklich Pflanzenkundigen gesammelt werden, „er möchte sonst aus der Wiese Roßkümmel oder aus dem Walde gar

Sicher ist es einfacher, Kümmelfrüchte fertig zu kaufen. Aber es macht einfach Spaß, auch solche Gewürze im Garten selbst anzubauen. Und die Kinder sind Feuer und Flamme beim Abrebeln der reifen Kümmelfrüchte.

Schierling nach Hause tragen. Ich setze diese Worte her, weil beides sich ereignet hat." (7/I, S. 150).

Kümmel (Carum carvi)

Er kommt wildwachsend in Wiesen vor, aber für die medizinische Verwendung und für Würzzwecke wird er selbstverständlich angebaut. Kümmel dürfte wohl das älteste Gewürz unseres Kulturkreises sein. Bereits in prähistorischen Siedlungen wurden bei Ausgrabungen in den Häusern Kümmelfrüchte gefunden.

Der medizinisch wirksame Stoff ist das Gemisch aus ätherischen Ölen,

vor allem Carvon. Es ist auch verantwortlich für die Würzeigenschaften des Kümmels. Es besitzt krampflösende Eigenschaften an der glatten Muskulatur im Magen-Darm-Trakt und hat antimikrobielle Wirkung.

Medikamente:

Tagesdosis: 1,5 bis 6 Gramm Droge oder 3 bis 6 Tropfen Kümmelöl.

* Tee: Vor der Zubereitung sollten die Kümmelfrüchte frisch angequetscht werden, am besten in einem Mörser. 1 Teelöffel mit 1

Tasse heißem Wasser aufgießen, zugedeckt 5 bis 10 Minuten ziehen lassen, absieben. 3 mal täglich 1 Tasse zu den Mahlzeiten trinken.

* Kümmelöl: 2 bis 3 Tropfen in etwas Wasser zu den Mahlzeiten einnehmen
* Pascopankreat novo Tropfen (Pascoe)
* Carminativum-Hetterich N Tropfen (Galenika Hetterich), mit Kamillenblüten, Fenchel u.a.
* KNEIPP® Flatuol® Tabletten
* Meteophyt® S Tropfen (OTW)
* ratioGast Magentropfen® ratiopharm

Zahlreiche weitere Kombinationspräparate enthalten Kümmel.

Pomeranzenschalen wirken ebenfalls krampflösend auf Magen und Darm und können gegen Blähungen eingenommen werden, z.B.

* Carvomin® Magentropfen mit Pomeranze (Madaus)

Fenchel (Foeniculum vulgare)

Er gehört ebenfalls zur Familie der Doldenblütler und kommt bei uns nicht wildwachend vor. Er kann aber im Garten angebaut werden. Die karminative Wirkung ist nicht so kräftig wie beim Kümmel. Dafür ist sein Geschmack milder, so daß er auch als „Kindertee" eine lange Tradition hat, vor allem zur Behandlung von Blähungen und sonstigen Verdauungsstörungen. Seine wirksamen Bestandteile sind Fenchon und Anethol.

Medikamente:

* Tee: 1 Teelöffel gequetschter Fenchel mit 1 Tasse heißem Wasser aufgießen, zugedeckt 5 bis 10 Minuten ziehen lassen, absieben. Mehrmals täglich 1 bis 2 Tassen trinken.
* KNEIPP® Fenchel-Tee
* Gastricholan L® Tropfen (Südmedica)

Die Heimat des Anis ist der Orient. Für den Arznei- und Gewürzbedarf wird er in Indien, im Mittelmeerraum und im südlichen Rußland angebaut. In wärmeren Regionen kann er auch bei uns im Garten ausgesät werden.

Zu ergänzen wäre, daß Fenchel auch Bestandteil verschiedener Hustenteemischungen ist, da seine Wirkstoffe das Abhusten erleichtern, z.B.

* KNEIPP® Husten- und Bronchialtee, mit Schlüsselblume, Thymian, Spitzwegerich

Anis (Pimpinella anisum)

Er stammt aus dem Orient und ist mit Kümmel und Fenchel verwandt. Seine karminative Wirkung ist nicht so ausgeprägt wie bei diesen beiden Pflanzen. Aber sein zarter Geschmack prädestiniert ihn dafür, daß er auch für süße Speisen, z.B. Anisplätzchen, und zum Würzen von Feingemüse verwendet werden kann.

Medikamente:

* Tee, Zubereitung wie bei Fenchel
* Ätherisches Öl, mehrmals täglich 3 Tropfen auf 1 Stück Zucker einnehmen.

Bei den Kombinationsmedikamenten mit Anisfrüchten steht die Verwendung als Hustenmittel im Vordergrund, z.B.:

* Aspasmon® N Tropfen (Norgine), mit Pfefferminzöl und Kümmelöl

Fenchel ist eine sehr attraktive Gartenpflanze. Im ersten Jahr entwickeln sich die Blätter, die zum Würzen von Salat oder Gemüse verwendet werden können, im zweiten Jahr die Blütenstände.

Karminative Teemischungen und Tinkturen enthalten außer Kümmel, Fenchel und Anis noch Koriander. Dazu kommen oft Engelwurz, Pfefferminze, Kamille, Kalmus, Baldrian und Wermut. Wenn das Roemheld-Syndrom im Vordergrund steht, sind auch Maiglöckchen und Strophanthus enthalten.

Einige weitere Gewürze besitzen ebenfalls eine leicht karminative Wirkung, die bei häufiger, nicht zu sparsamer Verwendung durchaus zum Tragen kommt. **Koriander (Coriandrum sativum)** wird in südlichen Ländern sehr viel häufiger verwendet als bei uns. Die gemahlenen Früchte sind in Curry enthalten. In manchen Ländern werden seine frischen Blätter, Cilantro genannt, etwa so häufig zum Würzen verwendet wie bei uns die Petersilie. Basilikum und Beifuß sind ebenfalls vorbeugend für Verdauungsbeschwerden und Blähungen hilfreich. Und noch einmal sei Paprika empfohlen.

Blähungen sind häufig mit langwierigen Oberbauchbeschwerden und Beteiligung des Herz-Kreislauf-Systems verbunden, medizinisch häufig mit dem Ausdruck „Dyspepsien" umschrieben. Gerade bei diesem funktionellen Symptomenkomplex sind Heilpflanzen eine wahre Wohltat.

Koriander ist botanisch mit Fenchel, Anis und Kümmel verwandt und hat auch ähnliche Wirkungen als Karminativum. Eine Mischung aus allen 4 Drogen ist erfahrungsgemäß am wirksamsten.

Zwei „Volkskrankheiten": Durchfall und Verstopfung

Durchfall daheim und unterwegs

Etwa 30% der Bevölkerung in Deutschland leiden mindestens einmal pro Jahr an Durchfall, heißt es in einer Broschüre des Bundesverbandes der Allgemeinärzte. Die Ursachen sind recht unterschiedlich. In problematischen Lebenssituationen „macht man sich vor Angst in die Hose", das heißt, mancher Durchfall hat psychische Ursachen. Meistens sind jedoch verschiedene mehr oder weniger harmlose Bakterien oder Viren daran schuld. Der Spezialist für Naturheilverfahren, Professor Dr. Volker Fintelmann, sieht eher die guten Seiten dieser „Selbstreinigung", nämlich daß der Körper versucht, die Krankheitserreger möglichst schnell loszuwerden. Allgemeinärzte behandeln die „banalen" Durchfälle hauptsächlich symptomatisch. Oft muß der Durchfall gar nicht behandelt werden, sondern es genügt,

wenn sich der Patient schont und viel trinkt.

Problematischer sind bisweilen die Reise-Durchfälle, unter dem Namen „Montezumas Rache" bekannt. Deshalb raten Ärzte, daß Reisende stets ein Medikament gegen Durchfall in ihrer Reiseapotheke haben sollen. Meistens hätte man den Reisedurchfall vermeiden können, wenn man sich nach dem guten, alten, genialen Spruch der Engländer gerichtet hätte „Cook it, peel it or forget it" (= Koche es, schäle es oder vergiß es). Das bedeutet aber konsequenten Verzicht auf das herrliche Salatbüffet im Hotel. Getränke sollten heiß (abgekocht) sein oder unmittelbar aus der Flasche kommen.

Medikamente gegen Durchfall enthalten häufig den Wirkstoff Loperamid, der den Darm ruhig stellt. Die Ursachen werden dadurch nicht beseitigt, aber man kann wenigstens einen wichtigen Termin wahrnehmen oder die Reise fortsetzen, ohne unangenehm aufzufallen. Ähnlich wirken Medikamente aus der Wurzel der **Uzarapflanze (Xysmolobium undulatum)**. Diese Droge stammt aus dem südlichen Afrika und wird dort von Medizinmännern gegen Durchfall eingesetzt. Sie enthält Herzgly-

coside und ist zur Selbstmedikation nicht geeignet. Das gleiche gilt für die Ruhigstellung des Darms mit Opium, dem Wirkstoff aus dem Schlafmohn. Diese Therapie sollte nur bei schweren, durch keine andere Maßnahme zu stoppenden Durchfällen eingesetzt werden.

Eine weitere Behandlungsmöglichkeit ist medizinische Kohle, die oft auch aus Pflanzen hergestellt wird (z.B. Kaffeekohle). Hierbei werden Bakteriengifte und Gärungsprodukte an der großen Oberfläche mit ihrem starken Absorbtionsvermögen gebunden und dann mit der Kohle ausgeschieden. Eine andere Möglichkeit, Krankheitsstoffe zu binden, ist die Zufuhr von quellfähigen Substanzen, die zum Beispiel aus Apfelpektin, Karotten, Johannisbrot, Zitrusfrüchten oder Flohsamen (Plantago ovata) hergestellt werden. Sie binden Bakteriengifte. Der Verzehr geriebener Äpfel und geriebener Karotten hat in der Volksmedizin eine lange Tradition. In getrockneter Form wirken sie noch sicherer.

Nicht vergessen werden sollte, daß vor allem bei länger anhaltenden Durchfällen die Zufuhr von viel Flüssigkeit, Salzen (= Elektrolyte) und Traubenzucker angezeigt ist.

Und was rät Sebastian Kneipp?

Hartnäckige Krämpfe der Darmmuskulatur werden mit heißen Sitzbädern (38° bis 45°) gelöst. Zur Beachtung: Gemeint ist hier nicht ein Vollbad, bei dem nur der Kopf aus dem Wasser schaut, sondern wirklich ein Sitzbad, bei dem nur der Unterkörper im heißen Wasser steckt. Außerdem rät Kneipp zum Trinken von Tee aus der Eichenrinde, täglich 2 Tassen, womit wir bei den Gerbstoffdrogen wären.

Gerbstoffdrogen

Eichenrinde

Die Droge besteht aus der im Frühjahr gesammelten und getrockneten Rinde der Traubeneiche (Quercus petraea) und der Stieleiche (Qu. robur). Außer dem hohen Gerbstoffgehalt besitzt die Droge noch entzündungehemmende Flavonoide.

*   Tee: $\frac{1}{2}$ Teelöffel feingeschnittene oder grobgepulverte Droge mit 1 Tasse kaltem Wasser ansetzen, kurz aufkochen, 5 Minuten ziehen lassen, absieben. 2 bis 4 mal täglich 1 Tasse vor den Mahlzeiten warm trinken.

Dieser Tee wird auch zum Spülen bei entzündeter Mundschleimhaut, bei Frostbeulen, Entzündungen im Anal- und Genitalbereich sowie bei nässenden Dermatosen verwendet (S. 149 f).

Blutwurz, Tormentill (Potentilla erecta)

Allgemeine Informationen:

Die Blutwurz wächst einerseits auf moorigen Böden, andererseits in sandigen Kiefernwäldern, also auf sauren Böden. Sie ist ein Rosengewächs mit unscheinbaren gelben Blüten. Verwendet wird der Wurzelstock. Er hat schon frühzeitig das Interesse heilkundiger Menschen ge-

Blutwurz wird volksmedizinisch bei allen Erkrankungen eingesetzt, bei denen eine Zufuhr starker Gerbstoffe hilfreich ist.

weckt, denn er hat einen blutroten Kern. Nach der Signaturenlehre war er demnach als Mittel zum Blutstillen prädestiniert und wurde bei blutenden Wunden und auch bei Darmblutungen, die häufig im Zusammenhang mit schweren Durchfällen auftreten, verwendet.

Inhaltsstoffe, Wirkung und Anwendung

Der getrocknete Wurzelstock enthält zu ca. 15% ein Gemisch aus Gerbstoffen. Auch der typische rote Farbstoff ist ein Gerbstoff. Die Gerbstoffe besitzen eine adstringierende (zusammenziehende) Wirkung. Außer als Mittel gegen Durchfall werden Zubereitungen aus der Blutwurz auch zum Spülen bei Halsentündungen und entzündeter Mundschleimhaut angewendet.

*   Tee: 1 Teelöffel zerkleinerte Droge mit 1 Tasse kaltem Wasser ansetzen, kurz zum Sieden erhitzen und absieben. 3 bis 4 mal täglich 1 Tasse trinken. Hört der Durchfall nach 3 Tagen nicht auf, muß die Ursache diagnostisch abgeklärt werden.

Nebenwirkungen: Bei empfindlichen Personen können wegen des hohen Gerbstoffgehalts Magenreizungen auftreten.

Medikament:

*   Tinctura Tormentillae (1:10)

Mehrmals täglich, bei akuten Zuständen evtl. stündlich 10 bis 30 Tropfen in 1 Likörglas Wasser einnehmen.

Medikament:

* ratioGast Durchfallkapseln®

Heidelbeere (Vaccinium myrtillus)

Allgemeine Informationen:

Deutlich muß zwischen der leicht abführenden Wirkung frischer Heidelbeeren und der stopfenden Wirkung der getrockneten Früchte unterschieden werden. Die abführende Wirkung tritt vor allem auf, wenn traditionsgemäß frische Heidelbeeren mit Zucker und Milch gegessen werden. Der dadurch möglicherweise entstehende Durchfall legt sich von selbst wieder. Man kann ihn meistens dadurch verhüten, daß man die frischen Heidelbeeren nicht mit Milch, sondern mit Quark verrührt. Der Durchfall beruht auf den frischen Fruchtsäuren, der groben Zellulose

In getrockneten Heidelbeeren sind milde Gerbstoffe enthalten, die auch für durchfallkranke Kinder bekömmlich sind.

in den Schalen und den kleinen, harten Samen.

Inhaltsstoffe und Verwendung:

Die getrockneten Heidelbeeren enthalten Gerbstoffe, wodurch die Darmschleimhaut gefestigt wird. Der bekannte schwarzblaue Farbstoff verbindet sich sehr innig mit der Darmschleimhaut und hemmt das Wachstum von Krankheitserregern.

Fertigarzneimittel aus der Heidelbeere sind nicht bekannt.

* Verwendet wird eine Abkochung aus den getrockneten Beeren: 3 gehäufte Eßlöffel mit $^1\!/_2$ Liter kaltem Wasser übergießen, 10 Minuten kochen, absieben. Mehrmals täglich 1 Tasse trinken.

Klingt der Durchfall in 3 Tagen nicht ab, muß die Ursache geklärt werden.

Weitere Gerbstoffdrogen sind „ganz normaler" **Schwarzer Tee**, wenn er 10 bis 15 Minuten gezogen hat. In dieser Form kann er gegen Durchfälle und sogar für Umschläge bei Hauterkrankungen verwendet werden, wenn eine adstringierende Wirkung erzielt werden soll. Wenn aber der Schwarze Tee als anregendes Getränk gedacht ist, dann sollten Personen, deren Magen gegen Gerbstoffe empfindlich ist, den Schwarzen Tee

höchstens 3 bis 5 Minuten ziehen lassen. Durch längeres Stehen des heißen Wassers auf den Blättern wird der Tee nicht „stärker" im Sinne des Muntermachens. Das Teein, das für diesen Effekt verantwortlich ist, geht nämlich schon in kürzester Zeit in die Lösung.

Tee aus getrockneten **Brombeerblättern** hat eine lange Tradition zur Behandlung leichterer, unspezifischer Durchfälle:

* Tee, Tagesdosis 4 bis 5 Gramm Droge:

1 gehäufter Teelöffel mit 1 Tasse kochendem Wasser übergießen, 10 bis 15 Minuten ziehen lassen, absieben. Mehrmals täglich 1 Tasse zwischen den Mahlzeiten trinken. Wie bei den meisten Gerbstoffdrogen ist dieser Tee auch zum Spülen bei entzündetem Zahnfleisch geeignet.

Die Blätter der **Walderdbeere (Fragaria vesca)** enthalten bis zu 10 % Gerbstoff. Wenn Erdbeerblätter für Hausteemischungen verwendet werden sollen, ist es ratsam, recht junge Blätter zu sammeln. Sollen die Erdbeerblätter als Gerbstoffdroge eingesetzt werden, z.B. gegen Durchfall oder zum Spülen bei entzündeter Mundschleimhaut, werden ältere Blätter gesammelt.

Getrocknetes Kraut des **Frauenmantels (Alchemilla vulgaris, A. xanthochlora)** und **Gänsefingerkraut (Potentilla anserina)** sind ebenfalls Gerbstoffdrogen mit langer Tradition. Beide Drogen sind in mehreren Teemischungen enthalten. Sebastian Kneipp nennt das Gänsefingerkraut „Anserine" und empfiehlt es bei Krämpfen und Koliken im Darm oder

Walderdbeeren bilden einen wunderschönen Bodendecker im naturnahen Garten. Sebastian Kneipp empfahl die Früchte sehr, während er gegenüber Gartenerdbeeren ziemlich skeptisch war.

Unterleib. „Keine Familienmutter", so rät er, „sollte es unterlassen, einen hinlänglichen Vorrat solchen Krautes zu sammeln und zu trocknen" (7/I, S. 151). Gänsefingerkraut und Frauenmantel werden auch in der Frauenheilkunde eingesetzt (S: 178).

Zu ergänzen wäre, daß pflanzliche Heilmittel auch bei chronisch-entzündlichen Darmerkrankungen und infektbedingtem Durchfall zumindest als begleitende Therapie eine gewisse Rolle spielen. Hier ist jedoch gut zu überlegen, welche Wirkung erzielt werden soll:

◆ Zusammenziehen der Schleimhaut
◆ Krampflösung
◆ Ruhigstellung
◆ Entfernen von Blähungen
◆ Entzündungshemmung
◆ Quellstoffe zur Anlagerung von giftigen Ausscheidungen der Krankheitskeime.

Je nach gewünschter Wirkung müssen die Drogen, Teemischungen oder Pflanzenarzneien nach sorgfältiger Überlegung ausgewählt werden.

Bei bestimmten Typen des Durchfalls werden verschiedene Bakterien oder Hefepilze bzw. deren Stoffwechselprodukte gegeben. Dies ist vor allem dann der Fall, wenn der Durchfall durch Anwendung von Antibiotika oder sonstigen Medikamenten auftritt, die beispielsweise bei schweren Darmkrankheiten, wie etwa Morbus Crohn, verordnet werden.

Akute und chronische Verstopfung

Dies ist ein Thema, über das Betroffene – und es gibt wahrlich sehr viele! – nicht gerne sprechen. Dies ist der Fall, nicht nur weil es „peinlich" ist, sondern auch weil gleich der erhobene Zeigefinger droht und weil unterstellt wird, daß man selbst schuld ist. In Wirklichkeit gibt es Menschen, bei denen auch mit der allerdümmsten Ernährung die Ausscheidung prächtig funktioniert,

Verschiedene Meldengewächse, hier der Gute Heinrich, gedeihen in Dörfern, an Scheunen und auf sonstigem ungenutztem Land. Sie wurden gesammelt und als Gemüse zubereitet. Ihre abführende Wirkung wurde sehr geschätzt.

während andere von Kindesbeinen an Probleme haben. Sie haben „von Natur aus einen Darm zweiter Wahl", wie es ein mir befreundeter Kneipp-Arzt einmal ausdrückte. Häufig liegt die Ursache der Verstopfung oder umgekehrt, die Neigung zu Durchfall nicht beim Darm selbst, sondern beim vegetativen Nervensystem, das die unbewußten und vom Willen nicht beeinflußbaren Körperfunktionen steuert. Bei manchen Personen nimmt offenbar das vegetative Nervensystem die Darmtätigkeit nicht wichtig genug. Es sei daran erinnert, daß wir uns schon mit der Frage beschäftigt haben: Dein vegetatives Nervensystem – dein Schicksal? Dennoch muß auch in solchen Fällen die Behandlung der Verstopfung bei der Aktivierung des Darmes beginnen.

Verstopfung ist auch nichts Neues. Bereits im alten Ägypten, ca. 1600 v.Chr., gab es eine eigene Gottheit, die für den regelmäßigen Stuhlgang verantwortlich war, und der Chefmedikus der Hofärzte hatte den Titel „Hüter des königlichen Stuhlgangs". Auch im antiken Griechenland kannte die Medizin eine ganze Reihe höchst drastischer Mittel zum Abführen, vor allem zur alljährlichen blutreinigenden Frühjahrskur. Bei Hilde-

gard von Bingen, also im Mittelalter, gibt es ebenfalls zahlreiche Rezepte gegen Verstopfung, z.B. die **Melde (Atriplex hortensis)**, die im Volksmund bis ins 20. Jahrhundert (mit Verlaub) Sch...melde hieß. Sie kann übrigens im Garten ausgesät werden. Die moderne Hildegard-Medizin verordnet Ingwer-Kekse in Anlehnung an ein von der heilkundigen Äbtissin überliefertes Rezept.

Auch Sebastian Kneipp berichtet über drastische Anwendungen, die von den Betroffenen praktiziert wurden, wobei er von Leuten erzählt, die 6 Liter Wasser am Tag tranken, um den Stuhlgang weicher zu machen. Außerdem berichtet er von einem Bader, der seine Patienten mit abgekochtem Gänsedreck zu kurieren versuchte. Und wie üblich bringt er das Problem auf den Punkt:

„Ist der Stuhlgang geregelt, so hat man das erste Zeichen der Gesundheit; ist der Stuhlgang ungeregelt, so ist's ein Zeichen einer beginnenden Krankheit; und wird einem ungeregelten Stuhlgang nicht abgeholfen, so geht man früher oder später einer schweren Krankheit, vielleicht dem frühen Tode entgegen." (7/I, S. 269)

Eine Statistik besagt, daß 20% aller Männer und 40% aller Frauen unter

Blühende Schlehenhecken prägen oft im Vorfrühling eine intakte Kulturlandschaft. Zur milden Behandlung von Verstopfung werden die Blüten und Blätter als Tee gegeben. Die Blüten werden unmittelbar nach dem Aufblühen geerntet, also Ende März/Anfang April, die jungen Blätter gleich nach dem Abblühen.

Verstopfung leiden und daß im Rentenalter die Hälfte aller Frauen mit Abführmitteln „nachhilft". Und damit sind wir bei einem wichtigen Faktor: Heute leiden tatsächlich mehr Patienten an chronischer Verstopfung als früher, denn dieses Darmproblem tritt bei vielen Menschen in jüngeren Jahren noch nicht auf, sondern, speziell bei Frauen, erst jenseits der Menopause. Die Lebenserwartung hat sich, einer neueren Statistik zufolge, seit 1871 mehr als verdoppelt. Deshalb gibt es zwangsläufig mehr Menschen, die an Verstopfung leiden. Diese Art der Verstopfung, die vor allem in fortgeschrittenerem Alter auftritt, ist nicht unbedingt auf falsche Ernährung zurückzuführen, aber andererseits ist nur durch eine konsequente Umstellung der Ernährung mit Betonung der Ballaststoffe eine Besserung zu erzielen.

Bewegungsmangel ist häufig ebenfalls an der Entstehung einer Verstopfung beteiligt. Auch hier gilt es Abhilfe zu schaffen.

Zu den wichtigsten Ursachen dafür, daß sich eine vielleicht zunächst leichte Verstopfung zu einer schweren chronischen entwickelt, ist der Gebrauch von Abführmitteln. Hierbei ist es ohne Bedeutung, ob es sich um chemische oder pflanzliche Mittel handelt. Gerade bei chronischer Verstopfung besteht die Gefahr des Dauergebrauchs von Abführmitteln. In letzter Zeit wurde mehrfach besorgt auf die gravierenden Folgen hingewiesen. Besonders der chronische Reizzustand des Dickdarmes, Laxativ-Kolon genannt, macht Beschwerden und schädigt die gesunde Darmflora. Dazu kommt der dauernde Flüssigkeitsverlust und der Verlust an Elektrolyten, vor allem Kalium, durch die Erzeugung dünnflüssiger Darmentleerungen. Dies kann bis zu Schwäche- und Lähmungserscheinungen der Muskulatur führen. Bei mechanisch wirkenden Mitteln, wie etwa Kleie, Leinsamen und sonstigen Ballaststoffen, ist diese Gefahr nicht gegeben. Deshalb sind sie zur Selbstmedikation besonders gut geeignet.

Sebastian Kneipp rät zu verschiedenen Wasseranwendungen, wie etwa kalte Kniegüsse. Beim Aufstehen oder Schlafengehen soll der Patient den Unterleib kräftig mit einer Handvoll Wasser waschen. Er rät zum eßlöffelweisen Einnehmen von Wasser, vormittags halbstündlich, nachmittags stündlich. An Heilpflanzen nennt er den Tee aus Schlehenblüten, aus abgekochten grünen Holunderblättern ▶ **giftig** oder aus Holunderblüten und, sehr sparsam zu verwenden, Trockenextrakte aus der Aloe ▶ **giftig**. Sehr zu recht betont Kneipp bei der Aloe die sparsame Verwendung, denn sie ist eine stark wirkende Pflanze.

Und hier sind wir gleich bei einem Dilemma, das R.F. Weiß sinngemäß folgendermaßen schildert: Die Zahl der abführend wirkenden Arzneipflanzen ist außerordentlich groß. Praktisch brauchbar sind nur wenige. Bei manchen ist die Abführwirkung zu gering oder zu ungleichmäßig, umgekehrt ist bei anderen die Wirkung zu drastisch und von Allgemeinstörungen begleitet, die fast schon toxisch zu nennen sind.

Pflanzen mit abführenden Inhaltsstoffen

Rizinus (Ricinus communis)
▶ **Samen sehr giftig**

Das Rizinusöl ist ein altbekanntes Mittel, das bei höherer Dosierung bereits nach 2 bis 4 Stunden zur Darmentleerung führt. Es zählt zu den sogenannten „Drastika" und wird heutzutage nur noch dann verwendet, wenn es aus medizinischer Sicht nötig ist, den Darm rasch und gründlich zu entleeren, wie etwa vor Operationen. Der Rizinus, auch Wunderbaum genannt, wird bisweilen als Zierpflanze in Gärten und Parks angepflanzt. Hierbei ist zu beachten, daß seine hübschen, glänzenden Samenkörner hochgiftig sind.

Senna (Cassia sp.)
▶ **schwach giftig**

Die beiden medizinisch genutzten Sennes-Arten stammen aus Indien bzw. Afrika. Verwendet werden die Blätter und die Schoten. Wirksam sind die Anthrachinonglykoside, die vorwiegend auf den Dickdarm wirken. Bei höherer Dosierung kann es zu heftigen Koliken, Übelkeit und

Hier ist die gelbblühende Sennespflanze zu sehen. Ihre Blätter zählen zu den sichersten drastischen Abführmittel. Die Früchte wirken milder. Links eine weitere abführende Pflanze: der Medizinische Rhabarber.

Erbrechen kommen. Durch Entharzung kann man die kolikerzeugende Wirkung verringern. Während der Schwangerschaft darf Senna nicht gegeben werden.

Es gibt zahlreiche Zubereitungen aus der Senna. Die Anwendung sollte nach Professor Volker Fintelmann auf kurze Zeiträume, maximal 1 bis 2 Wochen, beschränkt werden (17, S. 211). Das bedeutet, man kann sie eventuell auf Reisen, bei Kuren zur Gewichtsreduktion oder ähnlichen Anlässen einsetzen.

Medikamente:

* KNEIPP® Abführ-Tee N, enthält außer Sennesfrüchten noch Schlehdornblüten und Pfefferminzblätter
* Bekunis Kräuter-Dragees N (roha)
* Bekunis Instant Tee (roha)
* Agiolax® Granulat (Madaus), mit Flohsamen und Sennesschoten
* Depuran® N Kapseln (Woelm Pharma).

Hinweise auf Nebenwirkungen beachten!

Rhabarber (Rheum palmatum, R. officinale)
▶ **leicht giftig**

Es handelt sich hierbei nicht um den Gartenrhabarber, aus dem Kompott zubereitet wird, sondern um den Medizinalrhabarber. Verwendet wird die Wurzel. Die abführende Wirkung wird durch Anthrachinone erzeugt, wenn die Droge in höherer Dosierung gegeben wird. Die Wurzel enthält außerdem Gerb- und Bitterstoffe, die bei niedriger Dosierung zum Tragen kommen. Sie ist dann ein leichtes Tonicum amarum. Wie bei allen Anthrachinondrogen sollte

Rizinus ist eine raschwüchsige, attraktive Gartenpflanze. Unbedingt müssen Kinder darauf aufmerksam gemacht werden, daß die braunen, glänzenden Samen hochgiftig sind.

138

Die Rinde des Faulbaums wird seit altersher als Abführmittel eingesetzt. Auch bei Faulbaumrinde wird dringend vom Dauergebrauch abgeraten und während der Schwangerschaft dürfen stark abführende Mittel nicht verwendet werden.

auch Rhabarberwurzel nur kurzfristig angewendet werden. Die Droge kann als Tee zubereitet werden. Außerdem ist sie in einigen Kombinationspräparaten enthalten.

Faulbaumrinde wird von einer einheimischen Art **(Rhamnus frangula)** und einem amerikanischen Faulbaum gewonnen. Hierbei sind Anthranoide die wichtigsten Inhaltsstoffe, die ähnlich wirken wie die Inhaltsstoffe der Sennespflanze. Es entsteht ein weicher Stuhl.

Die Droge wird als Tee eingesetzt. Außerdem ist Faulbaumrinde in einigen Kombinationspräparaten enthalten.

Die getrockneten Früchte des **Kreuzdorns (Rhamnus cathartica)** wirken ebenfalls durch ihren Gehalt an Anthranoiden abführend. Diese Wirkung ist seit Jahrhunderten bekannt, was aus dem wissenschaftlichen Artnamen „cathartica" = „reinigend, abführend" hervorgeht. Verwendet werden die getrockneten Beeren, die als Tee zubereitet werden, Tagesdosis 3 bis 5 Gramm Droge.

* 2 Teelöffel der zerkleinerten Droge mit 1 Tasse kochendem Wasser übergießen, 10 Minuten ziehen lassen, absieben, abends 1

bis 2 Tassen trinken. Kein Dauergebrauch.

Aloe (Aloe sp.)
▶ **giftig**

Zwei Arten werden seit altersher als Abführmittel verwendet. Die Aloe stammt aus Afrika. Mehrere Anwendungsbereiche sind bereits bei Hildegard von Bingen beschrieben, vor al-

lem Kopfschmerzen und Gelbsucht. Jahrhundertelang stand die Aloe im Blumentopf an einem sonnigen Platz bei den Bauernhäusern und sie wurde auch medizinisch verwendet, wenn ein drastisches, sicheres Abführmittel gebraucht wurde. Das war gar nicht so selten der Fall, denn man hatte die Vorstellung, daß bei oder nach schweren Krankheiten der Körper „gereinigt und ausgeputzt" werden mußte. Sebastian Kneipp hat ebenfalls die Aloe in seinem Repertoire, wobei er bereits zu fertig zubereitetem Aloepulver aus der Apotheke rät. Auch mit der verordneten Menge ist er recht zurückhaltend: 2 mal täglich eine Messerspitze.

Außer den Anthranoiden enthält Aloe Bitterstoffe, so daß neben ihrer Wirksamkeit als Abführmittel auch die tonische Komponente für den Magen sowie die Förderung der Gallesekretion zum Tragen kommt. Aloe ist bei den Anthranoiddrogen diejenige mit der stärksten Wirkung. Sie sollte nicht längerfristig angewendet werden.

Die Aloe ist eine Pflanze, die aus Afrika stammt. Dennoch ist sie bereits im Pflanzenrepertoire der Hildegard von Bingen aufgeführt. Kneipp rät mit Recht zu großer Vorsicht bei der Anwendung.

Wirkungen und Nebenwirkungen von Anthrachinon- und Anthranoiddrogen

◆ Die Peristaltik des Darmes wird gesteigert
◆ Die Resorption von Salzen und Wasser wird gebremst, wodurch das Wasser im Darm bleibt
◆ Es kommt im Darm zu einer Steigerung der Schleimproduktion.

Diese drei Wirkungen sind für den gewünschten abführenden Effekt verantwortlich.

Folgende unerwünschte Nebenwirkungen treten bei Dauergebrauch auf:

◆ Verlust an Salzen (Elektrolyten), vor allem Kalium, wodurch Muskelschwäche und Herzrhythmusstörungen auftreten können
◆ Lokale Reizung und Entzündung in der Anal- und Enddarmregion
◆ Entzündliche Veränderung der Dickdarmschleimhaut

Während der Schwangerschaft, der Stillzeit und der Menstruation dürfen diese Mittel nicht genommen werden, weil sie zu Krämpfen des Uterus führen können. Auch Hämorrhoiden und Analfissuren sind Kontraindikationen. Allerdings wird bei diesen Erkrankungen bisweilen kurzfristig ein Anthranoidmedikament gegeben, um den Darm zu entleeren.

140

Fazit: Die sehr sicher wirkenden Anthranoid-Laxantien setzen einen Circulus viciosus in Gang, der letztlich die chronische Verstopfung wieder verstärkt.

Damit der Darm etwas zu tun hat

„Kleie gehört nicht auf den Teller, sondern in den Schweinetrog", sagten sinngemäß namhafte Ernährungswissenschaftler noch im ersten Drittel des 20. Jahrhunderts. Die Kleie der Getreidekörner sowie andere Ballaststoffe würden Magen und Darm belasten, hieß es, wichtig sei allein, daß die Speisen „nahrhaft" sind. Der abwertende Begriff „Ballast" stammt noch aus jener Zeit. Diesbezüglich war Sebastian Kneipp wie so oft seiner Zeit weit voraus. Er schreibt: „Ein gesundes, kraftbringendes Brot kann aber nur von einem Mehl gebacken werden, das alle Bestandteile des Getreides enthält." Er empfiehlt Kleiebrot und Vollkorngebäck und lehnt „süße Schleckereien" ab.

Inzwischen haben die Ballaststoffe Karriere gemacht, aber einen passenden Namen mit positiven Image hat noch niemand für sie gefunden, denn auch der Begriff „Faserstoffe", der bisweilen gebraucht wird, trifft nicht den Kern.

Ballaststoffe stammen ausschließlich aus pflanzlicher Nahrung und es sind Struktursubstanzen der Pflanzenzellen. Entscheidend ist, daß unser Verdauungssysystem keine Enzyme besitzt, um die großen Moleküle, aus denen diese Stützstoffe bestehen, zu zerkleinern. Ballaststoffe sind keine einheitliche Stoffgruppe. Die wichtigsten Ballaststoffe sind:

◆ Zellulose
◆ Hemizellulosen
◆ Pektin
◆ Lignin

Zellulose und Hemizellulose kommen vor allem in den äußeren Schichten des Getreidekorns vor. Sie sind das, was man unter Kleie versteht. Pektin ist besonders im Obst enthalten. Es ist außerordentlich quellfähig und wird deshalb auch als Gelierhilfe bei der Marmeladeherstellung und für Nachspeisen verwendet. Lignin ist der Stoff, aus dem das Holz besteht. Es kommt in den Außenschichten der Getreidekörner vor und in den Zellwänden von Gemüse, und zwar je älter das Gemüse ist, desto mehr, und manche überreife Gemüse können richtig „holzig" sein.

Nun die Frage: Was geschieht mit den Ballststoffen im Darm? Sie wandern unverändert durch Magen und Dünndarm, weil wir keine Enzyme besitzen, durch die sie gespalten werden können. Aber dann im Dickdarm! Ein Heer von Bakterien stürzt sich auf sie und diese winzigen Mitglieder unserer Darmflora bauen einen großen Teil der Ballaststoffe ab, besonders aus Obst und Gemüse. Das geht nicht ganz sang- und klanglos vor sich, denn es entstehen dabei außer Fettsäure auch Gase. Das ist besonders bei Hülsenfrüchten wohlbekannt. Würzen mit Kümmel oder Fenchel, beides hervorragende Karminativa, ist in diesen Fällen sehr wichtig. Die Ballaststoffe der Getreide sind diesem Prozess weniger stark unterworfen und deshalb zur regelmäßigen, alltäglichen Versorgung besonders gut geeignet. Wer allerdings an eine ballaststoffreiche Nahrung nicht gewöhnt ist, bekommt meistens zunächst auch durch Getreidezellulose erhebliche Blähungen, besonders beim Müsli. Hier wäre das Würzen mit 2 Messerspitzen Anis anzuraten. Meistens gewöhnt sich der Darm an die kernige Ernährung, aber mancher Darm lernt es leider nie. Das muß respektiert werden.

Wie die Ballaststoffe wirken

Forschungen an der Universität San Antonio, Texas, haben ergeben, daß Obstpektin vorbeugend gegen Dickdarmkrebs wirkt. Außerdem tragen Ballaststoffe indirekt zur Senkung der Cholesterin- und Blutfettwerte bei, indem sie Gallensäuren binden, aus dem Körper schleusen und sie damit der Rückresorption entziehen. Aus den Gallensäuren, die der Darm wieder aufnimmt, wird nämlich Cholesterin aufgebaut. Haferkleie wirkt diesbezüglich am effektivsten.

Soll die Aufnahme von Ballaststoffen zum Zwecke der Darmregulierung erfolgen, sollte sie außer denen in Obst und Gemüse mindestens 15 Gramm Getreideballaststoffe pro Tag betragen. Diese sind in 180 Gramm Roggenvollkornbrot oder 210 Gramm Weizenvollkornbrot enthalten. Weizenkleie weist ein besonders günstiges Verhältnis von Kalorien zu Ballaststoffen auf. 10 Gramm Ballaststoffe sind in etwa 20 Gramm Kleie enthalten, das sind ca. 4 Eßlöffel. Dies entspricht nur 45 kcal. Haferkleie besitzt etwas mehr Kalorien. Zur Beachtung: Mit jeder Kleieportion müssen mindestens 250 Milliliter Flüssigkeit aufgenommen werden und zwar sofort nach dem Kleieverzehr, bei einer Gesamtflüssigkeitsaufnahme von ca. 2 Litern pro Tag. Unterbleibt die Flüssigkeitszufuhr, können sich Kleiepfropfen im Darm bilden, was im ungünstigsten Fall zum Darmverschluß führen kann.

Trockenfrüchte sind sehr reich an Ballaststoffen, allerdings auch sehr kalorienreich. Hingegen sind die am häufigsten als Rohkost verzehrten Gemüse, wie etwa Kopfsalat, Tomaten und Gurken besonders ballaststoffarm.

Rezept zur Darmregulation:

1 Eßlöffel ganze Leinsamen
2 Eßlöffel Weizenkleie
1 Eßlöffel Haferkleie

mit 200 bis 250 g Yoghurt anrühren, mit etwas Honig oder Marmelade süßen, eventuell etwas zerkleinertes Obst hinzufügen. Unbedingt 1 bis 2 Tassen Tee (oder ein anderes Getränk) nachtrinken.

Diese kleine Mahlzeit entspricht (ohne Obst) etwa 270 Kcal (1130 KJ). Sie kann das Frühstück ersetzen. In hartnäckigen Fällen muß eine solche

Die hier gezeigten Zutaten werden zusammengemischt und ergeben ein sättigendes Frühstück. Eventuell noch einmal als zweites Frühstück essen! Täglich gegessen, kann man fast dafür garantieren, daß es mit dem Stuhlgang klappt.

Leinsamen-Kleie-Yoghurt-Speise dreimal am Tag eingenommen werden.

Leinsamen

Die Leinsamen stammen vom Lein oder Flachs (Linum usitatissimum). Sie werden im reifen Zustand medizinisch verwendet. Man kann sie nicht eigentlich als Abführmittel bezeichnen, sondern sie sind ein Gleit- und Füllmittel. Sie enthalten 5 bis 6% Schleim, 30 bis 40% fettes Leinöl und 20% Eiweiß. Leinsamen besitzen eine hohe Quellfähigkeit. Bei chronischer Stuhlverstopfung müssen sie im Darm aufquellen. Wirklich erst im Darm! Das heißt, sie werden vor der Einnahme nicht eingeweicht. Am besten wird die ganze Droge oder der „fein aufgebrochene" Leinsamen verwendet, jedenfalls nicht die gemahlene Variante. Der Leinsamen wird möglichst auch nicht zerkaut.

Medikament:

* Linusit® Creola Leinsamen (Smith-Kline Beecham OTC Medicines)

2 bis 3mal täglich einen Eßlöffel mit mindestens 150 Milliliter Flüssigkeit einnehmen. Empfehlenswert sind hierfür fettarme Milch, Tee, Brühe, Saft oder Wasser. Der Leinsamen

kann auch in Kompott eingerührt werden, aber dann sofort essen, nicht quellen lassen!

Linusit wird aus einer Spezialzucht für Leinsamen gewonnen. Eine gleichbleibende Wirkstoffqualität ist gewährleistet, aber auch andere Fabrikate sind in der Regel von guter Qualität.

Flohsamen

Sie stammen aus einer in Südeuropa und Indien vorkommenden Wegerichart (Plantago afra). Vor allem in Italien spielt der Flohsamen etwa die gleiche Rolle wie bei uns der Leinsamen.

Verwendet wird die ganze oder zerkleinerte Droge, Tagesdosis 10 bis 30 Gramm.

Medikamente:

* Psyllium-Kneipp®,

* KNEIPP® Abführ Herbagran® Granulat

* Agiolax® Granulat (Madaus), mit einem Zusatz aus Sennesfrüchten

Flohsamen ist mit unserem Spitzwegerich verwandt. Seine Heimat ist das westliche Mittelmeergebiet. Er wird für medizinische Zwecke in Frankreich und Spanien angebaut.

Zu ergänzen wäre, daß außer den besprochenen Abführmitteln auch zum Beispiel Paraffinöl als Gleitmittel angewendet wird. Karlsbader Salz wirkt durch sein Sulfat-Ion, das die Resorption von Wasser in den Darm verhindert. Viel empfohlen wird derzeit Lactulose, ein Präparat, das von Milchzucker (Lactose) abgeleitet ist und auch einen gewissen Prozentsatz an Milchzucker enthält. Wie schon erwähnt, vertragen manche Menschen den Milchzucker schlecht. Es wurde bereits geraten, ihn in Kamillentee einzurühren (S:). Zu ergänzen wäre, daß die Behandlung mit Lactulose von Dr. Bircher eingeführt wurde, dem Erfinder des „Müsli". Patienten mit Verstopfung bekamen in seiner Kurklinik jeden Morgen eine gewisse Portion Lactulose ins Müsli eingerührt.

Was kann man noch tun? Jene Maßnahmen, die Kneipp mit dem Begriff „Ordnungstherapie" umschreibt und die zum Streßabbau geeignet sind, denn Dauerstreß stört die Magen- und Darmtätigkeit. Wichtig ist auch der Ausgleich von Ruhe und Bewegung. Verschiedene Wasseranwendungen und der heiße Lendenwickel können ebenfalls hilfreich sein.

Unser Magen-Darm-Trakt: ein Schlachtfeld

Als Gott die Welt erschaffen hatte, hielten Bakterien, Viren und Pilze eine Gipfelkonferenz ab und teilten alle Lebewesen unter sich auf zu ihrer Nahrung. Deshalb mußte die Natur das Immunsystem erfinden, damit wir und die anderen Lebewesen nicht in kürzester Zeit von den unsichtbaren Winzlingen aufgefressen werden.

Gerade unser Magen-Darm-Trakt ist ein Eldorado für Mikroben: stets warm, stets feucht, stets satt zu essen. Deshalb leben hier ca. 400 verschiedene Bakterienarten, manche Forscher geben ein Vielfaches davon an. Im Darm leben zahlenmäßig weit mehr Bakterien als es Zellen in unserem Körper gibt. Gewichtsmäßig sind es ca. 1 $\frac{1}{2}$ Kilogramm Mikroben, deren Zähmung und Ernährung wir übernehmen müssen. Man nennt sie die Darmflora.

Im Laufe der gemeinsamen Evolution hat sich unser Immunsystem, das normalerweise beim Befall mit Bakterien rigorose Abwehrmaßnahmen ergreift, an diese Mitbewohner gewöhnt, so daß es zum Beispiel gegen Laktobazillen und Bifidobakterien keine Antikörper bildet. Erst wenn

man mit den Bakterien ganz fremder Leute in Kontakt kommt, wie es zum Beispiel auf Fernreisen geschieht, dann reagiert das Immunsystem heftig und der Darm produziert Durchfall, wie wir es von den typischen „Reisekrankheiten" kennen. Diese werden oft von Bakterien ausgelöst, die bei der einheimischen Bevölkerung zur „normalen" Darmflora gehören, wie etwa verschiedene Stämme der Escherichia coli. Die verschiedenen Escherichia-coli-Stämme unterscheiden sich durch kleinere oder größerer Abweichungen in ihrer Hülle voneinander. Auch in unserem Darm lebt Escherichia coli, aber unser Immunsystem hat sich an sie gewöhnt und betrachtet diese Bakterien nicht mehr als Fremdlinge. Wenn allerdings „unsere" gezähmten, den Darm bewohnenden Echerichia-coli-Bakterien zum Beispiel in die Harnblase geraten, dann ist es vorbei mit der Friedlichkeit und sie spielen die Rolle unangenehmer Krankheitserreger. Dies geschieht bei Frauen leichter als bei Männern, vor allem wegen des unmittelbareren Zugangs vom Darm aus in den Urogenitaltrakt. Dies ist der Grund dafür, daß sehr viel mehr Frauen als Männer an infektiösen Blasenentzündungen leiden (S. 166 ff).

Besonders gefürchtet sind Infektionen des Darms mit Salmonellen, die sich im Sommer auch hierzulande ganz besonders gern auf nicht ganz frischem Kartoffelsalat, rohem Hackfleisch oder Speisen mit rohen Eiern aufhalten und zügig vermehren. Zur Gruppe der Salmonellen zählen auch die Erreger des Typhus und Paratyphus, die in südlichen Ländern auch heute noch Angst und Schrecken verbreiten. Die Ruhr, die sich durch gefährlichen, blutigen Durchfall manifestiert, kennen noch manche hochbetagte Zeitgenossen aus eigener Erfahrung in den Kriegsjahren.

Eine gesunde Darmflora bietet eine ganze Reihe von Vorteilen. Nur einige Leistungen seien genannt:

- Unsere Darmbakterien halten fremde Keime fern, weil sie alle Plätze besetzt halten und Neuankömmlinge kein "Grundstück" mehr finden, auf dem sie sich ansiedeln können. Die meisten Kolonien unserer Darmflora umgeben ihr Nest mit einem „Zaun" aus chemischen Ausscheidungen, den Konkurrenten nicht überwinden können. Im Tierversuch konnte gezeigt werden, daß die Anfälligkeit gegenüber Salmonellen und den Erregern der Bakterienruhr dramatisch zunimmt, wenn die natürliche Darmflora gestört ist.

- Verschiedene Darmbakterien können krebserregende Nitrosamine abbauen.

- Manche Bakterien, z.B.Lactobacillus acidophilus, können Cholesterin, das mit der Nahrung in den Darm gelangt, abbauen.

- Einige Arten von Darmbakterien können Vitamin K produzieren, das für die Blutgerinnung wichtig ist.

- Besonders wichtig ist die Synthese von Vitamin H (Biotin), bei dessen Mangel es zu Hautkrankheiten, erhöhten Cholesterinwerten und Störungen im Zentralnervensystem kommt.

Darminfektionen mit Bakterien und auch mit Viren, die an zahlreichen Magen-Darmerkrankungen mit Übelkeit, Erbrechen und Durchfall schuld sind, werden, wie beschrieben, symptomatisch mit Kamille, Pfefferminze, Wermut und anderen Teesorten behandelt. Bei einem Durchfall mit gefährlicheren Bakterien müssen Antibiotika eingesetzt werden, die allerdings bei Viruserkrankungen nicht helfen.

Zu ergänzen wäre, daß gelegentlich gleichzeitig oder im Anschluß an eine Antibiotika-Behandlung lebende Darmbakterien in Form von Kapseln verordnet werden. Diese Bakterien haben dann eine gute Chance den Darm zu besiedeln und eventuelle Bösewichte in Schach zu halten.

Zum Aufbau und zur Erhaltung einer gesunden Darmflora kommt dem Yoghurt mit lebenden Bakterienkulturen und anderen milchsauren Produkten, vor allem dem Sauerkraut, eine besondere Bedeutung zu.

Vielfältige Beschwerden durch Pilzinfektionen

Neu ins Blickfeld gerückt sind Pilzerkrankungen des Darmes, bei denen der Befall mit dem Hefepilz Candida albicans am bekanntesten ist. Aber es gibt noch eine ganze Reihe anderer Pilze, die nur darauf warten, warme, feuchte Stellen unseres Körpers und eben auch den Darm zu besiedeln. Bei gesunder Darmflora haben Pilze im Darm wenig Chancen. Gefahr besteht vor allem nach einer Behandlung mit Antibiotika, wenn zum Beispiel eine Bronchitis mit einem Antibiotikum behandelt wurde. Antibiotika verändern oder töten die normale Darmflora.

Etwas anders ist der Wirkmechanismus nach Kortisonbehandlungen. Hierbei wird die Immunabwehr herabgesetzt. Die Anfälligkeit auch für Pilzinfektionen ist erhöht und die Pilze können sich ungestört im Darm ansiedeln, wenn sie ein freies Plätzchen finden. Dies hat jedoch nur in seltenen Fällen Krankheitswert.

Zur Behandlung von Pilzerkrankungen wird eine kohlehydratfreie, vor allem zuckerfreie Diät empfohlen. Dies sollte aber bei ernsteren Mykosen auf keinen Fall ohne ärztlichen Rat und eventuell gleichzeitige antimykotische Behandlung erfolgen. Es besteht nämlich die Gefahr, daß bei dem „Aushungern" der Pilze diese vom Darm aus ins Blutgefäßsystem eindringen und in andere Organe transportiert werden, wo sie ernste, oft schwer diagnostizierbare Erkrankungen hervorrufen können. Allgemein gilt glücklicherweise, daß ernsthafte, schwere Pilzinfektionen innerer Organe bei sonst gesunden Personen so gut wie nie vorkommen.

Verantwortungsvolle Ärzte für Naturheilverfahren betonen, daß die Therapie von Darmpilzerkrankungen mit rein naturheilkundlichen Methoden, wie etwa Nahrungsumstellung oder auch Heilpflanzenbehandlung nicht möglich ist. Hierzu ein Zitat von Dr. Regina Gebler: „Aus meiner Erfahrung sind naturheilkundliche Verfahren zur Elimenierung von Pilzen nicht ausreichend. Wir müssen also schulmedizinische Präparate verwenden, um die Pilze zu beseitigen, versuchen dann aber mit den naturheilkundlichen Methoden ein Milieu zu schaffen, in dem Pilze die überall in unserer Umwelt vorzufinden sind, nicht mehr angreifen können." (19, S. 75).

Helfen Heilpflanzen bei Darm-Mykosen?

Verschiedene Heilpflanzen oder ihre isolierten Inhaltsstoffe können zur unterstützenden Behandlung herangezogen werden. In Italien trinkt man bei Pilzerkrankungen täglich 2 bis 3 Tassen Wermuttee und ißt 5 bis 6 Zehen frischen Knoblauch pro Tag. Allerdings hat es sich gezeigt, daß hierfür der frische Knoblauch den geruchlosen Knoblauchpillen weit überlegen ist.

Dem *Oregano (Origanum vulgare)*, auch Dost genannt, werden ebenfalls Anti-Pilz-Wirkungen nachgesagt. Freilich genügt dafür nicht einfaches Würzen mit dem Kraut, das aus der italienischen Küche nicht wegzudenken ist. Eine vorbeugende Wirkung wird allerdings auch schon durch das Würzen erreicht. Oregano enthält Gerbstoffe, Bitterstoffe und ätherische Öle, kurzum eine ideale Komposition für Magen und Darm.

* Empfohlen sei der Tee: 1 Eßlöffel der Droge mit $1/4$ Liter kochendem Wasser übergießen, zugedeckt 10 Minuten ziehen lassen, absieben. Zur Behandlung von Pilzerkrankungen ungesüßt trinken.

Volksmedizinisch wird der Tee auch gegen Blähungen sowie zum Gurgeln und Spülen des Mundes ver-

143

Dost oder Wilder Oregano wird als Heilpflanze viel seltener verwendet als er es eigentlich verdient. Seine Inhaltsstoffe sind so günstig zusammengesetzt, daß eine heilsame Wirkung auf den Darm zu erwarten ist.

wendet. Die Kommission E hält diese Wirkungen für nicht belegt, aber aufgrund der Inhaltsstoffe sind sie durchaus plausibel.

Zur Beachtung: Gemeint ist hier der Wilde Dost, der auch hierzulande wildwachsend auf Halbtrockenrasen wächst. Die zum Würzen gezüchteten Gartensorten enthalten häufig mehr ätherische Öle, aber weniger Gerb- und Bitterstoffe.

* Lapacho-Tee stammt von der Rinde des brasilianischen Baumes Tabebuia avellanedae. Die Droge hemmt die Zellteilung, so daß die Vermehrung der Candida behindert wird.

* Tannate gehören zur Klasse der Gerbstoffe (S. 41). Sie werden aus verschiedenen Pflanzen gewonnen oder auch synthetisch hergestellt und zu Medikamenten gegen Mykosen verarbeitet.

Diabetes mellitus

Wie kaum eine andere Krankheit prägt die Zuckerkrankheit den gesamten Lebensablauf des Patienten. Wie schön wäre es, denkt mancher Diabetiker, wenn man die Behandlung mit Heilpflanzen unterstützen könnte. An Bemühungen, entsprechende Heilpflanzen zu finden, fehlt es nicht, aber bisher hat keine gehalten, was man sich von ihr versprochen hat. Ausführlich und auch sehr kritisch berichtet R.F. Weiß in seinem „Lehrbuch der Phytotherapie" (1, S.171ff) über diese Untersuchungen. In den neuesten Ausgaben wissenschaftlicher Heilpflanzenbücher von anderen Autoren kommt das Stichwort „Diabetes" nicht einmal vor. Deshalb haben die folgenden Angaben sozusagen historischen Charakter. Aber auf die kurze Darstellung soll deshalb nicht verzichtet werden, weil immer einmal Hoffnungen geweckt werden, „die Natur", von der es heißt, sie habe gegen jede Krankheit ein Kräutlein wachsen lassen, biete vielleicht auch bei der Zuckerkrankheit effektive Hilfe. Nur die Pflanzen, in denen spezielle Ballaststoffe enthalten sind, haben auch heute noch Bedeutung.

An einheimischen Pflanzen wurden Abkochungen aus den Blättern der **Heidelbeere** empfohlen. Aber schwere Hydrochinonvergiftungen nach regelmäßiger Einnahme verbieten die Empfehlung. Auch die **Geißraute (Galega officinalis L.)** ▶ **giftig** , ein Schmetterlingsblütler, hat nicht gehalten, was man sich von ihr erhofft hatte. Von den verschiedenen Diabetiker-Teemischungen, die im Handel sind oder die man sich in der Apotheke zusammenstellen lassen kann, sagt Weiß, es habe keine die Wirksamkeit, die man sich von ihr versprochen habe. Allein den **Tee aus Bohnenschalen** läßt er wegen seiner entwässernden Wirkung mit Vorbehalt gelten.

* 1 gehäufter Eßlöffel geschnittener Bohnenschalen mit $\frac{1}{4}$ Liter kaltem Wasser übergießen, zum Sieden erhitzen, 3 bis 5 Minuten kochen, 2mal täglich $\frac{1}{4}$ Liter trinken.

Die Kommission E lehnt alle bisher genannten Tees ab, weil ihre Wirksamkeit nicht belegt ist und weil ernste Nebenwirkungen die Folge sein können. Heute wird entschieden betont, daß beim sogenannten Typ-II-Diabetes Diät und Gewichtsreduktion unbedingt an der Spitze aller therapeutischen Maßnahmen zu stehen habe.

Stichwort „Gewichtsreduktion", und dies gilt nicht nur für Diabetiker: Trotz aller Suche wurde bis jetzt keine Heilpflanze gefunden, die bei der Gewichtsreduktion ursächlich hilfreich ist. Diesbezüglich kann man auch auf keine traditionellen Anwendungen zurückgreifen, denn früher galt höheres Körpergewicht nicht als häßlich oder gesundheitsschädlich. Heilpflanzen-Teemischungen, die zur Gewichtsreduktion angeboten werden, enthalten meistens Abführmittel, häufig Senna oder Faulbaumrinde oder beides. Die Probleme bei längerem Gebrauch wurden eingehend beschrieben (S. 140). Außerdem sind meistens auch wassertreibende Kräuter, wie etwa Birkenblätter, Brennessel und Löwenzahn enthalten. Diese Teemischungen können bei kurmäßiger Anwendung gleichzeitig mit Reduktionsdiät hilfreich sein, sollten aber dann wieder abgesetzt werden.

Das einzige, was wirklich hilft, ist Einsparen von Kalorien, oft um den Preis, daß Personen, die abnehmen oder ihr Gewicht halten wollen, von jedem Essen hungrig aufstehen müssen.

Anmerkung: Bei Gewichtszunahme mit gleichzeitiger Verstopfung trotz mäßiger Nahrungsaufnahme ist unter Umständen an eine Schilddrüsenunterfunktion zu denken (S. 146).

Zwei Ballaststoffe, hilfreich bei Diabetes mellitus

Topinambur (Helianthus tuberosus)

Allgemeine Informationen:

Diese Pflanze wird auch „Kleine Sonnenblume" genannt, ein etwas irreführender Name, weil sie gut 2 Meter hoch wird. Sie steht häufig als Zierstaude im Garten „und vermehrt sich wie Unkraut", wie mancher Gartenfreund klagt. Sie kommt auch verwildert in vielen Flußtälern vor. Die Knolle ist eßbar. Sie kann in der Diabetikerdiät eingesetzt werden und soll deshalb hier gewürdigt werden. Wer die Topinambur nicht nur als Zierpflanze, sondern auch für den Verzehr pflanzen möchte, sollte die Sorten 'Gute Gelbe' oder 'Bianca' anbauen. Bisweilen werden die Knollen auch im Gemüsehandel angeboten.

Die Topinambur stammt aus Amerika und man möchte es fast nicht glauben, daß ihre Knollen hier in Mitteleuropa zeitweise als Nahrungsmittel bekannter und beliebter waren als die Kartoffeln. Topinambur hat jedoch gegenüber der Kartoffel einen entscheidenden Nachteil: Sie läßt sich nur sehr begrenzt lagern, allenfalls in feuchtem Torfmull hält sie sich einige Wochen. Hier sind Gartenbesitzer im Vorteil, denn es ist am

Topinambur wird im Garten meistens als unverwüstliche Zierpflanze angebaut. Der Ballaststoff Inulin macht die Knollen besonders für Diabetiker interessant. Man kann sie roh geraspelt als Salat zubereiten oder als Gemüse dünsten.

besten, man holt die Topinamburknollen nach Bedarf aus dem Garten, was auch im Winter bei frostfreiem Boden möglich ist. Während der Blütezeit sollten die Knollen nicht geerntet werden.

Inhaltsstoffe und Verwendung:

Die Knollen sind ein vitamin- und mineralstoffreiches Gemüse. Außerdem enthalten sie einen eigenartigen Stoff namens Inulin. Und eben dieser macht Topinambur für die Diabetiker-Diätküche interessant. Es handelt sich dabei um eine Stärkeart, die erstmalig im Alant, der wissenschaftlich Inula heißt, gefunden wurde, daher der Name Inulin. Inulin darf nicht mit dem Hormon Insulin verwechselt werden, das im Zuckerhaushalt des Körpers eine lebenswichtige Rolle spielt. Dieses Hormon wird in den Inselzellen der Bauchspeicheldrüse gebildet – daher der Name Insulin – und fehlt beim Dia-

betiker mehr oder weniger, was zur Folge hat, daß überschüssiger Traubenzucker nicht aus dem Blut weggeschafft wird.

Insulin aus der Topinambur (sowie auch aus anderen Korbblütlern, z.B. Schwarzwurzeln) baut sich im Körper nicht zu Traubenzucker, sondern zu Fruchtzucker ab, der für Diabetiker als Diätzucker verwendet wird.

Anzumerken wäre, daß es in Deutschland ca. 4 Millionen Diabetiker gibt, davon 10% Typ I mit echtem Insulinmangel. Typ-II-Diabetiker haben einen relativen Insulinmangel, das heißt, ihre Zellen weisen eine gewisse Restistenz gegen das Insulinhormon auf, so daß der Zucker- und Fettstoffwechsel gestört ist.

Topinambur kann geraspelt als Salat, als Gemüse gedünstet oder in Fett gebacken werden. Der Geschmack erinnert am ehesten an einen etwas süßlichen Kohlrabi. 180 Gramm rohe, geschälte Topinamburknollen entsprechen bei der Berechnung für die Diät 1 Broteinheit (= 20 Gramm Weißbrot).

Inulin zählt zu den Ballaststoffen, denn der menschliche Körper besitzt kein Enzym, das Inulin spalten kann. So wird die Topinambur unverdaut durch Magen und Dünndarm bis in den Dickdarm geschleust. Dort stürzt sich ein Heer von Bakterien auf die nahrhafte Speise und zerteilt das große Inulinmolekül in kleine Fruchtzuckerteilchen. Leider kommt es hierbei häufig zu heftiger Gasentwicklung, daß heißt, Topinambur erzeugt bei vielen Menschen Blähungen. Mit der Zeit gewöhnt sich aber meistens auch ein mitteleuropäischer Darm an die amerikanische Speise.

Noch eine Schikane ist zu melden: Im Frühling enthält die Topinambur neben dem Inulin auch Traubenzucker.

Guar aus der indischen Büschelbohne

Ein weiterer aus Pflanzen gewonnener Ballaststoff wird bisweilen in der Diabetiker-Diät eingesetzt, nämlich Guar. Er ist ein gummiartiger Stoff, der aus der Büschelbohne Cyanopsis tetragonoloba gewonnen wird. Guar zeichnet sich durch einen hohen Quelleffekt aus. Es verzögert die Magenentleerung und verlangsamt damit die Resorption von Kohlehydraten im Darm. Hierdurch sollen die Blutzuckerwerte gleichmäßiger werden. Als typischer Ballaststoff erzeugt Guar ein gewisses Sättigungsgefühl, so daß es nicht nur in der Diabetiker-Diät, sondern allgemein in der Reduktionskost sowie als Füllmittel bei Lebensmitteln eingesetzt wird.

Medikament:

* Guar Verlan® Granulat (Verla)

Nervosität, Schwitzen und Unruhe bei Schilddrüsenüberfunktion

Die Schilddrüse ist ein kleines Organ im Halsbereich, etwa 20 Gramm schwer, und die von ihr erzeugten Hormone bestimmen weitgehend unser Lebenstempo. Fehlfunktionen der Schilddrüse werden vor allem bei älteren Menschen leicht übersehen.

Bei Unterfunktion leidet der Patient an Verstopfung, nimmt zu, obwohl er wenig ißt. Außerdem friert er stets. Diese Erscheinungen können durch Gaben von Schilddrüsenhormon gebessert werden.

Bei Überfunktion ist der Betroffene unruhig und nervös, schwitzt häufig und leidet an Herzklopfen. Trotz reichlicher Ernährung nimmt er nicht zu. In manchen Fällen kann eine Geschwulst am Hals getastet werden.

Bei Unterfunktion gibt es keine wirksamen Heilpflanzen. Bei Überfunktion mit vegetativ-nervösen Störungen können Präparate mit dem europäischen oder amerikanischen **Wolfstrapp (Lycopus europaeus, L. virginicus)** gegeben werden. Hilfreich ist auch das **Herzgespann** (S. 107), das vor allem dann gut wirkt, wenn das Krankheitsbild durch Herzbeschwerden geprägt ist. Diese Heilpflanzenpräparate sollten allerdings nur zusätzlich und ergänzend zur ärztlich verordneten Therapie gegeben werden.

Medikamente:

* Cefavale® Tropfen (Cefak)

* Mutellon® Tropfen (Klein), mit Wolfstrapp, Herzgespann und Baldrian

* Thyreogutt® mono Tabletten, Tropfen (Schwabe)

Der Wolfstrapp wächst an Gräben und Bächen. Die Verwendung als Tee ist kaum üblich. Fertige Medikamente stehen zur Verfügung.

Hautkrankheiten

Die Haut ist eines unserer größten Organsysteme und hat vielfältige Aufgaben. Sie bietet Schutz vor schädlichen Einflüssen, hat Stoffwechselfunktionen und ist mit zahlreichen Sinnesorganen ausgestattet, so daß unsere wohl wichtigste Beziehung zur Umwelt über die Haut erfolgt. Stimmt irgend etwas mit uns oder unserer Umwelt nicht, dann „fühlen wir uns nicht wohl in unserer Haut" und möchten womöglich am liebsten „aus der Haut fahren".

Die Haut gilt volkstümlich als „Spiegel unserer Seele". Erkrankungen der Haut werden in der Regel als besonders abstoßend und „eklig" empfunden. Menschen mit deutlich sichtbaren Hauterkrankungen werden mehr oder weniger rigoros aus der Gemeinschaft ausgeschlossen. Es beginnt bereits in der Schule und zieht sich ins Berufsleben hinein. Das ist allerdings nicht nur bei uns Menschen so, sondern auch bei sozial lebenden Tieren. Wildgänse mit schäbigem Federkleid oder räudige

Wölfe werden von der Gemeinschaft in eine Außenseiterrolle gedrängt und haben keine Chancen für sozialen Aufstieg.

Die Diagnostik in der Dermatologie ist nach Weiß/Fintelmann (3) außerordentlich gut ausgefeilt. Die therapeutischen Möglichkeiten sind vielfältig. Obgleich die Behandlung mit Glukokortikoiden (Kortison), Antibiotika und Antimykotika einen großen Fortschritt bedeutet, werden auch traditionelle Arzneimittel wie Teer, Zink, Farbstoffe und Phytotherapeutika eingesetzt. Viele Salbengrundlagen bestehen aus pflanzlichen Ölen und Fetten, vor allem Jojobaöl, Leinöl und Olivenöl. Als weitere Planzenbestandteile der Salbengrundlage wären Pektin aus den Schalen von Citrusfrüchten und Tragant, ein Gemisch aus pflanzlichen Polysacchariden zu erwähnen. Verschiedene Phytotherapeutika können in diese Salbengrundlagen eingebracht werden.

Soll eine Hauterkrankung als Langzeittherapie mit Heilpflanzen von Grund auf behandelt werden, ist viel Geduld notwendig.

Hautkrankheiten und Stoffwechsel

Bei der Behandlung der Hautkrankheiten hat sich seit Sebastian Kneipp ein gewisser Sinneswandel vollzogen. Zu Kneipps Zeit galten Hautkrankheiten als Musterbeispiele unreinen Blutes, so daß die Blutreinigung im Vordergrund stand, häufig mit Erfolg. Auch heute noch fußen viele volksmedizinische Empfehlungen auf dieser Vorstellung. Doch dies erfordert Geduld. In der Regel wünscht der Patient heutzutage eine möglichst umgehende Beseitigung sichtbarer Hauterscheinungen, also eine symptomatische Behandlung. Ein Dermatologe, der das fertigbringt, gilt als guter Dermatologe. Zu Kneipps Zeiten wurde eher umgekehrt verfahren, nämlich daß der Ausschlag sich „rasch entwickeln", also zunächst schlimmer werden

sollte, denn eine „ausleitende und entgiftende" Wirkung im Sinne einer Umstimmung wurde als Ziel der Behandlung angesehen. Dies galt nicht nur für Ekzeme und Schuppenflechte, sondern auch für Kinderkrankheiten mit Hautausschlag, wie etwa Masern oder Scharlach.

Ein Mittel der Wahl waren bei Kneipp „nasse Hemden". „Ganz gewöhnliche Linnenhemden" wurden in kaltes Wasser getaucht, das einen Zusatz von Salz, Lehm oder Heublumen hatte. Dann wurde der Patient im Bett eingepackt. „In dreiviertel bis einer Stunde hat so ein Lehmhemd viele Krankheitsstoffe aufgesaugt und entfernt". Nach Kneipp darf diese Anwendung höchstens 1 bis 2mal wöchentlich erfolgen, weil es den Organismus stark angreift (7/I, S. 88f).

Es ist noch nicht lange her, da war es eine gängige Methode, ein chronisches Ekzem durch reizende Stoffe akut zu machen und es dann wie ein akutes Ekzem durch feuchte Umschläge zu behandeln, denn ein akutes Ekzem ist der Behandlung leichter zugänglich als ein chronisches, schlaffes. Weiß verwendete für die Aktivierung eine starke Abkochung aus Petersilienkraut. Auch Pinselungen mit frischem Wolfsmilchsaft, wie bei Warzen, waren üblich. Diese Behandlungen gelten heute als obsolet.

Für die Füße zählt Kneipp eine ganze Reihe von Hauterkrankungen auf, wie etwa „alle möglichen Verhärtungen, scharfen Fußschweiß, Nagelgeschwüre und eiternde, offene Füße". Behandelt wird mit warmen oder heißen Fußbädern mit Zusatz von Heublumen- oder Haferstrohabsud. Offensichtlich hatte Kneipp mit seinen Empfehlungen durchaus Erfolg. Die Wirkung aus heutiger Sicht ist vor allem darauf zurückzuführen, daß die Durchblutung der Haut stark gefördert wird und dadurch in den behandelten Körperregionen das Immunsystem aktiviert wird. Eine weitere blutreinigende Maßnahme nach

Kneipp bei Hauterkrankungen ist kurmäßiges Trinken von *Tee aus Zinnkraut (Schachtelhalm)* und *Wacholderbeeren*, deren Wirksamkeit auf die ausleitende, nierenanregende Funktion zurückzuführen ist. Von der Teemischung aus Schachtelhalm und Wacholderbeeren sollten $1/4$ Jahr lang täglich 2 bis 3 Tassen getrunken werden.

Moderne Fachärzte sind ebenfalls oft nicht damit zufrieden, rein lokale Behandlungen vorzunehmen, sondern versuchen, eventuell vorhandene Stoffwechselstörungen im weitesten Sinne zu beheben. Der genaue Zusammenhang zwischen Hautkrankheit und „Stoffwechselstörung" ist allerdings nicht bekannt. Hautveränderungen können mitunter auf innere Erkrankungen (Diabetes, Lebererkrankungen, Fettstoffwechselstörungen usw.) hinweisen. Auch an die Behandlung einer chronischen Verstopfung ist zu denken. Mitunter werden auch gute Erfolge bei gestörter Darmflora mit einer Darmsanierung erzielt, aber nicht immer. Oft sind es nämlich die berüchtigten Hefepilzerkrankungen des Darms, die sekundär Hautkrankheiten auslösen können. Bakterienpräparate helfen bei einem Neuaufbau der geschädigten Darmflora. Häufig ist es eine Antibiotikabehandlung, die an der Darmschädigung schuld ist. Deswegen verabreichen viele Ärzte bei einer längerfristigen Antibiotikabehandlung, wie sie oft bei Hautkrankheiten notwendig ist, begleitend zur Therapie Darmkeime in Kapseln.

Häufig werden durch eine Umstimmung des Stoffwechsels überraschend gute Erfolge erzielt. Hier sind die harntreibend (S. 162 f) und die abführend (S. 138 f) wirkenden Pflanzen oder eine Mischung aus beiden zu empfehlen.

* Teemischung nach Weiß/Fintelmann (3, S. 332): Sennesblätter 40

Kümmelfrüchte
Kamillenblüten
Bittersüßer Nachtschatten aa 20.

Die Teemischung wird in der Apotheke nach diesen Angaben zusammengestellt. Sie kann bei recht verschiedenen Hautkrankheiten verordnet werden, eventuell nach individuellen Bedürfnissen abgewandelt.

Bittersüßer Nachtschatten (Solanum dulcamara) ▶ **giftig** , der in der eben genannten Teemischung enthalten ist, hat eine lange Tradition als Antidyskratikum (Blutreinigungsmittel). Die Pflanze wird bei den rheumatischen Erkrankungen eingehender beschrieben (S. 173). Die Droge heißt Stipites Dulcamarae. Zubereitungen aus ihr werden innerlich und äußerlich bei Neurodermitis, Kontaktekzem und sonstigen juckenden Dermatosen verordnet.

Medikamente:

* Cefabene® Salbe, Tabletten, Tropfen (Cefak)

Weitere Antidyskratika, also stoffwechselanregende Pflanzen, die häufig in Teemischungen bei Hautkrankheiten gebraucht werden, sind Wildes Stiefmütterchen (Viola tricolor), Bohnenschalen (Leguminosa Phaseoli), Sandsegge (Carex arenaria), Quecke (Agropyron repens) und Walnußblätter (Juglandis folium). Es hat eine lange volksmedizinische Tradition, solche Teemischungen innerlich zu verwenden, aber die erkrankten Hautstellen auch äußerlich mit dem Tee zu betupfen oder Umschläge zu machen.

Das Wilde Stiefmütterchen ist ein unscheinbares Pflänzchen, das neben anderen Kräutern in naturnahen Äckern wächst. Seit altersher wird es bei sehr unterschiedlichen Hauterkrankungen eingesetzt.

Die unterirdischen Ausläufer der Quecke, volkstümlich „Queckenwurzeln" genannt, haben eine lange Tradition bei der Behandlung von Hautkrankheiten. Empfohlen wird eine Kombination aus äußerer und innerer Anwendung.

Dermatitis und Ekzem

Die Begriffe „Dermatitis" oder „Ekzem" beschreiben eine entzündliche Reaktion der Haut, die recht unterschiedliche Ursachen haben kann, z.B. Überempfindlichkeiten, physikalische Einflüsse oder Störung des Immunsystems. Hier sei die Windeldermatitis als Beispiel genannt, bei der vielfältige Schädigungen der Haut zusammentreffen, z.B. Luftabschluß, Zersetzung des Urins unter Entstehung von Ammoniak sowie Seifenrückstände. Sehr selten können auch Autoimmunerkrankungen Hautentzündungen hervorrufen. Lichtdermatitis, volkstümlich „Sonnenallergie" genannt, ist ein weiteres Beispiel für eine entzündliche Reaktion. Verschiedene Pflanzen können nach Berührung und anschließender Sonneneinwirkung durch Steigerung der Lichtempfindlichkeit starke Entzündungen der Haut auslösen. Berüchtigt ist hierfür die Herkulesstaude, aber auch Gartenraute, Sellerie und Engelwurz erhöhen die Lichtempfindlichkeit.

Allergische Reaktionen der Haut können sowohl durch direkten Kontakt mit dem Allergen (Kontaktekzem) als auch durch innerliche Auslösung, z.B. bei Nahrungsmittelallergien oder nach Medikamenteneinnahme auftreten. In beiden Fällen ist das Immunsystem für die Auslösung verantwortlich, die unter Ausbildung von Antikörpern erfolgt, so daß sich das Immunsystem die Störung „merkt" und bei jeder Berührung wieder neu und häufig gesteigert auf die Reizung reagiert. Bei Allergien, und das gilt nicht nur für die Haut, ist das Meiden des Allergens die wichtigste Voraussetzung, um die Erkrankung zu verhindern.

Eine Spezialform des Ekzems ist das seborrhoische Ekzem. Es ist gekennzeichnet von fettigen Schuppen, die auf einer entzündeten Grundlage aufliegen. Es kommt vor allem auf der Kopfhaut vor. Der Begriff „Seborrhö" kennzeichnet keine Erkrankung, sondern einen Hauttyp.

Weiß/Fintelmann wenden sich bei der Therapie von nässenden Ekzemen vehement gegen eine Behandlung mit Puder, Pasten oder gar Salben. „Es müssen feuchte Um- oder besser Aufschläge gemacht werden bis das Nässen und die akute Entzündung vorüber sind. Dann kann zunächst zu Pasten und erst zuletzt zu Salben übergegangen werden." Ein Leinen- oder Baumwolltuch, Mullkompressen oder ein gut aufsaugender Waschlappen werden in die für die Behandlung vorgesehene Flüssigkeit, z.B. Tee oder Abkochung, eingetaucht und auf die zu behandelnde Hautpartie aufgelegt. Alle 10 bis maximal 20 Minuten muß sie gewechselt werden. Diese Behandlung wird 3mal am Tag durchgeführt, morgens, mittags und abends jeweils 1 bis 2 Stunden. Die Aufschläge dürfen niemals mit einem undurchlässigen Stoff bedeckt werden. Weiß/Fintelmann betonen, daß von der richtigen Durchführung der Erfolg in entscheidender Weise abhängt.

Wie man sieht, ist diese Art der Behandlung recht zeitaufwendig. Es ist fraglich, ob ein „moderner Mensch" mit Termindruck und Geschäftigkeit

sich die Zeit für eine solche Behandlung nimmt, es sei denn, er wendet seinen Urlaub daran.

Mit ähnlicher Ausführung werden auch Schwarzteeauflagen verordnet, denn wenn Schwarzer Tee ca. 15 Minuten lang zieht, enthält er viel Gerbstoff. Auch sogenannte fettfeuchte Auflagen in Kombination mit Cremes werden durchgeführt.

Getrocknete und zerkleinerte Eichenrinde enthält eine große Menge an gut verträglichen Gerbstoffen. Heute steht die äußere Anwendung im Vordergrund.

Eichenrinde

Allgemeine Informationen:

Sie wird von unseren zwei einheimischen Eichenarten gewonnen, der **Trauben- und der Stieleiche (Quercus petraea und Q. robur)**. Die Eichen werden in speziellen „Lohwäldern" als Sträucher gezogen. Etwa alle 10 Jahre wird abgeholzt und die Äste werden geschält. Der Stumpf treibt wieder neu aus.

Inhaltsstoffe und Anwendung:

Hauptinhaltsstoff ist eine große Menge an Gerbstoff, der mit seiner adstringierenden Wirkung die Heilung bringt. Der Gerbstoff wird gut vertragen, denn weitere Inhaltsstoffe, vor allem Flavonole, verhindern eine Hautreizung. Wegen der gerbenden und damit austrocknenden Wirkung, die für die Heilung sehr erwünscht ist, sollte die Anwendung auf 1 bis 2 Wochen begrenzt

werden. Nicht nur bei nässenden Ekzemen, sondern auch bei entzündlichen Hämorrhoiden kann Eichenrinde angewendet werden. Weiß/Fintelmann empfehlen Abkochungen auch bei entzündeten Augen. Ein besonders wichtiger Einsatzbereich sind die nässenden Ekzeme, die ein Unterschenkelgeschwür umgeben. Auch das Geschwür selbst wird durch diese Vorbehandlung einer Salbenbehandlung besser zugänglich. Für Teilbäder ist Eichenrinde ebenfalls gut geeignet.

* Abkochung für Aufschläge: 2 Eßlöffel feingeschnittene Droge mit $\frac{1}{2}$ Liter Wasser 15 Minuten kochen, absieben, abkühlen lassen und unverdünnt für Aufschläge verwenden. Die Tagesration ist etwa das Dreifache der angegebenen Menge. Sie kann gleich am Morgen hergestellt werden. In jeweils 1 Portion, also $\frac{1}{2}$ Liter, wird das Tuch eingetaucht, ausgewunden und aufgelegt. Nach ca. 10 bis 15 Minuten wird das Tuch wieder eingetaucht, ausgewunden, aufgelegt usw. Der Rest dieses benützten Teils der Abkochung wird am Ende der Anwendung weggeschüttet und das Tuch zur Wäsche gegeben (Waschtemperatur 90°). Für jede neue Anwendung, also 3mal täglich, wird ein frisches Tuch genommen. Am nächsten Tag sollte eine neue Abkochung hergestellt werden.

Medikament:

* Eichenrinden-Extrakt FS (Schupp)

Heute werden vielfach auch synthetische Gerbstoffe angewendet. Die Aufschläge werden dabei 2 bis 3mal täglich 10 bis 15 Minuten lang appliziert. Auch für Bäder sind diese synthetischen Gerbstoffe geeignet. Vollbäder werden 2 bis 3mal wöchentlich genommen, Temperatur 32° bis 35°, 10 bis 15 Minuten lang. Sie können auch für Kinder verordnet werden. Auch Sitzbäder (z.B. bei Hämorrhoiden) oder Teilbäder kommen bei Ekzemen und Hautentzündungen in Frage.

Medikament:

* Tannosynt® flüssig (Hermal)

Kamillentee

Eine Behandlung mit einer anderen Art der Einwirkung ist der Kamillentee mit seinen entzündungshemmenden Eigenschaften (S. 118 f). Er ist aber weniger für akute flächenhafte und nässende Hautentzündungen geeignet, sondern mehr für umgrenzte Geschwüre mit chronischem Verlauf. Kamille wird auch vielfach als Salbe angewendet. Kamille kann aber auch Reizwirkungen ausüben oder Allergien verursachen und eventuell die Entzündung verschlimmern. Andererseits macht Kamille, wie schon mehrfach erwähnt, Ausscheidungen von Bakterien unschädlich und lindert dadurch die Beschwerden. Kurzum, man muß genau beobachten, wie die Erkrankung unter Einwirkung der Kamille sich entwickelt.

Kamillenextrakt oder auch Johanniskrautöl wird beim subakuten Ekzem auch einer Zinkpaste zugesetzt.

Medikamente mit Kamille:

* Sensicutan® Salbe (Harras-Curarina)
* Kamillosan® Creme, Salbe (ASTA Medica)
* Kamillencreme-ratiopharm N

Ein weiteres phytotherapeutisches Behandlungsprinzip beim Ekzem und anderen Hauterkrankungen sind Schleimdrogen, deren schützende, lindernde Wirkung schon bei Erkrankungen der Mundschleimhaut, bei Halsentzündung, Bronchitis und Magen-Darmbeschwerden gelobt wurde. Eine lange Tradition haben hier die **Wilde Malve (Malva silvestris)** und andere Malvenarten.

Die Wegmalve ist ein unscheinbares Pflänzchen, das sich aber in der traditionellen Volksmedizin großer Beliebtheit erfreut. Auch die moderne Phytotherapie schätzt Schleimdrogen sehr.

* Tee aus den Blüten, den Blättern oder dem ganzen Kraut:
  2 gehäufte Teelöffel mit $\frac{1}{4}$ Liter lauwarmem Wasser übergießen, unter mehrmaligem Umrühren 5 bis 10 Stunden ziehen lassen, abgießen und für Aufschläge verwenden. Dieser Tee lindert die vielfältigen Beschwerden des Ekzems.

In der trockenen chronischen Phase des Ekzems kommt die Anwendung von pflanzlichen und fossilen Teeren sowie von Schieferölen in Betracht. Sie wirken antiseptisch und antientzündlich, lindern Juckreiz und regen den Aufbau neuer Haut an. Die Pflanzenteere werden aus **Nadelhölzern**, **Buche**, **Birke** oder **Wacholder** hergestellt. Ihre Anwendung bedarf großen Fingerspitzengefühls. Sie sind in der Regel nicht zur Selbstmedikation geeignet, sondern sollten vom Dermatologen verordnet und ihre Wirkung sollte genau beobachtet werden. Dies ist nötig, weil Teere bei längerer Anwendung die Nieren schädigen oder Krebs auslösen können. Pflanzenteere und die häufig in Salben und Pasten enthaltenen Ichthyole sind in der Dermatologie fest etabliert. Ichthyole werden aus Schieferöl gewonnen.

Eine Sonderform des Ekzems ist die gefürchtete Neurodermitis der Kinder. Dieses atopische Ekzem erfaßt unterschiedlich ausgedehnte Hautbereiche. „Atopisches" Ekzem bedeutet, daß die allergische Hautreaktion meistens eine familiäre Disposition aufweist und daß die genaue Ursache der Entstehung nicht bekannt ist. Neurodermitis ist gekennzeichnet durch eine Fehlfunktion der Talg- und Schweißdrüsen, so daß die Haut trocken und entzündet ist. Der Juckreiz kann extrem sein. Auf symptomatische Behandlung mit Glukokortikoiden (Kortison) kann mitunter nicht verzichtet werden. Auf Überempfindlichkeit gegen Nahrungsmittel muß geachtet werden. Auch durch Kontakt oder das Einatmen von Pollen, Hausstaub (= Kot von Hausmilben), Tierhaaren und Schimmelpilzen können Ekzeme und Neurodermitis ausgelöst werden.

Phytotherapeutische Mittel zur Behandlung von Neurodermitis sind Zubereitungen aus Nachtkerzenöl, Sojabohnenöl und Boretschsamenöl. Auch die bereits beschriebenen Kamillen- und Eichenrindenbäder, Hamamelisbäder sowie Teerpräparate werden verordnet.

*Hier eine Nachtaufnahme der Nacht-
kerze. Ihre vierkantigen Früchte enthalten bis zu 200 Samen, aus denen das
medizinisch genutzte Öl gewonnen
wird.*

*Boretschblätter sind eine beliebte
Würze für Gurkensalat. Aus Boretschsamen wird ein Öl mit hohem Gehalt
an ungesättigten Fettsäuren gewonnen,
ähnlich dem Nachtkerzenöl.*

Nachtkerze (Oenothera biennis)

Allgemeine Informationen:

Die Pflanze wurde vor etwa 200 Jahren aus Nordamerika eingeschleppt
und hat sich recht bald auf Ödland-
flächen und vor allem an Bahndämmen ausgebreitet. Sie wird gut 1 Meter hoch und blüht leuchtend gelb.
Der Name „Nachtkerze" leitet sich
davon ab, daß sich die Blüten in der
Abenddämmerung öffnen und zwar
so rasch, daß man dabei zuschauen
kann. Dies ist vor allem für Kinder
ein besonderes Vergnügen. Die Blüten werden von Nachtfaltern be-
stäubt.

Inhaltsstoffe und ihre Wirkung:

Die Samen enthalten ein fettes Öl,
das reichlich ungesättigte Fettsäuren
enthält, vor allem Linolsäure und
Gamma-Linolensäure. Es gibt zahlreiche Hinweise darauf, daß bei Neuro-
dermitikern eine Störung beim Stoffwechsel langkettiger essentieller
Fettsäuren vorliegt. Diese Stoffwechselstörung kann bis zu einem gewissen Maß mit dem Nachtkerzenöl ausgeglichen werden. Etwa 60 bis 70%
der behandelten Patienten sollen
auf diese Behandlung ansprechen (3,
S. 335).

Sehr ähnliche wirksame Inhaltsstoffe
besitzt Boretschsamen. **Boretsch
(Borago officinalis)** wird im Garten
vor allem als Küchenkraut angebaut
und zum Würzen von Salaten verwendet.

*Medikamente mit Wirkstoffen aus
Nachtkerzen- oder Boretschsamen:*

* Epogam®/Epogam® 1000, Kapseln (Beiersdorf)
* Neobonsen Kapseln (Duopharm)

Bei Ekzemen ist es wichtig, der Entzündung entgegenzuwirken. Nicht
immer kann, und dies gilt nicht nur
für Hautprobleme, bei entzündlichen Erkrankungen auf Kortikoide
verzichtet werden. Deshalb ist die
Phytotherapie in allen Kontinenten
der Erde auf der Suche nach entsprechenden Heilpflanzen, mit denen
diese Wirkung erzielt werden kann.
Eine von ihnen ist Cardiospermum.

Cardiospermum halicacabum

*Allgemeine Informationen,
wichtigste Inhaltsstoffe und ihre
Wirkung:*

Es handelt sich um eine Schling-
pflanze, die in Indien, Afrika und
Südamerika weit verbreitet ist. Ihre

Früchte sind saponinhaltig und sie
werden den Heimatländern der
Pflanze zum Waschen verwendet.
Außer den Saponinen wurden Tan-
nine (Gerbstoffe) und geringe Mengen an Alkaloiden gefunden sowie
Fette mit langkettigen ungesättigten
Fettsäuren. Die Salbe mit Wirkstoffen der Pflanze wirkt entzündungshemmend, juckreizlindernd und verhindert Schuppenbildung.

Salbe zur Behandlung von Ekzemen:

* Halicar® Creme, Salbe (DHU), Homöopathikum

Akne

Für diese Hautkrankheit gibt es
keine ursächlich wirkenden Pflanzenheilmittel, aber eine unterstützende Behandlung mit Heilpflanzen
ist möglich. Akne ist gekennzeichnet
durch verstärkte Talgproduktion.
Hierbei spielen männliche Geschlechtshormone eine ursächliche
Rolle, weshalb Akne besonders, aber
nicht nur, bei jungen Menschen auftritt, wenn das Zusammenspiel der
verschiedenen Geschlechtshormone
noch nicht ausgewogen ist. Je nach
Schwere und Dauer des Einzelfalles
muß der Dermatologe entscheiden,
ob eine systemische (innere) Behandlung oder eine äußere Behandlung
angezeigt ist.

Akne ist vor allem bei Jugendlichen
außerordentlich weit verbreitet und
fast niemand kommt ganz ungeschoren davon. Will man Akne mit Heilpflanzen behandeln, ist man großenteils auf Aussagen der traditionellen
Erfahrungsmedizin angewiesen, was
nicht unbedingt ein negatives Wert-
urteil bedeutet. Viele der althergebrachten Empfehlungen wurden von
der modernen Phytotherapie übernommen. In der Volksmedizin wird
Akne häufig mit „unreiner Haut"
umschrieben.

Pflanzliche Heilmittel gegen Akne

Hartnäckig wird behauptet, daß frische **Walderdbeeren**, regelmäßig verzehrt, die Akne heilen. Aber die Volksmedizin besteht darauf, daß es Walderdbeeren sein müssen und daß Gartenerdbeeren nicht helfen. Hier mag der hohe Vitamin-C-Gehalt mitsprechen, aber auch der Aufenthalt an der frischen Luft beim Beerensammeln mit sommerlicher Sonne hilft gut gegen Akne.

Tee und Teemischungen:

Fast alle Teearten, die der traditionellen Blutreinigung dienen, werden auch bei unreiner Haut empfohlen, z.B. der Tee aus Bohnenschalen.

*   1 gehäufter Eßlöffel geschnittene Bohnenschalen mit $\frac{1}{4}$ Liter kaltem Wasser übergießen, zum Sieden erhitzen, 3 bis 5 Minuten kochen, abgießen. 2 bis 3mal täglich $\frac{1}{4}$ Liter trinken.

Alle Teekuren, die bei Akne angewendet werden, sollten mindestens $\frac{1}{4}$ Jahr lang täglich durchgeführt werden.

*   In vielen Fällen bewährt sich bei Akne folgende Teemischung:
    Queckenwurzel 20
    Stiefmütterchen 10
    Schachtelhalm 10
    Brennessel 10

Die Teemischung wird nach diesen Angaben in der Apotheke zusammengestellt.

2 gehäufte Teelöffel der Droge mit $\frac{1}{4}$ Liter kochendem Wasser übergießen, 10 Minuten ziehen lassen, absieben. Kurmäßig $\frac{1}{4}$ Jahr lang 1 bis 2 Tassen täglich trinken. Die „Pickel" werden auch mit diesem Tee betupft.

Dampfbäder mit Kamille und Rosmarin im Wechsel sind meistens ebenfalls hilfreich. Tägliches Betupfen der Pusteln mit Rosmarin- oder Spitzwegerichspiritus wirkt antibakteriell. Bei flächenhaftem starken Befall

sind Aufschläge mit Schwarzem Tee zu empfehlen.

Vor allem bei eitrigen Pusteln wird auch Echinacea verordnet, zur Hauterneuerung wird Peeling mit Fruchtsäuren durchgeführt. Von der Volksmedizin hat die Dermatologie die Anwendung von Zwiebelextrakten übernommen. Und nicht zu vergessen: Eventuell muß die Darmflora saniert werden.

Furunkel

Fast jeder Mensch hat einmal oder einige Male im Leben einen Furunkel. Hierbei handelt es sich um eine meistens durch Eitererreger hervorgerufene Entzündung eines Haarfollikels (Haarwurzel). Schlimm wird es aber, wenn daraus eine länger andauernde Furunkulose wird. Neben der äußerlichen Behandlung wird auch eine innerliche Behandlung notwendig sein, möglicherweise mit Antibiotika. Phytotherapeutisch wird ein leicht abführender, blutreinigender Tee verordnet.

*   **Teemischung**, empfohlen von Weiß/Fintelmann (3, S. 340):
    Brennesselblätter
    Löwenzahnwurzel und -kraut
    Hagebutten
    Faulbaumrinde
    Sennesblätter
    Anisfrüchte
    zu gleichen Teilen gemischt.

2 Teelöffel mit 1 Tasse Wasser heiß überbrühen, 20 Minuten ziehen lassen, absieben, morgens und abends 1 Tasse trinken.

Dieser Tee muß über einen längeren Zeitraum getrunken werden.

Um einen Furunkel zum Reifen zu bringen, sei die heiße Leinsamenpackung empfohlen:

*   Leinsamen werden zu etwa einem Drittel in einen kleinen Leinenbeutel gefüllt. Dieser wird zugenäht und in nicht zu wenig Wasser kurz gekocht. Der Beutel wird herausgenommen, kurz ausgedrückt, rasch in ein sauberes

Tuch eingeschlagen und so heiß, wie es vertragen wird, auf die kranke Stelle aufgelegt. Diese Packungen sollen möglichst oft erneuert werden.

*   Heublumenpackungen werden in gleicher Weise angewendet und ebenfalls häufig gewechselt.

Schuppenflechte (Psioriasis)

Diese Erkrankung ist meistens erblich bedingt und beginnt häufig im zweiten Lebensjahrzehnt, bisweilen erst nach dem 50. Lebensjahr. Sie ist geprägt von überstürzter Hautneubildung. Oft zeigt sie sich in Form fleckiger Herde, die mit silberweißen Schuppen bedeckt sind und stark jucken. Nach dem derzeitigen Wissensstand ist eine dauerhafte Heilung der Schuppenflechte nicht möglich. Im Vordergrund steht eine symptomatische Therapie, die sich nach dem jeweiligen Stadium der Erkrankung zu richten hat.

Sarsaparille (Smilax regelii)
▶ schwach giftig

Ihre Wurzel gilt als wichtiges Mittel gegen Nierenerkrankungen und eben auch gegen Schuppenflechte. Die Sarsaparille ist ein Kletterstrauch aus Mittelamerika. Die Pflanze hat einen kräftigen Wurzelstock, von dem meterlange Wurzeln ausgehen. Diese werden zur Zubereitung der Droge verwendet. Saponine und Glycoside sind die wichtigsten Inhaltsstoffe.

*   Teemischung gegen Schuppenflechte nach Apotheker Mannfried Pahlow (16, S. 417):
    Sarsaparillewurzel 25
    Erdbeerblätter 10
    Brombeerblätter 10
    Faulbaumrinde 5

2 Teelöffel mit $\frac{1}{4}$ Liter lauwarmem Wasser übergießen, 12 Stunden stehen lassen, abgießen. Täglich 2 bis 3 Tassen trinken.

Medikament:

*   Sarsapsor® Bürger Tabletten (Ysatfabrik)

Zur äußeren Behandlung haben sich bei Schuppenflechte die Wirkstoffe aus der Mahonie bewährt.

Mahonie (Mahonia aquifolium)
▶ **Wurzel und Blätter giftig, Beeren kaum giftig**

Allgemeine Informationen, Inhaltsstoffe und ihre Wirkung

Dieser Strauch kommt wildwachsend in den Wäldern der nordamerikanischen Pazifikküste vor. In Europa ist die Mahonie ein beliebter Garten- und Parkstrauch. Der immergrüne gelb blühende Strauch bringt im Herbst dichte Trauben bläulicher Beeren hervor. Die Pflanze gehört zur Familie der Berberitzengewächse (Berberidaceae) und ist giftig, nur die Beeren nicht.

In Amerika wurde die Mahonie seit jeher als Heilmittel verwendet. Auszüge aus der Rinde von Wurzel und Stamm enthalten das Alkaloid Berberin und einige andere Alkaloide. Diese Wirkstoffe hemmen die Zellteilung, so daß die starke Schuppenbildung bei Psioriasis gebremst wird. Auch die Entzündung wird unterdrückt.

Salbe zur Behandlung:

* Rubisan® Salbe, Creme (DHU)

Zu ergänzen wäre, daß Schuppenflechte und auch Akne bisweilen äußerlich und innerlich durch Vitamin-A-Säure in höherer Dosierung behandelt werden und daß eine Abschuppung der Haut durch Betupfen mit Salicylsäure erfolgt.

Ulcus cruris, das „Offene Bein"

Bei diesem quälenden Krankheitsbild liegen stets Durchblutungsstörungen zugrunde, die ursächlich behandelt werden müssen. Jede externe Therapie kann nur von begrenztem Effekt sein. Es gibt zahlreiche Therapieempfehlungen. Wer hieraus der Schluß zieht, daß jede der angebotenen Behandlungen ein wenig hilft, aber nicht durchgreifend, liegt durchaus

richtig. Auch die phytotherapeutischen Empfehlungen erheben keinen Anspruch, eine gültige Therapie anbieten zu können. Sebastian Kneipp hielt es gemäß seiner Überzeugung, die Ursachen von Krankheiten betreffend, für sehr wichtig, daß aus den Geschwüren in flüssiger Form krankmachende Stoffe ausgeschieden werden: „Hier wird viel ungesunder Stoff ausgeleitet, und die ganze Natur wird um so gesünder. Die Natur hat dann sich selbst geholfen und die Lumpen hinausgeworfen." (7/II, S. 171) Er suchte dies mit Güssen, Teilbädern, Wickeln, Umschlägen mit Zinnkraut und Blutreinigungskuren zu erreichen. Den Beinwell, von dem noch berichtet werden soll, verwendete er offenbar nicht, obwohl dieser früher zu den wichtigsten Pflanzen zur Behandlung von Geschwüren aller Art gehörte. Die moderne Pflanzenheilkunde verwendet den Beinwell nicht mehr bei offenen Wunden, sondern nur noch bei stumpfen Verletzungen.

Neuerdings werden *Algenpräparate*, sogenannte *„Alginate"* zur Reinigung und Granulationsförderung mit gutem Erfolg angewendet:

* NU-GEL® Hydrogel mit Alginat (Johnson & Johnson Medica)
* Algosteril® Calcium-Alginat Verband (Johnson & Johnon Medica)

Weitere Pflanzenanwendungen:

◆ Vorbeugend bei Krampfaderbeschwerden, um die Entstehung von Geschwüren zu verhindern, wird häufiges Einreiben der Beine mit *Johanniskrautöl* empfohlen.
◆ Salbenbehandlung mit *Roßkastanien (Aesculus)-Präparaten*.
◆ Umschläge mit einer *Eichenrindenabkochung* (S. 134) sind vor allem dann sinnvoll, wenn im Umfeld des Geschwürs eine nässende Dermatitis vorliegt.
◆ Volksmedizinisch steht die Behandlung mit Präparaten aus der *Arnika* hoch im Kurs. Es hat sich jedoch immer wieder gezeigt, daß

es hierbei zu allergischen Reaktionen kommen kann, vor allem wenn eine hartnäckige akute Dermatitis mit im Spiel ist.
◆ Bei Sekundärinfektionen sind Präparate mit der *Ringelblume* (S. 156), eventuell gemischt mit Echinacea (S. 156), zu empfehlen.
◆ Perubalsam wird aus dem Holz des in den Tropen wachsenden Baumes *Myroxylon balsamum* gewonnen. In Salbenform wird er wegen seiner antiseptischen und die Wundheilung anregenden Wirkung bei offenen Beinen, aber auch bei Frostbeulen und Hämorrhoiden angewendet.

Medikamente:

* Anusol® Salbe (Warner-Lambert)
* derma-loges N Salbe (Loges)

Wunden, Prellungen, Verstauchungen, Zerrungen

Die in der Überschrift genannten Verletzungen werden nicht unbedingt von dermatologischen Fachärzten behandelt, sondern bedürfen häufig einer chirurgischen Versorgung. Dennoch ist hier ein Grenzfall gegeben, weil häufig äußere Behandlung erfolgt, also über die Haut.

Seit Menschengedenken dürfte wohl die Versorgung und Behandlung von Verletzungen aller Art ein wichtiger Einsatzbereich für Heilpflanzen gewesen sein. In der Vorbemerkung (S. 11) wurde von einem solchen Fall berichtet, nämlich daß meine Tante mit dem Auflegen gequetschter Beinwellblätter auf ein infiziertes Geschwür mir effektiv und nachhaltig geholfen hat. Dieses Auflegen oder Aufbinden gequetschter Blätter verschiedener Pflanzen war in der bäuerlichen Volksmedizin bei Mensch und Vieh gang und gäbe. Verschiedene Pflanzen kamen hierfür in Frage, nämlich gequetschte Schafgarbenblätter, wenn es sich um eine stark blutende Wunde handelte und gequetschte Spitzwegerichblätter, wenn die Wunde stark brannte und schmerzte oder wenn es sich um einen Insektenstich handelte. Solche Auflagen frischer Spitzwegerichblätter empfiehlt auch Sebastian Kneipp: „Wenn die Landleute sich bei ihren Arbeiten verwunden, so suchen sie Blätter von Spitzwegerich und ruhen nicht eher mit Drücken und Kneten bis das etwas störrige Blatt sich einige Tropfen auszwingen läßt. Dies bringen sie direkt in die Wunde ... Verweigert das Blatt seinen Heilsaft, läßt es sich bloß mürbe und etwas feucht reiben, so legen die Leute die mürben Blätter selbst auf." (7/I, S. 180f) Auch Huflattich-, Breitwegerich- und Malvenblätter wurden für solche Auflagen verwendet.

Im Hinblick auf die potentiellen hygienischen Probleme stehen jedem modernen Arzt bei solchen Maßnahmen die Haare zu Berge. Auch Kneipp kennt diese Bedenken: „Ist dabei Gefahr der Blutvergiftung? Das kennt der Spitzwegerich nicht. Wie mit Goldfäden näht der Wegerichsaft den klaffenden Riß zu."

Hier steht kraß Meinung gegen Meinung. Eigene Erfahrung: Wenn man sich im Haus mit einem Messer schneidet, wird man nicht irgendwohin rennen und Spitzwegerich oder Schafgarbe suchen, sondern einen sterilen Verband anlegen. Aber auf Wanderungen weitab von jeder (Haus-)Apotheke ist das Wissen um solche Möglichkeiten der ersten Hilfe viel wert. Manches aufgeschlagene Knie und mancher Wespenstich konnte in der eigenen Familie erfolgreich behandelt werden.

Nach Weiß/Fintelmann treten zwar heute bei der Behandlung von Wunden und Hauteiterungen die Heilpflanzen hinter die Behandlung mit Sulfonamiden und Antibiotika deutlich zurück. Aber bei der äußeren Behandlung spielen Heilpflanzen eine gewisse Rolle. Manches Stadium der Wundheilung spricht besser auf eine feuchte Behandlung mit Aufschlägen an als auf eine Salbenbehandlung. Für die feuchten Aufschläge läßt sich eine große Zahl von Pflanzen verwenden. Als Grundregel kann gelten: Zuerst, speziell zur Wundreinigung, der feuchte Aufschlag, in der Ausheilungsphase dann die Salbe oder Puder ohne Verband. Die Salbe wird immer sehr dünn und hauptsächlich auf die Wundränder aufgetragen.

Zubereitungen aus einigen Pflanzen sind für feuchte Aufschläge empfehlenswert oder sind Bestandteile von Tinkturen, Ölen oder Salben. Auch für stumpfe Verletzungen, bei denen die Haut nicht beschädigt ist, sind Aufschläge oder sonstige Anwendungen mit Pflanzen hilfreich. Zubereitungen aus dem Beinwell, die früher viel auch bei offenen Wunden angewendet wurden, sollten nach neueren Erkenntnissen nur auf unbeschädigte Haut aufgetragen werden.

Beinwell (Symphytum officinale)
▶ **wenig giftig**

Allgemeine Informationen:

Die Pflanze gehört zur Familie der Rauhblattgewächse und kommt wildwachsend an Bächen und Gräben vor. Der Name „Beinwell" kommt aus dem Althochdeutschen und bedeutet „Knochen zusammenheilen". Bei Hildegard von Bingen heißt die Pflanze „Consolida", was mit dem Begriff „konsolidieren" (= festmachen) zusammenhängt. In östlichen Ländern, vor allem in Rußland bis nach Sibirien, wird eine nahe verwandte Art angebaut, nämlich der Komfrey (S. peregrinum). Im früheren Ostpreußen war ein Gemüse aus Komfrey sehr beliebt und ein Tee aus der ganzen Pflanze wurde als blutreinigendes Mittel verwendet. In USA, Neuseeland und Rußland wird Komfrey als Futtermittel für das Vieh angebaut.

Beinwell gehört zu den besonders wichtigen Pflanzen der traditionellen Volksmedizin. Wegen seines Gehalts an Pyrrolizidinalkaloiden wird seine innere Anwendung nicht mehr empfohlen.

Inhaltsstoffe und ihre Wirkung:

Verwendet wird hauptsächlich die Wurzel, aber auch die Blätter oder das ganze Kraut. Die Inhaltsstoffe sind Allantoin, Flavonoide, Gerbstoffe, Vitamin B12, Stärke, Pflanzensäuren, Triterpene und leider auch Pyrrolizidinalkaloide.

Ein wichtiger Wirkstoff ist das Allantoin. Seine heilsamen Wirkungen sind dafür verantwortlich, daß der Beinwell in der Volksmedizin einen so guten Ruf hat. Allantoin löst Wundsekrete auf und verflüssigt den Eiter, so daß diese schädlichen Stoffe aus der Wunde ausgeleitet werden. Weiterhin fördert es die Granulation, das heißt die Gewebeneubildung, so daß oft alte Geschwüre bei einer Behandlung mit Beinwell heilen.

Nebenwirkungen, Risiken: Beinwell enthält Leberkrebs erzeugende Pyrrolizidinalkaloide. Keine andere Substanz hat bei der Kommission E so lebhafte und kontroverse Diskussionen ausgelöst. Nach reiflicher Beratung einigten sich die Fachleute darauf, die innere Anwendung von Beinwell als zu risikoreich abzuleh-

Arnika ist eine besonders wichtige Heilpflanze, aber die wildwachsende Arnica montana ist sehr schwer anzubauen. Die Gartenform Arnica chamissonis hat ähnliche Inhaltsstoffe und läßt sich gut kultivieren.

nen und die äußere Anwendung nur bei intakter Haut zuzulassen. Während der Schwangerschaft, der Stillzeit und im Kindesalter sollte Beinwell nicht verwendet werden. Für Anwendungen mit Beinwell werden Fertigpräparate empfohlen, weil hier die strengen Forderungen der Kommission E erfüllt werden, was bei selbst zubereiteten Mitteln nicht unbedingt der Fall ist.

Medikamente:

*   Kytta-Plasma® Umschlagpaste (Merck Produkte)
*   Kytta Balsam® Salbe (Merck Produkte)
*   Kytta-Salbe® f (Merck Produkte)
*   Traumaplant® Salbe (Harras-Curarina)

Arnika (Arnica montana oder A. chamissonis)
▶ geschützt

Allgemeine Informationen:

Die Arnika ist eine Pflanze feuchter, saurer Standorte und steht unter Naturschutz. Alle Bemühungen, sie feldmäßig oder im Garten anzubauen schlugen fehl, so daß man auf den Import wildwachsender Pflanzen vor allem aus osteuropäischen Ländern angewiesen war und teilweise noch ist. Inzwischen kann eine aus Amerika stammende Arnika-Art, die Arnica chamissonis, feldmäßig

angebaut werden. Sie eignet sich auch gut für den Garten. Der Artname „chamissonis" wurde der Pflanze zu Ehren des deutschen Dichters Adalbert von Chamisso verliehen, der in Amerika intensive botanische Studien betrieb.

Inhaltsstoffe und ihre Wirkung:

Die sehr zahlreichen Inhaltsstoffe der Arnika sind noch immer nicht ausreichend in ihrer Wirkung untersucht. Wohl am wichtigsten für die Wundheilung sind Sesquiterpenlactone, dazu kommen Flavonoide, etwas ätherisches Öl und Cumarine.

Die Anwendungsbereiche für Arnika-Zubereitungen sind sehr vielfältig:

◆ Durch Verletzungen entstehende Ödeme, Blutergüsse, Muskelzerrungen, Muskelrisse, Verstauchungen und Prellungen. Sebastian Kneipp bezeichnet in diesen Fällen die Wirkung als „einfach zauberhaft".
◆ Bei Entzündungen der Mund- und Rachenschleimhaut als Spül- und Gurgelmittel
◆ Muskelrheumatismus, Muskelverspannungen
◆ Oberflächliche Hautentzündung
◆ Die homöopathische Anwendung von Arnika nach Operationen zeigt vielversprechende Ergebnisse (S. 157).

Vorsicht: Arnika sollte nicht auf frische, blutende Wunden gebracht werden. Hier ist Kamillentee oder Ringelblumentee besser geeignet. Arnika sollte auch nicht zu hoch dosiert werden. In der bäuerlichen Volksmedizin, wo die Arnika eine große Rolle spielt, wird nicht gekleckert sondern geklotzt, was die Dosierung betrifft. Man war und ist bereit, ernste Nebenwirkungen in Kauf zu nehmen, „wenn's nur hilft".

Nebenwirkungen: Arnika kann bei gegebener Disposition allergisierend wirken. Bei Verletzungen oder Beingeschwüren können bei längerer Anwendung Bläschen entstehen. Bei zu hoher Dosierung wirkt Arnika toxisch und zerstört die Haut. Dies bedeutet, daß bei der Anwendung von Arnikamedikamenten und Hautpflegemitteln die Packungsbeilage genau beachtet werden muß. Die Förderung der Durchblutung durch lokale Aktivierung des Kreislaufs ist der vielleicht wichtigste Faktor für die Wundheilung bei der äußeren Anwendung.

Die innere Anwendung als Tee oder Tinktur bei Durchblutungsstörungen des Herzens siehe Seite 108.

Medikamente:

*   Arnika Tinktur ist ein Auszug mit 70%igem Alkohol und Arnikaspiritus mit 30%igem Alkohol. Für Umschläge müssen Arnikatinktur und Arnikaspiritus mindestens 3- bis 10fach verdünnt werden, für Mundspülungen und zum Gurgeln 10fach. Unbedingt Pakkungsbeilage beachten!
*   KNEIPP® Arnica Fluid, enthält außer Arnikablüten auch Heparin und einige ätherische Öle sowie pflegendes Glycerin. Das Präparat wird vor allem für überlastete oder geschwollene Beine empfohlen.
*   Arnica-Kneipp® Salbe, bei den gleichen Beschwerden wie beim vorigen Produkt

* Arnika-Creme® neuform, Kombinationspräparat mit Johanniskrautöl, Campher und anderen ätherischen Ölen. Massage- und Sportcreme bei Muskelkater, Muskelverspannungen, Zerrungen, kalten Füßen.

* Apotheker Dr. Imhoff's Arnika Schmerzgel® mit Roßkastanie und Heparin (Wigopharm)

* Hyzum® N Tinktur (Merckle)

* ® Weleda Arnika-Essenz

Ringelblume (Calendula officinalis)

Allgemeine Informationen:

Kaum einen Garten dürfte es geben, in dem keine Ringelblumen wachsen, denn einmal angesiedelt, säen sie sich immer wieder neu aus. Als Wundheilmittel werden die ganzen Blumen mit dem grünen Hüllkelch verwendet oder die ausgezupften Zungenblüten, volkstümlich „Blütenblätter" genannt.

Inhaltsstoffe und ihre Wirkung:

Ringelblumen enthalten Triterpenglycoside, Carotinoide, ätherisches Öl und Bitterstoffe. Zur Reinigung einer frischen oder einer infizierten Wunde werden feuchte Aufschläge mit dem Tee oder einer verdünnten Tinktur empfohlen, die mehrmals täglich gewechselt werden müssen. Gleiches gilt für Unterschenkelgeschwüre. In der Ausheilungsphase kann auch Ringelblumensalbe eingesetzt werden.

Anmerkung zur Ringelblumensalbe: Weil die Ringelblume so leicht zu bekommen ist und weil ihr Anwendungsbereich so umfangreich ist, wird Ringelblumensalbe gerne selbst hergestellt. Die meisten Rezepte kranken daran, daß zu heißes Fett für die Herstellung verwendet wird. Es kursieren haarsträubende Anleitungen, bei denen frische Ringelblumen mit kochendem Schweinefett „überprasselt" werden. Dies ist ein

Zwar wächst die Ringelblume zum Eigenbedarf auch in unseren Gärten, aber für die großen Mengen, die medizinisch gebraucht werden, wird sie im Mittelmeergebiet (Griechenland) angebaut. Schon im April kann geerntet werden.

ziemlich sicherer Weg, um die wertvollen Inhaltsstoffe zu zerstören. Das Fett darf nicht über 70° erhitzt werden. Diese Temperatur sollte 2 bis 3 Stunden gehalten werden, danach werden die Ringelblumen abgesiebt (4, S. 98). Selbst hergestellte Salben neigen zum Ranzigwerden. Deshalb sollte der Salbenvorrat stets tiefgekühlt aufbewahrt werden. Nur so viel Salbe sollte man jeweils herausnehmen, wie man in etwa 4 Wochen verbraucht. Ringelblumensalbe ist neben den bisher beschriebenen Anwendungen übrigens auch ein ideales Mittel zum täglichen Eincremen trockener, rissiger, brennender Füße.

* Aufguß für feuchte Aufschläge und zum Spülen des Mund- und Rachenraumes: 2 Teelöffel getrocknete Ringelblumen mit 1 Tasse heißem Wasser überbrühen, 10 Minuten ziehen lassen, absieben.

Medikamente:

* Ringelblumen-Tee
* Calendula Essenz
* KNEIPP® Ringelblumen Salbe, mit Zinkoxid und Vitamin E
* Calendula Salbe (Helixor)
* Calendula Echinacea Salbe (Helixor)

Weitere Pflanzen zur Behandlung von Verletzungen

Der **Sonnenhut (Echinacea)** ist mit seiner immunstimulierenden Wirkung (S. 58) auch ein hervorragendes Wundheilmittel. Er kann als Umschlag oder als Salbe verwendet werden und ist auch als Kombinationspräparat mit verschiedenen anderen Heilpflanzen in Salben oder Essenzen enthalten.

Hamamelis (S. 116), eine Gerbstoffdroge, wird verwendet, wenn eine adstringierende (zusammenziehende) Wirkung erwünscht ist.

Weiß/Fintelmann loben **Fingerhut (Digitalis)** in Form feuchter Umschläge, vor allem wenn es sich um schmierige, schon lange bestehende Wunden handelt. Die Wirkung erfolgt hier über die Aktivierung der Blutgefäße, ähnlich wie bei der Arnika. Die Tinktur wird stark verdünnt: 1 Teelöffel auf $\frac{1}{2}$ Liter Wasser. Obwohl Weiß/Fintelmann die gute Verträglichkeit loben, sollte vor einer eventuellen Selbstmedikation ärztlicher Rat eingeholt werden (3, S. 346).

Droht sich die Infektion weiter auszubreiten, muß ein stärkerer Reiz in Form einer Harzsalbe gesetzt werden. Besonders gut geeignet ist das *Harz der Lärche (Larix decidua)*. Hierdurch werden die lokalen Abwehrkräfte angeregt, ähnlich wie bei Ichthyolsalben.

Auch Einreibungen mit *Wacholderspiritus*, *Angelikaspiritus* und *Kalmusspiritus* sind bei schmerzhaften Quetschungen, Zerrungen und Verstauchungen zu empfehlen. Gerne werden solche Einreibungen im Anschluß an physikalische Maßnahmen, wie etwa Massagen oder Wärmeanwendungen verabreicht.

Um die Wundheilung zu fördern sowie bei der Behandlung von Narben nach Verletzungen oder nach chirurgischen Eingriffen hat die *Küchenzwiebel* in der Volksmedizin einen guten Ruf. Besser als die Zwiebel selbst, die ihrerseits auch Reizungen hervorrufen kann, ist ein Präparat, das neben anderen Wirkstoffen auch Zwiebelextrakte enthält. Es wird auf die noch nicht völlig geschlossene Wunde aufgetragen:

* Contractubex® Gel (Merz & Co)

Hilft Homöopathie bei Verletzungen und bei der Nachbehandlung von Operationen?

Wie kann die wissenschaftlich ausgerichtete Medizin feststellen, ob eine Arznei hilft oder nicht? Daß der Patient nach der Einnahme sagt: „Ich glaube, mir geht es schon ein bißchen besser", ist eindeutig zu wenig. Für die Prüfung von Medikamenten wurde festgelegt, daß die „randomisierte placebokontrollierte Studie" Standard der modernen Wissenschaft ist. Eine solche versuchsweise Prüfung eines Medikaments wird auch „Doppelblindstudie" genannt. Sie wird heute in der Regel, wenn nicht Grundsätzliches dagegen spricht, bei synthetischen, pflanzlichen und homöopathischen Heilmitteln für die Neuzulassung erwartet.

Wie hat man sich eine solche Studie vorzustellen?

Erstens: Möglichst viele Patienten mit der gleichen Krankheit erhalten das zu prüfende Medikament. Es müssen viele Patienten sein, damit das Ergebnis „statistisch gesichert" ist. Man kann dann feststellen, mit wieviel prozentiger Wahrscheinlichkeit es hilft, denn hundertprozentige Heilwirkung bei allen behandelten Patienten ist sehr rar.

Zweitens: Der Mensch, in diesem Fall der Arzt, der die Arzneimittelprüfung durchführt, hat in der Regel lebhaftes Interesse daran, daß sein Experiment gelingt. Das heißt, er möchte, daß bei einem möglichst hohen Prozentsatz an Patienten die Krankheitssymptome gebessert werden sollen. Ohne bewußte Mogelei unterstellen zu wollen, wird er versuchen, die Ergebnisse im gewünschten Sinne zu interpretieren. (Diese Aussage gilt nicht nur für medizinische, sondern allgemein für alle wissenschaftlichen Experimente). Der Patient muß stets sein Einverständnis bekunden, daß er an einer Versuchsreihe zur Arzneimittelprüfung teilnimmt. Vielleicht ist auch er bestrebt, ohne es selbst zu wissen oder zu wollen, das Ergebnis in eine bestimmte Richtung zu bringen. Kurzum, wenn Menschen an einem Experiment beteiligt sind, spielen stets auch psychologische Komponenten eine Rolle und die notwendige Objektivität bleibt weitgehend auf der Strecke.

Drittens: Man muß demnach ausschließen, daß spontane Besserung oder Heilung, weil man es gerne so hätte, dem eingenommenen Medikament zugeschrieben werden, aber auch umgekehrt muß ausgeschlossen werden, daß Verschlechterung des Zustandes oder neu auftretende Symptome als Nebenwirkung der Arznei betrachtet werden. Um diese persönlichen Komponenten der Interpretation auszuschließen, werden zwei verschiedene Medikamente an die Patienten ausgegeben, die genau gleich aussehen und genau gleich schmecken. Der gravierende Unterschied ist, daß nur eines der

beiden Medikamente den zu prüfenden Wirkstoff enthält und das andere nicht.

Viertens: Eine größere Anzahl von Patienten wird durch strikte Zufallszuteilung in zwei Gruppen aufgeteilt, nämlich eine Behandlungs- und eine Kontrollgruppe (random= engl. „zufällig", daher „randomisierter Doppelblindversuch"). Die Behandlungsgruppe erhält das echte Medikament (Verum) und die Kontrollgruppe das Scheinmedikament ohne Wirkstoffe (Placebo). Weder der Patient noch der behandelnde Arzt weiß, zu welcher Gruppe der jeweilige Patient gehört. Beide sind sozusagen „blind", daher der Name „Doppelblindstudie". Auf diese Weise werden die beschriebenen subjektiv-psychologischen Interpretationen der Ergebnisse weitgehend ausgeschlossen. Die Erfolge bzw. Mißerfolge der jeweiligen Behandlung werden bei jedem Patienten nach den gleichen Kriterien so genau wie möglich vom behandelnden Arzt dokumentiert. Eindeutig meßbare Prüfkriterien sind sehr erwünscht.

Fünftens: Nur ein neutraler Versuchsleiter weiß, ob ein Patient jeweils zur Gruppe gehört, die das Verum erhält, oder ob er zur Kontrollgruppe gehört, die das Placebo erhält.

Am Schluß werden die Ergebnisse der beiden Gruppen miteinander verglichen. Lassen sich deutliche = „signifikante" Unterschiede feststellen, dann darf davon ausgegangen werden, daß diese Unterschiede durch das echte Medikament erzeugt wurden. Ist die gewünschte Besserung bei der behandelten Gruppe eingetreten und bei der unbehandelten Gruppe nicht, dann hat das Medikament die Prüfung bestanden und der Antrag auf Zulassung kann eingereicht werden. Auch bei Medikamenten, die schon länger auf dem Markt sind, kann eine solche Prüfung notwendig werden, z.B.

wenn Zweifel an der Wirksamkeit und der Ungefährlichkeit auftreten, oder wenn man eine sichere Bestätigung der Wirksamkeit haben möchte.

Im Auftrag der Karl und Veronika Carstens-Stiftung wird seit 1996 am Klinikum Kulmbach eine Doppelblindstudie über die Wirksamkeit des Homöopathikums Arnika D30 nach Knieoperationen durchgeführt. Der Prüfarzt ist Dr. Johannes Wilkens. Knieoperationen wurden deshalb ausgewählt, weil der Knieumfang sehr genau gemessen werden kann, so daß der Vergleich einer Schwellung vor und nach dem Eingriff bzw. mit oder ohne Behandlung mit Arnika D30 recht eindeutig ist. Die auftretenden Schmerzen werden im Vergleich beider Gruppen anhand von Angaben der Patienten und vor allem aufgrund der verbrauchten bzw. von den Patienten verlangten Schmerzmittel beurteilt. In die Studie einbezogen wurden bis jetzt 350 Patienten mit einfacher Arthroskopie, Einsatz einer Kreuzbandplastik oder einer Endoprothese (Doppelschlittenimplantation).

Die Auswertung der Ergebnisse ist noch nicht voll abgeschlossen (Stand Februar 1998). Aber so viel steht schon fest: Beim Einsatz einer Kreuzbandplastik war die Schwellung nach dem Eingriff bei Einnahme von Arnika D30 vor und nach der Operation signifikant geringer als bei der Placebogruppe.

Konsequenz: In der unfallchirurgischen Abteilung des Kulmbacher Klinikums wird Arnika D30 mit deutlichem Erfolg auch bei verschiedenen anderen Operationen eingesetzt, aber auch bei verschiedenen Unfällen, vor allem bei Gehirnerschütterung, um innere Blutungen zu verhindern.

Noch einige andere Probleme mit der Haut

Frostbeulen sind funktionelle Gefäßerkrankungen und sollten am besten innerlich mit durchblutungsfördernden Mitteln behandelt werden. Die äußere Behandlung soll die innere Behandlung ergänzen.

Äußerlich sind Teilbäder mit Gerbstoffdrogen zu empfehlen, vor allem Tee aus der Wurzel der **Blutwurz = Tormentill (Potentilla erecta)**. Hierbei handelt es sich um ein gelbblühendes Rosengewächs, das in Heiden und Mooren wächst. Verwendet wird die Wurzel innerlich gegen Durchfälle und äußerlich zu sämtlichen Wundbehandlungen, bei denen Gerbstoffe erwünscht sind, und zwar nicht nur bei Hautverletzungen, sondern auch zum Gurgeln.

* Tee: 1 Teelöffel Tormentillwurzel mit 1 kleinen Tasse kochendem Wasser übergießen, 10 Minuten leicht am Sieden halten, absieben.
* Als sogenannter „Frostspiritus" zum Einreiben im Anschluß an Teilbäder wird empfohlen:

* Tinctura Tormentillae
* Spiritus Calami

zu gleichen Teilen gemischt.

* Fichtennadelöl
* Salbeiöl

Zur Durchblutungsförderung werden Fangopackungen und heiße Teilbäder empfohlen.

Als innere Anwendung vorbeugend gegen Frostbeulen wird ein Tonicum amarum (S. 122) empfohlen. Tonica amara sind dafür bekannt, daß sie die periphere Durchblutung verbessern.

Warzen sind unangenehme und auch unschöne Neubildungen der Haut, die durch Viren erzeugt werden. Die Inkubationszeit, also die Zeit zwischen Ansteckung und Ausbruch beträgt 6 Wochen bis 20 Monate, so daß man oft nicht einmal mehr weiß, wann und wo man sich angesteckt hat. Kleine Verletzungen und Ekzeme fördern ihre Entstehung.

Der Lebensbaum stammt aus Nordamerika und wurde früher häufig auf Friedhöfen gepflanzt, aber auch im Bauerngarten. Trotz seiner Giftigkeit wurde er von der Volksmedizin schon vor Jahrhunderten gebraucht.

Warzen lassen sich manchmal mit dem frischen Milchsaft des **Schöllkrauts (Chelidonium majus)** ▶ giftig entfernen. Er muß aber wirklich direkt aus der Pflanze auf die Warze aufgetragen werden, eintrocknen und möglichst lange auf der Warze bleiben. Auch der weiße Milchsaft aus der **Zypressen-Wolfsmilch (Euphorbia cyparissias)** ▶ giftig wird zum Auftragen empfohlen, aber er soll nicht so sicher wirken.

Das Auflegen frischer Knoblauchscheiben, vor allem an den Händen, soll ebenfalls helfen.

Auch das tägliche Bepinseln mit einer Tinktur aus dem **Lebensbaum (Thuja sp.)** ▶ giftig ist aussichtsreich.

* Tinctura Thujae

Innerlich wird gegen Warzen ein Tee aus der **Mariendistel (Silybum marianum)** empfohlen.

Anmerkung: In diesen Ausführungen über die Behandlung von Warzen wurde eine Ausdrucksweise gewählt, die eine gewisse Unsicherheit erkennen läßt. Tatsächlich gibt es Warzen, die jeglicher dermatologischer und erfahrungsmedizinischer Anwendung trotzen. Mehr als man vielleicht denken sollte, ist an dieser Viruserkrankung die Psyche beteiligt. Wie könnte es sonst möglich sein, daß irgendeine faule Zauberei oft erstaunlich gut gegen therapieresistente Warzen hilft. Volksmedizinisch wurden Warzen früher mit dem Saft gefährlicher Giftpflanzen behandelt, etwa vom **Gift-Hahnenfuß (Ranunculus sceleratus)** oder vom **Sadebaum (Juniperus sabina)**, der früher häufig für Abtreibungen verwendet wurde. Vor derartigen Anwendungen wird gewarnt.

Der giftige Sadebaum (obere Bildhälfte) war früher fester Bestandteil von Kloster- und Bauerngärten. Er war eine der wenigen Koniferen, die im Bauerngarten gepflanzt wurden.

Feigwarzen (Condylomata acuminata), auch Feuchtwarzen genannt, kommen so gut wie ausschließlich im Genital- und Analbereich vor. Es handelt sich ebenfalls um eine Viruserkrankung. Die Behandlung erfolgt äußerlich, meistens mit Podophyllotoxin.

Fußblatt (Podophyllum peltatum) ▶ giftig

Allgemeine Informationen, wichtigster Inhaltsstoff und Anwendung:

Die Pflanze gehört zu den Berberitzengewächsen (Berberidaceae). Ihr natürliches Vorkommen sind die Wälder im atlantischen Teil Nordamerikas. Zunehmend kommt Podophyllum auch als Zierpflanze in die Gärten. Der Wirkstoff Podophyllotoxin unterdrückt die Zellteilung, so daß das Wachstum der Feigwarzen unterbunden wird. Wegen dieser hemmenden Wirkung auf die Zellteilung gibt es auch immer wieder Versuche, Podophyllum zur Krebsbehandlung einzusetzen. Die Pflanze wird als „giftig bis stark giftig" eingestuft und bei innerer Anwendung (zur Krebsbehandlung) muß das Nutzen-Risiko-Verhältnis wohlüberlegt sein.

Medikament:

* Condyline® (podophyllotoxin) (Gist-brocades Pharmazeuticals Delft-Holland)

Haarausfall ist bei Männern häufig genetisch bedingt, aber bei Frauen und auch bei Männern kann es zu spontanem Haarausfall aus unterschiedlichen Gründen kommen, z.B. im Anschluß an eine Infektionskrankheit.

Haarwässer mit Auszügen aus **Brennnessel** und **Birke** haben eine lange volksmedizinische Tradition. Das gleiche gilt für das Klettenwurzelöl. Die **Klette (Arctium lappa)** wächst auf Brachflächen. Der ölige Auszug aus ihrer Wurzel ist auch bei trockener Seborrhö hilfreich. Eine antibiotische, vor allem auch fungizide Wirkung ist der Grund für die traditionelle Anwendung und gute Wirksamkeit der Klettenwurzel beim sog. „Erbgrind", einer früher weit verbreiteten Erkrankung der Kopfhaut von Kleinkindern.

Zu ergänzen wäre, daß es gerade auch zur Behandlung von Hauterkrankungen zahlreiche homöopathische Präparate gibt. Allein zur Behandlung einer allergischen Nasen-

Die Große Klette steht vor einem Bauernhaus. Ihre Wurzel spielte in der Volksmedizin und zur Behandlung von Hautkrankheiten eine wichtige Rolle. Bis heute ist ihre Wurzel Bestandteil mancher Haarwässer.

schleimhautentzündung werden 16 verschiedene Homöopathika angeboten. Es bedarf sehr großer Sachkenntnis und einer sicheren Diagnose, um das richtige Präparat zu finden.

Augenkrankheiten

Zuerst ein Zitat von R.F.Weiß: „Im allgemeinen wird man bei Augenkrankheiten durch pflanzliche Behandlung nicht viel zu erreichen vermögen. Aber doch werden vier Pflanzen als Augenmittel immer wieder genannt." (1, S. 433). Aber ehe diese vier und noch einige andere Pflanzen hier vorgestellt werden, sei betont, daß gerade bei Augenproblemen nichts verschleppt werden darf, sondern fachärztlicher Rat eingeholt werden sollte. Auch in Zweifelsfällen sollte vor der unterstützenden Anwendung von Heilpflanzen der Arzt gefragt werden.

Aber zuerst sei eine Pflanzenzubereitung genannt, die bis heute sehr

häufig bei Augenentzündungen eingesetzt wird, jedoch neueren Untersuchungen zufolge eben nicht verwendet werden sollte, nämlich der Kamillentee für Spülungen und Umschläge. Die Kamille ist eine unserer besten Heilpflanzen (S. 118 f) und hat sich deshalb den Ruf erworben „Kamille kann nie schaden". Genau das ist nicht richtig. Kamille hat zwar sehr gute entzündungshemmende Eigenschaften, besitzt aber gleichzeitig eine austrocknende Wirkung. Letzteres ist in vielen Fällen sehr erwünscht, etwa bei einem Schnupfen mit starker Sekretion der Nasenschleimhaut, aber im Auge ist Austrocknung absolut unerwünscht. Das „trockene Auge" (Sicca-Symptomatik) wurde therapeutisch lange Zeit vernachlässigt, Heute wird es als eigenes Krankheitsbild eingestuft und entsprechend behandelt. Das „trockene Auge" kann auch bei verschiedenen Formen von entzündlichem Rheuma auftreten.

Die vier von Weiß genannten Pflanzen sind Augentrost, Küchenschelle, Aschenpflanze und Berberitze. Ihre Nennung und kurze Beschreibung

hat mehr historischen Charakter. Das Kapitel über Augenheilkunde wird in der phytotherapeutischen Fachliteratur ganz außerordentlich kurz abgehandelt. Die Augenheilkunde ist ein Musterbeispiel für das Kommen und Gehen von Heilpflanzen.

Die *Küchenschelle (Pulsatilla vulgaris)* ▶ **giftig** ist eine unter Naturschutz stehende Pflanze aus der Familie der Hahnenfußgewächse. Weil sie giftig ist, eignet sie sich nicht zur Selbstmedikation. In der Homöopathie spielt die Pflanze eine wichtige Rolle zur Behandlung sehr unterschiedlicher Erkrankungen. Weiß regt an, wissenschaftliche Untersuchungen mit der Küchenschelle zu unternehmen, um damit eventuell ein Mittel gegen das Glaukom zu entwickeln. Zur Behandlung des Glaukoms (Grüner Star) ist bisher kein pflanzliches Mittel bekannt.

Die Kommission E erstellte für die Küchenschelle eine Negativ- Monographie wegen des unausgewogenen Nutzen-Risiko-Verhältnisses.

In USA wurden eingehende Untersuchungen über die Behandlung mit *Cannabis-Präparaten* aus Hanf, besser bekannt als Marihuana oder Haschisch, durchgeführt. Die Untersuchungen führten zu guten Ergebnissen, so daß Cannabis dort inzwischen zur Behandlung des Glaukoms zugelassen ist.

Die *Aschenpflanze (Cineraria maritima syn. Senecio cineraria)* ist als Topfpflanze hierzulande bekannt. Sie ist gekennzeichnet durch dichtfilzige, silbergraue Blätter. Weiß beschreibt die Verwendung des Saftes aus der ganzen Pflanze zum Einträufeln bei Bindehautentzündung, beklagt aber, es sei „in letzter Zeit sehr still geworden um die einst lebhaft angepriesene Cineraria" (1, S. 435).

Aus der Rinde der *Berberitze (Berberis vulgaris)* ▶ **giftig**, auch Sauerdorn genannt, kann das Alkaloid Berberin gewonnen werden. Es besitzt, ins Auge geträufelt, eine reizlindernde und beruhigende Wirkung

160

Augentrost ist ein bescheidenes Pflänzchen magerer Wiesen. In der Volksmedizin wurde er nicht nur bei Augenkrankheiten eingesetzt, sondern Kneipp lobt den Tee als magenstärkendes Tonikum.

bei Augenbindehaut- und Lidrandentzündung. Lange Zeit war neben Tetryzolin das Berberin wichtiger Bestandteil der Berberil® Augentropfen. Da jedoch für das Berberin bisher keine eindeutigen Wirksamkeitsnachweise erbracht werden konnten, wurde in den neuen Rezepturen auf das Berberin verzichtet und der Gehalt an Tetryzolin verdoppelt.

Zur Selbstmedikation ist nach der traditionellen Volksmedizin der **Augentrost (Euphrasia rostkoviana)** in Form von Umschlägen aus dem Tee gut geeignet. Der wichtigste Einsatzbereich sind Bindehaut- und Lidrandentzündungen sowie frische Verletzungen. Schwellung, Rötung und Sehstörungen gehen überraschend schnell zurück. R.F.Weiß empfiehlt als Ergänzung zur äußeren Anwendung auch die innere Anwendung, so wie es in der traditionellen Volksmedizin jahrhundertelang gehandhabt wurde.

* Tee: 1 Eßlöffel Droge mit $\frac{1}{2}$ Liter Wasser 10 Minuten kochen, unverdünnt zu Augenumschlägen verwenden, 1 Tasse trinken (1, S. 434).

Eigene Erfahrung: Zum Spülen entzündeter Augen oder für Umschläge ist als unterstützende Behandlung folgender Tee zu empfehlen:

* Teemischung: 1 Teelöffel getrockneter Augentrost, $\frac{1}{2}$ Teelöffel zerquetschte Fenchelfrüchte mit $\frac{1}{4}$ Liter Wasser überbrühen, 10 Minuten ziehen lassen, absieben. 1 Tasse trinken, zum Rest eine Prise Salz zufügen und die Augen mit dieser Mischung spülen. Durch die Prise Salz wird die Spülflüssigkeit an die Tränenflüssigkeit des Auges besser angepaßt.

Medikament:

Augentrost-Extrakte sind Bestandteil mancher Kombinationspräparate, z.B.

* Ocutrulan Augensalbe (Truw), mit Augentrost, Ruta und Echinacea
* Die Homöopathie verwendet Augentrost vor allem bei Bindehautentzündung: Euphrasia officinalis D3

Extrakt oder Tee aus der **Melisse** drängt in Form von Umschlägen die Vermehrung von Bakterien und Viren zurück.

Zur Behandlung von Ödemen, Blutergüssen und Entzündungen am Auge sind äußerlich und innerlich Rutin-haltige Präparate zu empfehlen. Rutin ist ein Pflanzeninhaltsstoff, der erstmals in der **Gartenraute (Ruta graveolens)** isoliert

wurde. Heute wird er in großtechnischem Maßstab aus Pflanzen isoliert, die einen hohen Rutingehalt aufweisen. Am Auge ist der Hauptanwendungsbereich die äußere und innere Behandlung von Ödemen und Glaskörperblutungen, die vor allem bei Diabetikern auftreten können, sowie zum Auflösen von Thrombosen.

Medikamente:

* Antimyopikum Dragees (Ursapharm)
* Posorutin® Retard-Tabletten, Augentropfen (Ursapharm)

Auch einige homöopathische Präparate enthalten Rutin, z.B. Ruta graveolens D3.

Bei manchen Augenleiden, besonders bei solchen, die mit Kreislaufstörungen zusammenhängen, werden Tropfen mit Digitalisglycosiden (Fingerhutwirkstoffen) eingesetzt.

Medikamente:

* Digophton® Augentropfen (Chauvin ankerpharm)
* Augentropfen Stulln® Mono (Pharma Stulln)

Erkrankungen der Nieren, der ableitenden Harnwege, der Blase und der Prostata

Die Nieren haben die wichtige Aufgabe, den Wasserhaushalt und den Mineralstoffhaushalt des Körpers zu regulieren. Dazu gehört auch das Ausbalancieren des Säure-Basen-Gleichgewichts. Die Ausscheidung von Abbauprodukten des Stoffwechsels, Ausscheidung von Schadstoffen, Konzentrierung des Harns zur Regulierung des Wasser- und Salzhaushalts sowie die Erzeugung bestimmter Hormone (z.B. Erythropoetin und Prostaglandine) sind ebenfalls Aufgaben der Niere. Daraus ist zu verstehen, daß Nierenerkrankungen sehr ernst zu nehmen sind und daß sie oft lebensgefährlich sind.

Es gibt zahlreiche Erkrankungen der Nieren, vor allem verschiedene Formen der Entzündung, die unterschiedliche Ursachen haben können, am häufigsten sind es Infektionen. Sehr selten sind Autoimmunerkrankungen der Niere. Auch nach Infektionen der Atemwege, besonders nach Mandelentzündungen können schwere Nierenentzündungen entstehen. Für solche Nierenentzündungen ist keine pflanzliche Therapie bekannt.

Außerdem gibt es eine Reihe angeborener Harnwegserkrankungen. Die Neigung, Nierensteine zu bilden kann angeboren sein, aber auch im Laufe des Lebens aufgrund einer Erkrankung oder Stoffwechselstörung auftreten. Hierbei werden häufig pflanzliche Mittel angewendet, aber die Behandlung ist nur symptomatisch, denn die Neigung zur Steinbildung bleibt. Eingesetzt werden pflanzliche Diuretika zur Durchspülung der Nieren- und Harnwege, wodurch der Abgang von Harnsteinen und Harngrieß gefördert wird. Kurmäßige Anwendung solcher Diuretika ist auch vorbeugend wirksam. Pflanzliche Diuretika sind bedingt auch zur Ausschwemmung von Ödemen geeignet. Bei der Behandlung des hohen Blutdrucks haben sie eine begleitende Funktion. Sehr wichtig ist gerade beim Einsatz von Diuretika die hohe Flüssigkeitszufuhr. Deshalb sind Teezubereitungen die ideale Darreichungsform, also besser als Tabletten oder Kapseln.

Bei Entzündungen bzw. Infektionen der ableitenden Harnwege werden Pflanzen mit entzündungshemmender, desinfizierender, eventuell auch schmerzstillender und krampflösender Wirkung verwendet. Gerade in der Behandlung von Nieren- und Blasenerkrankungen wurde im Laufe der Medizingeschichte eine große Fülle von Pflanzen aus guten Gründen in die Behandlungskonzepte einbezogen. Sie sind nicht zu trennen von den vielen volksheilkundlich

zur „Blutreinigung" empfohlenen Pflanzen, denn diese Maßnahmen, die auch Sebastian Kneipp sehr betont, laufen meistens auf eine Anregung der Nierentätigkeit hinaus. Die Vorstellung der „Blutreinigung" wird von der modernen Medizin nur mit Einschränkung akzeptiert, aber die Vertreter einer ganzheitlich orientierten Medizin werden sich gerade bei den Ablagerungserkrankungen neu mit den Heilpflanzen und ihrer Wirkung auseinandersetzen müssen.

Nur die wichtigsten Pflanzen werden hier vorgestellt. In Teemischungen sind noch viele andere enthalten.

Zur Beachtung: Bei den Erkrankungen der Harnwege wird dringend zum Arztbesuch geraten, damit effektive, ursächliche Behandlung, eventuell mit Antibiotika, nicht versäumt wird. Zur Unterstützung der Therapie haben pflanzliche Heilmittel einen hohen Stellenwert.

Harntreibende Pflanzen, Durchspülungstherapie

Die harntreibenden Mittel werden auch Diuretika genannt. Bei den Heilpflanzen wird heute meistens von Aquaretika gesprochen, um die Abgrenzung von den synthetischen Diuretika deutlicher hervorzuheben. Sie können vorbeugend gegen Nieren- und Blasensteine gegeben werden und auch zum Abtreiben kleinerer Steine sind sie bedingt geeignet. Teezubereitungen sind, wie schon erwähnt, hierbei die günstigste Darreichungsform, weil durch die Zufuhr von Flüssigkeit die Wirkung der Inhaltsstoffe verstärkt wird. Auch bei unkomplizierten Harnwegsinfekten sind pflanzliche Diuretika und die damit verbundene erhöhte Flüssigkeitszufuhr hilfreich. Eine vorbeugende Behandlung zum Vermeiden von Rückfällen ist hier zu empfehlen. Ein weiterer Anwendungsbereich ist die Reizblase.

Manche Pflanzen mit ätherischen Ölen, vor allem Liebstöckel, Petersilie und Wacholder, fördern die Durch-

blutung der Nieren. Einige ätherische Öle wirken außerdem krampflösend und antibakteriell. Bei Überdosierung und Dauergebrauch kann es zu Nierenschäden kommen.

In diesem Zusammenhang seien auch die coffein- bzw. theobrominhaltigen Pflanzen und Getränke gewürdigt, wie etwa *Kaffee*, *Schwarzer Tee*, *Cola*, *Kakao* und *Matetee*. Diese Pflanzen wirken jedoch auch anregend und können deshalb nicht immer in größerer Menge oder zu jeder Tageszeit gegeben werden.

Vorgestellt werden zunächst Pflanzen mit leicht diuretischer Wirkung, die in leichteren Fällen und begleitend zur ärztlich verordneten Therapie verwendet werden. Sie sind auch zur Selbstmedikation geeignet. *Brennessel*, *Löwenzahn* und *Bohnenschalen* sowie einige andere nierenanregende Pflanzen wurden bereits im Kapitel über die „Blutreinigung" besprochen, denn blutreinigende Maßnahmen werden nach uralter medizinischer Tradition durch Anregung jeder Art von Ausscheidung durchgeführt, vor allem Ausscheidung durch die Nieren (S. 62 f). Hinzu kommen noch einige andere Pflanzen, teilweise seit Jahrhunderten angewendet, teilweise neu hinzugekommen. Die meisten in diesem Kapitel sowie bei der „Blutreinigung" besprochenen Pflanzen werden noch einmal bei der Besprechung rheumatischer Erkrankungen eine entscheidende Rolle spielen (S. 172 f). Sie werden außerdem zur unterstützenden Behandlung der Reizblase und bei Infektionen der ableitenden Harnwege eingesetzt.

Allerdings darf auf keinen Fall ärztlicher Rat versäumt werden, wenn es sich um ernstere oder länger dauernde Erkrankungen der Harnwege handelt.

Birkenblätter

Sie werden von verschiedenen Arten der Birke (Betula sp.) gewonnen und enthalten Flavonoide, Gerbstoffe, Saponine, Salicylate sowie etwas ätherisches Öl. Sie besitzen eine leicht harntreibende Wirkung, ohne die Nieren zu reizen. Es muß allerdings für ausreichende Flüssigkeitsaufnahme gesorgt werden. Verwendet werden Birkenblätter zur Durchspülungstherapie bei Nierengrieß und Harnwegsinfektionen sowie bei rheumatischen Beschwerden.

* Tee, Tagesdosis 6 bis 10 Gramm Droge: 2 Eßlöffel mittelfein geschnittene Droge mit $\frac{1}{4}$ Liter Wasser überbrühen, 10 Minuten ziehen lassen, absieben, mehrmals täglich 1 Tasse trinken bis zur Tagesmenge von 1 Liter.

Anmerkung: In der Fülle nierenanregender Teemischungen und Medikamente gibt es noch eine ganze Reihe, die ebenfalls Birkenblätter enthalten. Einige werden am Schluß der Ausführungen über nierenwirksame Pflanzen genannt (S. 167).

Löwenzahn sei hier noch einmal gewürdigt, weil mit ihm sehr erfolgversprechend der berühmte „Wasserstoß" durchgeführt werden kann. Dies wird in der Regel folgendermaßen durchgeführt: Bei schmerzhaften Koliken werden vielfach zunächst schmerzstillende und krampflösende Mittel gegeben. Unterstützend soll heißer Kamillentee schluckweise wegen seines krampflösenden Effekts getrunken werden. Ist nach der Kolik wieder Ruhe eingetreten, wird jeden Morgen nüchtern 1 $\frac{1}{2}$ Liter Löwenzahntee innerhalb von 15 Minuten getrunken:

* 1 bis 2 Eßlöffel der Droge mit $\frac{1}{2}$ Liter heißem Wasser übergießen, einige Zeit ziehen lassen, mit heißem Wasser auf 1 $\frac{1}{2}$ Liter auffüllen, absieben und trinken.

Diese Maßnahme soll durchgeführt werden, bis der Stein abgegangen ist. Um dies festzustellen, soll der Harn durch ein feines Sieb abgege-

ben werden. Ist der Stein oder der Grieß ausgeschieden worden, hat man das Spiel gewonnen und die Koliken sind erledigt. Die mit dem Abgang der Nierensteine häufig verbundenen Koliken können mit der **Pestwurz** (S. 180) behandelt werden, deren krampflösende Wirkung inzwischen erwiesen ist.

Zur Beachtung: Steine können zu Entzündungen führen, aber umgekehrt führen Entzündungen zur Steinbildung. Durch kurmäßige vorbeugende Behandlung mit pflanzlichen Diuretika besteht die Chance, daß dieser Teufelskreis durchbrochen wird.

Nun gilt es noch eine Neubildung der Steine zu verhindern. Nach Weiß bewährt es sich, etwa jede Woche einmal, am besten am Wochenende, einen solchen Wasserstoß durchzuführen.

Es gibt bekanntlich verschiedene Arten von Harnstein. Ursächliche Behandlung, um eine Neubildung zu verhindern, ist mit Hilfe von Chemolyse zwar in einigen Fällen möglich, aber nach Weiß ist es dennoch günstig, immer mit reichlichen Mengen an Tee das Nierenbecken und die ableitenden Harnwege zu durchspülen (1, S. 319ff).

* Teemischung zur Prophylaxe bei Steinleiden, empfohlen von R.F. Weiß:
  Löwenzahnwurzel und -kraut
  Wacholderfrüchte
  Petersiliensamen
  Bruchkraut
  Anisfrüchte
  zu gleichen Teilen gemischt.
  2 Eßlöffel mit 1 Liter Wasser heiß überbrühen, 20 Minuten ziehen lassen, täglich morgens die ganze Menge schluckweise trinken.

Tee aus dem **Brennesselkraut** wird ebenfalls zur Durchspülungstherapie bei entzündlichen Erkrankungen der ableitenden Harnweg empfohlen, auch vorbeugend bei Nierengrieß. Hier kommt es ebenfalls wieder ent-

scheidend auf die ausreichende Teemenge an (1 $\frac{1}{2}$ Liter).

Krapp, Färberröte (Rubia tinctorum)
▶ **leicht giftig**

Die Pflanze wurde früher feldmäßig angebaut, weil aus ihrer Wurzel eine rote Textilfarbe gewonnen wurde. Berühmt sind diesbezüglich „die Franzosen mit den roten Hosen", deren militärische Beinkleider bis Ende des 19. Jahrhunderts mit Krapp gefärbt waren.

Das Wirkprinzip der Krappwurzel geht in die Richtung, bestehende Nierensteine und vor allem die Neubildung von calciumhaltigen Steinen durch Chemolyse zu verhindern.

So weit, so gut, aber im Tierversuch wurden nach der Anwendung Leberschädigungen festgestellt. Die Kommission E hat deshalb eine Negativ-Monographie erstellt und lehnt eine Langzeittherapie mit Krappwurzelpräparaten ab. Dies ist ein Beispiel dafür, daß eine Pflanze, auf deren Heilwirkung man große Hoffnung setzte, aufgrund ihrer Nebenwirkungen nicht oder nur mit erheblicher Einschränkung eingesetzt werden sollte.

Wacholder (Juniperus communis)

Allgemeine Informationen, Inhaltsstoffe und ihre Wirkung:

Die bekannten Beeren, die eigentlich modifizierte Zapfen sind, waren früher für „Blutreinigungskuren" sehr beliebt (S. 62 f.). Dies ist ihrer stark harntreibenden Wirkung zu verdanken. Bis zu 30 Beeren wurden manchmal zu diesem Zweck mehrmals am Tag verzehrt. Sebastian Kneipp war diesbezüglich zwar auch nicht zimperlich, aber dennoch weit maßvoller.

Von den zahlreichen Inhaltsstoffen der Wacholderbeeren sind die äthe-

163

In der Volksmedizin und in der volkstümlichen Küche spielen Wacholderbeeren bis heute eine wichtige Rolle. Bei vielerlei Erkrankungen, bei denen von einer Blutreinigungskur Heilung erhofft wird, wurden sie von Sebastian Kneipp empfohlen.

rischen Öle hervorzuheben. Unterstützend wirken Flavonglycoside, Gerbstoffe, Zucker und wachsartige Bestandteile. Die harntreibende Wirkung wird vor allem dem ätherischen Öl Terpinen zugeschrieben, das die Durchblutung der Nieren fördert, was zur vermehrten Bildung von Primärharn führt. Die häufig behauptete nierentoxische Wirkung des Wacholderbeeröls hat sich glücklicherweise nicht bestätigt. Allerdings sei vor Überdosierung und Anwendung während der Schwangerschaft gewarnt. Auch Niereninsuffizienz ist eine Gegenanzeige.

Zur Durchspülungstherapie bei entzündlichen Erkrankungen der ableitenden Harnwege sei der Tee aus Wacholderbeeren empfohlen.

*   Tee: 1 Teelöffel gequetschte Droge mit 1 Tasse heißem Wasser übergießen, 5 Minuten ziehen lassen, abgießen. 3mal täglich 1 Tasse trinken. Dauer der Anwendung 6 Wochen.

Medikamente:

*   KNEIPP® Wacholder N Pflanzen-Dragees Sebastian®

*   KNEIPP® Wacholderbeer-Pflanzensaft

*   KNEIPP® Wacholderbeeren-Tee

*   Roleca® Wacholder extra stark Kapseln (Sertürner)

*   Schoenenberger® Wacholder-Extrakt

*   florabio® Wacholder-Extrakt (Florabio)

Liebstöckel
(Levisticum officinale)

Allgemeine Informationen, Wirkung und Verwendung:

Dieses Doldengewächs wird häufig im Garten angebaut. Volkstümlich wird die Pflanze wegen ihres charakteristischen Duftes auch „Maggikraut" genannt. Zum Würzen werden die Blätter verwendet, medizinisch die Wurzeln. Der wichtigste wirksame Inhaltsstoff ist das ätherische Öl Phtahliden, das auch krampflösende Wirkung besitzt.

*   Tee: 1 bis 2 Teelöffel der feingeschnittenen Droge mit 1 Tasse kochendem Wasser übergießen, 10 bis 15 Minuten zugedeckt ziehen lassen, abgießen. Vor den Hauptmahlzeiten jeweils 1 Tasse trinken.

Medikamente (Kombinationspräparate):

*   Canephron® N Dragees, Tropfen (Bionorica)

*   Nephroselect® Liquidum (Dreluso),

Liebstöckel ist ein besonders gesundheitsförderndes Gewürz. Die Blätter müssen mitgekocht werden, um ihr Aroma zu entfalten. Die Wurzelstöcke können für blutreinigende Teemischungen aufbereitet werden.

164

Petersilie ist das wohl gebräuchlichste Küchenkraut. Die Wurzel wird in der volkstümlichen Küche zu speziellen Gemüsegerichten und Suppen gebraucht. Ihre nierenanregende Wirkung ist seit undenklichen Zeiten bekannt.

Petersilie (Petroselinum crispum)

Allgemeine Informationen, Inhaltsstoffe und ihre Wirkung:

Dieses wohl bekannteste Würzkraut ist botanisch mit dem eben beschriebenen Liebstöckel nahe verwandt. Medizinisch verwendet werden die getrockneten Blätter, die getrockneten Wurzeln und die Samen. Auch hier ist das Gemisch ätherischer Öle medizinisch wirksam. Sein Hauptbestandteil ist das giftige Apiol. Dieser Wirkstoff ist dafür verantwortlich, daß es früher hieß: Die Petersilie hilft dem Mann aufs Pferd und der Frau unter die Erd'. Hierbei wird auf die angeblich potenzsteigernde Wirkung der Petersilienwurzel und die oft tödlich endenden Abtreibungsversuche mit Abkochungen aus Petersiliensamen angespielt. Demnach ist die Petersilie ein Musterbeispiel dafür, daß selbst für die alleralltäglichsten Küchenkräuter die Weisheit des großen Paracelsus gilt: Die Dosis macht's, ob ein Stoff heilsam oder giftig ist. Deshalb sei vor Überdosierung bei der medizinischen Anwendung gewarnt. Außer der abortiven Wirkung werden auch Nervenschädigungen mit ausgedehnten Lähmungen beschrieben. Anderseits wird die hartreibende Kraft an Fällen mit völligem Nierenversagen (Anurie), beispielsweise aufgrund von Quecksilbervergiftungen, eindeutig bewiesen.

*   Tee aus getrockneten Petersilienwurzeln und Blättern: 1 bis 2 Teelöffel der feingeschnittenen Droge mit 1 Tasse kochendem Wasser überbrühen, 10 bis 15 Minuten ziehen lassen, absieben, mehrere Tassen über den Tag verteilt trinken.

Medikament:

*   KNEIPP® Petersilie Tabletten N

Die Wurzel der **Hauhechel (Ononis spinosa)**, die unterirdischen Ausläufer der **Quecke (Agropyron repens)**, unbeliebt bei jedem Gartenfreund, sowie der **Ackerschachtelhalm (Equisetum arvense)** werden traditionell ebenfalls zur Gruppe der harntreibenden Pflanzen gezählt, obwohl ihre Wirkung nicht sehr stark ist. Bei der Hauhechel stehen als Wirkstoffe Flavonoide im Vordergrund, bei der Queckenwurzel die Saponine. Sie sind Bestandteil von Teemischungen und Fertigarzneimitteln. Ackerschachtelhalm ist als Kieselsäuredroge wertvoll zur Kräftigung des Bindegewebes (S. 204). Seine allgemein stoffwechselanregende Wirkung macht ihn zum wichtigen Bestandteil von Teemischungen zur Anregung der Nierentätigkeit.

Harntreibende Teemischungen sind dann am wirkungsvollsten, wenn sie Aquaretika mit ätherischen Ölen, dazu Pflanzen mit Saponinen und außerdem geschmacksverbessernde,

Die Hauhechel ist ein Halbstrauch, der häufig an Abhängen und Straßenböschungen wächst. Hauhechel-Tee sollte nur jeweils wenige Tage lang getrunken werden, weil seine Wirksamkeit bald nachläßt.

magenfreundliche Pflanzen enthalten.

Teemischung:

* Wacholderbeeren
  Petersilienfrüchte
  Ackerschachtelhalmkraut
  Hauhechelwurzel
  Fenchelfrüchte
  Pfefferminzblätter
  zu gleichen Teilen gemischt.
  1 bis 2 Teelöffel mit einer Tasse heißem Wasser übergießen, 20 Minuten ziehen lassen, 3 Tassen täglich trinken.

Teemischung:

* Petersilienfrüchte
  Schachtelhalmkraut
  Thymiankraut
  zu gleichen Teilen gemischt.
  2 Teelöffel mit 1 Tasse heißem Wasser übergießen, 20 Minuten ziehen lassen, 3 Tassen täglich trinken.
* KNEIPP® Blasen- und Nieren-Tee Herborat®

Dies ist eine Teemischung zur Erhöhung der Harnmenge. Mit Recht wird geraten, bei Ödemen (Wasseransammlung im Gewebe) die durch eingschränkte Herz- oder Nierentätigkeit entstehen, sowie bei chronischen Nierenerkrankungen vor der Anwendung ärztlichen Rat einzuholen. Bei Ödemen wäre an Teemischungen zu denken, in denen die **Meerzwiebel** ▶ **giftig** enthalten ist (S. 105). Auch eine gleichzeitige Behandlung mit Weißdorntee oder -kapseln in höherer Dosierung und einem harntreibenden Tee ist nach neueren Untersuchungen sehr erfolgversprechend.

Infektionen der Harnwege

Häufig ist bei Harnwegsinfektionen die Gefahr immer wieder auftretender Rückfälle oder eines chronischen Verlaufs sehr groß. Zu Beginn der Sulfonamid- und Antibiotika-Ära wurden solche Infekte generell chemotherapeutisch oder antibiotisch behandelt. Diese Vorgehensweise wurde inzwischen wegen der hohen Rückfallquote und zunehmenden Erregerresistenz wieder aufgegeben. Heilpflanzen sind hier wieder zu Ehren gekommen (3, S. 247). Bei immer wieder aufflammenden Infektionen müssen die anatomischen Verhältnisse durch Blasenspiegelung abgeklärt werden. Dies wird deshalb betont, weil hier die bei solchen immer wiederkehrenden Infektionen praktizierte Selbstmedikation an ihre Grenzen stößt.

Bärentraube
(Arctostaphylos uva-ursi)
▶ **wenig giftig**
▶ **geschützt**

Allgemeine Informationen:

Diese Pflanze stammt aus der arktischen Flora und kommt in Süddeutschland selten vor. In Norddeutschland ist sie auf sauren Moor- und Heideböden zu finden. Aus Gründen des Naturschutzes darf sie wildwachsend nicht gesammelt werden.

Inhaltsstoffe und ihre Wirkung:

Die wichtigsten Inhaltsstoffe sind Hydrochinonderivate, vor allem Arbutin, das für die heilsame Wirkung der Harnwegsinfekte verantwortlich ist.

Tee aus Bärentraubenblättern wirkt besonders sicher bei akuten Harnblaseninfektionen. Er wirkt aber nur bei basischem Harn, was bei der Ernährung beachtet werden muß.

Dazu kommen Gerbstoffe, Flavonoide und organische Säuren. Ihr Anwendungsgebiet sind alle entzündlichen Erkrankungen der ableitenden Harnwege, vor allem unspezifische Harnwegsinfekte.

Zur Beachtung:

◆ Bärentraubenblätter besitzen erhebliche Mengen an Gerbstoffen, wodurch der Tee eventuell zu Magenunverträglichkeit führt, vor allem wenn er heiß aufgegossen wird.
◆ Bärentraube wirkt nicht bei saurem, sondern nur bei basischem Harn. Dies wird durch Verzicht auf Fleisch während der Behandlungszeit erreicht. Bevorzugt sollten pflanzliche Speisen und Milchprodukte gegessen werden.
◆ Die Therapie sollte stets von einer reichlichen Trinkmenge begleitet werden.

* Tee: 2 Teelöffel der Droge mit 1 Tasse Wasser kalt ansetzen, mehrere Stunden ziehen lassen, kurz erwärmen, absieben.

Mehrmals täglich sollte zwischen den Mahlzeiten 1 Tasse getrunken werden, kein Dauergebrauch.

Teemischung:

* Cysto-Fink® Durchspülungs-Tee (SmithKline Beecham OTC Medicines)

Medikamente:

* Cystinol akut Dragees (Schaper & Brümmer)
* Uvalysat® Bürger Lösung (Ysatfabrik)

Meerrettich
(Armoracia rusticana)

Allgemeine Informationen:

In seinen fränkischen Anbaugebieten wird der Meerrettich seit jeher nicht nur als pikante Würze zu verschiedenen Speisen benützt, sondern auch als Heilmittel gegen viele Erkrankungen, besonders bei Infekten der Atmungsorgane und der ableitenden Harnwege. Zunehmend findet man den Meerrettich wildwachsend als Kulturflüchtling an Wegrändern oder auf Wiesen. Seine Wurzeln sind in solchen Fällen nicht die bekannten schönen, dicken, geraden Stangen, die nur unter arbeitsaufwendigen Kulturbedingungen erzeugt werden können.

Inhaltsstoffe und ihre Wirkung:

Die Wurzel enthält reichlich scharfe Senfölglycoside. Diese sind schlecht haltbar, weshalb der frische Preßsaft die wirksamste Zubereitung darstellt. Sie werden rasch vom Darm resorbiert und den Nieren zugeleitet. Hier und in den ableitenden Harnwegen üben sie eine antibiotische Wirkung gegen zahlreiche Arten von Bakterien und gegen Hefepilze aus. Durch die Senföle kann es zu Reizungen der Magenschleimhaut kommen. Durch reichliche Trinkmenge wird die Verträglichkeit verbessert.

* Zubereitung von Preßsaft: 1 gehäufter Eßlöffel frische, feingeriebene Merrettichwurzel durch ein Tuch auspressen, den hierbei gewonnenen Preßsaft 3mal täglich einnehmen.

Weitere Pflanzen zur Behandlung von Harnwegsinfekten

Kapuzinerkresse (Tropaeolum majus)

Die Blätter werden in ihrer Heimat Peru seit jeher als Auflage für infizierte Wunden verwendet, was für ihre antibiotische Wirkung spricht. Die meisten Fertigarzneimittel aus dieser Pflanze wurden inzwischen wegen der schlechten Haltbarkeit des Senföls vom Markt genommen. Empfehlenswert ist bei unspezifischen Niereninfekten ein Salat aus den jungen Blättern, mehrere Tage hintereinander gegessen.

Die Inhaltsstoffe der Kapuzinerkresse bewirken eine unspezifische Stimulation der körpereigenen Abwehrkräfte. Die Pflanze wird nur frisch verwendet. Achtung: Die Alkoholtoleranz wird nach dem Genuß herabgesetzt.

Orthosiphon sp.

Einige Arten dieses Lippenblütlers werden in ihrer Heimat, den Sunda-Inseln, von der malaiischen Bevölkerung schon immer als Heilpflanze genutzt. Sie kam als „Indischer Nierentee" auch hier in den Handel. Die Ausscheidung von Flüssigkeit wird erhöht sowie auch diejenige von stickstoffhaltigen Substanzen und von Kochsalz. Die Erhöhung stickstoffhaltiger Stoffwechselprodukte im Blut ist das sicherste Zeichen für eine Einschränkung der Nierenfunktion. Orthosiphon hilft offensichtlich dabei, diese Stoffwechselprodukte auszuscheiden. Sollte man dies in Anlehnung an Sebastian Kneipp nicht vielleicht doch als „Blutreinigung" bezeichnen im Hinblick darauf, daß diese Stoffe auch Krankheiten erzeugen können?

* Tee: 3 Teelöffel Orthosiphonblätter mit 1/4 Liter heißem Wasser überbrühen, 15 Minuten ziehen lassen, absieben, mehrmals täglich 1 Tasse trinken.
* Orthosiphon Indischer Nierentee Fides (Fides)

Teemischungen:

* Heweberberol-Tee (Hevert), mit Birkenblättern, Goldrutenkraut, Hauhechelwurzel u.a.

* Nierentee 2000 Pulver (Heumann), mit Birkenblättern, Fenchel und Wacholderöl
* Nieron® Blasen- und Nieren-Tee VI (Hoyer), mit Birkenblättern, Hauhechelwurzel und Wacholderöl

Medikament:

* Nephronorm med Dragees (APS)

Echte Goldrute (Solidago virgaurea)

Allgemeine Informationen:

Die Echte Goldrute wächst an trockenen Hängen, an Wegrändern und an den Rändern trockener Kiefernwälder. Sie bildet dichte Bestände, die schon von weitem durch ihre leuchtend gelbe Farbe auffallen. Nahe verwandt mit unserer einheimischen Goldrute sind zwei Zierpflanzen, die aus Amerika eingeführt wurden, nämlich die **Kanadische Goldrute (S. canadensis)** und die **Riesengoldrute (S. gigantea)**, die inzwischen als Gartenflüchtlinge sehr häufig auf Brachland sowie an Straßenrändern und Bahndämmen wachsen. Sie haben ähnliche Wirkungen wie unsere einheimische Art.

167

Die Echte Goldrute wird volksmedizinisch seit langer Zeit eingesetzt. Auch Martin Luther soll ihre blutreinigende Wirkung gegen seine vielfältigen Gebrechen genutzt haben.

Wunderschön sieht es aus, wenn im Herbst ganze Abhänge und Bahndämme goldgelb leuchten durch die dichten Bestände der Kanadischen Goldrute. Naturschützer sind von solchen recht konkurrenzkräftigen Gartenflüchtlingen nicht begeistert. Die Echte Goldrute ist eine sehr seltene Pflanze. Die Kanadische Goldrute kann leicht in großer Menge angepflanzt werden.

Inhaltsstoffe und ihre Wirkung:

Die wirksamen Inhaltsstoffe der drei genannten Goldrutenarten sind Flavonoide, Saponine und Phenylglycoside. Sie wirken ausschwemmend, entzündungshemmend und krampflösend.

* Tee: 2 Teelöffel feingeschnittene Droge mit 1 Tasse heißem Wasser übergießen, 10 Minuten ziehen lassen, absieben.

Medikamente:

* Cystinol long Kapseln (Schaper & Brümmer)

* Nephrisol® mono Lösung (Redel)

* Nieral® 100 Tabletten, Tropfen (Schuck)

* Solidago Steiner® Tabletten

Es werden auch Kombinationspräparate mit Birkenblättern, Orthosiphonblättern, Löwenzahnwurzeln und -kraut, Bärentraubenblättern und Schachtelhalmkraut angeboten.

Bruchkraut (Herniaria glabra)

Allgemeine Informationen, Inhaltsstoffe und ihre Wirkung:

Das unscheinbare Pflänzchen wächst an Wegen, auf sandigen Äckern, auf Dünen und Dämmen. Die kleinen grünlichen Blütchen stehen in Knäueln beieinander.

Die Pflanze besitzt krampflösende Inhaltsstoffe, die allerdings rasch ihre Wirksamkeit verlieren. Die Droge darf deshalb nicht lange gelagert werden. Die Meinungen von Medizinern über die Wirksamkeit gehen weit auseinander. Die Kommission E hat für das Bruchkraut eine sogenannte Null-Monographie erstellt, „da die Wirksamkeit nicht ausreichend belegt ist". Aber wahrscheinlich liegt dies zum großen Teil an der geringen Haltbarkeit der Droge.

Gutartige Prostatavergrößerung

Bei dieser meistens nach dem 40. Lebensjahr beginnenden Problematik sind Pflanzenheilmittel gut etabliert. Wichtig ist jedoch der Hinweis, daß es sich hierbei auschließlich um eine symptomatische Linderung der vielfältigen Beschwerden handelt. Die Erkrankung wird in drei Stadien fortschreitender Problematik eingeteilt, die an der Restharnmenge gemessen wird. Man sieht heute den Hauptanwendungsbereich von Heilpflanzen im Stadium I und in leichteren Formen von II. Das erste Stadium wird auch als „Reizstadium" bezeichnet. Es ist gekennzeichnet durch den Drang häufigen Wasserlassens mit kleinen Harnmengen bei Verzögerung der Harnentleerung. Dazu kommt vermehrter nächtlicher Harndrang. Bei einer phytotherapeutischen Langzeitbehandlung sollte eine regelmäßige fachärztliche Verlaufskontrolle erfolgen.

Zur Beachtung: Bei vermehrtem nächtlichen Harndrang sind zwei verschiedene Ursachen möglich: Einmal die eben genannte Prostatastörung oder auch eine beginnende Herzschwäche. Dies bedeutet, daß die Ursache vom Arzt abgeklärt werden muß. Volksmedizinisch empfohlen und von der Schulmedizin anerkannt ist Tee aus der Brennesselwurzel.

Kürbissamen

Allgemeine Informationen und Wirkung:

Ausgehend von Beobachtungen, daß in den Balkanländern die altersbedingten Prostatabeschwerden ausgesprochen selten auftreten, forschten namhafte Urologen, was die Ursache hierfür sein könnte. Schließlich wurde herausgefunden, daß es wohl an der Gewohnheit liegen müsse, ständig Kürbiskerne zu kauen. Als signifikant wirksam erwies sich allerdings nicht jeder beliebige Gartenkürbis, sondern nur eine ganz bestimmte Kürbis-Unterart, nämlich **Cucurbita pepo L. convar. citrullinina I.Greb. var. Styriaca I.Greb**. Wie man sich die pharmakologische Wirkung dieser ausgefallenen Unterart mit dem komplizierten Namen vorzustellen hat, ist nach Weiß/Fintelmann noch weit weniger geklärt als die klinische Wirksamkeit belegt ist (3, S. 264).

Als Tee ist Kürbissamen nicht wirksam, es seien Fertigarzneimittel empfohlen, die unbedingt hoch genug dosiert werden müssen.

Medikamente:

* Granufink Kürbiskerne (Smith-Kline Beecham OTW Medicines)
* Granufink Kürbiskern Granulat, Kapseln N (SmithKline Beecham OTC Medicines)
* Prosta Fink® N Kapseln (Smith-Kline Beecham OTC Medicines), mit Sägepalmenfrüchten
* Prostamed® Tabletten (Klein), mit Goldrute und Pappelblättern
* Cysto-Urgenin® Kapseln (Madaus)
* Cysto Fink® Kapseln (SmithKline Beecham OTC Medicines), mit Kava-Kava, Hopfen, Gewürzsumach und Bärentraube

Sabalfrüchte = Früchte der Sägepalme (Serenoa repens)

Wildwachsend kommt die Zwerg- oder Sägepalme vor allem im Süden der Mittelmeerländer und in Nordafrika vor. Die Früchte enthalten fet-

Das Kleinblütige Weidenröschen wächst an Ufern und Gräben. Es wurde erst 1970 in die Volksmedizin einbezogen. Die Schulmedizin traut ihm höchstens eine sehr bescheidene Wirkung zu.

tes Öl und Phytosterine, Polysaccharide, Gerbstoffe und Sitosterol. Für die Wirkung und Anwendung gelten die gleichen Gesichtspunkte wie für die Kürbiskerne. Die Arzneimittel sind auch bei Langzeitanwendung risikolos.

Medikamente:

* Prostagutt® mono/uno Kapseln (Schwabe)
* Prosta-Urgenin Uno® Kapseln (Madaus)
* Remiprostan® uno Kapseln (Schaper & Brümmer)
* Steiprostat Kapseln (Steigerwald).

In der neueren volkstümlichen Heilpflanzenkunde wird mit großer Überzeugungskraft das **Kleinblütige Weidenröschen (Epilobium parviflorum)** bei Prostatabeschwerden empfohlen. Die Pflanze wurde in der traditionellen Volksmedizin nicht gebraucht. Es ist noch nicht geklärt, ob sie eine Bereicherung unseres Heilpflanzenrepertoires darstellt oder ob es sich bei den Erfolgsberichten um einen Plazeboeffekt handelt.

Funktionale Beschwerden der Blase und Prostata

Von funktionalen oder funktionellen Beschwerden spricht die Medizin, wenn der Patient oder die Patientin über oft quälende Symptome klagt, ohne daß eine organische Ursache festzustellen ist. Solche funktionalen Beschwerden können jedes Organ betreffen. Sie müssen ernst genommen und behandelt werden, sind aber oft schwer zu beeinflussen. Funktionale Beschwerden aller Art sind ein wichtiger Einsatzbereich für Heilpflanzen, denn es handelt sich oft um chronische Beschwerden, die einer Langzeitbehandlung bedürfen. Die psychische Komponente darf nicht außer acht gelassen werden, so daß in die Therapie Pflanzen mit beruhigender oder stimmungsaufhellender Wirkung einbezogen werden sollten.

Bei Bettnässen (Enuresis) beschreibt Fintelmann eine bereits von Weiß betonte psychische Komponente und rät zu Verordnungen, die mit einer starken Suggestion verbunden sind. Dies wären im Falle des Bettnässens von Kindern, aber auch von Erwachsenen, beispielsweise starke Bitterstoffdrogen. Mittags und abends sollen 10 bis 20, bei Erwachsenen 30 Tropfen einer **Enziantinktur** in 1 Glas Wasser genommen werden.

Medikament:

* Tinctura gentianae

Als Spezifikum für das Bettnässen gilt seit langem die Rinde des **Gewürzsumach (Rhus aromatica syn. Rhois aromatica)**, bei Kindern 2mal täglich 5 bis 10 Tropfen, bei Erwachsenen 3mal täglich 20 Tropfen.

Medikament:

* Tinctura Rhus aromatica

Über das Nervensystem wirkt beim Bettnässen das **Johanniskraut** (S. 82 f).

169

Zu den häufigen und sehr unangenehmen Blasenstörungen der Frau gehört die Reizblase. Im Vordergrund der Beschwerden steht ein vermehrter und sehr quälender Harndrang. Dies bedeutet eine erhebliche psychische Belastung. Gleiches gilt für das Pendant beim Mann, die Prostatabeschwerden. Häufig wird, wenn es sich nicht um die bereits beschriebenen typischen Altersbeschwerden handelt, sondern wenn jüngere Männer betroffen sind, vom Patienten eine Prostataentzündung vermutet, was aber glücklicherweise recht selten ist. Nur hilft diese Aussage dem geplagten Mann leider meistens ebenso wenig wie der von ihrer Reizblase gequälten Frau, wenn sie aus dem Unterton des behandelnden Arztes heraushören, daß ihr quälendes Leiden für eine Neurose oder gar bloße Einbildung gehalten wird.

Hilfreich sind die bereits im vorigen Kapitel beschriebenen und genannten Medikamente aus Kürbiskernen und der Sägepalme. Hinzu kommt ein bewährtes Kombinationsarzneimittel, das auch den psychischen Aspekt berücksichtigt, der über das vegetative Nervensystem häufig eine funktionale Störung in Gang hält und chronisch werden läßt, eine Aussage, die auch für andere Organsysteme gilt.

Medikament:

* Cysto Fink® Kapseln (SmithKline Beecham OTC Medicines), Kombinationspräparat mit Kürbiskernöl, Kava-Kava, Hopfen, Gewürzsumach und Bärentraube.

Der rheumatische Formenkreis und die Gicht

Rheumatische Erkrankungen sind seit jeher weit verbreitet. Wer hat nicht selbst schon akut oder chronisch unter Schmerzen an Gelenken, Sehnen, Muskeln oder an der Wir-

belsäule gelitten? Man spricht daher zu Recht von einer wahren Volkskrankheit mit großer sozialer und soziologischer Bedeutung. Die Weltgesundheits-Organisation (WHO) definierte 1978 die rheumatischen Erkrankungen als „Erkrankungen des Bindegewebes und schmerzhafte Störungen des Bewegungsapparates, die sämtlich potentiell zur Ausbildung chronischer Symptome führen können".

„Ich leide unter Rheuma": Hierunter verbirgt sich eine Vielzahl unterschiedlicher Beschwerden und Krankheitsbilder. Der eine klagt über Gelenkschmerzen oder Gelenkentzündungen, der andere über Weichteilschmerzen oder Rückenschmerzen. Wie also lassen sich rheumatische Erkrankungen einteilen? Als Symptom steht bei den meisten rheumatischen Erkrankungen der Schmerz im Vordergrund. Bei einer Reihe von rheumatischen Erkrankungen kommt es auch zu Schwellungen, vor allem der Gelenke. Daraus resultiert eine Funktionsbehinderung, die meistens als schmerzhafte Bewegungseinschränkung bzw. Steifigkeit erlebt wird.

Die Mehrzahl der rheumatischen Erkrankungen ist nicht entzündlich bedingt. Hier sind die Ursachen Abnützung und Verschleiß. Diese Erkrankungen werden unter dem Begriff „Arthrose" zusammengefaßt. Hinzu kommen Beschwerden, die durch Fehl- oder Überbelastung der Wirbelsäule, der Muskeln oder der Gelenke bedingt sind. Davon müssen die entzündlich-rheumatischen Erkrankungen abgegrenzt werden, denen vielfach auch eine Erbanlage zugrunde liegt. Die häufigste Erkrankung aus dem Bereich des entzündlichen Rheumatismus ist die chronische Polyarthritis. Ca. 1% der Bevölkerung leidet unter dieser Krankheit. Hier kommt es zu entzündlich bedingten, meist symmetrischen schmerzhaften Gelenkschwellungen an großen und kleinen Gelenken. Die Entzündungsvorgänge können schließlich die Gelenke sowie auch

Sehnen und Bindegewebe zerstören. Auch die Bildung von Rheumaknoten ist möglich. Durch die Entzündungsvorgänge können auch innere Organe in Mitleidenschaft gezogen werden. Außerdem gibt es eine Reihe eher seltener entzündlicher Bindegewebserkrankungen (Kollagenosen) sowie entzündliche Wirbelsäulenerkrankungen, am bekanntesten der Morbus Bechterew. Häufiger jedoch sind auch am Rücken die abnützungsbedingten Beschwerden der Bandscheiben und Wirbelgelenke sowie muskuläre Verspannungen. Osteoporose erzeugt ebenfalls erhebliche Rückenschmerzen.

Bei den entzündlichen Bindegewebserkrankungen handelt es sich in der Regel um sogenannte „Autoimmun-Erkrankungen", d.h. der Körper bildet krankheitsbedingt Antikörper (Abwehrstoffe) gegen körpereigene Zellstrukturen. Hiervon ist nicht nur das Bindegewebe betroffen, sondern es können verschiedene Organe angegriffen werden. Die bekannteste und häufigste Erkrankung dieser Gruppe ist der systemische Lupus erythematodes, dessen auffallendstes Symptom eine schmetterlingsförmige Rötung der Gesichtshaut ist. Diese Erkrankung ist von erheblichen Gelenkbeschwerden gekennzeichnet. Es besteht die Gefahr einer Überempfindlichkeit bzw. Unverträglichkeit für verschiedene Medikamente, auch Phytotherapeutika.

Rheumatische Entzündungen können in Verbindung mit zahlreichen anderen Erkrankungen auftreten, z.B. bei Virusinfektionen. Man spricht dann von einem infekt-begleitenden Rheumatoid. Auch kann eine Entzündung einzelner Gelenke durch verschiedene Infektionen ausgelöst werden, vor allem Infekte der Harnwege und des Verdauungstraktes. Bekannt und gefürchtet ist inzwischen auch die durch Zeckenbisse ausgelöste Borreliose.

Außerdem kann nichtentzündlicher in entzündlichen Rheumatismus übergehen, wie es von der „aktivierten Arthrose" bekannt ist. Auch die Gicht gehört in den Formenkreis der entzündlich-rheumatischen Erkrankungen. Hier werden Harnsäurekristalle in den Gelenken abgelagert und führen zu akuten Entzündungen.

Diese Vielzahl höchst unterschiedlicher rheumatischer Erkrankungen bedarf einer jeweils unterschiedlichen Behandlung. Die Diagnosestellung und Behandlung sollte von rheumatologischen Fachärzten erfolgen, wobei hier wiederum zwischen rheumatologischen Orthopäden und internistischen Rheumatologen zu unterscheiden ist.

Behandlungsprinzipien rheumatischer Erkrankungen

Verschiedene Naturheilverfahren sowie vor allem das weite Feld der physikalischen Therapie, die Phytotherapie und diätetische Maßnahmen sind für praktisch alle rheumatischen Erkrankungen wichtige Behandlungsstützen. Gerade bei rheumatischen Erkrankungen ist die ganzheitliche Betrachtungsweise unerläßlich, die von Ärzten für Naturheilverfahren stets gefordert wird. Kneippsche Therapieprinzipien sind deshalb hier von großer Bedeutung.

Man unterscheidet vier Behandlungsprinzipien:

◆ Elimination: Gifte und Allergene müssen weitestgehend ausgeschaltet werden, was durch Meiden der störenden Substanz sowie eventuell durch Fasten und Schonung erreicht wird. Entzündungen können durch Kühlbehandlung abgeleitet werden.

◆ Fehlendes muß ersetzt werden: Durch Sonnen- oder UV-Bestrahlung wird der Körper zur Vitamin-D-Synthese angeregt. Ein dem individuellen Fall angepaßtes Ernährungsprogramm sichert die ausgewogene Zufuhr an primären Nährstoffen und sekundären Wirkstoffen (Vitamine, Ballaststoffe usw.). Hilfreich sind hierbei

phytotherapeutische Maßnahmen.

◆ Direkte Einwirkungen: Hierzu gehören unter anderem Massagen, Wärme- oder Kältebehandlung, Akupunktur, Phytotherapie und verschiedene apparative Verfahren.

◆ Stimulation: Dies sind z.B. Wasseranwendungen, Balneotherapie, Klimatherapie, Stoffwechselbeeinflussung durch Fasten, Rohkost oder pflanzliche Wirkstoffe sowie Sonnen- oder UV-Bestrahlung.

Gut zur Selbstmedikation eignet sich die Phytotherapie. Die Behandlung mit Heilpflanzen hilft synthetische Medikamente einzusparen oder sie zu ersetzen. Sie werden inzwischen von führenden Rheumatologen zur begleitenden Therapie ausdrücklich empfohlen. Besonderes Augenmerk muß der Schmerzbehandlung geschenkt werden (S. 72 f).

Ernährung bei rheumatischen Erkrankungen

Sehr oft wird die Frage gestellt, ob es für rheumatische Erkrankungen eine „besondere" Ernährung gibt. Schon Hippokrates forderte, daß Nahrungsmittel Heilmittel und Heilmittel Nahrungsmittel sein sollen. Dies gilt für alle chronisch Kranken, wie es auch die Rheumatiker sind. Eine eigentliche Rheumadiät gibt es jedoch nicht. Bei der Gicht ist purinarme Diät ein wesentlicher Teil der Behandlung. Auch Übergewicht sollte zur Gelenkentlastung durch entsprechende Ernährung reduziert werden. Oft wird beklagt, daß die „moderne Ernährung" gesundheitsschädlich und gefährlich sei. Andererseits gab es noch nie in dem Maße wie heute die Möglichkeiten und auch die nötigen Informationen für gesunde Ernährung. Hier ist, wie so oft, jeder selbst seines Glückes Schmied.

Eine entscheidende Rolle bei den entzündlichen Vorgängen spielt die Arachidonsäure. Sie ist in tierischen Lebensmitteln enthalten. Es handelt

sich hierbei um eine vierfach ungesättigte Fettsäure, durch die im Körper vermehrt entzündungsfördernde Gewebehormone gebildet werden. Eine arachidonsäurearme Ernährung ist durch eine vegetarisch orientierte Kost möglich. Betroffene Patienten berichten oft von einer Besserung ihrer rheumatischen Beschwerden bei hohem Rohkostanteil in der Nahrung, Betonung der pflanzlichen Kost, wenig Fleisch und Fleischprodukte, Verzehr von Vollkornprodukten und naturbelassenen Fetten mit mehrfach ungesättigten Fettsäuren. Eine streng vegetarische Diät ist aber nicht erforderlich. Auch Milch und Milchprodukte enthalten nur geringe Mengen Arachidonsäure und kein gichtförderndes Purin. Anmerkung zu Vollkornprodukten: Gichtpatienten müssen wenigstens teilweise auf Vollkornprodukte verzichten, weil die Zellkerne des Getreidekorns Purine enthalten.

Bisweilen wird das „Heilfasten" empfohlen. Nachweislich werden durch das Fasten Entzündungsvorgänge reduziert, die jedoch durch erneute Nahrungsaufnahme wieder aufleben.

Eine nachgewiesene Dosis-Wirkung-Beziehung besteht auch für die Antioxidantien, wie Vitamin E und C, den Spurenelementen Selen und Zink sowie bestimmten Fischölen. Durch Ernährung allein ist die nötige Dosis an diesen sekundären Nährstoffen oft nicht zu erreichen. Entsprechende Präparate sollten wohlüberlegt, eventuell nach Rücksprache mit dem Arzt, richtig dosiert und gezielt eingesetzt werden.

Kortison oder Operation

Bei der Behandlung entzündlich-rheumatischer Erkrankungen ist eine Kortisontherapie häufig nicht wegzudenken. Die noch verbreitete „Kortisonangst" ist in dieser Form nicht mehr begründet, da durch verbesserte Therapieführungen mit inzwischen zum Teil weit niedrigeren Dosierungen die gefürchteten Nebenwirkungen, z.B. die kortisoninduzierte Osteoporose nicht mehr auftreten oder besser behandelt werden können.

Bei der Behandlung von verschleißrheumatischen Erkrankungen, wie etwa Bandscheibenschäden und Arthrose, stellen auch die weit verbesserten Operationsmöglichkeiten, vor allem die Gelenkoperationen (Endoprothesen), einen wahren Segen dar.

Heilpflanzen zur Behandlung rheumatischer Erkrankungen

Welche Wirkungen müssen Heilpflanzen besitzen, wenn sie bei Rheuma wirksam sein sollen? Auf jeden Fall bilden Heilpflanzen eine wichtige Säule der Behandlung. Wer jedoch denkt, mit ein wenig Stoffwechseltee bereits Erfolge zu erzielen, sollte gar nicht erst beginnen. Chronische Krankheiten erfordern eine fortlaufende, wirklich konsequente Behandlung, oft in Form einer Intervalltherapie. Häufig müssen zu Beginn der Behandlung akut wirkende, kräftige Reize gesetzt werden, damit der Organismus sich sozusagen dazu bequemt, engagiert mitzuarbeiten. Hierzu werden meistens entsprechende Heilpflanzen-Kombinationen verwendet.

Weil bei den rheumatischen Erkrankungen der Schmerz als primäres Symptom empfunden wird, ist häufig eine langdauernde Schmerztherapie nötig. Dies ist mit der Gefahr gravierender Nebenwirkungen verbunden, wie etwa Übelkeit, Magenblutungen, Magenschleimhautschädigung, Leberschädigung, Niereninsuffizienz und Blutbildstörungen. Bisweilen werden Präparate mit Gesamtauszügen aus der Weidenrinde verwendet, meistens aber die synthetische Acetylsalicylsäure. Hierzu sei auf die Ausführungen zur Weidenrinde als Schmerzmittel verwiesen (S. 75 f). Mehrfach wurde schon

erwähnt, daß Kombinationspräparate heute einen schweren Stand haben, sich zu behaupten. Aber gerade bei rheumatischen Erkrankungen bewähren sich einige sehr gut. Weiß/Fintelmann berichten von Phytodolor®, einem Kombinationspräparat aus Frischpflanzenauszügen mit Echtem Goldrutenkraut, Zitterpappelrinde und -blättern sowie Eichenrinde. In kontrollierten Doppelblindstudien konnte eine sehr gute schmerzstillende Wirkung erwiesen werden, vergleichbar mit der Wirksamkeit der bekannten nichtsteroidalen Antirheumatika (3, S. 281). Anmerkung: Steroidale Medikamente sind Kortison und seine Abkömmlinge.

Die stoffwechselanregende Wirkung von Heilpflanzen muß mit einer kräftigen Anregung der Ausscheidung einhergehen und zwar Ausscheidung sowohl durch die Nieren als auch durch den Darm. Um die Bekömmlichkeit zu verbessern, wird noch ein Karminativum, also ein Mittel gegen Blähungen zugefügt. Ein Stoffwechsel-Rheuma-Tee besteht demnach aus

- einem oder mehreren Antidyskratika (Blutreinigungsmittel),
- einem Abführmittel,
- und einem Karminativum.

Eine Reihe der bei rheumatischen Erkrankungen verordneten Teepflanzen wurde bereits im Kapitel über Nierenkrankheiten vorgestellt und sie spielen ebenfalls bei der Behandlung von Hauterkrankungen eine wichtige Rolle. Auch einige Saponindrogen sind hilfreich (S. 39). Weiterhin spielen Heilpflanzen mit ätherischen Ölen bei der Rheumabehandlung eine wichtige Rolle, vor allem für Einreibungen und Bäder.

Löwenzahn gehört zu den wichtigsten stoffwechselanregenden Pflanzen (S. 63 f). Verwendet werden Wurzel und Kraut. Er ist ein wichtiges Aquaretikum und regt die Ausschüttung von Gallensaft in den Darm an. Seine erwiesene Wirkung bei rheumatischen Erkrankungen liegt an seiner Anregung der Zelltätigkeit, vor allem im Bindegewebe und in den Muskeln. Besonders arthrotische Prozesse (Abnützungserkrankungen) sind ein primärer Anwendungsbereich für Löwenzahn.

* Tee: 2 Teelöffel der Droge mit $1/4$ Liter kaltem Wasser übergießen, zum Sieden erhitzen, 1 Minute lang kochen, 10 Minuten ziehen lassen, absieben.

Für eine Stoffwechselkur müssen mindestens 6 Wochen lang täglich 2

Hier wurden frische Löwenzahnwurzeln mit dem Kraut im Herbst aus dem Gartenrasen geerntet und gut gewaschen. Sie werden mit einem Messerchen gespalten, auf einen Faden gezogen, getrocknet und dann als Tee verwendet.

bis 3 Tassen getrunken werden. Es empfiehlt sich, eine Frühjahrs- und eine Herbstkur durchzuführen. Die Frühjahrskur kann auch mit frischem Löwenzahn durchgeführt werden (S. 63). Aber auch dies muß konsequent erfolgen, und zwar nicht zu sparsam.

Medikamente, die Löwenzahn enthalten, siehe Seite 64 und 129.

Große und Kleine Brennessel wurden ebenfalls bereits gewürdigt (S. 64). Es wurde auch betont, daß neben der wassertreibenden auch eine allgemein stoffwechselanregende, im Sinne Sebastian Kneipps blutreinigende (antidyskratische) Wirkung für die erfolgreiche Anwendung bei rheumatischen Erkrankungen verantwortlich ist.

Ideale Zubereitungsformen sind der Tee und der Preßsaft. Fast noch ein wenig mehr sei der Tee empfohlen, weil hierbei die hohe Flüssigkeitsaufnahme gewährleistet ist, die für die aquaretische (harntreibende) und die antidyskratische Wirkung notwendig ist.

Weiß/Fintelmann empfehlen auch heute noch die früher häufig ausgeübte Behandlung rheumatischer Erkrankungen durch „Schlagen mit frischen Brennesseln". Diesen Rat gab bereits Sebastian Kneipp bei Rheumatismus, „wenn jemand kein Mittel mehr findet, denselben auszutreiben" (7/I, S. 157). Die Behandlung mit dem frischen Brennesselkraut erfolgt einmal täglich an 2 bis 3 aufeinanderfolgenden Tagen. Dann wird 2 bis 3 Tage ausgesetzt. Nach dem Schlagen darf für den Rest des Tages kein kaltes Wasser mehr an die behandelte Stelle kommen, weil sonst das Wärmegefühl wieder in ein unangenehmes Brennen übergeht.

Teezubereitung und Medikamente (S. 64).

Nicht ganz so drastisch, aber ebenfalls sehr zu empfehlen, sind Einreibungen mit Brennesselspiritus. Diese Maßnahme ist vor allem hilfreich bei Hexenschuß, Ischialgie, Sehnen- und Sehnenscheidenentzündung sowie anderen schmerzhaften Zuständen.

Weitere antidyskratisch wirkende Heilpflanzen sind **Birkenblätter**, die schon wiederholt gelobt wurden. **Bohnenschalen** und die **Wurzeln der Sandsegge** wirken als Tee ebenfalls deutlich harntreibend (S. 163).

Bittersüßer Nachtschatten (Solanum dulcamara)
▶ giftig

Allgemeine Informationen:

Dieses Nachtschattengewächs ist einmal mehr ein typisches Beispiel dafür, daß heilsame Dosis und Giftwirkung eng nebeneinander liegen. Die Pflanze wächst an Gräben, Teichrändern und in feuchten Gebüschen. Die leicht verholzten Stengel klettern bisweilen an Bäumen oder Sträuchern hoch. Medizinisch verwendet werden die jungen Schößlinge. Sie werden im Frühling vor dem Austreiben oder im Herbst nach dem Abfallen der Blätter gesammelt. Man nennt sie Bittersüßstengel, Drogenname „Dulcamarae stipes". Mit den leuchtend roten Beeren können immer wieder Vergiftungen mit Erbrechen, Krämpfen und sogar Todesfällen vorkommen.

Wirkung und Anwendung:

Die Droge besitzt eine deutlich harntreibende Wirkung, was sich in dem Volksnamen „Pißranken" manifestiert hat. Aber mehr noch tritt die stoffwechselstimulierende Wirkung in den Vordergrund. Deshalb ist der Bittersüße Nachtschatten in vorsichtiger Dosierung ein altbewährtes Mittel gegen Rheuma und Gicht. Auch eine heilsame Wirkung auf die Haut ist vorhanden, besonders bei solchen Hauterkrankungen, die mit Anomalien des Stoffwechsels zusammenhängen. Wegen möglicher Vergiftungsgefahr muß allerdings die Dosierung sehr vorsichtig gewählt werden.

* Tee: 1 bis 2 Teelöffel der Droge mit 1 Tasse Wasser aufkochen, absieben. Längere Zeit morgens und abends 1 Tasse trinken.
* KNEIPP® Rheuma-Tee N Wörishofia® ist eine Teemischung, die neben anderen Drogen auch Bittersüßstengel enthält.
* Extractum Dulcamarae wird bisweilen in der freien Rezeptur mit anderen Pflanzenextrakten gemischt.

Bittersüßer Nachtschatten ist ein Beispiel dafür, daß die Volksmedizin auch sehr giftige Pflanzen verwendet. Die stoffwechselanregende Wirkung ist für den Einsatz bei sehr unterschiedlichen Krankheiten geeignet.

Teufelskralle
(Harpagophytum procumbens)

*Allgemeine Informationen,
Inhaltsstoffe, Wirkung, Verwendung:*

Gemeint ist nicht unsere einheimische Teufelskralle, sondern eine nicht einmal botanisch mit ihr verwandte Pflanze aus Südafrika. Sie wird in Namibia zur Gewinnung der unterirdischen Speicherknollen angebaut. Die Teufelskralle ist ein Beispiel dafür, daß aus der Ethnomedizin immer einmal wieder eine Droge bei uns übernommen wird und sich bewährt. Als Inhaltsstoffe wurden Glycoside, ein Phytosteringemisch, ungesättigte Fettsäuren, Bitterstoffe, Triterpene, Flavonoide und freie Säuren festgestellt, also ein recht buntes Wirkstoffgemisch.

Anmerkung: Die Bitterstoffe sind in der Teufelskralle hoch dosiert, so daß bei Gallenleiden Vorsicht geboten ist.

Zahlreiche Untersuchungen wurden mit der Droge durchgeführt. Die schmerzstillende, entzündungshemmende Wirkung ist nachgewiesen. Zwei große, unabhängige Anwendungsgebiete sind zu nennen:

◆ Behandlung rheumatischer Erkrankungen, Tagesdosis 4,5 g Droge = 1 Eßlöffel
◆ Anregung des Appetits, Tagesdosis 1,5 g Droge = 1 Teelöffel.

Rheumatische Beschwerden im weitesten Sinne sprechen gut auf die Behandlung mit der Teufelskralle an, vor allem Arthrosen, Kreuzschmerzen durch Abnutzung der Bandscheiben, chronisch-entzündliche Polyarthritis, Neuralgien und Kopfschmerzen. Weitere Untersuchungen sind notwendig.

* Tee bei rheumatischen Erkrankungen: 1 Eßlöffel kleingeschnittene oder grobgepulverte Droge mit 2 Tassen kochendem Wasser übergießen, 8 Stunden bei Raumtemperatur stehen lassen, absie-

ben. Diese Teemenge sollte in 3 Portionen jeweils vor den Mahlzeiten eingenommen werden.

Medikamente:

* Arthrosetten® H Kapseln (Brenner-Efeka)
* Dolo-Arthrosetten® H Kapseln (Brenner-Efeka)
* Arthrotabs® Tabletten (Duopharm)
* Dolo Arthrodynat Tee-Extrakt in Kapseln (Ziethen)
* Harpagoforte ASmedic® Kapseln (Dyckerhoff)
* Rheuma-Sern® Kapseln (Sertürner)

Außer der inneren Gabe werden von manchen Therapeuten auch Injektionen in Form von intrakutanen Quaddelungen im Umfeld des erkrankten Gelenks durchgeführt.

„Holztees"

Unter diesem Namen werden einige antidyskratisch (blutreinigend) wirkende Drogen zusammengefaßt, nämlich die Wurzel von **Sarsaparille**, einer Pflanze, die bereits zur Behandlung der Schuppenflechte erwähnt wurde (S. 152). Dazu kommt die Wurzel von **Sassafras**, ein in Nordamerika beheimatetes Lorbeergewächs, sowie **Guajak**, auch „Franzosenholz" genannt, aus den tropischen Teilen Amerikas. Selten werden diese Drogen für sich allein angewendet, aber sie sind Bestandteil verschiedener Stoffwechsel- und Rheuma-Teemischungen.

Indische Medizin bei Gelenkentzündungen

Bei der Teufelskralle und auch bei den eben genannten „Holztees" handelt es sich um Medikamente, die aus der Ethnomedizin stammen, das heißt aus der Erfahrungsmedizin fremder Völker. Auch die Ayurvedamedizin, die hierzulande ebenfalls zahlreiche Anhänger hat, liefert ein Heilmittel gegen rheumatische Erkrankungen, das derzeit in der Schulmedizin viel Aufmerksamkeit

auf sich zieht. Erste Tests sehen vielversprechend aus.

Der Begriff „Ayurveda" stammt aus dem indischen Sanskrit und bedeutet „Wissen (Veda) um ein langes Leben (Ayur)". Ähnlich wie in der traditionellen westlichen Medizin wird die Entstehung von Krankheit durch ein Ungleichgewicht der Lebenskräfte (Doshas) und letztlich durch Ablagerung von Schlackenstoffen (Amas) interpretiert. Bei Krankheiten wird mit pflanzlichen und mineralischen Arzneien, mit Spezialdiäten sowie physiotherapeutischen Maßnahmen versucht, die Schlackenstoffe auszuleiten und das gesunde Gleichgewicht wiederherzustellen.

Indischer Weihrauch
(Boswellia serrata)

Allgemeine Informationen:

Weihrauch ist ein Harz aus dem Weihrauchbaum, das seit altersher zum Räuchern zu kultischen Zwekken verwendet wird. Zwei Arten des Weihrauchbaums werden auch medizinisch genutzt, nämlich die in Ägypten, Arabien und Somalia wachsende Spezies Boswellia sacra und der Indische Weihrauchbaum Boswellia serrata. Schon Hildegard von Bingen verwendete den Weihrauch teils äußerlich, teils innerlich gegen Taubheit, Kopfschmerzen und Augenkrankheiten. In der indischen Medizin wird Weihrauch seit mehr als 3000 Jahren gegen verschiedene Erkrankungen eingesetzt, vor allem bei Gelenkentzündungen.

Wirkung und Verwendung

Es gibt eine Reihe von Krankheiten, die sich durch chronische Entzündungen manifestieren. Als Beispiele seien außer entzündlichem Rheuma noch Morbus Crohn (= Crohn-Krankheit) genannt, bei dem es sich um eine Entzündung des Verdauungstrakts handelt, die alle Abschnitte des Verdauungstraktes in Mitleidenschaft ziehen kann, sowie chronisches Bronchialasthma. Bei diesen und anderen chronisch entzündlichen Krankheiten hat sich der Entzündungsmechanismus unter Ausschaltung der Selbstheilungskräfte verselbständigt (Entstehung von Leukotrienen). Dieser Prozeß tritt krankheitsbedingt beim Arachidonsäure-Stoffwechsel (S. 171) auf. Dadurch wird der Entzündungsprozeß ständig in Gang gehalten. Hier greifen die Wirkstoffe des Indischen Weihrauchs ein. Sie hemmen das Enzym 5-Lipoxygenase, das diesen Entzündungsprozeß chronisch werden läßt. Dieser Wirkmechanismus wurde von Professor Ammon (Tübingen) und Professor Simmet (Bochum) nachgewiesen. Heilungserfolge wurden bei rheumatischen Gelenkentzündungen erzielt. In 60 bis 70% der Fälle zeigte sich ein Rückgang der Schmerzen, der Schwellung und der Gelenksteifigkeit. Auch bei Colitis ulcerosa zeigte sich in einer offenen Studie bei Patienten, die 6 Wochen lang eine tägliche Behandlung mit einem alkoholischen Extrakt aus dem Harz von Boswellia serrata erhalten hatten, in 80% der Fälle ein Rückgang der Entzündung. Gegenwärtig gibt es auf dem deutschen Markt keine Arzneistoffe, die selektiv die Synthese von Leukotrienen hemmen (Prof. Dr. med. Ammon in „Deutsches Ärzteblatt 95, Heft 5. Januar 1998). Auch Crohn-Krankheit und bösartige Gehirntumoren (Glioblastome) könnten ein weiterer Einsatzbereich für Indischen Weihrauch sein.

Die beschriebenen Untersuchungsergebnisse an Patienten mit rheumatischen Erkrankungen sind durchaus dazu angetan, Hoffnungen bei den wahrlich sehr vielen Patienten mit Rheuma oder mit anderen entzündlichen Erkrankungen zu wecken. Allerdings gibt es eine bereits 1987/88 an 78 Patienten in Ratingen durchgeführte Doppelblindstudie, bei der keine signifikante Besserung der mit H15 (= Präparat aus Boswellia serrata) behandelten Patienten gegenüber der Placebogruppe zu verzeichnen war (O. Sander et al., Zeitschrift für Rheumatologie, Heft 1/1998). Dies bedeutet, daß wohl noch neue Untersuchungen durchgeführt werden müssen, um die entstandenen Widersprüche auszuräumen.

Zur Beachtung: Medikamente aus dem Indischen Weihrauch sind derzeit (Kenntnisstand Juli 1998) in Deutschland noch nicht offiziell zugelassen. Es steht jedoch im Ermessen des Arztes, sie zu verordnen.

Nach Auskunft des Arzneimittelherstellers Ayurmedica sollte das Medikament aus dem Indischen Weihrauch möglichst frühzeitig bei Verdacht einer rheumatoiden Arthritis angewendet werden. Es dient nicht der unmittelbaren Schmerzreduktion und kann zusätzlich zu einer Basistherapie gegeben werden. Die Verträglichkeit des Mittels ist gut, Nebenwirkungen sind bis jetzt nicht bekannt.

Medikament:

* H15-Ayurmedica

Gicht erfordert eiserne Disziplin

Bei dieser chronischen Erkrankung spielt eine erbliche Komponente mit. Gicht ist eine Ablagerungs- und Stoffwechselkrankheit, die meistens auf einer Ausscheidungschwäche für Harnsäure beruht, seltener auf einer überschießenden Purinproduktion des Körpers. Zur prophylaktischen Behandlung der Gicht gehört unbedingt eine purinarme Ernährung mit wenig Fleisch und weitgehendem Verzicht auf Alkohol. Das Leitsymptom ist der Gichtanfall, eine heftige Arthritis. Es gibt eine Reihe moderner synthetischer Gichtmittel, aber beim Anfall spielt immer noch die Behandlung mit Medikamenten aus der Herbstzeitlose eine wichtige Rolle.

Herbstzeitlose
(Colchicum autumnale)
▶ **giftig**

Allgemeine Informationen, Inhaltsstoffe, Wirkung, Verwendung

Die attraktive Pflanze blüht von Herbstbeginn bis zum Oktober mit einer krokusähnlichen, lilablauen Blüte. Die Früchte und auch die Blätter werden erst im darauffolgenden Frühling entwickelt.

Sogleich eine Warnung: Die Pflanze ist tödlich giftig. Sie enthält ca. 20 Alkaloide, darunter das medizinisch wirksame Colchicin.

In der Hand des Arztes, der auch die Behandlung überwachen muß, entfaltet die giftige Pflanze eine hervorragende Wirkung zur Linderung des Anfalls. Entweder wird das reine Colchicin verwendet oder aus der Pflanze hergestellte, auf Colchicin standardisierte Medikamente. Allerdings treten auch unter Aufsicht des Arztes gelegentlich unerwünschte Nebenwirkungen auf, wie etwa starke Durchfälle. Die Dauer der Anwendung ist in der Regel auf 3 Tage beschränkt, bei niedriger Dosis bisweilen auch länger.

Der sehr schmerzhafte Gichtanfall ist sozusagen ein Circulus vitiosus, der mit Säurebildung im Gelenk oder den Geweben beginnt, wodurch Harnsäure auskristallisiert, was die Phagocyten (= Freßzellen) des Immunsystems stark aktiviert. Diese zerfallen dann, wodurch eine starke Neubildung von Weißen Blutkörperchen angeregt wird. Dies geht mit schweren Entzündungszuständen einher. Die übertrieben starke Neubildung von Weißen Blutkörperchen wird durch Colchicin unterbrochen. Colchicin ist ein Stoff, der die Zellteilung bremst oder verhindert. Deshalb werden auch immer wieder Versuche unternommen, aus dem Colchicin ein Medikament gegen Krebserkrankungen zu gewinnen. Außer bei der Gicht wird Colchicin noch bei einigen seltenen Krankheiten verwendet.

Medikamente:

* Colchicum Dispert® Dragees (Solvay Arzneimittel)

* Colchysat® Bürger Lösung (Ysat-fabrik)

Erfahrungsmedizinisch und homöopathisch werden zur Behandlung von Gicht und vor allem auch vorbeugend zahlreiche Pflanzen eingesetzt. Als Beispiele seien **Heidekraut**, **Meerrettich**, **Sellerie** und einige bereits als antidyskratisch beschriebene Pflanzen, wie etwa **Löwenzahn**, **Klette**, **Sassafras**, **Bohnenschalen**, **Wacholderbeeren** sowie die von der traditionellen Volksmedizin und Sebastian Kneipp hochgepriesene **Pimpinelle (Pimpinella major, P. saxifraga)** genannt. Noch einmal: Hierbei ist nicht die „Gartenpimpinelle" gemeint (S. 98).

Bäder, Packungen, Einreibungen

Diese in der Überschrift genannten Anwendungen spielen bei den rheumatischen Erkrankungen eine besondere Rolle. Deshalb werden sie im Anschluß an dieses Kapitel zusammenfassend vorgestellt. Aber wirklich sehr zahlreiche andere Erkrankungen können ebenfalls mit diesen Verordnungen geheilt oder gelindert werden.

Häufig werden fertige Badezusätze verwendet. Soll der Badezusatz aus der Droge zubereitet werden, nimmt man in der Regel eine kleine Handvoll, übergießt sie mit 1 bis 2 Liter kochendem Wasser, läßt zugedeckt 5 bis 10 Minuten ziehen, siebt dann ab und fügt diesen Aufguß dem Bad zu.

Für Packungen und als Zusatz für Bäder sind **Heublumen** sehr beliebt. Deshalb wurden sie schon bei verschiedenen anderen Erkrankungen empfohlen. Das wirksame Prinzip der Heublumen ist neben der Wärme das durchblutungsfördernde Cumarin. Die Packung wird mit ca. 42° auf die zu behandelnde Stelle aufgelegt. Sie dient nach Weiß einer „energischen örtlichen Wärmebehandlung".

* Droge: Graminis flores

176

* KNEIPP® Heupack® Herbatherm® N
* KNEIPP® Heublumen Badesalz
* KNEIPP® Heublumenölbad

Zur Behandlung rheumatischer Erkrankungen sind Einreibungen mit ätherischen Ölen hilfreich, die häufig in alkoholischer Lösung angewendet werden. Beispiele:

* Wacholderöl
* Kalmusöl
* Rosmarinöl
* Engelwurzöl (Auszug aus Angelica archangelica)
* Arnikatinktur
* Brennesselspiritus
* Franzbranntwein

Auch Mischungen sind sehr beliebt. Die ätherischen Öle sind auch in verschiedenen Salben, Cremes und Massageölen enthalten. Das Angebot ist außerordentlich vielfältig. Hier geht probieren über studieren.

Das Öl aus einem giftigen Nachtschattengewächs, nämlich dem **Bilsenkraut (Hyoscyamus niger)**, wirkt beruhigend und entspannend. Häufig wird es in einer Mischung mit Arnika und Kalmus angefertigt und verwendet. **Johanniskrautöl** wirkt schmerzstillend und entspannend vor allem bei Verspannungen.

Heilpflanzen als Badezusätze

Durch Sebastian Kneipp hat die an sich uralte Verwendung von Heilpflanzen für Bäder, Umschläge und Packungen einen entscheidenden Auftrieb erhalten. „Was die Kräuter in den Bädern vermögen, kann ich nur loben", sagte er. Sein „Kollege" Vinzenz Prießnitz (1790-1851), der ebenfalls Wasseranwendungen und Umschläge propagierte, verwendete hingegen nur das reine Wasser. Auf welche Weise Kräuterbäder wirken, wurde zeitweise heiß diskutiert. Bisweilen wurde die Meinung geäußert, es handle sich um eine rein physikalische Wirkung. Dies gilt heute als widerlegt, denn es konnte nachgewiesen werden, daß die Haut ein gutes Resorptionsorgan ist. Besonders bei ätherischen Ölen konn-

ten im Blut oder in der ausgeatmeten Luft die durch die Haut aufgenommenen ätherischen Öle nachgewiesen werden. Je höher die Wassertemperatur, desto effektiver ist die Aufnahme der Inhaltsstoffe.

Als Zusätze sind an erster Stelle Badeöle zu nennen, wobei es darauf ankommt, das Öl im Bad gut zu verteilen. Durch einen Spezialanschluß an den Wasserhahn kann das Öldispersionsbad mit feintropfiger Verteilung des Medikaments im Wasser erreicht werden. Auch in Form von Emulsionen oder Vollextrakten können die Badezusätze zugefügt werden. Die Zubereitung mit der zerkleinerten Droge tritt dagegen heute in den Hintergrund.

Als Wassertemperatur wird meistens hierzulande 36° bis 38° je nach persönlicher Empfindlichkeit empfohlen. Hingegen werden in Japan sehr heiße Bäder, nämlich 40° oder darüber genommen und als sehr gesundheitsfördernd gelobt. Wenn keine stabilen Kreislaufverhältnisse vorliegen, wird von Vollbädern abgeraten, vor allem bei Herzinsuffizienz. Nach dem Bad sollte 1/2 bis 1 Stunde liegend geruht werden.

Pflanzen zur Behandlung

Fichtennadeln sind das bekannteste und verbreitetste Kräuterbad. Es handelt sich um eine unspezifische Reizwirkung. Zur Herstellung der Auszüge werden Nadeln und Rinde von **Fichten**, **Tannen** und **Kiefern** verwendet. Wichtigste Inhaltsstoffe sind ätherische Öle aus den Nadeln und Gerbstoffe aus der Rinde. Als besonders wertvoll und wirksam gelten Zubereitungen aus **Latschenkiefern** aus dem Gebirge. Die Indikationen für Fichtennadelbäder und Latschenkieferbäder sind vor allem Nervenkrankheiten, Rheuma, neuralgische Zustände und Erkrankungen der Atemwege.

* KNEIPP® Fichtennadel/Latsche/ Kieferölbad
* Weleda® Fichtennadel-Bademilch

Die Auszüge aus den Nadelbäumen, die in höheren Gebirgslagen gewachsen sind, gelten traditionsgemäß als besonders wirksam.

Eichenrinde enthält nur Gerbstoffe (Tannin). Meistens werden Teilbäder genommen. Eingesetzt werden sie vor allem bei verschiedenen chronischen Hauterkrankungen, Schweißfüßen, nässendem Ekzem und nach fachärztlicher Verordnung eventuell auch für Augenumschläge.

Häufig wird heutzutage synthetisches Tannin verwendet, es gibt aber selbstverständlich auch natürlichen Eichenrindenextrakt. Über Aufschläge aus Eichenrinde wird im Kapitel über Hautkrankheiten berichtet (S. 149).

* Silvapin® Eichenrinden Extrakt (Pino).

Kastanienextrakte sind in ihrer Wirkung ähnlich wie Eichenrinde.

* Weleda® Kastanienbad, mit Arnika, Schachtelhalm, Rosmarin, Wacholderbeeren.

Weizenkleie hilft bei zahlreichen Hautentzündungen und Ekzemen, vor allem durch ihre entzündungshemmende und juckreizlindernde Wirkung.

* 150 g Kleie in einem Vollbad gut verteilen.

* Silvapin® Weizenkleie-Extrakt E, nur in größeren Gebinden im Handel (Pino).

Kamille wird zu Vollbädern, Teilbädern, Umschlägen und heißen Dampfbädern verwendet. Dampfbäder werden bei Hämorrhoiden oder als Inhalation bei Erkältungskrankheiten empfohlen.

* Die Dampfbäder werden folgendermaßen verabfolgt: 1 Handvoll Bade-Kamille auf den Boden eines Eimers schütten, 2 bis 3 Liter kochendes Wasser darüber gießen. Nun setzt sich der Kranke auf den Eimer, so daß der Eimer abschließt. Bequemer ist die Maßnahme auf einem Zimmerstuhl. Der Unterleib und die Beine des Patienten werden mit einer Decke gut bedeckt.
* KNEIPP® Kamille Ölbad
* Kamillen-Bad-Robugen-Lösung (Robugen)
* Kamillosan® Wund- und Heilbad N Lösung (ASTA Medica)
* Silvapin® Kamillenblüten Extrakt (Pino)

Schafgarbe besitzt eine ähnliche Wirkung wie Kamille. Hinzu kommt eine etwas stärker krampflösende sowie wegen des Gehalts an Bitterstoffen eine tonisierende Wirkung.

Meistens wird sie bei Frauenleiden empfohlen, vor allem für Sitzbäder, Zubereitung aus der Droge.

Melisse wirkt beruhigend und entspannend. Die wirksame Substanz ist ein Gemisch aus ätherischen Ölen, ebenso wie bei den folgenden Heilpflanzen für Bäder. Hilfreich sind die Bäder und auch die innere Anwendung der Melisse bei nervösen Herzbeschwerden, allgemeiner Unruhe und Einschlafstörungen. Die Melisse ist auch für Kinder bei diesen Indikationen das Mittel der Wahl.

* KNEIPP® Melisse Ölbad

Lavendel wirkt ausgleichend auf das vegetative Nervensystem, so daß einerseits eine erfrischende und gleichzeitig eine entspannende Wirkung eintritt. Abends nach einem anstrengenden Tag oder in streßreichen Krisenzeiten wirkt ein Lavendelbad besonders wohltuend.

* KNEIPP® Lavendel Ölbad

Baldrian wirkt beruhigend und schlaffördernd. Deshalb ist dieses Bad am Abend zu empfehlen.

* KNEIPP® Baldrian Ölbad
* Silvapin® Baldrianwurzel-Extrakt (Pino).

Kalmus ist eine Bitterstoffdroge mit ätherischen Ölen und deshalb allgemein tonisierend. Kalmusbäder sollten bevorzugt am Vormittag genommen werden. Günstig ist es, hierfür freie Tage zu benützen und sich nach dem Bad eine Stunde hinzulegen. Kalmusbäder werden empfohlen bei Erschöpfungszuständen, in der Rekonvaleszenz, bei niedrigem Blutdruck, vegetativer Dysregulation, Blutarmut sowie Diabetes und anderen Stoffwechselleiden.

Rosmarin enthält den Rosmarincampher. Dieser Stoff wirkt anregend auf das Nervensystem. Wichtigste Anwendungsgebiete für Bäder sind konstitutionell niedriger Blutdruck oder nach Krankheiten auftretende Schwächezustände mit niedrigem Blutdruck, Durchblutungsstörungen, Krampfadern (bei dieser Indikation keinesfalls heiße Bäder verabreichen!), rheumatische Schmerzen, Quetschungen und Verstauchungen. Bei Schwächezuständen und niedrigem Blutdruck ist auch die innere Anwendung von Rosmarintee sehr zu empfehlen. Rosmarin ist ein Bad für den Morgen mit Nachruhe. Wer die Zeit hierfür nicht aufbringt, dem sei ein Rosmarinduschbad empfohlen.

* KNEIPP® Rosmarin Ölbad
* KNEIPP® Rosmarin Aquasan® Kreislaufbad, enthält auch Campher vom Campherbaum (Cinnamomum camphora)
* KNEIPP® Rosmarin Kräuter-Duschbad
* Weleda® Rosmarin Bademilch
* Silvapin® Rosmarinblätter Extrakt E (Pino)

Thymian besitzt ätherische Öle, die bereits bei der Behandlung von Bronchitis gelobt wurden. Sie wirken krampflösend und hustenlösend. In einem gut warmen Bad werden die aufsteigenden ätherischen Öle eingeatmet wie bei einer Inhalation. Wichtigste Indikationen sind akute und chronische Bronchitis, Lungenemphysem und Keuchhusten der Kinder.

* KNEIPP® Thymian Ölbad

Schachtelhalm und **Haferstroh** wirken in erster Linie durch ihren Gehalt an Kieselsäure. Dadurch wird ein besonders günstiger lokaler Effekt auf den Stoffwechsel der Haut ausgeübt, auch auf das Unterhautzellgewebe sowie die Bänder und Sehnen. Wichtigste Indikationen sind allgemeine rheumatische und neuralgische Beschwerden, chronische Ekzeme und Neurodermitis, lokale Durchblutungsstörungen, Frostbeulen und Beschwerden nach Unfällen.

Heublumen, bei denen die durchblutungsfördernde Wirkung eine besondere Rolle spielt, wurden bereits bei der Beschreibung der Aufschläge erwähnt. Sie sind hilfreich bei Rheuma und Stoffwechselleiden.

Kombinationspräparate aus mehreren Pflanzen werden ebenfalls gerne als Badezusätze verwendet. Einige wurden bereits genannt. Hierzu noch ein Beispiel:

* KNEIPP® Rheuma-Bad spezial, mit Wacholderholzöl und Wintergrünöl

Frauenkrankheiten

Viele Heilpflanzen sind im Laufe der Medizingeschichte zusammengekommen, denen heilsame Wirkungen bei zahlreichen Beschwerden oder echten organischen Frauenleiden nachgesagt werden. Nur wenige haben den strengen Kriterien der Kommission E standgehalten. Die moderne Phytotherapie sieht Anwendungsbereiche als Ergänzung zur überwiegend durchgeführten Behandlung mit weiblichen Geschlechtshormonen oder in manchen Fällen als Alternative. Dies muß von Fall zu Fall abgeklärt werden.

Schmerzhafte Menstruation

Viele Frauen, die im übrigen kerngesund sind, bekommen allmonatlich bei der Menstruation Krämpfe und unerträgliche Schmerzen, was bis zur Ohnmacht führen kann. Schlagartig hören diese Schmerzen häufig nach der Geburt des ersten Kindes auf oder werden sehr viel schwächer.

Heilpflanzen haben bei diesen Beschwerden volksmedizinisch eine jahrhundertelange Tradition. Diese als bewährt geltenden Pflanzen sowie auch die von Sebastian Kneipp empfohlenen Pflanzen werden von der modernen Phytotherapie nicht mehr anerkannt. Typisches Beispiel: Das Gänsefingerkraut, von dem Kneipp sagte: „Keine Familienmutter soll es unterlassen, einen hinlänglichen Vorrat solchen Krautes zu sammeln und zu trocknen. Sie weiß selbst zu beurteilen, wie schmerzhaft

solche häufig vorkommenden Krampfanfälle sind und wie es noch größeren Schmerz bereitet, Angehörige leiden zu sehen, ohne helfen zu können" (7/I, S. 151). Er empfahl bei Unterleibs- und anderen Krämpfen 3mal am Tag eine recht warme Milch, n der „so viel Anserinenkraut, wie man mit 3 Fingern fassen kann" wie zu einem Tee abgebrüht wurde. Und auch Apotheker Mannfried Pahlow schreibt noch in der neuesten Auflage seines Heilpflanzenbuches „Ich halte diese Heilpflanze für wirksam" (16, S. 141). Bei Tierversuchen konnte allerdings die krampflösende Wirkung nicht bestätigt werden. Soll man das bewährte Pflänzchen nun endgültig über Bord werfen? In der eigenen Familie hat sich folgende Teemischung bei Krämpfen während der Periode jahrzehntelang bewährt und war synthetischen, krampflösenden Schmerzmitteln überlegen:

* Teemischung:
  Gänsefingerkraut
  Kamillenblüten
  Schafgarbe
  Pestwurz (Wurzelstock)
  zu gleichen Teilen gemischt.
  2 Tassen dieses Tees werden möglichst vor oder unmittelbar zu Beginn der Blutung getrunken. Nach Bedarf kann die Anwendung zweimal am Tag wiederholt werden.

Diese eben genannten Pflanzen, mit Ausnahme der Kamille, die bereits eingehend gewürdigt wurde (S. 118 f), werden nachfolgend charakterisiert.

Das von Sebastian Kneipp hochgeschätzte Gänsefingerkraut wächst an Straßenrändern und auf mageren, offenen Standorten, an denen sich sonst kaum eine andere Pflanze halten kann.

Schafgarbe gehört zu den besonders hochgeschätzten Pflanzen der traditionellen Volksheilkunde. Außer bei Frauenkrankheiten wird der Tee zur Nachbehandlung von Durchfällen und blutenden Hämorrhoiden empfohlen.

Gänsefingerkraut (Potentilla anserina)

Allgemeine Informationen, Inhaltsstoffe und Anwendung:

Der Name Gänsefingerkraut kommt daher, daß die kriechende, gelb blühende Pflanze am liebsten auf dem Weideland der Gänse, dem traditionellen „Gänsanger", wächst. Aber auch andere Arten von Brachland, vor allem Wegränder, sind typische Standorte.

Bekannte Inhaltsstoffe sind Gerbstoffe, Bitterstoffe und Flavonoide. Jener Stoff, der die erfahrungsmedizinisch belegte Wirkung bei Menstruationsbeschwerden und bei Krämpfen im Magen-Darm-Trakt ausübt, ist nicht bekannt. Wegen des hohen Gerbstoffgehaltes kann der Tee auch zu Spülungen der Mundschleimhaut eingesetzt werden.

Medikament:

*   Natudolor® Dragees duopharm

Frauenmantel (Alchemilla vulgaris)

Allgemeine Informationen, Inhaltsstoffe und Anwendung:

Das hübsche Pflänzchen wächst auf feuchten Wiesen und seine aparten, wie in Falten gelegten silbergraugrünen Blätter erinnerten die Namensgeber offenbar an einen eleganten Frauenumhang. Hier spielt sicher auch die Signaturenlehre mit, die besagt, daß eine Pflanze durch ihr Aussehen anzeigt, wofür oder wogegen sie hilft. In diesem Fall also soll die kranke Frau freundlich in einen schützenden, heilsamen Mantel gehüllt werden, wenn sie unter schmerzhaften Blutungen leidet.

Die Inhaltsstoffe sind Gerbstoffe, Bitterstoffe, ein wenig ätherisches Öl und Flavonoide. Der Tee wird volksmedizinisch bei zu schwacher oder unregelmäßiger oder schmerzhafter Menstruation empfohlen, und zwar sowohl äußerlich für Sitzbäder als auch innerlich. Auch zu Waschungen und Spülungen im Genitalbereich, vor allem bei konstitutionell bedingtem Ausfluß (Fluor albus) wurde der Tee eingesetzt. Die Schulmedizin akzeptiert die Anwendung bei leichteren Durchfällen, wobei Gerbstoffe die entscheidende Rolle spielen.

Schafgarbe (Achillea millefolium)

Allgemeine Informationen:

Sie gehört zu den häufigsten Wiesenkräutern unserer heimischen Flora und zu jenen Pflanzen, die in älteren Büchern der Volksheilkunde mit großer Wertschätzung beschrieben wurden. Einige ihrer Volksnamen sprechen für diese Hochachtung: Gottesheil, Grundheil, Neunkraft, Blutstillkraut, Gotteskraft, Bauchwehkraut und Jungfrauenkraut. Die beiden letzten Namen deuten darauf hin, daß die Schafgarbe bei schmerzhafter Menstruation angewendet wurde, was besonders häufig „Jungfrauen" betrifft, also Frauen, die noch kein Kind geboren haben. „Schafgarb' im Leib tut wohl jedem Weib", hieß es früher. Sehr vielfältige Wirkungen, auch auf Herz und Kreislauf sowie bei Darmerkrankungen und bei „Blutspucken" wurden ihr zugeschrieben. Sie gehört zu jenen Pflanzen, die bei Sebastian Kneipps Empfehlungen eine besonders wichtige Rolle spielen.

Inhaltsstoffe und ihre Wirkung:

Sie enthält ein ätherisches Öl, das mit dem blauen Chamazulen der Kamille nahe verwandt ist. Dazu kommen Bitterstoffe, Flavonoide und Gerbstoffe. Die Droge besitzt galletreibende, krampflösende und adstringierende Eigenschaften.

Medikamente mit Schafgarbenextrakt werden im Kapitel über Erkrankungen des Verdauungstrakts genannt (S. 122f, 130).

Pestwurz (Petasites hybridus)
▶ **bei hochdosierter Einnahme giftig**

Allgemeine Informationen:

Früher hieß die Pflanze Petasites „officinalis", was ihre „offizinelle" Verwendung anzeigt, also den Gebrauch als Heilmittel. Die Pestwurz wächst in Bach- und Flußauen und hier auch ins Wasser hinein. Sie kommt meistens in gewaltigen Mengen vor und verdrängt dann jede andere Vegetation. Im zeitigen Frühling erscheinen die langen Rispen mit den rötlichen Blütchen und später an langen Stielen die riesigen Blätter. In dem dichten Wald dieser Blattbestände kann ein achtjähriges Kind aufrecht stehend verschwinden.

Zwei weitere Pestwurzarten seien erwähnt, nämlich die Weiße Pestwurz (P. albus), die an sickerfeuchten Stellen in Buchenwäldern wächst, bevorzugt im Bergland, sowie die Alpenpestwurz (P. paradoxus). Die Inhaltsstoffe dieser beiden Arten sind nicht untersucht. Abzugrenzen ist die Pestwurz von dem gelb blühenden Huflattich (Tussilago farfara) (S. 94), dessen Blätter ähnlich wie Pestwurzblätter aussehen, aber kleiner und auf der Unterseite stark weißfilzig sind.

Im zeitigen Frühling blüht die Pestwurz. Noch sieht man ihren Blättern nicht an, daß sie einmal riesengroß werden. Medizinisch verwendet wird der kriechende Wurzelstock.

Inhaltsstoffe und ihre Wirkung:

Wegen ihrer krampflösenden Wirkung auf die glatte Muskulatur hat sie außer bei schmerzhafter Periode auch bei Asthma bronchiale, bei Keuchhusten, bei Krämpfen der Gallenblase und der ableitenden Harnwege seit dem Altertum eine medizinische Tradition. Verwendet wird meistens der getrocknete Wurzelstock.

Wichtiger Hinweis: Die Kommission E hat für Pestwurzblätter eine Negativ-Monographie erstellt, weil ihr Gehalt an leberschädigenden Pyrrolizidin-Alkaloiden die Anwendung vor allem im Dauergebrauch einschränkt. Diese strenge Beurteilung ist angebracht, weil Pestwurz bisweilen auch bei chronischer Bronchitis mit krampfartigem Husten über längere Zeit angewendet wurde. Für den Pestwurz-Wurzelstock wurde eine Positiv-Monographie erstellt. Er wird jedoch nur zur unterstützenden Behandlung bei akuten Krampfzuständen der ableitenden Harnwege empfohlen. Aber erfahrungsmedizinisch wird auch die gute Wirksamkeit bei krampfartigen Menstruationsschmerzen immer wieder bestätigt.

Altbekannt sind die als Spezies gynaecologicae bezeichneten Teemischungen, die bei chronischen Unterleibserkrankungen mit Krampfzuständen und gleichzeitiger Verstopfung verordnet werden. Ein solcher Frauentee soll folgende Eigenschaften haben:

◆ krampflösend,

◆ abführend

◆ und ausleitend im Sinne der traditionellen Blutreinigung.

* Teemischung für einen „Frauentee":
  Faulbaumrinde
  Schafgarbenkraut
  Sennesblätter
  Queckenwurzel
  zu gleichen Teilen gemischt.

Weitere Pflanzenarzneien zur Behandlung schmerzhafter Menstruation:

Belladonna, also ein Extrakt aus der **Tollkirsche (Atropa belladonna)** in Form von Zäpfchen oder Tropfen, wird von der Kommission E positiv beurteilt. Wegen der Giftigkeit der Pflanze sind die aus ihr hergestellten Arzneien nicht zur Selbstmedikation geeignet. Auch die schmerzstillende Wirkung von Opium aus dem **Schlafmohn** kann in schweren Fällen ärztlich verordnet werden.

Als recht hilfreich erweisen sich bei manchen Frauen Einreibungen des Unterbauchs mit ätherischen Ölen. Über deren schmerzstillende Eigenschaften wurde bereits am Beispiel des Minzöls berichtet (S. 78).

* Je einige Tropfen **Minzöl**, **Kümmelöl** und **Fenchelöl** werden in etwas warmen **Kamillentee** eingeträufelt. Der Unterbauch wird damit eingerieben.

Noch wesentlich effektiver ist diese Einreibung, wenn man auch die wichtigste Reflexzone für die Gebärmutter mit einbezieht. Sie befindet sich am Rücken im unteren Lendenwirbelbereich. Sanftes Einmassieren des Einreibemittels mit kreisender Bewegung ist zu empfehlen.

Anmerkung: Mit dem Begriff „Reflexzone" wird jeweils eine ziemlich scharf eingegrenzte Hautpartie bezeichnet, die mit einem bestimmten Organ über Nerven in Verbindung steht. So ist es möglich durch Massage dieses Hautareals auf das entsprechende Organ einzuwirken. Der Fachausdruck für diese Reflexzonen-Behandlung heißt „Reflexzonen-Bindegewebsmassage".

Fehlende oder schwache Regelblutung, prämenstruelles Syndrom

Heute wird meistens die fehlende oder schwache Regelblutung nicht mehr als eigenständiges Symptom sondern als Teil einer umfassenderen Störung betrachtet. Häufig werden in solchen Fällen Hormonpräparate eingesetzt. Eine genaue fachgynäko-

logische Abklärung der Ursachen ist notwendig. Das Krankheitsbild ist jedoch keineswegs neu, sondern seit undenklichen Zeiten werden sogenannte Emmanagoga bei fehlender oder zu schwacher Regelblutung genommen. Auch unerwünschte Schwangerschaften wurden mit diesen Emmanagoga mehr oder weniger erfolgreich „behandelt", ein für die Frau meist lebensgefährliches Unterfangen. Daraus folgt, daß während der Schwangerschaft solche Mittel nicht eingenommen werden dürfen, weil es sonst zu einem Abortus kommen kann. Diese Mittel sind meistens zur Selbstmedikation nicht geeignet. Wenn überhaupt, dann werden sie in Kombination mit starken Abführmitteln, wie etwa Sennesblättern oder Faulbaumrinde gegeben.

Zwei Beispiele für historisch bedeutsame Emmanagoga:

Das ***Gottesgnadenkraut (Gratiola officinalis)*** ▶ geschützt ▶ giftig ist eine sehr seltene, unter Naturschutz stehende Pflanze, die in Mooren und Heiden wächst. Sie ist ein giftiges Braunwurzgewächs und wird heute nicht mehr verwendet. Die ehemalige Wertschätzung der Pflanze ist aus ihrem Namen zu entnehmen.

Eine zweite Pflanze ist die ***Gartenraute (Ruta graveolens)***. Bereits Karl der Große verordnete in seinem Capitulare de Villis, daß sie „der Landmann in seinem Garten haben müsse". Sie enthält Furanocumarine und wirkt deshalb photosensibilisierend (S. 83). In geringen Mengen verwendet, ist sie ein schmackhaftes Gewürz für Salate und Soßen. Der Tee wird bisweilen innerlich bei Venenerkrankungen eingesetzt. Sie darf nicht während der Schwangerschaft eingenommen werden.

Das prämenstruelle Syndrom äußert sich meistens mit Kopfschmerzen, Spannung oder Schmerzen in den Brüsten, Schlafstörungen und einigen anderen Befindlichkeitsstörun-

gen mit psychosomatischer Komponente.

Keuschlamm (Vitex agnus castus), auch Mönchspfeffer genannt, wird zur Behandlung eingesetzt. Wie beide Namen zeigen, wurde die Pflanze früher zur Dämpfung der Libido vor allem in Männerklöstern gebraucht. Verwendet werden die Früchte mit den wichtigsten Inhaltsstoffen Aucubin und Agnosid. Dazu kommen Flavonoide, ätherisches Öl und der Bitterstoff Castin. Die Wirkung erfolgt über eine Veränderung der Hormonausschüttung in der Hirnanhangsdrüse (Hypophyse). Die Hypophyse gehört zu unseren wichtigsten Hormondrüsen, denn die von ihr produzierten Botenstoffe regeln die Ausschüttung der Hormone bei allen anderen Drüsen mit innerer Sekretion (Hormondrüsen), also auch den Keimdrüsen.

Die Wirksamkeit von Agnus castus bei prämenstruellem Syndrom und Menstruationsanomalien ist klinisch gut belegt. Die Verträglichkeit ist gut.

Gottesgnadenkraut hat eine lange Tradition zur Förderung der Monatsblutung. Auch R.F. Weiß war der Meinung, daß man derartigen Störungen „nicht gleich mit Hormonbehandlungen zu Leibe rücken sollte".

Keuschlamm oder Mönchspfeffer ist vom Mittelmeergebiet bis Indien verbreitet. Die Inhaltsstoffe greifen intensiv in den Haushalt der Geschlechtshormone ein.

181

Medikamente:

* Agnolyt® Kapseln, Tropfen (Madaus)
* Agnucaston® Filmtabletten, Tropfen (Bionorica)
* Castufemin® N Tropfen (Ardeypharm)
* Mastodynon® N Tropfen (Bionorica), Homöopathikum
* Femisana® Mixtur (Riemser Arzneimittel), mit Traubensilberkerzenwurzelstock und Schöllkraut

Präparate aus dem **Wolfstrapp (Lycopus europaeus)**, der bereits bei Schilddrüsenüberfunktion besprochen wurde, können ebenfalls bei prämenstruellem Syndrom angewendet werden.

Uterus-Blutungen

Hier sind selbstverständlich nicht die normalen Regelblutungen gemeint, sondern beispielsweise Blutungen nach der Geburt oder während des Klimateriums.

Mutterkorn (Secale cornutum)
▶ giftig

Das Mutterkorn ist ein Pilz, der auf Getreideähren wächst, vor allem auf Roggen. Seine Inhaltsstoffe wirken anregend auf den Uterus. Die typischen rotschwarzen, hornförmigen Fruchtkörper des Pilzes werden zu verschiedenen Medikamenten verarbeitet. Sie werden zur Einleitung der Geburt gegeben und zum Blutstillen nach der Geburt. Folgerichtig gebrauchten bis zum Ende des 18. Jahrhunderts nur die Hebammen das Mutterkorn. Erst seit dem 19. Jahrhundert wird es auch von Ärzten verwendet.

Die beiden wirksamen Alkaloide werden inzwischen synthetisch hergestellt, um eine genaue Dosierung zu gewährleisten. Mutterkorn ist sehr giftig. In früheren Zeiten waren Massenvergiftungen nicht selten. Historischen Berichten zufolge sollen

im Jahr 922 in Spanien und Frankreich 40 000 Personen einer Epidemie durch die Vergiftung mit Mutterkorn, dem sogenannten „Sankt-Antonius-Feuer", zum Opfer gefallen sein. Die Vergiftung führt zum Absterben der Gliedmaßen: Matthias Grünewald hat den elenden Zustand vergifteter Personen auf seinem Isenheimer Altar dargestellt.

Aus dem Mutterkorn werden auch Medikamente zur Behandlung von Migräne hergestellt (S. 73).

Das Hirtentäschelkraut (Capsella bursa-pastoris) ist eine weitere Pflanze mit blutstillender Wirkung auf den Uterus. Das Pflänzchen ist ein häufiges, unscheinbares Wildkraut, das in Gärten und an Wegrändern wächst.

* Tee: 1 Eßlöffel der Droge mit 1 Tasse siedendem Wasser überbrühen, 15 Minuten ziehen lassen, absieben. 4mal täglich 1 Tasse zwischen den Mahlzeiten trinken.

Medikament:

* Tinctura Bursae pastoris Rademacher, mehrmals täglich 20 bis 30 Tropfen.

Hirtentäschel ist vor allem ein volksmedizinisch hochgeschätztes Kräutlein. Die wissenschaftliche Pflanzenheilkunde ist mangels anerkannter Inhaltsstoffe recht zurückhaltend.

Klimakterische Beschwerden

An mehr oder weniger ausgeprägten Befindlichkeitsstörungen und krankhaften Symptomen in den Wechseljahren kommt wohl kaum eine Frau vorbei. Häufig werden dann weibliche Geschlechtshormone verschrieben, was zwar eine Reihe von Vorteilen mit sich bringt, nicht nur die klimakterischen Störungen betreffend, sondern diese Hormone stellen auch einen Schutz vor Osteoporose und Arteriosklerose dar. Sie sind jedoch nicht risikolos: Leberstörungen und höhere Krebsneigung werden diskutiert. Es gibt jedoch eine wirklich empfehlenswerte pflanzliche Alternative, die nachfolgend beschrieben wird.

Traubensilberkerze (Cimicifuga racemosa)
▶ leicht giftig

Sie ist nicht nur eine bildschöne, nicht sehr häufig verwendete Zierpflanze für den herbstlichen Garten, sondern ihr Wurzelstock wird zur Herstellung von Medikamenten gegen klimakterische Beschwerden verarbeitet. Der Wurzelstock hat einen recht üblen Geruch, weshalb die Pflanze auch Wanzenkraut und in Amerika Schlangenkraut heißt.

Die Inhaltsstoffe und der Wirkmechanismus sind noch nicht genau bekannt, aber es wird eine steuernde Funktion über die Ausschüttung von Hormonen der Hirnanhangsdrüse angenommen. Die therapeutische Wirksamkeit hingegen ist seit Jahrzehnten praktisch und klinisch sehr gut belegt.

Medikamente:

* Cefakliman® mono Kapseln, Tropfen (Cefak)
* Cimisan® Filmtabletten, Tropfen (APS)
* Remifemin® Tabletten, Tropfen (Schaper & Brümmer)
* Tee aus Traubensilberkerze wird selten verordnet.

Präparate aus der Silberkerze sind gut geeignet, die vielfältigen Befindlichkeitsstörungen während des Klimakteriums sowie bei jüngeren Frauen Krampfzustände des kleinen Beckens zu behandeln.

Kombination mit Johanniskraut ist zu empfehlen, wenn die klimakterischen Beschwerden mit psychischen Befindlichkeitsstörungen einhergehen.

Medikament:

* Remifemin® plus Dragees (Schaper & Brümmer)

Medikamente aus der Traubensilberkerze eignen sich auch zur Behandlung der sogenannten Parametropathia spastica, einem nicht seltenen Krankheitsbild bei jüngeren Frauen, das sich durch Krampfzustände des Kleinen Beckens, Kreuzschmerzen, Ausfluß, Schmerzen bei der Periode und weiteren Beschwerden mit psychosomatischer Komponente bemerkbar macht.

Stichwort Ausfluß (Fluor albus): Fast jede Frau muß sich irgendwann im Leben mit dieser unangenehmen Erscheinung auseinandersetzen. Hier muß die Ursache fachgynäkologisch abgeklärt werden. Meistens wird kein krankhafter Befund festgestellt. Volksmedizinisch hat in diesen Fällen der Tee aus den weißen Blütchen der **Taubnessel (Lamium album)** eine lange Tradition. Die Inhaltsstoffe sind nicht ausreichend untersucht. Meine persönliche Meinung: Hier wird die altehrwürdige Signaturenlehre angewendet, nämlich daß

durchscheinend weiße Blütchen gegen den weißlichen Ausfluß helfen sollen. Dies ist wohl einer jener Fälle, bei denen der Glaube die Besserung oder Heilung bewirkt.

Ausfluß bei gleichzeitigem Brennen und Juckreiz kann durch eine Hefepilzerkrankung zustande kommen. Diese oft langwierige Erkrankung muß fachärztlich behandelt werden. Zur Immunstimulation haben sich auch bei dieser Art der Infektion Präparate aus dem Roten Sonnenhut (Echinacea) bewährt. Die Erkrankung dauert dann im Durchschnitt erheblich kürzer.

Bäder bei Störungen und Erkrankungen der Unterleibsorgane

Hochgepriesen sei Sebastian Kneipp, der für Erkrankungen der Unterleibsorgane die Sitzbäder empfahl. Hierzu ist eine eigens für Sitzbäder vorgesehene Wanne notwendig. „Die Wirkung stellt sich einerseits als eine anregende dar und andererseits als eine Beseitigung vorhandener Stauungen". Nach Kneipp sollten sie zwei- bis dreimal in der Woche genommen werden. „In diese Wanne setzt man sich ausgekleidet wie auf einen Stuhl derart, daß der halbe Unterleib bis in die Nierengegend und die obere Hälfte der Schenkel in das Wasser kommen. Die andere Schenkelhälfte gegen die Knie zu und die Füße kommen außer Wasser zu stehen" (7/I, S.117).

Temperatur der Bäder

◆ Die Temperatur bei kalten Sitzbädern beträgt bis zu 18°. Sie gehören nach Kneipp zu den bedeutsamsten und wirksamsten: Bei schwacher Verdauung fördern sie den Stuhlgang, stärken den Kreislauf, sind wirksam bei Blutfluß und ähnlichen Zuständen sowie „bei Unterleibsgebrechen der delikatesten Art". Außerdem empfahl Kneipp diese kalten Sitzbäder bei Schlaflosigkeit: „Wer in der Frühe mit eingenommenem

Kopfe matter aufsteht als er zur Ruhe ging", sollte diese Anwendung nachts vom Bett aus versuchen und gleich danach unabgetrocknet wieder ins Bett gehen.

◆ Das warme Sitzbad hat eine Temperatur von 32° bis 37°. Es dauert 10 bis 15 Minuten. Die Füße dürfen vorher niemals kalt sein. Das warme Bad erfolgt nach Kneipp stets als Kräuterbad mit Haferstroh, Zinnkraut (Schachtelhalm) oder Heublumen. Die im Bad sitzende Patientin wird mit einem Leinentuch und einer Wolldecke eingepackt.

◆ Das heiße Sitzbad hat eine Temperatur von 38° bis 45°. Nach Kneipp wird es selten angewendet. Indikationen sind hartnäckige Krämpfe der Darmmuskulatur, Neigung zu Durchfall und Störungen der Menstruation. Auch hier müssen die Füße vorher warm sein. Beim warmen und heißen Sitzbad ist eine kalte Nachbehandlung mit einem Guß angezeigt.

◆ Das ansteigende Sitzbad wird mit einer Temperatur von 35° bis 37° begonnen und im Verlauf von etwa 25 Minuten bis auf etwa 42° gesteigert. Die kalte Nachanwendung entfällt hier und „ der Patient begibt sich zum Nachdünsten ins vorgewärmte Bett". Kneipp nennt das ansteigende Sitzbad eine sehr eingreifende Anwendung, die einer ärztlichen Verordnung bedarf. Das ansteigende Sitzbad wird besonders bei krampfhaften Zuständen der ableitenden Harnwege und der Blase empfohlen, auch zur Unterstützung der Ableitung von Harnsteinen, ist aber auch bei Unterleibskrämpfen oft hilfreich.

Badezusätze

* **Haferstroh-Bad**: Etwa 50 g gehäckseltes Haferstroh (für ein Vollbad 100 g) wird mit 3 Liter Wasser 20 Minuten lang gekocht,

183

Ackerschachtelhalm ist als Gartenunkraut unerfreulich, aber keine andere Pflanze besitzt so vielfältige Heilwirkungen. Durch seinen hohen Gehalt an Kieselsäure kräftigt er im ganzen Körper das Bindegewebe.

abgesiebt und dem Bad zugesetzt. Die Anwendung von Haferstroh für Bäder, vor allem auch bei Hautkrankheiten, hat eine lange Tradition. So schreibt Matthiolus (1563): „Wider räude und schebichten grindt der kleinen Kindlein ist nichts besser dann Haberstroh gesotten und darinne gebadet". Anmerkung: „räude" ist der Befall mit Krätz- oder Räudemilben, heute glücklicherweise bei Menschen recht selten, bei Haustieren häufiger. Die sehr kleinen Milben fressen etwa 1 cm lange Gänge in die Haut und die Milbenweibchen legen ihre Eier in diese Gänge. Starker Juckreiz und Entzündung sind die Folge. „grindt" ist eine Pilzerkrankung der Kinder, die vor allem die Kopfhaut betrifft. Bei diesen beiden hier kurz beschrieben Erkrankungen ist fachärztliche Behandlung notwendig.

* **Schachtelhalm** als Badezusatz hat eine intensive Wirkung auf den Stoffwechsel der Haut. Im Falle von Unterleibserkrankungen dürfte neben lokalen Effekten auch die Wirkung über die Reflexzonen für die Unterleibsorgane (S. 181) zu erwarten sein.

* KNEIPP® **Heublumen** Ölbad fördert die Durchblutung und wirkt ausgleichend auf den Stoffwechsel der Haut. Hiermit wird auch eine Tiefenwirkung auf die inneren Organe erzeugt.

Anwendung von Pflanzen in der Kinderheilkunde

Grundsätzlich unterscheidet sich die Behandlung von Kindern mit Heilpflanzen nicht von der Anwendung bei Erwachsenen, nur die Dosis ist entsprechend niedriger als bei Erwachsenen. Dies sei vor allem deshalb betont, weil die Selbstmedikation bei Kindern eine besonders große Rolle spielt. Für die Selbstmedikation werden Mite-Pflanzen verwendet, und auch der Kinderarzt empfiehlt häufig entsprechende Anwendungen zur Unterstützung der von ihm verordneten Therapie. Die therapeutische Breite dieser Pflanzen ist groß, so daß man bei der Dosierung zwar sorgfältig, aber nicht allzu ängstlich sein muß.

Zu beachten ist, daß der kindliche Organismus noch kein voll ausgebildetes Immunsystem besitzt, denn dieses wird sukzessive in der Auseinandersetzung mit der Umwelt aufgebaut. Moderne hochwirksame synthetische Medikamente greifen intensiv und nicht unbedingt in der wünschenswerten Weise in diesen Prozeß ein. Auch diese Tatsache spricht für die Anwendung natürlicher Heilmittel, vor allem der Heilpflanzen, die im allgemeinen weniger gravierende Nebenwirkungen aufweisen. Auch die Fähigkeit von Leber und Nieren für die Steuerung von Entgiftungsprozessen ist nicht von Geburt an vorhanden, sondern wird im ersten Lebensjahr ausgebildet.

Ein Vorteil des Kindesalters ist das hohe Potential an Selbstheilungskräften. Bei der Behandlung von Krankheiten sollte man diesen Kräften nie entgegenwirken. Die sprichwörtliche Aussage „Ein Kind ist kein kleiner Erwachsener" muß jedoch auch bei der Anwendung von Heilpflanzen beachtet werden. Sehr bitter schmeckende und aggressiv wirkende Pflanzen, wie etwa Wermut, sollten vermieden werden. Wird dies nicht beachtet, ist womöglich dem Kind zeitlebens jegliche Pflanzenanwendung „vergällt". Auch die Verabreichung von heilsamem Tee muß psychologisch geschickt erfolgen. Das kranke Kind hat eine verstärkte Neigung zu erbrechen, auch wenn es sich nicht um eine Erkrankung des Magen-Darm-Traktes handelt. Ein rasch und womöglich unter Zwang getrunkener Kamillen- oder Holunderblütentee wird sehr häufig wieder erbrochen. Dieser Vorgang wird ins Gehirn wie in einen Computer eingegeben und dort gespeichert. Noch viele Jahre später wird durch den Duft oder Geschmack oder womöglich schon durch den Namen „Holunderblütentee" diese Mißempfindung reflektorisch eingeschaltet und äußert sich in einer vom Verstand nicht steuerbaren Abneigung. Eigene Erfahrung: Ich habe Jahrzehnte gebraucht, um die in meiner Kindheit durch entsprechende Erlebnisse gewonnene Abneigung gegen die Kamille zu überwinden. Meine in Vorträgen und Veröffentlichungen geäußerten Lobpreisungen der Kamille hatten stets eine etwas unehrliche Komponente. Zu überwinden ist diese reflektorische Abneigung, die nicht dem Bewußtsein und dem Willen unterworfen ist, nur dadurch, daß man sich im gesunden Zustand wieder an die Anwendung der Pflanze gewöhnt, also sie zum Beispiel eine Zeitlang als „Haustee" trinkt.

Daß der kindliche Organismus auf manche Pflanzeninhaltsstoffe anders reagiert als der erwachsene, muß beachtet werden. Dies gilt besonders für die äußere oder innere Anwendung ätherischer Öle. Vor allem Menthol, das erfrischend duftende ätherische Öl der Pfefferminze, kann zu Krämpfen der Bronchien bis zu Atemlähmung führen. Also Vorsicht mit den Duftlampen, in denen ätherische Öle verdunstet werden und auch Vorsicht mit Pfefferminztee bei Kleinkindern! Auch alkoholische Auszüge sollten bei Kindern nicht eingesetzt werden, wenn andere Darreichungsformen möglich sind.

Ein besonders großer Vorteil der Pflanzenheilmittel ist die Stärkung der Beziehung zwischen dem behandelnden Erwachsenen, meist die Mutter, und dem kranken Kind. Für Teeanwendungen, Wickel, Einreibungen und Bäder sind Kinder sehr aufgeschlossen. Diese Vertrauensbasis schafft auf psychischer Ebene gute Voraussetzungen für die Heilung.

Die meisten der nun folgenden Pflanzen wurden mit ihren Inhaltsstoffen, der Zubereitung und der Anwendung bereits bei den entsprechenden Erkrankungen der Erwachsenen besprochen. Meistens ist die Dosierung niedriger. Tee wird in der Regel mit etwas Honig gesüßt. Er sollte auf keinen Fall zu heiß sein und sollte langsam schluckweise getrunken werden.

Erkrankungen der Verdauungsorgane

Entzündungen im oberen Verdauungstrakt und allgemeine dyspeptische Beschwerden mit Übelkeit, Erbrechen, Blähungen und Appetitlosigkeit sind häufig durch Viren verursacht. Oft zeigen sich diese Verdauungsbeschwerden auch als Begleitsymptome von Infektionen der Atemwege.

Das Mittel der Wahl ist hier in der Regel der *Kamillentee* mit seiner krampflösenden, antiphlogistischen, also sich gegen Entzündungen richtenden Wirkung. Mehrmals täglich wird unter gutem Zureden langsam eine Tasse getrunken, eventuell auch aus dem Fläschchen. Bei Kindern mit starker Neigung zum Erbrechen wird

der Tee löffelweise gegeben. Beobachtung in der eigenen Familie: Kurz nach dem Erbrechen herrscht im Magen zunächst Ruhe. Dann ist die Chance am größten, daß der Tee nicht gleich wieder erbrochen wird.

Medikamente:

* Kamillenblüten (Matricaria flos) für Tee

Anmerkung: Schilcher (20) bemängelt die Qualität der Kamille in den Teebeuteln mancher, aber nicht aller Hersteller. Er empfiehlt, speziell bei Kindern, nur die „wirklich frische Droge" zu verwenden.

* Kamillenblüten-Tee Stomakneipp®

Zahlreiche Fertigpräparate mit der Kamille gibt es auf dem Arzneimittelmarkt. Ich bin mir aber nicht sicher, ob sie den „guten alten Kamillentee" bei jeder Indikation voll ersetzen können.

* Eukamillat® Lösung (Rentschler)
* Kamillosan® Konzentrat (ASTA Medica)

Bei Erkrankungen des Magen-Darm-Trakts mit nervöser Komponente und bei unruhigen Kindern ist der Tee aus *Melissenblättern* sehr hilfreich. Er fördert das Einschlafen. 1 bis 2 Tassen frisch zubereiteter Tee seien gegen Abend empfohlen.

* Melissentee (Melissae folium)
* KNEIPP® Melissen-Pflanzensaft
* KNEIPP® Kinder-Kräutertee enthält ebenfalls Melisse, außerdem Hagebuttenschalen, Hibiscusblüten und Brombeerblätter. Er wird von Kindern auch gerne ungesüßt getrunken.

Bitte beachten Sie: Manche Instant-Tees für Kinder enthalten bis zu 90% Zucker (Saccharose), nicht jedoch der KNEIPP® -Kinder-Kräutertee.

Pfefferminze nimmt zur Behandlung von Verdauungsproblemen bei Erwachsenen einen besonderen Stellenwert ein. Die Probleme mit dem ätherischen Öl der *Pfefferminze* bei Kleinkindern wurden bereits er-

Sehr zu empfehlen ist es, Kinder in die Ernte und Aufbereitung von Heilpflanzen einzubeziehen. Fencheltee schmeckt und hilft noch besser, wenn die Fruchtstände von den Kindern selbst geerntet wurden.

wähnt. Bei etwas älteren Kindern und Jugendlichen kann man die Pfefferminze mit ihrer krampflösenden, galletreibenden und blähungsmildernden Wirkung einsetzen.

* Pfefferminztee (Menthae piperitae folium)
* Verschiedene Fertigpräparate.

Fenchelfrüchte gelten bisweilen als „der" Kindertee schlechthin, was seiner milden Wirksamkeit und seinem angenehmen Geschmack zuzuschreiben ist. Allerdings sollte bei Langzeitanwendung ärztlicher Rat eingeholt werden. Bei Säuglingen, Kleinkindern und auch älteren Kindern wird er gegen „Bauchweh", Verdauungsbeschwerden verschiedener Art und Durchfall verwendet. Fenchelfrüchte eignen sich auch besonders gut für Teemischungen. Fenchel ist auch in Teemischungen zur Behandlung von Erkrankungen der Atmungsorgane enthalten, weil er das Abhusten erleichtert.

* KNEIPP® Fenchel-Tee

Kalmuswurzel ist ein Amarum aromaticum, also ein Bittermittel, das auch ätherische Öle enthält. Bei Appetitlosigkeit von Kindern und Jugendlichen sowie bei Nabelkoliken kleiner Kinder hilft Kalmustinktur, regelmäßig einige Tropfen vor dem Essen in Wasser, Saft oder Milch eingenommen. Auch zur unterstützenden Behandlung von Magersucht junger Mädchen wird Kalmustinktur empfohlen, wobei hier die psychologische Behandlung an erster Stelle stehen muß.

Medikament:

* Tinctura Calami

Anmerkung: Vorhin wurde die Aussage getroffen, daß bei Kindern alkoholische Zubereitungen möglichst vermieden werden sollen. Deshalb darf Kalmustinktur nicht als Langzeittherapie eingesetzt werden. Gleiches gilt für die Tinctura Aurantii, ein alkoholischer Auszug aus Pomeranzenschalen.

Die **Pomeranze (Citrus aurantium ssp. amara)** ist eine Unterart der Apfelsine. Medizinisch verwendet werden die Blüten und die Schalen. Pomeranzenblüten sind Bestandteil von Beruhigungs- und Schlafteemischungen. Die Pomeranzenschalen enthalten ätherisches Öl und verschiedene Bitterstoffe. Sie sind also ebenfalls ein Amarum aromaticum und wirken gegen Appetitlosigkeit, die häufig durch mangelhafte Produktion von Verdauungssäften verursacht wird.

Medikamente:

* Tee: 1 bis 2 Teelöffel zerkleinerte Pomeranzenschalen mit 1 Tasse kochendem Wasser übergießen, 10 Minuten zugedeckt ziehen lassen, absieben. 3mal täglich vor den Mahlzeiten 1 Tasse warm trinken.
* Tinctura Aurantii: 20 Tropfen in einem Likörglas Wasser oder auf einem Stück Zucker 3mal täglich vor den Mahlzeiten einnehmen.
* Teemischung, von Apotheker Mannfried Pahlow empfohlen (16, S. 407):
  Pomeranzenschalen
  Tausendgüldenkraut
  Hagebutten
  zu gleichen Teilen gemischt.
  1 gehäufter Teelöffel mit $\frac{1}{4}$ Liter heißem Wasser überbrühen, 5 Minuten ziehen lassen, absieben, $\frac{1}{2}$ Stunde vor den Mahlzeiten warm trinken.

186

* Teemischung, ebenfalls für Kinder gut geeignet:
  Tausendgüldenkraut
  Schafgarbe
  Pfefferminzblätter
  zu gleichen Teilen gemischt.
  1 gehäuften Teelöffel mit 1 Tasse kochendem Wasser überbrühen, 5 Minuten ziehen lassen, absieben. Jeweils vor den Hauptmahlzeiten 1 Tasse lauwarm trinken. Die Pfefferminze ist hier in so geringer Menge vertreten, daß die beschriebenen Gefahren auszuschließen sind.

* Teemischung bei Neigung zu Blähungen:
  Kümmelfrüchte
  Fenchelfrüchte
  Anisfrüchte
  zu gleichen Teilen gemischt.
  1 Teelöffel mit 1 Tasse kochendem Wasser überbrühen, 20 Minuten zugedeckt ziehen lassen, absieben, nach jeder Mahlzeit 1 Tasse warm trinken.

Sehr zu empfehlen ist auch das Einreiben des Bäuchleins mit Kümmelöl, bei krampfartigen Schmerzen ist das Einreiben mit Johanniskrautöl hilfreich.

Durchfall und Verstopfung

Kinder neigen in der Regel mehr zu Durchfällen als Erwachsene, häufig ohne daß eine konkrete Ursache festzustellen ist. Die Medizin spricht dann von akuten, unspezifischen Durchfällen. Sie sollten nicht überbewertet, aber auch nicht zu leicht genommen werden. Kinder geraten durch den Salz- und Wasserverlust rasch in eine kritische Situation. Auf ausreichenden Ersatz der verlorenen Flüssigkeit muß geachtet werden. Das Knabbern von Salzstangen ist die bei Kindern beliebteste Methode, den Salzverlust auszugleichen.

Zur Behandlung des Durchfalls seien getrocknete **Heidelbeeren** empfohlen. Die ziemlich konzentrierte Abkochung wird eßlöffelweise genommen oder 1 Tasse jeweils lauwarm vor den Mahlzeiten getrunken (S. 134 f).

Verstopfung bei Kindern und Jugendlichen ist manchmal eine Begleiterscheinung anderer Erkrankungen. Vor allem bei länger dauernder Verstopfung muß die Ursache abgeklärt und nach Möglichkeit beseitigt werden. Hier müssen auch psychosomatische Störungen unter die Lupe genommen werden. Wenn keine diagnostizierbare Krankheit zugrunde liegt, sind die Ernährungsgewohnheiten genau zu prüfen. Wird zu wenig Obst und Gemüse gegessen? Werden Vollkornprodukte gemieden? Werden zu viele Süßigkeiten genascht, vor allem zu viel Schokolade? Werden zu viele kakaohaltige Getränke getrunken? Wird zu wenig getrunken? Ernährungsfehler dieser Art müssen konsequent abgebaut werden.

Genau wie bei Erwachsenen ist das Einnehmen von **Leinsamen** die effektivste Maßnahme. Auch hier gilt es zu beachten: Nur ungeschroteter Leinsamen hilft durchgreifend.

* Leinsamen: 2 bis 3mal am Tag 1 Eßlöffel ganze Leinsamen in ca. 150 g Yoghurt einrühren, mit etwas Marmelade oder Honig süßen und möglichst unzerkaut langsam verzehren. Sofort danach 1 bis 2 Tassen Tee, Fruchtsaft oder Wasser trinken!

Zur Beseitigung einer akuten Verstopfung können **Faulbaumrinde** oder **Kreuzdornbeeren** verwendet werden. Beide enthalten Anthranoide und sind nicht für den Dauergebrauch geeignet.

* Tee: 2 Teelöffel der Droge (Faulbaumrinde oder Kreuzdornbeeren) mit 1 Tasse heißem Wasser übergießen, 10 Minuten ziehen lassen, absieben, abends und eventuell auch morgens 1 bis 2 Tassen trinken.
* Rizinusöl ist ebenfalls gut verträglich. Es wird aus den Früchten des **Wunderbaums (Ricinus communis)** hergestellt. Im Dauergebrauch erzeugt es Reizungen der Magen- und Darmschleimhaut, deswegen nur kurzzeitige Anwendung.

Erkrankungen der Atemwege, Erkältungen

Jedes Lebensalter des Menschen hat eine Reihe von typischen Erkrankungen. Im „Kindergartenalter", also etwa zwischen 3 und 6 Jahren, ist das Kind, wie manche Mütter berichten, „fast dauernd erkältet". Dies hat zwei Gründe. Erstens kommt das Kind nun häufiger mit anderen Kindern zusammen, spielt mit fremden Spielsachen und steckt diese womöglich in den Mund. Zweitens ist dies das Alter, in dem sich das Immunsystem des Kindes entwickelt. Dies geschieht in der aktiven Auseinandersetzung mit Keimen aller Art, auch mit Krankheitserregern. Im Säuglingsalter hatte das Kind einen relativen Schutz vor Infektionen durch Antikörper, die es von der Mutter während der Schwangerschaft mitbekommen hatte. Man spricht hier von einer „geliehenen Immunität". Der Schritt aus der relativen häuslichen Geborgenheit hinaus in den Kindergarten bedeutet vom Standpunkt des Immunsystems aus auch den Schritt ins „feindliche Leben". Dies sei allen Müttern zum Trost gesagt, wenn das Kind „schon wieder" mit Schnupfen, Husten, Heiserkeit oder auch Mumps oder Windpocken heimkommt: Das ist völlig normal. Es hat Zeiten gegeben, da wurden in solchen Fällen rasch und vielleicht manchmal ein wenig zu unkritisch Antibiotika verordnet. Da es sich jedoch häufig um Virusinfekte handelt, sind Antibiotika meistens wirkungslos. Inzwischen vertraut auch die sogenannte Schulmedizin in solchen Fällen wieder verstärkt auf Heilpflanzen. Es werden Pflanzenmedikamente verordnet und den Müttern wird unterstützende Behandlung mit Tee empfohlen, bei älteren Kindern auch Inhalationen. Schwere bakterielle Erkrankungen müssen freilich weiterhin mit Antibiotika behandelt werden, und wir sollten dankbar sein, daß wir diese großartigen Mittel heute haben. Gerade die Kindersterblichkeit konnte durch sie auf einen minimalen Stand gebracht werden.

Präparate aus dem **Roten Sonnenhut (Echinacea purpurea)** sollten speziell bei infektanfälligen Kindern präventiv angewendet werden. Aber auch bei bereits bestehenden unkomplizierten Erkältungen und sogar bei Keuchhusten helfen Echinaceapräparate überzeugend. Die Dosierung und Dauer der Anwendung sollte mit dem behandelnden Arzt abgesprochen werden. Die einschlägigen Medikamente wurden bereits genannt (S. 59).

Holunderblütentee oder **Holundersaft** (S. 60 f) und **Lindenblütentee** (S. 60 f) sind zu empfehlen, wobei noch einmal auf das wirklich langsame Trinken verwiesen sei.

Eine lange Tradition zur Behandlung von Erkältungskrankheiten hat das **Mädesüß (Filipendula ulmaria**, Drogenname: Spireae ulmariae flos.). Die Droge wird meistens in Teemischungen verwendet. Das Mädesüß ist eine weiß blühende Pflanze, die an Gräben und auf nassen Wiesen wächst. Ihr Anwendung bei Mensch und Haustier zur Behandlung fieberhafter Infektionen hat in der Volksmedizin eine lange Tradition. Die leicht fiebersenkende Wirkung kommt durch die enthaltenen Salicylate zustande. Die Fiebersenkung ist häufig erwünscht. Das Fieber sollte aber, speziell bei Kindern, nicht um jeden Preis gesenkt werden, auch wenn das Kind jammert und die Mutter große Angst hat. Fieber ist eine besonders wichtige Reaktion des Immunsystems, gesteuert über das Temperaturzentrum des Gehirns.

Weitere Inhaltsstoffe des Mädesüß sind Flavonoide, Phenylglycoside und etwas ätherisches Öl. Das Mischen mit anderen gegen Erkältungen wirksamen Drogen ist zu empfehlen.

*   Teemischung nach Schilcher (20):
    Lindenblüten 70 g
    Mädesüßblüten 10 g
    Pfefferminze 15 g
    Pomeranzenschalen 5 g
    1 Eßlöffel der Mischung mit 150 ml Wasser (= 1 nicht zu große Tasse) überbrühen, 10 Minuten ziehen lassen, absieben, möglichst heiß trinken.

Die Anweisung „möglichst heiß trinken" darf nicht in eine Quälerei des Kindes ausarten. Was uns Erwachsenen „angenehm heiß" erscheint, ist für das Kind „zu heiß".

Mädesüß, früher Spierstaude genannt, enthält Salicylsäure, die zur Fiebersenkung geeignet ist. Rechts unten sind noch Baldrianblüten zu sehen, ein bewährtes Schlafmittel für Kinder und Erwachsene.

Bei Infekten der Atemwege bedarf das Symptom „Husten" häufig einer speziellen Behandlung. Was bereits in der allgemeinen Besprechung der Heilpflanzen hierüber ausgeführt wurde, gilt sinngemäß auch bei Kindern (S. 92 ff).

Schleimlösend wirkt der **Eibisch (Althaea officinalis)**, ein Malvengewächs.

*   Tee aus der Eibischwurzel: 1 Teelöffel der Droge mit 1 Tasse kaltem Wasser übergießen, 1 bis 2 Stunden stehen lassen, in dieser Zeit mehrmals umrühren, dann absieben. Der Auszug wird leicht angewärmt und mehrmals täglich wird 1 Tasse getrunken. Dieser Tee schützt mit seinem hohen Schleimgehalt die gereizten Schleimhäute und schafft dadurch Linderung bei Entzündungen.

Medikament:

*   Eibisch Sirup
*   Infantussin® night Sirup (Riemser Arzneimittel)

Spitzwegerich mit seiner Mehrfachwirkung ist auch für Kinder sehr zu empfehlen.

Medikamente:

*   KNEIPP®-Spitzwegerich-Pflanzensaft Hustentrost
*   Plantaginis-Sirup.

Krampfartiger Husten

Wie bereits im allgemeinen Teil ausgeführt (S. 92 ff) bedürfen die unterschiedlichen „Hustenqualitäten" einer unterschiedlichen Behandlung. Beim Symptom „krampfartiger Husten" kommt man zum Beispiel mit schleimlösenden Drogen nicht weit.

Empfohlen wurde bereits der **Thymian** als Tee, in Teemischungen oder in Fertigpräparaten. Für Kleinkinder gibt es ein Thymianpräparat auch als Zäpfchen.

Medikamente:

*   Thymipin® Hustensaft, Zäpfchen (Zyma)
*   Melrosum® Hustensirup Forte (Rhône-Poulenc Rorer, Nattermann)
*   Soledum® Hustensaft (Cassella-med)
*   Makatussin® Saft und Tropfen (Roland)

Sonnentau (Drosera rotundifolia) ist eine fleischfressende Pflanze saurer Moore. Aus ihr werden Fertigarzneimittel mit guter Wirkung bei krampfartigem Husten und Keuchhusten hergestellt.

Medikament:

*   Drosithym® Bürger Lösung (Ysatfabrik)
*   Bronchicum Pflanzlicher Husten-Stiller Lösung (Rhône-Poulenc Rorer, Nattermann)

Pflanzliche Mittel mit Wirkung auf die Psyche

Fast noch bedeutsamer als bei Erwachsenen sind pflanzliche Mittel bei der Behandlung von Unruhezuständen und psychischen Störungen von Kindern. Werden rechtzeitig pflanzliche Mittel eingesetzt, kann häufig auf synthetische Psychopharmaka mit ihren doch erheblichen Nebenwirkungen verzichtet werden. Fast jedes Kind braucht irgendwann ein Beruhigungsmittel. Hierfür ist die Zitronenmelisse besonders geeignet.

Zitronenmelisse als Tee gegeben ist vor allem dann wirksam, wenn Hyperaktivität, Herzklopfen, Ängstlichkeit oder auch Blähungen das Einschlafen verhindern. Eine große Tasse mit dem Tee soll am späten Nachmittag getrunken werden, eine zweite kleinere Tasse vor oder nach dem Abendessen. Ob sich die häufig

gegebene Empfehlung „eine Tasse vor dem Schlafengehen" bewährt, ist auszuprobieren. Oft wacht das Kind dann nachts mit vermehrtem Harndrang auf und die ungestörte Nachtruhe ist wieder dahin. Man darf der Zitronenmelisse durchaus zutrauen, daß ihre Wirkung einige Stunden anhält und der Start in einen guten Schlaf gesichert ist. In der eigenen Familie hat sich das gut bewährt. Melissentee macht nicht unmittelbar müde, so daß er auch tagsüber für das hyperaktive Kind angewendet werden kann. Ob alkoholische Auszüge aus der Melisse (Melissengeist) für Kinder zu empfehlen ist, muß gut überlegt sein.

Ein abendliches gut warmes Vollbad mit **Lavendelzusatz** ist bei unruhigem Schlaf sehr zu empfehlen.

Wirkstoffe aus der **Passionsblume** (S. 81) ▶ **giftig** (bei Überdosierung) gelten als gutes Beruhigungsmittel für das unruhige, nervöse Kind tagsüber. Bei älteren Kindern ist ein Kombinationspräparat mit **Baldrian** hilfreich.

Kava-Kava, also Medikamente aus dem **Rauschpfeffer** ▶ **giftig** (S. 192) (bei Überdosierung), kommen nur bei älteren Kindern oder Jugendlichen in Frage.

Seltener wird es notwendig sein, anregende Drogen zu verwenden. Aber schlanke, blasse Kinder und Jugendliche mit konstitutionell niedrigem Blutdruck brauchen manchmal einen freundlichen „Schubs", zum Beispiel vor einer Prüfungsarbeit. Hier ist eine Tasse Tee aus dem Rosmarin zu empfehlen. Rosmarin macht munter ohne aufzuregen und wirkt auch ausgleichend auf den Magen, denn solchen Kindern wird bei schulischen Anforderungen auch leicht schlecht bis zum Erbrechen.

Krankheiten der Nieren und der Harnwege

Hier sei auf die entsprechenden Ausführungen im allgemeinen Teil verwiesen (S. 161 ff). Bei Kindern kommt es, häufig im Anschluß an einen durch Erkältung verursachten Blasenkatarrh, zu Reizblase und eventuell Bettnässen. Dies muß entschieden, aber freundlich behandelt werden. Weder zu große Nachsicht noch Vorwürfe und Geschimpfe bringen Erfolg. Zur Behandlung sind die beschriebenen Heilpflanzen hilfreich.

Heilpflanzen zur äußeren Anwendung

Die zarte, dünne Haut der Kinder ist recht empfindlich gegen störende Einflüsse von außen und gegen Pflegefehler: Dies beginnt mit der Windeldermatitis, eventuell mit Reizungen durch Wollkleidung und geht weiter mit aufgeschlagenen Knien und „blauen Flecken", wenn man einmal von ernsteren Hauterkrankungen absehen möchte.

Das erste Mittel der Wahl ist bei allen entzündlichen Erscheinungen der Haut die *Kamille*. Umschläge mit Kamillentee oder verdünnten Fertigpräparaten sind bei Entzündungen auf jeden Fall richtig, es sei denn das Kind ist allergisch gegen die Kamille.

* Kamillentee (Zubereitung S. 119)

Medikamente:

* KNEIPP® Kamillen-Konzentrat
* Eukamillat® Lösung (Rentschler)
* Kamillosan® Konzentrat Lösung (ASTA Medica)
* Perkamillon® Liquidum (Robugen)

Die Umschläge müssen fachgerecht gemacht werden. Keinesfalls dürfen es dichte, nasse Verbände sein. Es müssen lockere, gut abdunstende Aufschläge sein. Man nimmt ein Leinen- oder Baumwolltuch oder auch Mullkompressen. Die Aufschläge müssen erneuert werden, wenn sie beginnen, warm und trocken zu werden. Niemals dürfen feuchte Umschläge mit einem undurchlässigen Stoff bedeckt werden, wie es früher allgemein üblich war. Gewechselt wird alle 10 bis 20 Minuten. Die besten Ergebnisse erzielt man, wenn

man sich die Zeit nimmt, morgens, mittags und abends jeweils mit dreimaligem Wechsel solche Aufschläge zu machen.

Nachgewiesenermaßen zerstört die Kamille Bakteriengifte, so daß auch die Spülung eitriger Wunden mit Kamillentee oder Kamillenpräparaten zu empfehlen ist.

Ringelblumenaufschläge und Behandlung mit Ringelblumensalbe sind bei verschiedenen Entzündungen der Haut sehr lindernd, zum Beispiel bei Windeldermatitis, Hautreizungen verschiedener Art, wie etwa entzündete Füße, Sonnenbrand und Schnupfennase. Bisweilen sind Ringelblumenanwendungen sogar der Kamille überlegen.

Medikamente:

* KNEIPP® Ringelblumensalbe
* Calendula Essenz Weleda®
* Calendula-Öl Weleda®

Verbrennungen und Verbrühungen sind bei Kindern nicht selten. Hier hat das *Johanniskrautöl* (Rotöl) eine lange Tradition. Möglichst umgehend wird für einige Minuten der verbrannte Körperteil unter fließendes kaltes Wasser gehalten, dann wird steriler Mull in Rotöl getränkt und aufgelegt.

Prellungen, Blutergüsse und Stauchungen werden mit *Arnika* behandelt. Selten treten allergische Hautreaktionen auf. Dies gilt es zu beachten.

Zur Beachtung: Die Essenzen und Fertigarzneien dürfen nur verdünnt angewendet werden, Gebrauchsanweisung beachten!

Medikamente:

* Arnika Tinktur
* Arnica-Kneipp® Salbe
* Weleda® Arnika-Essenz

Ein Extrakt aus der Zitronenmelisse hat sich bei Herpes-Bläschen (Herpes simplex) bewährt.

* Lomaherpan® Salbe (Lomapharm)

Das Alter kann eine schöne Zeit sein

Das Alter sollte eigentlich jene Zeit sein, in der man geruhsam und fröhlich erntet, was man in jüngeren Jahren gesät hat. Man hat vielleicht ein paar Mark auf der hohen Kante und kann nun endlich tun, was man schon längst hätte tun wollen. Aber o weh, allerlei Beschwerden und teilweise sogar ernsthafte Krankheiten, mit denen man nie gerechnet hatte, machen einem das Leben schwer. Ziemlich oft fällt ein solcher Schatten auf den erhofften sonnigen Herbst des Lebens.

Immer mehr entwickelt sich die Geriatrie zu einem Spezialgebiet der Medizin. Der Organismus zeigt im Alter eine Reihe von Besonderheiten, auf die es Rücksicht zu nehmen gilt. Viele Alterskrankheiten oder Beschwerden sind chronisch und bedürfen einer Langzeit- oder Dauertherapie. Hierbei ist die größere therapeutische Breite und die meistens bessere Verträglichkeit pflanzlicher Heilmittel ein großer Vorteil, denn im Alter ist bisweilen die Empfindlichkeit gegenüber Arzneimitteln größer ist als im mittleren Lebensalter.

Eigentlich müßten die Pflanzenheilmittel von der Geriatrie aus den angegebenen Gründen begeistert aufgegriffen werden. Dies ist aber nach Weiß/Fintelmann erstaunlicherweise nicht der Fall. Medikamentös werde im wesentlichen auf Synthetika zurückgegriffen, wobei viele Alterspatienten 4, 5 oder mehr Präparate verordnet bekämen. Da der Patient aus den Medien sehr wohl die Nebenwirkungen der Medikamente erfahre, sei er verunsichert durch „seine eigene Gebrechlichkeit und die Hilflosigkeit der Helfer" (3, S. 282).

Wann setzt das „Alter" ein? Antwort: Sehr viel früher als wir meistens denken. Das Alter ist gekennzeichnet durch eine Reihe von Ab-

Weißdorn ist die wohl beste Heilpflanze zur Behandlung des „Altersherzens", eine Störung, die schon viel früher auftritt als man denkt. Eine Intervalltherapie mit Weißdorntee oder sonstigen Weißdornpräparaten ist sehr zu empfehlen. Die Ernte der Blüten und Blätter ist recht schwierig und man sollte sie Fachleuten überlassen.

bauprozessen: Die Haare werden grau, man braucht eine Lesebrille, die Haut bekommt Falten und flekkige Veränderungen. Dies hat keinen Krankheitswert, aber man muß sich vor Augen halten, daß auch die inneren Organe entsprechenden Prozessen unterliegen: Veränderungen am Herzen und an den Herzkranzgefäßen bringen zunehmende Kurzatmigkeit beim Treppen- oder Bergsteigen mit sich. Beim Mann sind gutartige Prostatavergrößerungen fast die Regel und bei der Frau bringt die Abnahme der Hormonproduktion die Wechseljahre mit sich und später eventuell mehr oder weniger ausgeprägte Osteoporose. Aber handelt es sich bei diesen Erscheinungen wirklich schon um „das Alter"? Wir selbst und auch die Medizin betrachten eigentlich das „hohe Alter" (Greisenalter) als das Fachgebiet der Geriatrie. Bei Behandlung altersbedingter Störungen, Funktionsschwächen und Erkrankungen können Heilpflanzen mit Erfolg eingesetzt werden. Sie wurden bereits in den entsprechenden Kapiteln über Herzkrankheiten,

Erkrankungen der Harnwege und des Verdauungstraktes usw. dargestellt. Überhaupt können und sollten alle Heilpflanzen, deren Wirkung und Verwendung bereits besprochen wurde, bei den entsprechenden Erkrankungen im Alter eingesetzt werden. Einige besonders wichtige Heilpflanzen seien noch einmal aufgegriffen und ihre Bedeutung bei altersbedingten Erkrankungen unterstrichen und ergänzt. Betont sei außerdem, daß vorbeugendes Behandeln gerade im Alter besser ist als der nach dem Eintreten organischer Veränderungen oftmals vergebliche Versuch zu heilen.

Den Kreislauf in Schwung halten

Weißdorn (Crataegus laevigata, C. mongyna)

Er ist das ideale Mittel zur Behandlung des sogenannten Altersherzens. Hier ist, wie schon betont, präventives Verhalten angezeigt. Sehr wichtig: Die fortschreitenden Prozesse des Altersherzens beginnen viel früher als man denkt. Es kann kein bestimmtes Lebensalter angegeben werden. Das Altersherz ist geprägt

durch nachlassende Muskelkraft, Neigung zu höherem Blutdruck, leichten, zunächst ungefährlichen Rhythmusstörungen und Beschleunigung oder Verlangsamung des Herzschlages infolge mangelnder Durchblutung der Herzkranzgefäße. Jedes dieser Symptome manifestiert sich noch (!) nicht in gravierenden Befunden, beeinträchtigt aber die Funktion des Herzens und damit die Befindlichkeit des Menschen. Ein besonders günstiger Effekt konnte bei den eben beschriebenen Symptomen durch die Gabe standardisierter Weißdornextrakte wissenschaftlich erwiesen werden: Sie mildern als adjuvante (begleitende)Therapie die Nebenwirkungen verschiedener synthetischer Medikamente, vor allem die von ACE-Hemmern, die häufig zur Senkung des erhöhten Blutdrucks und zur Behandlung der Herzmuskelschwäche verordnet werden. Auch die Verträglichkeit von Digitalispräparaten wird durch gleichzeitige Verordnung von Weißdorn verbessert.

Weißdorn eignet sich zur Dauertherapie. Als Intervalltherapie sind 3 Monate der mindeste Zeitraum.

Gemüse und Würzpflanzen aus der hochlöblichen Gattung Allium sind sehr zu empfehlen: Schnittlauch, Knoblauch, verschiedene Zwiebelsorten, Lauchgemüse, Frühlingszwiebeln.

Weitere Heilpflanzen bei altersbedingten Herzkrankheiten

Die nachlassende Leistungsfähigkeit des Herzens kann auch durch **Maiglöckchenextrakte**, **Arnika** und Khella behandelt werden. **Khella (Ammi visagna)**, auch Bischofskraut genannt, ist ein Doldengewächs aus dem Mittelmeerraum. Khella wirkt krampflösend auf die glatte Muskulatur, auch auf die Muskulatur der Herzkranzgefäße, so daß die Extrakte gegen Angina pectoris eingesetzt werden können. Auch der **Galgant** kann hilfreich sein. Die **Artischocke**, besser bekannt als Mittel bei Verdauungsschwäche, ist auch ein effektives vorbeugendes Mittel gegen Arteriosklerose und erhöhten Cholesterinspiegel.

Gehirn und Nervensystem

Soll man dem Gehirn und Nervensystem ein eigenes Kapitel im Zusammenhang mit Alterserkrankungen widmen? Dies ist angezeigt, weil es eine Reihe von degenerativen Erkrankungen des Gehirns gibt, die zur Demenz und völliger Hilflosigkeit führen können. Besonders die Alzheimer-Krankheit lauert wie ein böser Geist am Horizont. Aber speziell gegen diese degenerativen Erkrankungen ist bis jetzt keine ursächliche Therapie mit Heilpflanzen bekannt. Allerdings scheinen gezielte Gedächtnisübungen und überhaupt geistige Aktivität gute Voraussetzungen zu bieten, daß der Abbau aufgehalten wird. Aber man muß sich aufraffen können, um geistige Aktivität zu üben. Alte Menschen, die in Depression verfallen, wie es sehr oft der Fall ist, wenn sie nicht mehr gebraucht und gefordert werden, finden nicht den nötigen Auftrieb, um ihre geistigen Kräfte zu üben. In solchen Fällen sei vor allem die Anwendung von **Johanniskraut** empfohlen (S. 82 ff). Durch diese Heilpflanze werden die anstehenden Probleme nicht beseitigt. Jedoch werden die Voraussetzungen geschaffen, daß

Weißdorn muß genügend hoch dosiert werden, wenn überzeugende Wirkungen erzielt werden sollen. Als Einstieg in die Therapie empfiehlt es sich in manchen Fällen, Weißdornextrakt intravenös zu applizieren. Allerdings wird diese Maßnahme nur selten durchgeführt.

Die Teezubereitung und eine Auswahl von Medikamenten wurde auf S. 106 f dargestellt.

Knoblauch (Allium sativum)

Er gilt fast sprichwörtlich als Gewähr für ein langes Leben bei guter Gesundheit. Durch die Komplexität seines Wirkungsspektrums ist er unerreichbar. Sein wichtigster Einsatzbereich ist die Minderung arteriosklerotischer Veränderungen der Gefäße. Und weil unsere Blutgefäße den gesamten Körper durchziehen, wird durch Knoblauch eine bessere Durchblutung und damit eine bessere Nährstoff- und Sauerstoffversorgung erreicht. Dies ist am deutlichsten spürbar als Steigerung der Leistungsfähigkeit und des Wohlbefindens durch bessere Blutversorgung des Gehirns sowie der Herzkranzgefäße und damit des Herzmuskels.

Ein Nachteil der Knoblauchtherapie ist sicher der Geruch, denn die schwefelhaltige wirksame und heilsame Substanz ist genau die, durch die der Geruch zustande kommt. Über diese Thematik sowie über die Wirkungsweise sei auf die eingehende Besprechung des Knoblauchs S. 108 ff verwiesen. Knoblauch eignet sich zur Intervallbehandlung und zur Dauertherapie. Weiß/Fintelmann empfehlen die Intervalltherapie, das heißt, jeweils 3 Monate Einnahme von Knoblauch und die gleiche Zeit Pause. Dies hängt aber von der jeweiligen Indikationsstellung ab (3, S. 386).

Medikamente und Dosierung sind S. 110 ff dargestellt.

Ginkgo biloba

Einen Übergang zum folgenden Kapitel „Gehirn und Nervensystem" bilden Präparate aus den Blättern des Ginkgobaumes. Behandelt werden Störungen der Gehirndurchblutung bzw. allgemein der peripheren Durchblutung. Die Behandlung sollte schon im Frühstadium beginnen. Eine Intervalltherapie ist in der Regel effizienter als eine Dauertherapie. In den Spätstadien des Abbaues von Gehirnleistung (Demenz) ist eine Dauertherapie angezeigt.

Gut belegt ist auch die Wirkung von Ginkgo-Präparaten bei Tinnitus und Hörsturz.

191

der alte (und auch der junge) Mensch wieder den nötigen Auftrieb findet, um das Leben zu meistern.

Aber sehr viele Störungen der Gehirnfunktion hängen mit arteriosklerotischen Veränderungen und daraus resultierender mangelhafter Durchblutung zusammen. Deshalb muß, noch einmal sei es betont, der Behandlung von altersbedingten Herz-Kreislaufschwächen ein besonderes Augenmerk geschenkt werden. Für die Behandlung funktionaler Störungen des Gehirns und Nervensystems sowie vor allem der psychischen Befindlichkeitsstörungen wie etwa Nervosität, Schlafstörungen oder Depressionen sei auf die entsprechenden Ausführungen S. 78 ff verwiesen. Einige bevorzugt im Alter eingesetzte Heilpflanzen werden im folgenden noch beschrieben, aber deren heilsame Wirkung kann selbstverständlich auch in jungen Jahren genutzt werden.

Kava-Kava (Piper methysticum)
▶ giftig

Allgemeine Informationen:

Eine psychotrop wirkende Heilpflanze soll noch an dieser Stelle gewürdigt werden, weil ihre Wirkung eine Reihe von psychischen Störungen des Alters gut abdeckt und weil diese Wirkungen auch gut belegt sind.

Rauschpfeffer oder Kava-Kava, wie die Südseebewohner die Pflanze nennen, wird in seiner Heimat als Rauschmittel bei rituellen Zusammenkünften genommen. Die Eingeborenen zerkleinern und zerkauen den Wurzelstock zu einer grünlichen, zähen Milch, wobei speziell durch das Zerkauen auf enzymatischem Wege Wirkstoffe freigesetzt werden. Aus dem zerkleinerten und zerkauten Wurzelstock wird ein Trank hergestellt, nach dessen Einnahme sich die Menschen entspannt und beruhigt fühlen, ohne daß ein

narkotischer Effekt eintritt. Die geistige Aktivität wird erhöht. Freilich müssen Sie sich nicht ekeln vor zerkauter und zu Medikamenten aufbereiteter Kava-Kava-Wurzel. Unsere pharmazeutische Industrie ist glücklicherweise in der Lage, die Aufbereitung ohne Speichelenzyme zu bewerkstelligen. Kava-Kava ist übrigens nicht das einzige mit Speichel zubereitete psychotrop wirkende Getränk. Auch bei der Zubereitung des berühmten mexikanischen Tequila werden Agavenblätter zerkaut und ins Gärfaß gespuckt. Vielleicht hat man ganz früher bei uns ebenfalls ins Bier gespuckt, um die Malzbildung aus der Getreidestärke in Gang zu setzen, denn unser Speichel enthält das Enzym Amylase, das Stärke in Malzzucker spaltet. Die Verdauung beginnt demnach im Mund. Dies ist eine Erklärung für die alte Redensart „Gut gekaut ist halb verdaut".

Inhaltsstoffe und ihre Wirkung:

Bereits in den sechziger Jahren begann man mit der eingehenden Untersuchung der Inhaltsstoffe von Kava-Kava. Es handelt sich um eine Reihe von Lactonen, die sogenannten Kavapyrone. Inzwischen können alle Kavapyrone synthetisch hergestellt werden.

Bei steigender Dosierung kommt es zunehmend zu zentral-nervöser Dämpfung, wobei die Aufmerksamkeit bis zur letalen Dosis erhalten bleibt. Die wichtigsten Wirkungen sind:

◆ tranquillisierend, also Lösung von Spannungs-, Angst- und Unruhezuständen,
◆ muskelentspannend,
◆ krampflösend auf die glatte Muskulatur des Darms,
◆ antiarrhythmisch, also ausgleichend bei Herzrhythmusstörungen,
◆ schlafvertiefend, so daß die Weckschwelle erhöht wird, wodurch ein zusammenhängenderer, tieferer Schlaf zustande kommt

◆ beruhigend wirken einige Medikamente als begleitende Behandlung bei Schilddrüsenüberfunktion.

Medikamente:

* Laitan Kapseln (Schwabe)
* Antares® 120 Tabletten (Krewel Meuselbach)
* Kava-ratiopharm Kapseln/ forte Kapseln
* Kavasedon® Kapseln (Harras-Curarina)
* Kavasporal® forte Dragees (Müller Göppingen)
* Kavatino® Kapseln (Bionorica)
* Hewepsychon duo® Tropfen (Hevert), Kombinationspräparat mit Johanniskraut
* Cysto Fink® Kapseln (SmithKline Beecham OTC Medicines) Kombinationspräparat, das sich vor allem bei Reizblase bewährt hat.

„Verjüngung", ein alter Traum der Menschheit

Zu allen Zeiten, in allen Ländern und bei allen Völkern hat man nach Mitteln gesucht, welche das Leben verlängern und bis ins hohe Alter hinein Kraft und Frische geben könnten. Nun wissen wir heute, daß es eine „echte" Verjüngung nicht gibt. Der Abbrauch an Lebenskraft und Funktion der Zellen schreitet unerbittlich fort. Aber immerhin ist es möglich, das Ausmaß dieses Fortschreitens aufzuhalten und trotz des Abbrauchs der Organe doch ihre Funktion noch relativ ausreichend zu erhalten. Sinngemäß mit diesen Ausführungen beginnt R.F. Weiß seine Beschreibung der bei Alterserscheinungen wirksamen Heilpflanzen.(2, S. 99). Hierbei spielt der Ginseng eine wichtige Rolle.

Ginseng (Panax ginseng)

Allgemeine Informationen:

Diese Pflanze, deren Wurzelstock wie ein kleiner Mensch aussieht, hat schon in der Frühzeit der Geschichte die menschliche Phantasie angeregt und zum Ausprobieren herausgefordert. Das war auch bei der giftigen Alraune (Mandragora), die in Südeuropa vorkommt, nicht anders. Aber der berühmte Ginseng, zu deutsch „Menschenwurzel", verwandt mit unserem Efeu, hat sich nunmehr seit einigen Jahrtausenden als Heilpflanze bewährt. Der Gattungsname Panax ist abgeleitet von „Pancea", der griechischen „allheilenden" Göttin.

Der Ginseng kommt wildwachsend in den Urwäldern Koreas und der Mandschurei vor. Da der große Bedarf an Ginsengwurzeln nicht aus dem natürlichen Vorkommen gedeckt werden kann, wird Ginseng in Korea, China, Japan, der Ukraine und in der Umgebung von Moskau kultiviert. Die natürlich gewachsenen Wurzeln sollen um das zweifache wirksamer sein als die angebauten und häufig zu jung geernteten Wurzeln. Auch die Wirkung des nordamerikanischen Ginseng quinquefolius soll schwächer sein als die der „echten" Ginsengwurzel aus Ostasien. Die kultivierten Ginsengwurzeln können nach frühestens sieben Jahren geerntet werden. Dann haben sie ein Gewicht von 60 bis 100 g. Eine wildwachsende Ginsengwurzel soll dieses Gewicht erst nach 150 bis 200 Jahren erreicht haben.

Medikamente aus einer so kostbaren Pflanzenwurzel waren seit jeher vor Fälschungen nicht sicher. Deshalb sollten nur standardisierte Präparate gekauft werden, deren Zusammensetzung und Wirksamkeit überwacht wird.

Inhaltsstoffe und ihre Wirkung:

Wahre Wunderdinge werden von der Ginsengwurzel berichtet. Sie soll das Leben verlängern und bis ins hohe Alter Frische und Vitalität verleihen. Bei den ostasiatischen Völkern gilt sie auch als Aphrodisiakum.

Die wesentlichen wirksamkeitsbestimmenden Inhaltsstoffe sind spezielle Saponine, die sogenannten Ginsenoide, Vitamine der B-Gruppe, hormonähnliche Substanzen und Ginsenin, das die Leistungsfähigkeit erhöht.

Verschiedene Ginsengextrakte zeigen unterschiedliche Wirkungen. Es liegen zahlreiche Untersuchungen vor, aber welche Inhaltsstoffe genau welche Wirkungen haben, ist noch nicht bekannt. Am wichtigsten sind

◆ die allgemein tonisierende Wirkung,

◆ die stimulierende Wirkung auf das Zentralnervensystem,

◆ die stimulierende Wirkung auf den Sympatikus (vegetatives Nervensystem) mit Steigerung der körperlichen und geistigen Leistungsfähigkeit,

◆ die Erhöhung der Streßtoleranz (im Tierversuch)

◆ die günstige Beeinflussung altersbedingter Depressionszustände.

Diese erfahrungsmedizinisch etablierten Wirkungen werden in der Monographie der Kommission E bestätigt.

Medikamente:

* KNEIPP® Ginseng Dragees
* KNEIPP® Ginseng Tonic (alkoholischer Auszug mit 15% Alkohol)
* Ginsana® Kapseln (Pharmaton)
* Ginseng Curarina® Kapseln (Harras-Curarina)
* Ardey-aktiv Pastillen (Ardeypharm)
* Biopharma Ginseng Kapseln (Biopharma)
* Doppelherz® Ginseng Stärkungskapseln

Eleutherokokkus (Eleutherococcus senticosus)

Drogen und Präparate aus der Wurzel dieses Strauches werden als „Ginseng-Ersatz" angeboten. Die Droge wird auch „Taiga-Wurzel" genannt und der Strauch „Teufelsstrauch". Die Pflanze ist botanisch mit dem Ginseng verwandt und hat auch ähnliche Wirkungen. Die Kommission E nennt als Indikationen Erschöpfungszustände und Rekonvaleszenz.

Neben diesen in ihrer Wirkung auf die Psyche beschriebenen Drogen sei an die schlaffördernden Heilpflanzen Baldrian und Hopfen erinnert. Als Beruhigungsmittel für den Tag bei Unruhezuständen ist an die Passionsblume, eventuell in Mischung mit dem Baldrian, zu denken.

Probleme mit der Verdauung

Oft hört man von alten Menschen „Diese Speise bekommt mir nicht" oder „Das liegt mir wie ein Stein im Magen" oder „Ich habe so furchtbare Blähungen, daß es mir das Herz abdrückt". Von ihren Wirkungsspektren her betrachtet können wir die zu verordnenden Pflanzenheilmittel in verschiedene Gruppen einteilen. Fast alle Pflanzen wurden bereits besprochen und es sei auf die einschlägigen Kapitel verwiesen.

Bitterstoffdrogen (Amara) besitzen appetitanregende Wirkung und dienen außerdem auch als Verdauungshilfe. Eines der bekanntesten Amara tonica ist der *Gelbe Enzian*, *Tausendgüldenkraut* und *Fieberklee (Menyanthes trifoliata)* besitzen weniger Bitterstoffe, aber nicht immer sind die stärksten Drogen die besten. Mit „zarten" Verordnungen erreicht man oft auf lange Sicht mehr.

Amara aromatica enthalten außer den Bitterstoffen noch ätherische Öle. Hierzu zählen *Kalmus, Engelwurz, Benediktenkraut (Cnicus benedictus), Schafgarbe, Wermut* und *Beifuß*. Sie wirken krampflösend, karminativ und gallensaftfördernd.

Amara acria sind Drogen, die Bitterstoffe und Scharfstoffe enthalten. Sie sind auch als Würzmittel beliebt und seien hiermit als solche empfohlen. Zu nennen sind *Ingwer (Cingiber officinale)* und *Galgant (Alpinia officinarum)*, beide botanisch verwandt und schon bei Hildegard von Bingen als Heilmittel empfohlen. Besonders Galgant besitzt auch eine krampflösende Wirkung, so daß man leichte Gallenkoliken mit ihm behe-

193

ben kann. Die krampflösende Wirkung auf die Herzkranzgefäße bei Angina pectoris wurde bereits beschrieben. Ein Spezialpräparat aus dem Ingwerwurzelstock (Zintonia® Kapseln, Herbalist & Doc) wirkt gegen Brechreiz. Ebenfalls gegen Brechreiz wirken Artischockenblätterextrakte.

Anregung der Gallenfunktion ist eine wesentliche Voraussetzung für eine gute Verdauung. Präparate aus dem *Schöllkraut* und dem *Erdrauch* sind zu empfehlen. *Wermut* und *Gelbwurz* sind sehr gut wirksam, aber auch sehr aggressiv, so daß sie nicht generell empfohlen werden können. Speziell Wermut ist nicht für den Dauergebrauch geeignet, aber es gibt zahlreiche gesundheitswußte Senioren, die auf ihren Wermuttee schwören, eventuell gemischt mit *Pfefferminze*.

Löwenzahn hat ein umfassenderes Wirkungsspektrum. Neben seiner verdauungs- und gallensaftanregenden Wirkung sei auch auf seine nierenanregende Wirkung verwiesen, so daß im Sinne der traditionellen Blutreinigung Stoffe ausgeschwemmt werden, die sonst zur Ablagerung kämen. Er wirkt demnach vorbeugend gegen Gallen- und Nierensteine. Löwenzahntee eignet sich besonders gut als Intervalltherapie: 3mal im Jahr jeweils 8 Wochen täglich 3 Tassen trinken.

Die *Artischocke* wirkt allgemein tonisierend, leberstärkend und anregend auf die Gallenfunktion. Mäßige Erhöhung des Cholesterinspiegels, im Alter ziemlich häufig anzutreffen, kann ebenfalls mit Artischocke behandelt werden.

Zur Unterstützung der Verdauungsfunktion der Bauchspeicheldrüse können pflanzliche Enzyme herangezogen werden. Sie werden aus dem *Melonenbaum (Carica papaya)*, der *Ananasstaude (Ananas comosus)* und dem *Harongabaum (Harungiana madagascariensis)* gewonnen.

Harnwegserkrankungen, Stoffwechselstörungen, Atemwegserkrankungen

In dieser Überschrift sind einige offensichtlich nicht zusammenpassende Krankheitsbilder zusammengefaßt. Der Grund hierfür ist, daß es eigentlich keine speziell für Senioren herauszustellende Phytotherapeutika gibt. Es sei auf die jeweiligen allgemeinen Kapitel verwiesen. Dies gilt auch für die gutartige Prostatavergrößerung älterer Männer, die in ihrem Frühstadium nicht als Krankheit gewertet werden kann, aber eine Reihe von Befindlichkeitsstörungen hervorruft.

Wichtig ist besonders für ältere Menschen die ausreichende Flüssigkeitszufuhr. Die als Aquaretika, also als wassertreibend charakterisierten Heilpflanzen, wie etwa *Wacholder*, *Petersilie*, *Liebstöckel*, *Hauhechel* und *Schachtelhalm*, wirken nur bei ausreichender Trinkmenge. *Orthosiphon* und *Goldrute* haben außer ihrer ausscheidenden Wirkung auch eine solche auf die Nierenfunktion selbst.

Antidyskratika, traditionell Blutreinigungsmittel genannt, finden vor allem Anwendung bei Erkrankungen mit der Tendenz zur Ablagerung von Stoffwechselprodukten. Gerade im Alter, wenn der gesamte Stoffwechsel träger wird und die Tendenz zur Ablagerung zunimmt, sind diese Pflanzen zu empfehlen. Es sind dies vor allem *Löwenzahn*, *Brennessel*, *Birkenblätter*, *Bohnenschalen*, *Sandsegge* und noch einige andere, die eher gezielt bei bestimmten Erkrankungen eingesetzt werden, wie etwa die *Teufelskralle* bei Rheuma. Bei diesen stoffwechselanregenden Pflanzen (Antidyskratika) ist kurmäßige Anwendung im Frühjahr und Herbst 6 bis 8 Wochen lang sehr günstig. Volkstümlich wird hierbei von einer „Entschlackungskur" gesprochen.

Erkrankungen der Atemwege sind im Alter insofern ein Problem, als chronische Verläufe bei Verschleppung sehr häufig sind. Banale Erkältungskrankheiten manifestieren sich leicht an den Bronchien und es kommt zu einer höchst unangenehmen Verschleimung. Eine gute Expektoration, also die Möglichkeit, den zähen Schleim zu verflüssigen und ihn abzuhusten, kann durch Behandlung mit Heilpflanzen, den sogenannten Expektorantien, gut erreicht werden. Auch hustenstillende Mittel für die Nacht stehen zur Verfügung (S. 92 ff).

Es gibt eine gute Auswahl an mild, aber dennoch recht sicher wirkenden Heilpflanzen zur Behandlung von Atemwegserkrankungen, die weitgehend frei von unangenehmen Nebenwirkungen sind.

Gibt es Heilpflanzen gegen Krebs?

Auf diese Frage geben Weiß/Fintelmann unzweideutig die Antwort: Es gibt keine Phytotherapeutika, mit denen die Krebskrankheit ursächlich so behandelt werden könnte, daß es zu gesicherter Tumorrückbildung oder gar Ausheilung der Krankheit käme. Für die Behandlung der Krebskrankheit besteht eine therapeutische Lücke (3, S. 411).

Das hängt unter anderem damit zusammen, daß „der Krebs" schlechthin gar nicht existiert, sondern es gibt höchst unterschiedliche Krebserkrankungen der verschiedenen Organe. Diese Aussage gilt für die Ursache, für den Verlauf und für die Behandlung.

Nach Weiß/Fintelmann sind die in der Onkologie angewendeten Pflanzen in zwei Kategorien einzuteilen:

◆ Pflanzeninhaltsstoffe mit gesicherter zytostatischer Wirkung (Unterdrückung der Zellteilung). Das sind Alkaloide aus einer *Immergrün-Art (Vinca rosea)* ▶ **giftig** und Taxol aus der Rinde einer nordamerikanischen *Eiben-Art* ▶ **giftig**. Dazu kom-

194

men einige antibiotikaähnliche Substanzen aus niederen Pflanzen. Zeitweise wurden auch Wirkstoffe aus der **Herbstzeitlose** ▶ **giftig** (S. 175) und aus **Podophyllum**, einem giftigen nordamerikanischen Berberitzengewächs, verwendet, das außerdem auch als starkes Abführmittel eingesetzt wurde. Sein wichtigster Einsatzbereich sind heute Feigwarzen (S. 159). Genau wie bei der Chemotherapie zur Krebsbehandlung ist Haarausfall eine gravierende Nebenwirkung auch der pflanzlichen Zytostatika.

◆ Pflanzliche Mittel, die als Begleittherapie bei der Tumorbehandlung eingesetzt werden, sind vor allem **Mistel**, **Rote Bete** und **Echinacea**.

Andererseits darf nicht verschwiegen werden, daß es auch (Heil-)Pflanzen gibt, die krebserzeugend wirken. Hier wäre vor allem die **Osterluzei (Aristolochia clematitis)** ▶ **giftig** zu nennen, eine wahrhaft altehrwürdige Heilpflanze, die schon in Agypten und Griechenland sowie auch in unserem Kulturkreis hohes Ansehen genoß. Ihr wissenschaftlicher Gattungsname zeigt, wofür sie verwendet wurde. „Aristo" heißt „Geburt" und „Lochia" heißt „Wöchnerin". Unter „Lochien" versteht man den Ausfluß einer Wöchnerin nach der Geburt. Dieser wurde früher, vor allem auch um Infektionen im Unterleib zu verhindern, mit der Osterluzei behandelt. Die Kommission E hat für die Osterluzei eine Negativ-Monographie erstellt.

Aus der anthroposophischen Medizin stammt die Misteltherapie. Rudolf Steiner, der Begründer der anthroposophischen Bewegung, führte die Mistel als Krebsmittel in die Medizin ein.

Mistel (Viscum album)
▶ **schwach giftig**

Allgemeine Informationen:

Die Mistel ist ein kugeliger Strauch, der als Halbschmarotzer auf verschiedenen Bäumen wächst. Eine ganze Reihe botanischer Seltsamkeiten hat das Interesse der Menschen sehr frühzeitig auf die eigenartige Pflanze gelenkt. In der keltischen und germanischen Mythologie spielte sie eine wichtige Rolle und als Weihnachtsschmuck erinnert sie noch ein wenig an diese vorchristlichen Wurzeln unserer heidnischen Frühzeit.

Der Begriff „Halbschmarotzer" bedeutet, daß ein Mistelsamen auf einem Baumast auskeimt, anstelle von Wurzeln sogenannte Absenker in das Holz des Astes hineintreibt und den Saftstrom des Baumes anzapft. Die Mistelpflanze entnimmt dem Wirtsbaum nur Wasser und Nährsalze, keine organischen Stoffe. Die Mistel besitzt grüne Blätter. Das bedeutet, sie kann ihre organischen Bau- und Nährstoffe selbst durch Photosynthese aus dem Kohlendioxid der Luft sowie Wasser und Nährsalzen aus dem Wirtsbaum aufbauen.

Diese Eigentümlichkeiten haben vor allem Rudolf Steiner fasziniert: Sie ist losgelöst vom Boden und hat kein Verhältnis zu Auftrieb und Schwere. Sie wächst in der kosmischen Kugelform. In keinem Stadium ihrer Entwicklung hat sie direkten Kontakt mit dem Boden.

Heilpflanzen kommen und gehen: Die Osterluzei, früher hochgeschätzt zur Behandlung der Frau nach einer Geburt, wird heute wegen ihrer großen Giftigkeit nicht mehr verwendet.

Die Mistel ist aus der anthroposophischen Krebstherapie nicht wegzudenken. Wichtig ist auch, auf welchen Bäumen sie gewachsen ist. Hier sind es Apfelbäume, die schon einen sehr geschwächten Eindruck machen.

Das letztgenannte Phänomen faszinierte bereits die Kelten: Wenn die Mistel für kultische Zwecke gebraucht wurde, mußte sie der Priester in einer Vollmondnacht mit goldener Sichel ernten und auf ausgebreitete Tücher werfen, damit sie nicht den Boden berührte.

Die Mistel hat unscheinbare Blüten, aus denen weiße, klebrige Beeren hervorgehen. Sie besiedelt unterschiedliche Wirtsbäume. Gemäß der anthroposophischen Überzeugung hängt die Wirkung und Wirksamkeit der Mistel auch vom jeweiligen Wirtsbaum ab. Die Mistel ist sehr schwierig zu kultivieren. Medizinisch verwendet wird das ganze Kraut.

Inhaltsstoffe und ihre Anwendung:

Die wichtigsten Inhaltsstoffe sind Lektine, Misteltoxine, Flavonoide und Amine.

Seit 1917 gibt es aus der anthroposophischen Medizin stammende Mistelpäparate, die nach einem speziellen Herstellungsverfahren entwickelt wurden. Für die verschiedenen Tumorarten werden die Präparate von Misteln genommen, die auf unterschiedlichen Wirtsbäumen gewachsen sind. Rudolf Steiner hatte so großes Vertrauen in die Mistel, daß er sagte, eines Tages könne die Mistel das Messer des Chirurgen ersetzen. Die Präparate müssen stets injiziert werden und zwar möglichst nahe an den Tumor. Die Mistel wirkt sowohl leiblich als auch seelisch. Sie reguliert die Immunkräfte des Menschen. Wenn dies gelingt, bestehen gute Chancen, daß der erkrankte Mensch mit Hilfe seiner aktivierten Immunkräfte über den Tumor siegt. Hierbei spielt das Fieber eine entscheidende Rolle. Das Fieber hat eine positive immunologische Wirkung. Wenn es nicht gelingt, Fieber zu erzeugen, besteht auch keine Aussicht auf Heilung. Dies ist die feste Überzeugung der anthroposophischen Medizin. Je früher die Mistel eingesetzt wird, de-

sto größer ist die Aussicht auf Erfolg. Gut ist es, wenn bereits bei sogenannten Präcancerosen, also z.B. Polypen, die Misteltherapie eingesetzt wird. In der anthroposophischen Medizin werden häufig noch potenzierte Metalle (= Metalle in homöopathischer Verdünnung) zugesetzt, z.B. Zinn, wenn es sich um ein Leberkarzinom handelt, oder Silber bei Tumoren im Gehirn und im Unterleib. Diese Heilmittel sind definitionsgemäß keine Phytotherapeutika.

Fazit: Die Mistel ist kein Wundermittel. Spektakuläre Tumorrückgänge sind selten. Die Wirksamkeit hängt davon ab, ob das Immunsystem des Patienten aktiviert werden kann, um sich energisch mit der Erkrankung auseinanderzusetzen. In der Schulmedizin werden Mistelpräparate als adjuvante Therapie bei metastasierenden Tumorerkrankungen angewendet.®

Medikamente:

* Iscador® Injektionslösung (Weleda)
* Helixor® Injektionslösung (Helixor)
* Vysorel® Stärke Injektionslösung (Novipharm)

Vinca rosea
▶ **giftig**

Allgemeine Informationen, Inhaltsstoffe und Anwendung

Die mit unserem einheimischen Immergrün verwandte Pflanze kommt wildwachsend in Brasilien, Südafrika und Indonesien vor. Inzwischen wird sie in manchen tropischen Ländern auch angebaut. Sie gehört zur Familie der Hundsgiftgewächse (Apocynaceae) und dieser Name sagt eigentlich schon viel aus über die Giftigkeit der ganzen Pflanzenfamilie. Volksmedizinisch wurde die Pflanze in ihrer Heimat seit altersher gegen Stoffwechselleiden, z.B. Diabetes, gebraucht.

Die wirksamen Inhaltsstoffe sind die Alkaloide Vincristin und Vinblastin,

die als Zytostatika ihren festen Platz in der Krebstherapie haben. Sie blokkieren die Zellteilung, was zwar die Vergrößerung der Krebsgeschwulst verhindert, aber auch ernste Nebenwirkungen hat, wie bei allen Zytostatika.

Pazifische Eibe (Taxus brevifolia)
▶ **giftig**

Allgemeine Informationen, Inhaltsstoffe und Anwendung:

Dieser hochgiftige Nadelbaum wächst im nordwestlichen Teil Nordamerikas. Aus der Rinde wurde Taxol isoliert, das toxisch auf bestimmte Leukämiezellen und auf die Zellen verschiedener anderer Krebsarten wirkt, z.B. Eierstockkarzinom, Brustkrebs und bestimmte Lungenkarzinome. Die experimentelle und klinische Forschung ist in vollem Gange. Aber ein bedeutendes Problem gilt es noch zu meistern: Aus 1 Kilogramm Rinde kann man nur etwa 100 Milligramm wirksame Substanz gewinnen. Entnimmt man der sehr langsamwüchsigen Eibe zu viel Rinde, dann stirbt sie ab. Das Problem könnte dadurch gelöst werden, daß man aus Nadeln und Zweigen verschiedener, auch europäischer Eibenarten, eine Substanz gewinnt, die zu Taxol umgebaut werden kann. Selbstverständlich läuft auch das Bemühen, Taxol synthetisch nachzubauen, auf vollen Touren, aber der Erfolg dürfte noch Jahre auf sich warten lassen (Kenntnisstand Juli 1998).

Taxol ist ein echtes Zytostatikum, d, h. ein Mittel, das die Zellteilung unterdrückt, wie es auch bei der Chemotherapie geschieht. Nicht zu leugnen ist, daß die Behandlung mit Taxol zu erheblichen Nebenwirkungen führt. Es kommt zu Erbrechen, Durchfall, dem obligaten Haarausfall, Verlangsamung des Herzschlags und Störungen des peripheren Nervensystems. Diese Nebenwirkungen sind der begrenzende Faktor für die Anwendung.

Vielleicht ist es enttäuschend, daß gerade die Krebskrankheit, dieses Schreckgespenst, vor dem niemand von uns wirklich sicher ist, auch wenn wir noch so gesund leben, nicht ohne weiteres mit einer Heilpflanzenmedizin behandelt werden kann. Hier gelangen wir an Grenzen, deren Überschreitung uns noch nicht gelungen ist. Aber die Forschung schreitet zügig weiter. Vielleicht wird eines Tages eine Pflanze zur effektiven Krebsbehandlung gefunden oder vielleicht lernen wir, mit welchen Mitteln auch immer, die Bildung eines Karzinoms zu verhindern oder aber vielleicht landet irgendwo auf der Welt ein Chemiker den entscheidenden Coup und findet den Stoff, der den Krebs verhindern oder heilen kann. Bis dies geschieht, müssen wir uns behelfen. Bei bestimmten Leukämieformen konnten in den letzten 20 Jahren echte Fortschritte bei der Heilung erzielt werden. Allerdings dürfte es wohl nie ein Allheilmittel für alle Krebsarten geben.

Vielleicht können uns bis dahin zwei mild wirkende Pflanzen bei der Krebsbehandlung unterstützen, Betonung auf „vielleicht".

Rote Rübe
(Beta vulgaris var. conditiva)

Allgemeine Informationen, Wirkung und Anwendung:

Der Saft aus der Roten Rübe wurde von dem ungarischen Krebsforscher Ferenczi als Krebsmittel empfohlen. Die Rote Rübe wird auch Rote Bete genannt. Dieser Name ist nicht von „Beet" abgeleitet, sondern vom lateinischen Gattungsnamen „Beta". Der wirksame Stoff soll der Anthocyan-Farbstoff sein. Anthocyan kommt in verschiedenen Pflanzen als Farbstoff vor, zum Beispiel auch in Rotwein, dessen Wirkungen Ferenczi ebenfalls beschrieb. Um überhaupt einen positiven Effekt zu erzielen, ist es notwendig, jeden Tag mindestens 1 Liter des Rote-Bete-Saftes zu trinken und dies etwa 2 bis 3 Monate lang.

Rote-Bete-Saft kann nicht als echtes Antitumormittel bezeichnet werden. Aber als Kräftigungsmittel und zur Verbesserung der Lebensqualität spielen die Säfte sicher eine Rolle. Es wurde auch berichtet, daß bei gleichzeitiger Verabfolgung von Rote-Bete-Saft Röntgenbestrahlung und Zytostatika besser vertragen werden.

Roter Sonnenhut
(Echinacea purpurea)

Wirkung und Anwendung:

Durch Stimulation der natürlichen Abwehr eignen sich Präparate aus der Echinacea gut zur Behandlung von Tumorerkrankungen. Eine direkte Antitumorwirkung darf man nicht erwarten, aber ein verbessertes Allgemeinbefinden ist oft zu beobachten.

Medikamente siehe Seite 59.

Die Echinacea ist eine Pflanze, die bei zahlreichen Erkrankungen mit Erfolg eingesetzt werden kann. Dies kommt daher, daß sie unser Immunsystem günstig beeinflußt. Immer noch ist wohl unser Immunsystem das geheimnisvollste Organsystem. Oder ist es das Gehirn? Und wie hängen die beiden zusammen? Was hat unsere Psyche damit zu tun? Warum bekommt jemand Krebs, obwohl er vernünftig und gesund lebt, und ein anderer, der die blödsinnigsten Untugenden praktiziert, bleibt kerngesund? Welche Rolle spielen unsere Erbanlagen? Fragen über Fragen, die sich nicht nur auf die Krebskrankheit beziehen. Weltweit arbeiten Ärzte, Wissenschaftler, Psychologen, Medizinmänner und Kräuterhexen an ihrer Beantwortung. Und nicht zu vergessen: Jede Frau und Mutter betätigt sich aktiv in der Gesundheitsfürsorge. Täglich steht sie vor der Frage: Was koche ich heute, damit es meiner Familie gut schmeckt und damit sie alle gesund bleiben. Und wenn ein Familienmitglied „Bauchweh" hat, kocht sie gleich einen Kamillentee. Gesundheit ist nicht machbar, aber man muß dennoch bestrebt sein, sie durch gesunde Lebensweise zu fördern oder zurückzugewinnen.

Nährstoff oder Medikament?

In früheren Jahrhunderten trat bei sehr vielen Menschen im Spätwinter eine schwere Erkrankung auf, bei der Blutgefäße platzten und Blutergüsse in den Körpergeweben, vor allem in den Gelenken, auftraten. Sehr schlechte Wundheilung, Zahnfleischbluten und „Wackelhaftigkeit der Zähne" werden in älteren medizinischen Büchern als weitere Symptome geschildert. Geheilt werden konnte die Krankheit durch ein kräftig grünes Pflänzchen, das im Spätwinter unter Sträuchern wuchs, das *Scharbockskraut (Ranunculus ficaria)* ▶ **giftig** . Es war benannt nach der Krankheit „Scharbock", die es heilen konnte, medizinisch „Skorbut" genannt. Inzwischen weiß man, daß es sich beim Skorbut um eine Vitamin-C-Mangelkrankheit handelt, die vor allem auch auf Schiffen sehr gefürchtet war. Heute spielt das Scharbockskraut medizinisch keine Rolle mehr, denn man weiß, daß der Vitamin-C-Bedarf sehr viel leichter und unschädlicher mit rohem Obst und Gemüse gedeckt werden kann. Unschädlicher deshalb, weil Scharbockskraut, wie alle Hahnenfußgewächse, giftige Scharfstoffe enthält.

Sebastian Kneipp empfiehlt das Scharbockskraut nicht. Er rät dazu, reichlich frisches Obst zu essen und dieses wo möglich mit der Schale, weil es dann die „größte Kraftfülle" habe. Das ist sehr erstaunlich, denn gekochtes Obst und Gemüse galten seinerzeit als „bekömmlicher".

Wenn man von Vitaminen spricht, denkt man meist automatisch an Vitamin C in frischem Obst und Gemüse, aber das ist nicht ganz richtig, denn es gibt viel mehr lebenswichtige Vitamine und außerdem noch andere Pflanzeninhaltsstoffe, die wir eigentlich täglich mit der Nahrung zu uns nehmen sollten. Sie werden in sehr geringen Mengen benötigt und sind lebenswichtig. Manche werden auch direkt als vorbeugende und heilende Medikamente verwendet. Man nennt diese Stoffe heute Vitalstoffe und sie gelten als „das" Geheimnis einer gesunden Ernährung. Manche Vitalstoffe sind mehr in pflanzlicher, manche mehr in tierischer Nahrung enthalten. Unserem Thema gemäß soll der Schwerpunkt bei Vitalstoffen aus pflanzlicher Nahrung liegen.

Definitionsgemäß zählen zu den Vitalstoffen vor allem Vitamine, Mineralstoffe und Spurenelemente, Enzyme und ungesättigte essentielle Fettsäuren (Anmerkung: Der Begriff „essentiell" bedeutet, daß der Stoff im Körper nicht aus irgendwelchen Vorstufen aufgebaut werden kann, sondern in fertiger Form aufgenommen werden muß). Auch Ballaststoffe werden oft hinzugezählt (S. 140 f). Wegen der sehr unterschiedlichen Quellen für Vitalstoffe ist es vorteilhaft, eine möglichst abwechslungsreiche, gemischte, vollwertige Kost zu sich zu nehmen, denn jede einseitige Kost birgt die Gefahr, daß nicht alle Vitalstoffe dem Körper angeboten werden. Manche Vitalstoffe, z.B. Vitamine oder essentielle Fettsäuren oder auch Enzyme, werden zu therapeutischen Zwecken als Medikamente verordnet. Dies sei an einigen therapeutisch wichtigen Beispielen gezeigt.

Medizinische Verwendung einiger in Pflanzen vorkommender Vitamine

Die althergebrachten Namen Vitamin A, B, C usw. werden zwar medizinisch heute kaum noch gebraucht, haben aber trotzdem noch ihre Gültigkeit, weil sie allgemein bekannt sind und demnach der besseren Verständlichkeit dienen.

Die Vorstufen von Vitamin A (Retinol) heißen Carotinoide. Sie werden im Körper zu fertigem Vitamin A umgebaut. Am bekanntesten ist das Beta-Carotin, das zu den sogenannten Antioxidantien zählt. Diese spielen bei der Krebsprophylaxe und zur Vorbeugung von Arteriosklerose eine entscheidende Rolle. Beta-Carotin ist in *Karotten*, *Paprikaschoten* und *grünen Gemüsen* enthalten. Bei schonendem Garen wird es nicht zerstört. Es ist fettlöslich und demnach sollten die Gemüse, in denen es enthalten ist, mit etwas Fett zubereitet werden. Mangelerscheinungen von Retinol und Carotinen sind nicht selten. Sie zeigen sich in Hautschäden, Sehstörungen, Nachtblindheit und Anfälligkeit für Infektionen.

Anmerkung: Das fertige Vitamin A ist in tierischer Nahrung enthalten.

Die B-Vitamine (B1 bis B17) haben außerordentlich vielfältige und differenzierte Aufgaben im Körper, vor allem für die Funktion des Nervensystems und die Blutbildung. Sie sind in der Regel mehr in tierischen Produkten (Fisch, Fleisch, Leber, Eier, Milchprodukte) als in pflanzlichen Produkten enthalten. Deshalb neigen Vegetarier, vor allem Veganer, häufig zu Mangelerscheinungen. Vollkornprodukte, manche Gemüse und Hefe enthalten geringe Mengen. Vitamin B9 (Folsäure) ist außer in Fleisch auch in *Vollkornprodukten*, *Gemüse*, *Kartoffeln* und *Früchten* enthalten. Die Bedarfsdeckung ist weitgehend nicht gesichert. Vor allem während der Schwangerschaft, der Stillperiode und im Seniorenalter besteht erhöhter Bedarf. Manche B-Vitamine werden therapeutisch eingesetzt.

Das Vitamin Cholin aus der B-Gruppe ist außer im Eigelb vor allem in *Vollkornprodukten*, *Nüssen*, *grünen Gemüsen*, *Hülsenfrüchten* und *Hefe* enthalten. Es fördert die Gedächtnisleistung, reguliert den Fettstoffwechsel und verbessert die Gefäßfunktionen.

Vitamin C (Ascorbinsäure) ist wohl das bekannteste Vitamin überhaupt. Es ist wasserlöslich und empfindlich gegen Licht und Wärme. Demnach ist *rohes, frisches Obst* und *Gemüse* besonders zu empfehlen. Vitamin C kann im Körper nicht gespeichert werden. Deshalb wird ausreichende tägliche Aufnahme empfohlen. Die

201

Was hat das Obst auf den verschiedenen Tellern gemeinsam? Auf jedem Teller befindet sich die gleiche Menge an Vitamin C, nämlich der Tagesbedarf von 75 Milligramm: Ca. 1900 g Weintrauben, ca. 210 g Rote Johannisbeeren, ca. 1500 g Pflaumen, ca. 1500 g Birnen, ca. 1000 g Bananen, ca. 120 g Kiwi, ca. 210 g Apfelsinen, ca. 125 g Erdbeeren, ca. 1000 g Äpfel (Granny Smith). Es gibt aber bei Äpfeln viel vitaminreichere Sorten.

empfohlene Tagesdosis ist in verschiedenen Quellen sehr unterschiedlich angegeben. Mit einer großen, reifen **Apfelsine** dürfte der Tagesbedarf gedeckt sein, wenn noch etwas **frischer Salat** gegessen wird. Bei den Heilpflanzen können **Hagebutte** und **Sanddorn** gezielt zur Deckung des Vtamin-C-Bedarfs eingesetzt werden. In der sehr vitaminreichen Hagebutte liegt Vitamin C in einer Form vor, die beim Trocknen und auch beim Erhitzen zur normalen Teezubereitung nicht zerstört wird. Auch **frische Küchenkräuter** enthalten reichlich Vitamin C, vor allem Petersilie. 30 Gramm frisches Petersilienkraut deckt den Tagesbedarf. Vitamin C aktiviert die Immunabwehr, hat eine wichtige Funktion bei der Bildung und Gesunderhaltung von Bindegewebe, ist wichtig für die Blutbildung und betätigt sich als „Radikalenfänger", also als ein Stoff, der aggressive sauerstoffhaltige Moleküle abfängt. Therapeutisch wird Vitamin C in hoher Dosierung bei akuten, schweren Infektionen verabreicht.

Zur Beachtung: Im fortgeschrittenen Alter besteht erhöhter Vitamin-C-Bedarf. Bei Einnahme von Acetylsalicylsäure, Antibabypille und Antibiotika wird mehr Vitamin C benötigt. Auch Raucher brauchen mehr: Eine ein-

zige Zigarette soll bis zu 25mg Vitamin C verbrauchen.

Vitamin D (Calciferol) gehört zu den fettlöslichen Vitaminen. Der „gute alte Lebertran" war für unsere ältere Generation eine wichtige Quelle für dieses lebensnotwendige Vitamin. Es hat die Aufgabe, das Calcium aus dem Blut herauszuholen und in die Knochen einzubauen. Es ist in Fischölen, Eigelb, Butter, Milchprodukten und Hefe enthalten.

Sehr erfreulich: Der Körper kann es mit Hilfe der UV-Strahlen im Sonnenlicht selbst aufbauen. Dazu Sebastian Kneipp: „Was am Sonnenlicht aufwächst, entwickelt sich gesund, kräftig und vollständig."

Ein weiteres Vitamin aus der D-Gruppe, nämlich D3, ist ein etwas zwielichtiger Stoff. Es fördert, wenn es im Übermaß gegeben wird, unnatürliche Calciumablagerungen in Arterien, Gehirnzellen, Gelenken, Nieren und Lunge. Bei Aufnahme aus natürlicher Nahrung spielt das allerdings keine Rolle. Leider wurde es, ehe man das wußte, manchen Nahrungsmitteln künstlich zugefügt. Bei der Behandlung von Schuppenflechte bewährt sich Vitamin D3 zur äußeren Anwendung.

Vitamin D sollte als Medikament nur unter ärztlicher Aufsicht gegeben

werden, denn die Dosis macht's, ob es nützlich oder schädlich ist.

Vitamin E (Tocopherole) ist in Eiern, **Pflanzenölen**, **Vollkorngetreide**, **Nüssen**, **Hülsenfrüchten** und in **Blattgemüsen** enthalten. Es hat sehr vielfältige Wirkungen, vor allem ist es Fänger sauerstoffhaltiger „Radikale", ähnlich wie Vitamin C und Beta-Carotin, so daß es die Gefäßwände schützt. Enzyme, Hormone und andere Vitamine werden durch Vitamin E vor Oxidation geschützt und können dann voll funktionieren. Zeitweise machte es als „Fruchtbarkeitsvitamin" von sich reden und weckte tolle Hoffnungen (Sie verstehen, was ich meine). Aber es stimmt schon, es aktiviert die Funktion der Keimdrüsen, außerdem ist es für den Fettstoffwechsel unerläßlich, fördert die körperliche und geistige Aktivität und hält die Degeneration von Bindegewebe auf. Für den hochempfindlichen Nervenstoffwechsel ist es unerläßlich. In Hautcremes verleiht es der Haut ein frisches Aussehen. Senioren haben einen erhöhten Bedarf.

Vorsicht: Bei gleichzeitiger Einnahme eines Digitalpräparats können hohe Vitamin-E-Gaben die Wirkung verstärken. Bei normaler Ernährung werden so hohe Vitamin-E-Dosierungen nicht erreicht.

202

Die essentiellen ungesättigten Fettsäuren werden häufig ebenfalls zu den Vitaminen gezählt und bisweilen Vitamin F genannt. Es handelt sich um Linolsäure, Linolensäure und Arachidonsäure. Außer in Fischölen sind sie Bestandteil von Pflanzenölen, wobei bezüglich der zweifach ungesättigten Linolsäure vor allem **Distelöl (Safloröl)**, **Sonnenblumenöl**, **Weizenkeimöl** und **Erdnußöl** hervorzuheben sind. Die essentiellen ungesättigten Fettsäuren sind nicht hitzebeständig, sollten also als Salatöle verzehrt werden. Die empfohlene Tagesmenge liegt bei 10 Gramm. Die Dosis erhöht sich auf 12 Gramm, wenn viel Hartfette verzehrt werden.

Noch nicht alle Aufgaben sind voll erforscht. Aber sie sind unerläßlich für die Hautfunktionen, den Fettstoffwechsel (Cholesterinspiegel usw.), die Zellatmung und den Aufbau der Leberzellen.

Zur Beachtung: Nur kaltgeschlagene und nicht zu lange gelagerte Öle besitzen diese günstige Zusammensetzung. Es sei daran erinnert, daß die ungesättigten Fettsäuren aus Nachtkerzen- und Boretschsamen zur Behandlung von Neurodermitis herangezogen werden (S. 151).

Vitamin K ist ein Beispiel dafür, wie wichtig eine intakte Darmflora ist, denn es kann von der Darmflora synthetisiert werden, wird aber auch mit der Nahrung aufgenommen. Unter anderem ist es in grünen Gemüsen, Kartoffeln und Obst enthalten. Seine wichtige Aufgabe, für die Blutgerinnung bei Wunden zu sorgen, merken wir normalerweise gar nicht. (Allerdings sind auch noch andere Faktoren für die Blutgerinnung verantwortlich). Aber wenn es einmal nicht funktioniert, kann Vitamin K lebensrettend sein.

Eigene Erfahrung: In einem tropischen Sumpf hatte sich ein sehr gemeiner Blutegel an meinem Blut gütlich getan. Als die Wunde nach fast 24 Stunden immer noch blutete, bekam ich in einem kleinen Kranken-

Knorrige Ölbäume prägen das südeuropäische Landschaftsbild. Sind bei den Völkern um das Mittelmeer manche „Zivilisationskrankheiten" seltener, weil mehr Olivenöl verzehrt wird? Schon Hildegard von Bingen verwendete es ausgiebig.

haus, das für solche Fälle gerüstet war, eine üppige Dosis Vitamin K injiziert. Eine Viertelstunde später hörte die Blutung auf und die Wunde heilte prächtig.

An diesem Beispiel sollte aufgezeigt werden, welch unmittelbare und lebenswichtige Wirkungen die Vitamine haben können. Die Übergänge vom essentiellen Nahrungsbestandteil zum Medikament sind nicht scharf zu ziehen. Manche Flavonoide, wie etwa Rutin, auch Vitamin P genannt, bewegen sich im Bereich dieser Grenze (S. 116). Rutin verhindert das Ausfließen von Blutplasma ins umgebende Gewebe, so daß keine Ödeme entstehen können.

Mineralstoffe und Spurenelemente

Sie haben sehr vielfältige Aufgaben in unserem Körper. Manche sind Teil unseres Stützapparates, wie etwa Calcium, Phosphor und Magnesium. Manche Mineralstoffe sind am Aufbau von Wirkstoffen, Enzymen und Hormonen beteiligt. Viele Mineralstoffe sind in unseren Körperflüssigkeiten gelöst. Sie regulieren die Druckverhältnisse und den Wasserhaushalt in den Geweben, in den

Adern und in den Körperzellen. Natrium und Kalium sind für die elektrische Reizleitung in den Nerven verantwortlich. Der Mineralstoffhaushalt wird von den Nieren reguliert. Natriummangel ist sehr selten, weil es ausreichend mit dem Kochsalz (Natriumchlorid) dem Körper zugeführt wird. Auch Chlor, das für die Salzsäure des Magens gebraucht wird, ist in ausreichender Menge im Kochsalz enthalten.

Für die optimale Versorgung mit Mineralstoffen ist eine vollwertige, möglichst vielfältig gemischte Kost zu empfehlen. Hierzu eine Zubereitungsempfehlung: Mineralstoffe gehen, im Gegensatz zu manchen Vitaminen, beim Kochen und Dünsten nicht verloren, sondern sie werden teilweise im Kochwasser gelöst. Deshalb sollte das Kochwasser nicht weggeschüttet, sondern für Suppe oder Soße verwendet werden.

Manche Mineralstoffe sind mehr in tierischer Nahrung enthalten, wie etwa Calcium in Milchprodukten oder Eisen in Fleisch, manche mehr in pflanzlicher Nahrung, wie etwa Magnesium im Blattgrün (Chlorophyll). Mangelhafte Versorgung mit Magnesium kann eine von mehreren

Ursachen für Herzrhythmusstörungen oder auch Störungen der Nierenfunktion sein.

Frische oder getrocknete Küchenkräuter, Hülsenfrüchte, Gurken, Brokkoli und **Pilze** seien als besonders gute Kaliumquellen genannt.

Gute pflanzliche Calciumquellen sind **Grünkohl, Brokkoli, Spinat** und **Brunnenkresse**.

Phosphor ist eine Bausubstanz der Knochen und ist für den Stoffwechsel, vor allem zur Energiegewinnung unerläßlich. Seine Verwendung im Körper wird durch Vitamin D gesteuert. Für unsere Erbanlagen, die nicht nur in den Keimzellen, sondern in jeder einzelnen Zelle des Körpers enthalten sind, ist Phosphor eine Schlüsselsubstanz. Die Versorgung erfolgt zum größten Teil aus tierischer Nahrung. Einigermaßen reich an Phosphor sind **Vollkornprodukte, Hülsenfrüchte** und **Pilze**.

Eisen ist im menschlichen Körper zu 4 bis 5 Gramm enthalten, vor allem im Blutfarbstoff. Auch manche Enzyme benötigen Eisen. Fleisch ist der wichtigste Lieferant. Pflanzliche Nahrung ist arm an Eisen und außerdem kann es schlecht resorbiert werden. Die Resorption aus dem Darm in ausreichender Menge erfolgt nur bei gleichzeitiger Anwesenheit von Vitamin C. **Spinat, Sojabohnen, Küchenkräuter,** vor allem **Thymian,** und **Pilze** sind zu empfehlen.

Jod ist für die Bildung des Schilddrüsenhormons Tyroxin unerläßlich. Seefische sind besonders reich an Jod. Den Jodbedarf aus rein pflanzlicher Nahrung zu decken, ist kaum möglich, es sei denn, man verwendet Jodsalz, wie es heute weitgehend üblich ist.

Fluor erhöht die Stabilität von Knochen und Zähnen. Es fördert die Wundheilung und ist bei der Kariesprophylaxe wichtig. Laut Tabelle der Deutschen Gesellschaft für Ernährung sind Makrele, Heringsfilet in

Tomatensoße und Frankfurter Würstchen gute Fluorquellen. Bei Pflanzen liegen allenfalls **Sojabohnen** und **Spinat** etwas über dem Durchschnitt.

Selen, Mangan, Kupfer, Kobalt und Zink sind Spurenelemente, die für die Funktion von Enzymen, das Abfangen von Radikalen und die Aktivierung des Immunsystems wichtig sind.

Kieselsäure, eine Siliziumverbindung, wird aus dem Boden vor allem von **Schachtelhalmen, Gräsern, Vogelknöterich,** den Rauhblattgewächsen (z.B. **Beinwell**) und der **Brennessel** aufgenommen. Kieselsäure ist ein unentbehrlicher Bestandteil unseres Bindegewebes, der Haut, der Haare und der Nägel. Dies erklärt die positive Wirkung z.B. der Queckenwurzel bei manchen Hauterkrankungen sowie die heilsame Wirkung der Brennessel und des Ackerschachtelhalms bei Arthrose. Wenn bei chronischer Bronchitis das Bindegewebe der Luftröhre und der Bronchien geschädigt ist, sind Teemischungen, in denen **Ackerschachtelhalm** oder **Vo-**

Vogelknöterich wächst vor allem da, wo kaum noch eine andere Pflanze ihr Auskommen findet: Pflasterfugen, Wegränder, im Schotter der Bahngleise usw. Früher wurde die Pflanze sehr gelobt.

gelknöterich enthalten sind, oft sehr hilfreich. Die pflegende Wirkung der **Brennessel** für die Haare ist ebenfalls zum großen Teil auf die Kieselsäure zurückzuführen.

Ganz allgemein wäre zur Versorgung des Organismus mit Mineralstoffen und Spurenelementen zu sagen, daß die optimale Versorgung nur erfolgen kann, wenn unsere Getreide, Gemüse und Kräuter vom Boden her selbst ausreichend mit Spurenelementen versorgt werden. Naturnahe organische Düngung bietet hierfür die beste Gewähr.

Enzyme, unerläßliche Werkzeuge für die Lebensfunktionen

Unser ganzer Tagesablauf von früh bis spät ist durch den Gebrauch von allerlei Geräten und Werkzeugen gekennzeichnet. Mit dem Messer zerschneiden wir die Speisen, mit Löffel oder Gabel führen wir sie zum Mund, wobei noch zwischen Teelöffel und Suppenlöffel oder normaler Gabel und Kuchengabel unterschieden wird. Mit dem Besen kehren wir den Boden und ein Knopf oder eine Spange sorgt dafür, daß wir den Rock oder die Hosen nicht verlieren. In unserem Körper laufen unzählige, meist höchst komplizierte biologische Vorgänge ab. Damit das reibungslos funktioniert, sind biochemische Werkzeuge notwendig, die eine ganz bestimmte Reaktion erst möglich machen. Die biochemischen Werkzeuge nennt man Enzyme, früher auch Fermente. Auch sie sind streng spezialisiert: Ein Enzym, das Eiweiß spaltet, ist nicht in der Lage, Fett zu spalten, so wenig wie man mit einem Besen die Suppe essen kann. Ähnlich wie Werkzeuge können die Enzyme die gleiche biochemische Reaktion immer wieder durchführen, ohne daß sie verbraucht werden, aber ebenfalls wie bei den Werkzeugen müssen sie irgendwann ersetzt werden.

Bromelain ist das wichtigste Enzym, das aus der Ananasstaude gewonnen wird. Es normalisiert die Eiweißverdauung und wird deshalb Arzneien zur Verdauungshilfe zugesetzt. Auch Entzündungen sprechen oft gut auf dieses Enzym an.

Enzyme werden in der Lebensmittelzubereitung seit jeher benutzt. Daß Milch zu Käse wird, liegt am Chymosin, dem Labferment aus Kälbermägen. Der besonders pikante Geschmack mancher italienischer Käsesorten kommt daher, daß außer dem Chymosin noch ein anderes Enzym aus den Halsdrüsen von Kälbern und Lämmern benutzt wird. Zunehmend werden die Enzyme für die Herstellung von Käse und die Verarbeitung anderer Lebensmittel nicht mehr aus verschiedenen Innereien geschlachteter Tiere, sondern gentechnisch erzeugt.

Wie viele Enzyme der Mensch besitzt, ist nicht bekannt. Schätzungen bewegen sich um 2000 bis 3000.

Medizinisch werden Enzyme bei Enzym-Mangelkrankheiten verabreicht. Manche Enzyme werden zur Wundheilung oder gegen Entzündungen eingesetzt. Enzym-Mangel ist bei den Verdauungsenzymen vor allem im fortgeschrittenen Alter nicht selten. Das verursacht vielfältige Magen- und Darmbeschwerden oder auch Mangelerscheinungen, wenn ein be-

stimmter Nährstoff nicht verdaut werden kann. Es sei daran erinnert, daß der Begriff „Verdauung" das enzymatische Aufschließen und Nutzbarmachen der Nährstoffe bedeutet. Bei Enzym-Mangel werden die Enzyme als Medikament verabreicht. Als Beispiele seien eiweißspaltendes Pepsin, stärkespaltende Amylasen und fettspaltende Lipasen genannt. Noch einmal: Diese und noch eine Reihe anderer Verdauungsenzyme sind streng spezialisiert und können sich nicht gegenseitig ersetzen. Die als Medikamente verordneten Verdauungsenzyme werden aus der Magenschleimhaut und den Bauchspeicheldrüsen von Schweinen, Schafen und Rindern oder gentechnisch gewonnen. Der physiologische Wert mancher Vitamine und Spurenelemente ist der, daß sie zum Aufbau von Enzymen gebraucht werden, vor allem einige B-Vitamine.

Auch manche Krankheiten und vor allem auch Entzündungen werden von Enzymen gesteuert oder eventuell durch Enzymfehler verursacht. Wie schön wäre es, wenn man diese Enzymfehler ausgleichen könnte in-

dem man dem Körper das richtige Werkzeug verabreicht, um die Heilung in Gang zu setzen. In einem gewissen Maße ist das möglich, aber es gibt noch viel mehr ungeklärte Fragen als wissenschaftlich eindeutige Antworten.

Was hat die Enzymtherapie mit der Pflanzenheilkunde zu tun? Wie so oft liegen die Wurzeln der Enzymtherapie in der Erfahrungsmedizin. Bei manchen Völkern wurde oder wird vielleicht noch heute der Milchsaft verschiedener *Ficus-Arten (Feigenbäume, Moraceae)* auf entzündliche Wunden gestrichen. Heute weiß man, daß in dem Saft das Enzym Ficin enthalten ist, das antientzündlich wirkt.

Außer aus den Ficus-Arten werden entzündungshemmende Enzyme aus der *Ananaspflanze (Ananas comosus)* gewonnen, und zwar aus dem Preßsaft von Stümpfen der Ananasstaude oder aus ihren unreifen Früchten. Dieses Enzym heißt Bromelain. Aus unreifen Früchten des

Melonenbaums (Carica papaya) werden 6 Enzyme gewonnen, am bekanntesten das Papain.

Enzympräparate mit Papain, Bromelain und Pankreas-Enzymen werden bei Verdauungsbeschwerden verordnet, die durch Pepsinmangel entstehen. Die entzündlichen rheumatischen Erkrankungen sind inzwischen auch ein wichtiger, immer wieder diskutierter Einsatzbereich solcher Enzym-Präparate. Hier muß ziemlich hoch dosiert werden, denn die Enzyme wirken in diesem Fall nicht im Verdauungstrakt, wie es bei Verdauungsbeschwerden der Fall ist, sondern müssen in die Blutbahn aufgenommen und zum Ort der Entzündung transportiert werden. Die Wirkung hat man sich so vorzustellen, daß die Enzyme die sogenannten Immunkomplexe auflösen sollen, die bei einer Reihe von Gelenkerkrankungen für die entzündliche Gewebeschädigung verantwortlich gemacht werden. Medizinisch fest etabliert ist die Behandlung entzündeter Verletzungen mit Enzym-Präparaten. Hier werden gute Erfolge beobachtet.

Medikamente:

* Bromelain POS® Tabletten (Ursapharm)
* traumanase® forte Dragees (Rhône-Poulenc Rorer, Nattermann)
* Wobenzym® N Dragees, Granulat (Mucos)
* Wobenzym® Salbe (Mucos).

Schlußbetrachtung

Pflanzenheilkunde (Phytotherapie) dürfte die älteste medizinische Behandlungsweise überhaupt sein. Aber gleichzeitig ist sie hochmodern. Sie gehört nicht zur „alternativen Medizin", sondern ist, genau wie die Kneipp-Anwendungen, Teil der naturwissenschaftlich orientierten sogenannten Schulmedizin. Sie ist eines der anerkannten Naturheilverfahren. Laut Approbationsordnung muß jeder Arzt Kenntnisse in der Phytotherapie vorweisen können. Ob er allerdings weiterhin aufgeschlossen ist für Heilpflanzenanwendungen und ob er in seiner Praxis solche Anwendungen bevorzugt verordnet oder ob er mehr auf synthetische Heilmittel setzt, bleibt seiner persönlichen Entscheidung überlassen. Und dem Patienten bleibt es überlassen, welchen Arzt er wählt und ob er den Arzt nach Medikamenten mit pflanzlichen Wirkstoffen fragt. Für die Anhänger von Sebastian Kneipp dürfte der Weg vorgezeichnet sein.

Noch eine Anmerkung zum Schluß: In diesem Buch wurde, wenn von Ärzten oder Patienten die Rede war, in der Regel die Formulierung „der Arzt" und „der Patient" statt „Arzt/Ärztin" bzw. „Patient/Patientin" gebraucht. Dies geschah, um den Text nicht mit verbalen Schwerfälligkeiten zu belasten. Daß mir die Mann-Frau-Problematik im Beruf, in der Politik und im täglichen Leben präsent ist, nehmen Sie mir bitte ab.

Literatur

1 Rudolf Fritz Weiß, „Lehrbuch der Phytotherapie", 7. Aufl., Hippokrates Verlag, Stuttgart 1991

2 Prof. Dr. med. R.F. Weiß, „Moderne Pflanzenheilkunde", 8. Aufl., Kneipp Verlag GmbH, Bad Wörishofen 1991

3 R.F.Weiß, V. Fintelmann „Lehrbuch der Phytotherapie", 8. Vollständig neu bearbeitete und erweiterte Auflage, Hippokrates Verlag, Stuttgart 1997

4 Dr. E. Hohenberger, „Heilpflanzen, die wirklich helfen", Naturbuch Verlag, Augsburg 1994

5 Dietmar Kummer, „Therapie mit chinesischen Naturarzneimitteln", Sonntag Verlag, Stuttgart, 1998

6 Dr. E. Hohenberger, „Heilkräuter für gesunde Heimtiere", Naturbuch Verlag, Augsburg 1995

7 Sebastian Kneipp, „Meine Wasserkur (7/I). So sollt ihr leben (7/II). Die weltberühmten Ratgeber in einem Band", Ehrenwirth, München 1988

8 Glatzel, „Die Gewürze – ihre Wirkung auf den gesunden und kranken Menschen", Herford 1968

9 Dr. E. Hohenberger, „Heil- und Gewürzkräuter", 2. Aufl. Naturbuch Verlag, Augsburg 1996

10 Dr. E. Hohenberger, „Gewürzkräuter und Heilpflanzen", Obst- und Gartenbauverlag, München 1996

11 Dr. Gottfried Hertzka, Dr. Wighard Strehlow, „Große Hildegard-Apotheke", 3. Aufl., Bauer Verlag, Freiburg i.Br. 1993

12 Mannfried Pahlow/Ursula Niklas-Pahlow, „Richtig würzen Gesünder leben", Bechtermünz Verlag, Eltville 1992

13 H. Wagner/M. Wiesenauer. „Phytotherapie – Phytopharmaka und pflanzliche Homöopathika", Gustav Fischer Verlag, Stuttgart 1995

14 Prof. Dr. R. Saller/Dr. Th. Berger, „Arzneimittel-, Therapie-Kritik", 1995 Folge 2, Hans Marseille-Verlag,München

15 Dr. S. Vieth u.a., „Versteckte Allergene in Lebensmitteln" im Bundesgesundheitsblatt 2/94

16 Apotheker M. Pahlow, „Das große Buch der Heilpflanzen", Überarbeite Neuausgabe 1993, Gräfe & Unzer, München

17 V. Fintelmann, H.G. Menßen, C.-P. Siegers, „Phytotherapie Manual", vollständig überarbeitete und erweiterte Auflage, Hippokrates Verlag, Stuttgart, 1993

18 Ch. Sengupta, P. Grob, H. Stüssi, „Natur in Pillen und Tropfen", dtv Taschenbuch 36000, München 1992

19 Dr. Regina Gebler, „Was hilft bei Asthma bronchiale, bei endogenem Ekzem, bei Heuschnupfen?" in: Dr. Tony Schwaegerl „Sprechstunde Naturmedizin", RSN-Verlag München 1995

20 H. Schilcher, „Phytotherapie in der Kinderheilkunde", Wissenschaftl. Verlagsges., Stuttgart 1991

Dr. rer. nat. **Eleonore Hohenberger** ist Biologin mit den Schwerpunkten Physiologie und Ökologie. Sie ist in München geboren und absolvierte dort ihr Studium an der Ludwig-Maximilian-Universität mit der Promotion am Botanischen Institut. Tätig als Dozentin an zahlreichen Volkshochschulen und anderen Institutionen der Erwachsenenbildung, vor allem auch in Kneipp-Vereinen. Zahlreiche Veröffentlichungen zu den Themen Gesundheitslehre und naturnaher Gartenbau mit dem Schwerpunkt „Heilpflanzen einst und jetzt". Dazu kommen regelmäßige Rundfunksendungen und eine Reihe von Fernsehsendungen zu dieser Thematik.

Die Autorin ist verheiratet und hat vier Kinder, so daß sehr viele der empfohlenen Mittel praktisch erprobt wurden und die Spreu vom Weizen getrennt werden konnte.

Dr. med. **Hans-Joachim Christoph,** geboren 1960 in Iserlohn, ist aufgewachsen in Münster/Westfalen. Dort Studium der Humanmedizin an der Westf. Wilhelms-Universität, Promotion am Institut für Rechtsmedizin. Nach vorübergehender Assistenzarztzeit in der Chirurgie und Ableistung des Wehrdienstes am Bundeswehrkrankenhaus Bad Zwischenahn internistische Facharztausbildung. Anschließend rheumatologische Weiterbildung am Nordwestdeutschen Rheumazentrum in Sendenhorst bei Münster sowie in der Klinik Niedersachsen in Bad Nenndorf. Dort auch Erwerb naturheilkundlicher Kenntnisse und deren klinische Anwendung.

Seit 1998 in eigener rheumatologischer Praxis in Minden/Westfalen tätig. Dr. Christoph ist verheiratet und hat zwei Kinder.

Register

Register, wissenschaftliche Pflanzennamen

X

Z